我們法律人

我們法律人
法學演講錄

賀衛方

香港城市大學出版社
City University of Hong Kong Press

©2019 香港城市大學
2021 年第二次印刷

本書版權受香港及國際知識版權法例保護。除獲香港城市大學書面允許外，
不得在任何地區，以任何方式，任何媒介或網絡，任何文字翻印、仿製、
數碼化或轉載、播送本書文字或圖表。

國際統一書號：978-962-937-424-2

出版
　　香港城市大學出版社
　　香港九龍達之路
　　香港城市大學
　　網址：www.cityu.edu.hk/upress
　　電郵：upress@cityu.edu.hk

©2019 City University of Hong Kong

Thoughts on our Roles and Professional Responsibilities as Lawyers
(in traditional Chinese characters)

ISBN: 978-962-937-424-2

First published 2019
Second printing 2021

Published by
　　City University of Hong Kong Press
　　Tat Chee Avenue
　　Kowloon, Hong Kong
　　Website: www.cityu.edu.hk/upress
　　E-mail: upress@cityu.edu.hk

Printed in Hong Kong

目錄

序言：這個時代對法律人的希冀和挑戰 ⋯⋯⋯⋯⋯ vii

第一輯：方法與規範 ⋯⋯⋯⋯⋯⋯⋯⋯⋯⋯⋯⋯⋯ 1

　第 1 講　如何像法律家那樣思考 ⋯⋯⋯⋯⋯⋯⋯ 3

　第 2 講　法學方法的困惑 ⋯⋯⋯⋯⋯⋯⋯⋯⋯ 21

　第 3 講　中國法律教育的過去與未來 ——
　　　　　職業化視野下的法律教育 ⋯⋯⋯⋯⋯⋯ 45

　第 4 講　學術規範與法學研究 ⋯⋯⋯⋯⋯⋯⋯ 75

　第 5 講　1949 年後中國的法律翻譯 ⋯⋯⋯⋯⋯ 93

第二輯：憲政與法治 ⋯⋯⋯⋯⋯⋯⋯⋯⋯⋯⋯ 103

　第 6 講　憲政的趨勢 —— 中國與世界 ⋯⋯⋯⋯ 105

　第 7 講　中國憲政的起步 ⋯⋯⋯⋯⋯⋯⋯⋯ 143

　第 8 講　司法與傳媒的複雜關係 ⋯⋯⋯⋯⋯⋯ 174

　第 9 講　讀《孟子》，想法治 ⋯⋯⋯⋯⋯⋯⋯ 203

　第 10 講　歷史深處的憂思 ——
　　　　　　從「唐宋變革論」反思中國的古典治理 ⋯⋯ 245

第三輯：司法改革的困境與出路 ⋯⋯⋯⋯⋯⋯ 275

　第 11 講　中國司法傳統的再解釋 ⋯⋯⋯⋯⋯⋯ 277

　第 12 講　正義的行頭 ——
　　　　　　從法官換袍談司法理念 ⋯⋯⋯⋯⋯ 292

　第 13 講　確定性的追求 ——
　　　　　　司法改革如何保持獨立性 ⋯⋯⋯⋯ 314

　第 14 講　中國律師的困境及其根源 ⋯⋯⋯⋯ 353

　第 15 講　拷問死刑 ——
　　　　　　我們為甚麼要廢除這一野蠻的刑罰 ⋯⋯⋯ 368

第四輯：短章五篇 ⋯⋯⋯⋯⋯⋯⋯⋯⋯⋯⋯⋯ 399

　第 1 篇　政治體制改革的謀篇佈局 ⋯⋯⋯⋯ 401

　第 2 篇　法治與民主的關聯 ⋯⋯⋯⋯⋯⋯⋯ 407

　第 3 篇　不朽的史學家 ⋯⋯⋯⋯⋯⋯⋯⋯⋯ 410

　第 4 篇　大學的內涵 ⋯⋯⋯⋯⋯⋯⋯⋯⋯⋯ 415

　第 5 篇　讓胡適校長的精神活在我們心中 ⋯⋯ 419

附錄 ⋯⋯⋯⋯⋯⋯⋯⋯⋯⋯⋯⋯⋯⋯⋯⋯⋯ 423

　　司法改革兩岸談 —— 與蘇永欽教授的對話 ⋯⋯ 425

序言
這個時代對法律人的希冀和挑戰

　　這是我過去近二十年來部分演講的彙集。自己很幸運，這些年裏，有機會在不同大學、律師協會、法院、檢察院、學界或民間的論壇甚至電視（如鳳凰衛視的「世紀大講堂」）等場合發表演講，主題也相當廣泛。一些機構對演講做了錄音整理，積累下來，小有規模。某些演講曾經發表在刊物上，也有些收入到坊間見得到的不同演講集裏，諸如暢銷一時的《在北大聽講座》系列、華中科技大學出版社的《中國大學人文啟思錄》以及《百年大學演講精華》（中國檔案出版社，2012）等。另外——跟我們這個時代科技發展緊密關聯——還有不少演講的視頻，在網絡上流傳。多年來，出版界的一些朋友熱情地建議我把演講稿整理一下，彙集出版，於是，就有了這樣的一個演講集。在此我要感謝香港城市大學出版社朱國斌教授的美意，感謝那些邀請我演講的機構和朋友，感謝每一次演講的聽眾。

　　集子裏收錄演講的主題基本上屬法學領域，顯示了自己這些年來的關注重點，那就是司法改革、法律職業化、法律教育、憲政以及死刑問題。阿拉伯諺語所謂「一個人像他所處的時代，勝過像其父親」，這些演講的內容可以反射出，我們這個時代對法律人所表達的希冀和提出的挑戰，以及一個法律人從專業角度作出的回應。三十多年中國改革開放，中心目標之一便是法治和憲政建設。人們的權利意識在覺醒，立法在一部一

部地頒行，政治話語在逐漸吸收法律和權利因素，大眾傳媒尤其網絡上，物權法、孫志剛案、重慶的「打黑除惡」都會激發空前熱烈的討論，從前屬政治事項的問題也越來越多地變作法律問題，需要法學中人作出解說。伴隨着潮起潮落，有越來越多的法律學人和法律實務家不斷發出聲音，採取相應的行動，以回應社會的需求。與此同時，法律界的聲音本身也構成了社會行動的一種動力來源。

在演講的場合，我們對於社會的聲息似乎有着格外親切的體驗。對於演講主題，舉辦機構往往會依據一些熱點事項或聽眾的興趣提出要求；演講過程中，聽眾的眼神、掌聲、笑聲和歎息，可以由此感受時代的脈動；當然，一般演講之後聽眾提問和評論，更是清晰地顯示了人們的對特定問題的期望或者失望。自己深感欣慰的，經常有聽眾在事後表達他們的感受。每次演講之後，我都喜歡在網上搜索一下相關的評論，在可能的情況下還會作出進一步的回應。這些延伸到講堂之外的討論，具有現場對話難以替代的價值，因為那大多是經過更多反思後的意見，給我更多的啟發和警醒。

我把集子裏的演講粗略地分為四輯，各五講，第一輯的五篇主要側重法律與法學的方法論，第二輯是跟憲政有關的五講，第三輯則是涉及司法制度與司法改革的五講。另外，尚有篇幅不大的五次演講收入進來作為第四輯。

在整理這些演講稿的過程中，我常常回憶演講現場的那些感人場景。撫今思昔，也愈發覺得我們今天這個時代與古典中國之間的差異。在沒有大學的時代裏，中國大抵上是一個不存在公共演講的國家。皇帝的命令只是通過詔書發佈，宰相以及各級官員也不必競選而入仕，科舉考試只是書面進行，從來也沒有組織過演講大賽，公共決策的過程沒有近代以來西方式的

議會辯論。在2002年發表的一篇小文章裏，我把中西方之間演講與辯論傳統的巨大差異視為導致文明走向不同路徑的重要原因之一。遙想從雅典到羅馬，從高爾吉亞（Gorgias）、伯利克里（Pericles）到西塞羅（Cicero），追溯西方近代民主制度以及法治的發育歷史，我們可以說，沒有面向公眾的演講和辯論，就沒有民主，也不可能有法治。在本書收入的演講裏，我也多次表達過對這個問題的一些看法。意識到這一點，自己對演講以及辯論本身也有了更多的熱情，雖然我們這裏還沒有真正的政治演講或辯論。

至於自己對於演講風格的追求，我想把幾年前回覆一位本科生的來信放在這裏，也用它做這篇序言的結語。這位同學在信中說：「我在大學奮鬥了三年，到現在還是不能找到演講時的正常心態，每次演講都緊張得要死。到底怎樣才能不慌不忙地演講呢？到底以怎樣的心態面對公眾？」我的回信如下：

謝謝你的來信，不過，這可不是一個容易回答的問題。

其實，在讀大學期間，要做一個好的演講是很困難的。通常我見到一些學生演說經常過於追求修辭的華麗，手勢或肢體語言的規範，而忽略了其實演講是跟聽眾的交流，而不是固定程式的單方面表達。

重要的是，你選擇的講題應當是在場的聽眾都有興趣並且也都有些困惑的。然後，你對於這個問題有一些相對新穎的知識和不同的論證。最需要避免的是一味地拼命展示自己，流露出炫耀的意味；或者試圖掩飾自己在某些方面思考的不足。如果有疑問，應當坦率地告訴聽眾你的疑問和困惑，讓大家在聽的過程中也思考，參與到對於一些困難問題的研究過程。事實上，在這樣的演講過程中，演講者本人也應該處

在一種思考的狀態中。記得孟德斯鳩曾經説，一本書的寫作不能太「滿」，要給讀者留下思考的空間。演講也是如此。最好不要過於完備，避免那種彷彿是把一篇論文再現一遍的風格。對於一些問題，談自己的結論固然好，但是，比結論更重要的是展現思維的過程，甚至沒有結論只有思考過程也許讓聽眾受益更多，只有這樣的演講才具有學術探討的意義。

演講要經常面對不同的聽眾，要在自信和謙遜之間把握好平衡。演説的修辭學風格是一個人的性格和知識修養的綜合體現，不必刻意追求，刻意追求出來的往往顯得做作和生硬。另外，幽默感對於一次成功的演講也是特別重要的，沒有幽默感的演講彷彿是沒有加鹽的菜餚，難以讓人們保持長久的興趣。但是，最好的幽默是你從所演説的主題中發現的，是某些事物內在具有的。最不好的幽默當然就是那種平常有意識地記憶，為了「調味」，人為地加進去的那種笑料。

學術性的演講最有魅力的部分是現場與聽眾之間的互動。在大庭廣眾之下，提問者是需要有些勇氣的。有時候提問者甚至會因為問題聽起來過於淺薄而受到其他聽眾的嘲笑。不過，我一直覺得，沒有壞問題，只有壞回答。把簡單問題機敏地轉換為一個更有學術意義的問題加以討論，往往會獲得令人意想不到的效果。在表達跟提問者不同的觀點的時候，要盡可能避免那種直接衝撞的態度。例如説對方「你根本沒有研究過這個問題」一類，是最傷害人的自尊心的，也容易引起敵意和其他聽眾的反感。回答問題時，你要面對提問者，語言之外，眼神也在交流。特別忌諱的是，對於口頭提問者看都不看一眼，那會給人一種不尊重提問人的印象。

總之，我的體會，演講者誠懇地面對自己的聽眾比什麼都重要。可以有對於歷史上的偉大演說的學習，可以有技巧的追求，但是，只要聽眾發現你是在表演而不是真誠地表達，修辭、技巧、幽默等等都無法避免你的失敗。所以，不必為自己初登講台的緊張而懊惱；你的緊張恰好說明你是真誠的。學着把自己看書得來的體會敘說給幾位朋友聽，試着在討論課上當着同學們的面對一個問題作系統的闡述，把你的疑惑甚至把你的緊張本身展現給大家，你會發現，你正在走向成功。

賀衛方

2010年9月4日初稿，2019年6月7日修訂

第一輯

方法與規範

第1講 如何像法律家那樣思考

題記：這是2000年10月9日，我為北大法學院2000級新生所作的
迎新講座，由法學院本科生王力同學整理成文，我作了一
些文字上的修改。

今天能受到團委和法學社的邀請來做這次迎新講座，我覺
得非常榮幸。每年能夠迎接一批來自全國各地的優秀青年，與
他們在一起，共同生活四年，可以說是大學教師生活最有樂趣
的方面之一。

我曾經在一本書裏說自己很幸運，生在中國一個有大學
的年代。我們的大學教育是百多年前從西方借鑒過來的一種制
度，中國古代是沒有大學的，只有私塾和書院。書院並不是一
種大學，它不分科系；而大學是分科系的，這是西方文明的一
個創造。有大學的時代使得有一些既不擅長當官又不願意種地
的人，可以一輩子以一種閒散的風格做點自己想做的事。我小
時候有一個夢想，就是從事這樣一種職業，這種職業是一輩子
讀書，又有人發工資。我最後在大學裏找到了，既能讀書又有
人發工資，而且發得還不低。按照江青的說法，四體不勤、五
穀不分的傢伙們居然可以享受如此待遇。但在中國古代，像我
這樣既不適合做官，又做不了生意，還不喜歡種地的人，真的

沒有地方可去。所以千軍萬馬過獨木橋，無論適合不適合，大家都參加科舉考試，成功了去做官。其實有許多人根本不適合做官。例如蒲松齡老先生，他天生就應當到中文系學習，或者到新聞系，畢業之後在中文系教文學理論或文學批評，業餘時間寫點小說。可是沒有大學，他只好不斷參加科舉考試，想去做官。這個老貢生是個范進似的人物，一次一次都失敗了，最後，算了，老子不幹了，寫小說去。由此可見，中國古代沒有真正職業的小說家，都是科舉考試不成功，沒辦法了，做一點「小說家流」。這樣一個社會真是不好。而我們現在生活的這個時代就不同了，有大學是我們時代最讓人歡喜的一個特點。

大家都是新生。現在法律專業學生中男女生比例似乎有些失調。我聽說2000級本科生裏的女生佔了將近三分之二，讓我特別吃驚。我22年前上大學——西南政法學院——時，法律專業中的女生只佔七分之一，所以女生格外受青睞，地位特別高。本來資源稀缺，物以稀為貴。經濟學上的規律，叫供求關係。供應量太少，而需求量太大，追求的人一定會很多，價格就必然上漲。現在女生多了，對女生未必是一件好事。不過，對男生卻是一件好事。當然，對未來法律的發展可能也是件好事。因為兩千多年來，法律一直反映了男人的聲音，男人的聲音是法律發展——制定法律、解釋法律、適用法律——的主旋律，就像科舉考試一樣，女人是不允許參加的，只有男人才能去做官。能夠在大堂上一拍板子高喊「大膽」的，沒有一次是女聲，西方法律發展史也是如此。美國聯邦最高法院，你們知道，過去一直由九個老男人執掌着；現在有了兩個老女人。七個老男人加兩個老女人主宰了這個國家的法制，但是男人仍然佔多數。美國的法學院裏，女生通常佔三分之一左右。但我們這兒可不得了。近代以來，我們在婦女解放方面向來不落人後。當然，幾千年來婦女也一直受到欺壓。有這樣一個故事，

古代的一對夫妻吵架，男人氣沖沖地說：「按照《周禮》，你這樣的人我早就休了！」太太說：「請問我的老公，《周禮》是何人制定？」丈夫不無自豪地說：「當然是周公所制。」太太回答：「是啊，如果是周婆制定的話，是我休了你！」也許法律的發展，需要女性能夠有更多機會在法律裏表達自己的聲音。我覺得，從事法律職業的女同學愈來愈多是一個重要因素。當然現在的比例已足夠了，再多的話，以後的法律發展史就是一部男人受欺壓的歷史了。

精神家園

以上是一些題外話，今天的時間比較寬鬆，我想和大家做點交流，談一談作為一個新入學的學生，身為一個北大法學院的學生，應當怎樣去學習法律，怎樣能夠在畢業之後不覺得自己這四年沒有白過。實際上，對於這個問題，我自己也沒什麼經驗。我剛才已經說過了，我是一個單科大學的畢業生，不像你們。你們太幸運了，高中畢業後考入這樣一個偉大的綜合性大學，我當年就沒這麼幸運，當時只有幾個學校招法律系的學生：北京大學、吉林大學、中國人民大學和西南政法學院——後來改名西南政法大學。我不知道你們為什麼要報考法律。我當時並沒有報法律，報的是山東師範學院的中文系，我夢寐以求的就是當個作家。我的母校西南政法學院當年第一屆招生，宣傳力度不夠，結果在我們那裏報考者上線的人數還沒有招的人多。很幸運，我的考分超過了重點線，就被作為重點院校的西南政法學院抓過去了。人生的命運真是很難捉摸。如果當時真到了山東師範學院中文系，畢業以後很可能到一個中學裏當老師，我相信我會是一個比較受歡迎的語文老師，經常在本地的報屁股（編按：意思是報紙版面上較少人注意的位置）上發表

一些小資情調的散文，大約不可能有今天。當然你們也許能駕馭自己的命運，因為你們的學習成績非常優秀，所以毫不猶豫就報考了北大，而且是法學院，最終又金榜題名，這是你們最大的幸福。

不同的不僅是學校。我讀書時所學的東西，也跟今天大不相同了。我們當時上法理課，老師推薦一本教材，是工農兵大學生〔編按：工農兵大學生是指1970–1976年間獲推薦入讀大學的工人、農民、士兵，期間中國內地高考已被取消，在1977年才復考〕編的，教材裏經常提到以華主席為首的黨中央一舉粉碎了「四人幫」、無產階級專政、無產階級專政下繼續革命理論，不斷灌輸的是這些東西，真正的知識卻學不到。我從大三開始才省悟到不能陷在教科書裏，應該多讀些有價值的書。於是，在一個好心的圖書管理員的關照下，大三時讀了許多好書，也引發了對西方法律、西方歷史的興趣。後來考的是外國法制史專業的研究生。大家知道，佳能公司的商標是Canon。這實際上是西方歷史上的一種法律，叫Canon Law，是天主教會制定出的法律，亦是我的碩士畢業論文寫的主題。最近幾年，我才轉為研究中國現實制度。

大學的第一年需要不斷觀察、不斷了解，不必過分地去記憶，什麼東西都要搞清楚。幾年前，我面對着與你們一樣剛從高中畢業、有人戲稱為高四的97級同學時，覺得給他們講法理是一個非常大的挑戰。法律這門學科涉及許多問題，是一種非常深刻的社會科學。中學教育已給大家灌輸了許多真理性的東西，都是毋庸置疑的；但是對一個大學生來說，一切都要去重新理解，而不是去背誦。當然，法律專業所學的許多東西，對於剛剛從高中畢業的人來說是不容易理解的。比如說，婚姻法裏規定離婚的條件時說「夫妻感情確已破裂」，請問同學們，什

麼叫「夫妻感情確已破裂」？我跟你們一樣，讀大學時不理解婚姻法，實習時偏偏派我去處理婚姻糾紛。可以想像，那真是一場災難——對我是一場災難，對當事人更是一場災難。我耐心地聽夫妻兩人講他們的生活，講哪些方面出了問題。我不懂，只朦朦朧朧意識到一點，但是不深刻。只有人在相當成熟、有了婚姻經驗並且對婚姻有相當的觀察之後，才能理解什麼是「夫妻感情確已破裂」。所以，你們會發現，在美國就沒有我們現在這樣的法律系學生，因為高中畢業後不能直接讀法律，必須有一張大學文憑才能上法學院。可以想像，有許多人大學畢業後就結了婚，再讀法律時，對人生的幸福、社會制度的設計等的理解力就會強得多。對我們這樣的大一學生來說，有許多問題的確比較難以理解。有同學曾經對我說，老師，你推薦給我們讀的書每個字我都認識，每句話我也讀得下來，但整句話什麼意思我不知道。這種情況顯示了什麼？這是一個知識背景的問題。要讀懂一本書，必須理解書背後的一種知識的積累。這種知識的積累甚至經歷了上千年的歷史。有許多著作，回答的都是兩千多年前古希臘的那個老哲學家柏拉圖（Plato）提出來的問題。兩千多年人們的論證，兩千多年的學術積累，最後結出一朵朵小小的花兒開在你們的法理學教科書裏，要你們一下子去理解是很不容易的。當然不理解也不要着急，慢慢的，隨着逐漸的累積，你們會理解這些東西。

我覺得，人在大學裏的心態最重要的就是從容，尤其是一二年級的時候，也不要太在意成績。我的同學中在學術界幹得最好的幾個，都是在大學裏成績不算最高的人。我還有個同學，四年下來成績全優，但是，後來並沒有走學術研究的道路。當然，他在實務部門幹得也很好。觀察學術界，你會發現，有創見的人很少有那種過分循規蹈矩、過分重視大學時的課程成績的。當然有些時候成績會與某些利益相關，比如申請

獎學金，比如將來推薦保送研究生，這是讓人很無奈的。但大體來講，現在的教育制度在調整，老師在改變，不會只根據你背誦的工夫，還要根據你是否有自己的理解，有獨到的見解來判分。

　　我也許應該強調一下，身為北大的學生，進入這個學校後，你首先應該去閱讀和了解這個學校的歷史——這個學校出現過哪些偉大學者、它如何變為今天這樣一所了不起的學校、它的教育哲學是什麼等等。胡適先生在校園裏沒有塑像，因為他當了國民黨政府的駐美大使，後來又死在台灣；但他一生念念不忘的是北京大學（他雖是美國一所大學的畢業生，但在北大任教，在北大當校長，在北大名滿天下，所以對北大充滿了感情。），無論走到哪兒，一說起北大，他一定要說「我們北大」。本校的一位老教授接受中央電視台《東方之子》的採訪時說：「我這一輩子很滿足。全中國最好的地方是北京，北京最好的地方是海淀，海淀最好的地方是未名湖畔。我能在未名湖畔生活一輩子，這是多麼幸福的一件事。」未名湖畔的美，並不完全在於它的景觀，還在於那些偉大的學問家、思想家，是他們鑄造了這所學校的偉大風範和偉大品格。前年北大百年校慶時，大家都在爭奪對北大精神的解釋權。北大的精神是什麼？有人解釋說，是愛國主義，這是第一位的，然後是民主、進步；也有不同的見解，我就不同意從這個角度來闡釋。我認為，北大最主要的精神在於對學術自由和人的思想自由的倡導，這是這個學校最偉大的傳統。我們法學樓門前立着一座雕像，馬寅初先生的，他就是這種精神的典範。50年代初，在毛主席倡導的「人多力量大」的觀念佔主導地位的情況下，馬老校長公然明確地提出與官方不一致的主張，提出所謂的「馬氏人口說」，認為人多力量大是錯誤的，人多消費多才是正確

的。在他被打倒之前的最後一篇文章中，他開頭就說：「真理是需要辯論的，是需要對方說話的；現在我已經明確地知道，你們要封住我的口，不許我說話。但是，我該說的話，只要一有機會，我還是要表達出來」。就是這樣一種人格魅力，一種追求自由的精神，一種不同流合污的精神，是我們的學校得以立世的最重要的資本。

大學獨立、大學自治是一種西方的傳統，傳到中國後，它的發育並不容易。中國有悠久的讀書做官的傳統，而且是政教合一式的，這與西方有很大的不同。在西方，即使在黑暗的中世紀，一個追求自由的人也可以兩邊躲藏——得罪了世俗政府，可以躲到教堂裏；得罪了教會，可以請求國王的庇護。所以，他可以有一個自由的空間。天主教會、羅馬教廷一直是一個強而有力的抗衡世俗權力的精神組織。這種精神組織對於西方的自由發展是非常重要的，是非常強而有力的一個制度因素。不像我們這兒，自古以來，一經聖人口，議論安敢到？李贄有一個罪名叫「非聖」，對我的老鄉孔子的有關學說提出質疑，不贊成孔子的學說，這就是「非聖」。但是，贊成或不贊成孔子的學說由誰來判斷？這是個問題。在傳統社會，照例是由世俗權力最高的人來解釋的。今天，在我們國家，這個問題仍然重要。我們憲法規定了堅持四項基本原則，其中之一就是堅持馬克思列寧主義。可是，一種觀點是否符合馬克思主義，誰說了算？在中國歷史上一直是誰有權誰說了算。兩千年來一直是皇帝說了算，皇帝說你「非聖」你就「非聖」，沒有辯護的餘地。在這樣一種傳統下，說實話，大學要獲得一種生存的真正空間，並不是一件容易的事情。西方最古老的大學都是教會辦的學校。當政教分離時，教會管一個人的精神，世俗的政府只管一個人的行為，也就意味着在一個人的精神領域中，國王

的權力不能進入。有一種說法是「風能進，雨能進，國王不能進」。大學就是這樣。大學是神聖的殿堂，絕對不容許任何世俗勢力指手畫腳，不允許它干涉一個學者的思想自由。一個學者的思想自由是他得於立世的最根本點。如果沒有這個自由，學者便成為行屍走肉。說老實話，學者不怕吃不好，不怕住小房子，不怕坐大汽車，就怕沒有自由。可能你們聽說過哈佛大學的校長不買美國總統賬的故事，那個故事典型地體現了大學的尊榮和面對世俗政府時的高貴。

我雖然不是北大畢業生，但很早就對胡適校長、對蔡元培校長感興趣，不斷閱讀了許多北大學者的著作，知道不少老輩學者的事跡。我覺得這樣的精神最讓我感動，所以，當後來有一個機會調過來的時候，自己真是覺得找到了靈魂的歸宿——不僅僅是有了一個飯碗，而是一個靈魂的歸宿。我自己感覺到，一輩子能在北大生活，我心已足！有一本書叫《最好的辯護》（*The Best Defense*），是哈佛法學院的一個教授叫德蕭維奇（Alan Dershowitz）寫的。他在書裏寫道，在美國，最好的職位是什麼？是哈佛法學院教授。我們的法制沒有美國那麼發達，收入沒有美國法學院教授那麼高，但是我可以說，北大法學院教授這個位置，是一個中國人能夠得到的最好的位置，不用再加上「之一」。我想，我們每一個進入北大的人，對我們來說首先要上的一課是這樣一課，使我們成為這個精神家園中的一個成員。從入學開始，你們就註定有了一個標籤，這個標籤就是北大畢業生、北大的校友。按照美國的慣例，你們的名字後面會加上「04」，表示你們是2004年畢業的學生。這是一個標誌，可以說一入這個門，就跟這所大學有了不解之緣。你們今後的路還很長，不是我們每個人都會一輩子生活在這個校園裏，但是我們每個人都要體現出這個校園中生生不息、延續百年的一種精神。這是我們第一課裏應當學到的。

法律人

　　接着想談談我過去學習法律的一些體會。我現在仍處於學習過程中，活到老學到老，自己也常感到一種危機感，感到做教師的壓力。我原來以為一輩子讀書、拿工資就行了，搞了半天還要發表文章，每年還要發表幾篇學術論文，論文還要有一定的規範性，下邊要加上外文註釋才算好文章，這壓力也很大。現在有些方面的壓力已經沒有了，比如評職稱，因為已經到頂了。我打電話給我媽媽說：「我評上教授了。」我媽說：「還能往上嗎？」我說：「不行了，已經到頂了。」老太太說：「人還不到四十就到頂了，就沒得可追求了。」這是她不能理解的一件事情。這樣一種職業，還有一種壓力，要求你不斷創新，要有一種追求，比如給你們作過報告的朱蘇力教授，他真正是一個學術上有追求的人，有一種創新精神，寫文章也特別漂亮。我有時覺得：「怎麼跟這樣的一個同事在一起！」

　　有一次我作為教師代表在開學典禮裏講話，我強調了兩點：一是要意識到法律學術是一個偉大的學術傳統，你要用有限的四年時間去了解兩千年來的法律學術是怎麼回事，真正地把握其內在精神，要成為一個法律人。我們法學院教育的目的是，讓在座的每個人都學會 "think like a lawyer" ——如何像法律家那樣去思考問題？法律家是怎樣思考的？我這段時間給研究生講課，講的就是法治——依法治國。依法治國，究竟是依什麼治國？就是依在座各位。你們將來就是治國之才，你們將來就是這個國家的棟樑之才，這意味着你們在法學院裏所學到的這套思考問題的方式，學習到的這套概念、理論，它對社會有一種調整作用。你們用的是這種東西去調整社會，而這種東西的歷史絕不是幾十或幾百年。古羅馬人創造了偉大燦爛的法律文明，及至中世紀人類最早的大學只有三個系：神學系、

醫學系和法學系，而人類歷史上最早的大學——意大利的博洛尼亞大學，就是一所法律學校。許多人學了幾何、邏輯、修辭等學問以後，到博洛尼亞大學來學習法律。法律是調解社會生活的，法律是用一套經過數千年構築起來的人為的知識來改造社會、調整社會的。但是，請注意，法律首先是一個飯碗。我們學法律，也許並不完全是為了滿腔熱情地報國報民，或許首先不是這個，而是律師收入比較高。做律師，打官司、訴訟、在法庭上慷慨陳詞，下來後腰包滾圓，憑什麼人家給你這麼多錢？憑什麼一場訴訟人們就給你20萬、30萬，有人打一場官司就能買一幢房子？憑的就是我們所學的這套知識無法普及到整個社會，無法讓每個人都成為自己的律師，只有我們才能擔任律師工作。我們掌握的是什麼？是特殊的知識，是一個很難普及的學科。請看我們所使用的語言，將來你們會學到一大堆一大堆怪頭怪腦的詞彙——人家叫「老公老婆」，你偏要叫「配偶雙方」，還有「配偶權」。人家說"bar"是喝酒的地方，我們說"bar"就是律師界。我們平常有一些怪怪的詞彙，比如說「無罪推定」，老百姓不理解，有人寫文章稱：「林彪、『四人幫』對人民實行法西斯專政，大搞無罪推定！」他理解錯了。還有「善意買受」，一年級的同學問我，什麼叫「善意買受人」、「惡意買受人」。一個人在自行車市場上花30塊錢買了一輛嶄新的自行車，我們說這是「惡意買受」，為什麼？因為依據常識，30塊錢是不可能買到一輛新車的，你居然買到了，這是你有意識地買贓物，這肯定是在幫助銷贓。你這種財產權也是不受保護的，這裏的「善意」、「惡意」跟我們講道德的很不一樣。還有「不當得利」、「無因管理」、「禁治產人」，老百姓都不知道。有人連「上訴」都不知道。東北某法院的審判長說：「如若不服本判決，可以上訴至本院的上級人民法院。」當事人問：「審判長，你讓我上哪棵樹啊？」

這些概念太多了，即使是在美國這樣的法制發達國家，法律家所使用的概念體系跟日常語言之間也有很大差距。正是因為對這樣一套語言、對這樣一套知識及其背後的制度和理念的把握，使得我們成為一個法律人。法律人因此可以交流，而且交流的成本降低了，交流的準確性提高了。大家一見面，「我看你的要約有問題，你那裏邊有點詐欺的意思，所以可能很難得到法律上的救濟」。我們說得很清楚，都沒有什麼誤解，可要是有個外行人在旁邊聽了，就會「丈二和尚摸不着頭腦」，這說的什麼東西？我又不是災民，要什麼「救濟」呀？他不知道「法律救濟」是法律上採取的相關措施。這一套語言是我們的飯碗，也是我們的學問得以精確化的一個很重要的前提。無論是法官、律師、檢察官，都要到法庭上去辯論或作出決策。如果法官、律師、檢察官沒有受過共同背景的訓練，那法庭就亂了，就會相互之間「秀才遇到兵，有理說不清」了。要是法官聽不懂什麼是「善意買受人」，那就很可怕了。所以，這是我們法律人必須領悟把握的一套偉大的知識傳統。

總的來說，我們要理解法律知識的傳統，這是經過四年的教育後首先或最基本的要求，以後分析問題時，要"think like a lawyer"，你就是一個lawyer。我最近寫了篇文章分析一個事件，就是在追求"think like a lawyer"這個境界。這是一個比較熱門的事件。重慶有個廿多歲的年輕人，叫唐衛江，他到朋友家玩時看到朋友新買的佳能打印機，這台打印機附送了一個宣傳品光盤，上面是「百變趙薇」，就是那個演小燕子的演員，佳能公司選她做形象大使。唐衛江覺得這個挺好的，就借回去看。他回家後仔細一看，不對，有問題，上面寫道，趙薇出訪過的國家：中國、台灣、香港。問題嚴重了，唐衛江怒不可遏，這不是對中國人民感情的污辱嗎？這不是公然分裂中國嗎？搞一中一台，還有一港！唐衛江先生拍拍屁股就到了重慶晚報社。編

輯可能也覺得抓到了一個大題材，他們第二天就刊登了對這件事情的報導，並且配發了題為「國家尊嚴無小事」的社論，憤怒譴責佳能（香港）公司這種對中國領土完整的公然侵犯。報紙出版後，這宗事件引起了巨大的反響。人們紛紛表達對唐衛江行為的讚賞。不久重慶律師界有幾位著名律師站出來，聲援唐衛江，要免費為他打這場官司，起訴佳能公司違反消費者權益保護法，同時聲稱這是一個重大的政治事件。果然，唐衛江開始籌劃着提起訴訟，他向記者稱要代表中國人民打這場官司，提出的訴訟請求有四項，第一，立即向全體中國人民賠禮道歉；第二，立即停止發送光盤；第三，立即銷毀已有光盤；第四，賠償一億元人民幣，作為對中國人民損害的補償，同時他表示要把這一億元人民幣捐獻出來建500所希望小學。《北京青年報》等報紙都登了，我那天上網一查，簡直可以說是遍地開花，各地媒體都加入了報導的行列，各地的人都覺得這件事太令人氣憤了。然而，我仔細想了一下，"thinking like a lawyer"地想了一下，就覺得這個事件有點問題，所以寫了一篇文章，叫〈一樁熱門事件，三點理性建言〉，發表在北大法律信息網上，後來又刊登在《檢察日報》上。我說看了這個事件後，作為一個中國人都感到有種激動，我對唐衛江這種行為表示理解。但是，既然唐衛江先生說要用嚴格的法律程序跟佳能公司討個說法，我作為一個研究法律的人，便從法律的角度去想一想，結果不想不知道，一想嚇一跳，發現法律問題還不少，姑且寫出來，以便有關人士及決策者更周全地更恰當地處理此事。

主要有三個方面的問題：第一個是，唐衛江有權利起訴嗎？他有沒有當原告的資格，或者說，他是不是「適格」的原告？從小的層面上說，你是在朋友那兒拿的光盤，是你朋友買的打印機，所以，是你朋友與佳能公司有消費者與生產商之間的關係，你沒有。你從人家那兒拿個盤過來就起訴？那我也去

拿一拿好不好？大家都找一張這種盤，然後都去起訴，都索賠一億元，那結果會怎樣呢？可以說是「談笑間，檣櫓灰飛煙滅」，訴訟後民族繁榮富強。法律上講究，一個人要起訴，必須是利益的直接相關者，也就是說，訴訟中你的利益一定在裏邊，你一定與被告人利害攸關，否則法院不受理你的起訴。因為在訴訟中你可以使用一些權利，如變更訴訟請求，與被告和解等。所以，首先你沒有這個資格。

從大的層面上說，你說你「代表」受傷害的中國人民，誰讓你「代表」的？法律上的「代表」，不是中央領導那樣說「我代表中國人民」就能「代表」了。訴訟中的「代表」需要有一個推選程序，受傷害的中國人民一起來推選才行，而且在民訴法中說，一方當事人數不確定時，叫「當事人一方人數眾多的共同訴訟」。這時法院要求把人數確定下來，其方法是在報紙上登公告，一定期限內利益相關人必須以書面形式向法院有關單位登記，登記之後才是訴訟當事人，否則不是。而這個事件發生後，既沒有經過推舉程序，也沒有經過公告登記程序，唐衛江先生如何可以「代表」中國人民呢？

第二個問題是，這個案件究竟是什麼性質？唐衛江非常憤怒，律師們也跟着憤怒，律師們說：「這不僅僅是法律事件，而且是一個重大的政治事件。這是對中國人民尊嚴的侵犯，對中國人民情感的污辱。」這裏的調子倒是抬得挺高，容易引起人們的激憤，但最大的壞處是，若是政治問題，則法官無法處理。政治問題與法律問題有很大差別，它是一種大是大非、你死我活、不可妥協、絕不讓步、寸土必爭的問題；但法律上處理任何案件，都有一個可能的妥協讓步，尤其是民事案件，有什麼大是大非？被告跟原告說：「你要80萬太多了，我最多給你40萬。」原告那邊說：「40萬？沒門兒！少一分也不幹！」法官

説：「不要爭了，我提個建議，60萬如何？」雙方考慮後，60萬就60萬，於是雙方達成妥協。這就是民事訴訟方面經常所說的優勢證據、調解原則等，有什麼是非？說這件事是政治問題，勢必將法官推到一個尷尬的境地。唐衛江先生説：「這個案件，如果法官判決我勝訴，以後外國人來中國做生意時就會注意中國人民的感情；如果法院判決我敗訴，外國人今後到中國來就會更加猖狂！就會更多地在思想文化領域給我們製造混亂，使我們重新回到清朝受外國人欺侮的狀態！」好傢伙，法官遇到這種案件可真是沒法判了——兩條路，一條上寫着「愛國主義」，一條上寫着「賣國主義」，法官還有選擇餘地麼？這不是法官判案，是唐衛江先生已經把案給判了，法官只能就範，這是何方道理？所以把這當作一個政治問題反而搞亂套了，搞得法官沒法判了。

第三個方面，這一億元的訴訟請求是怎麼出來的？唐衛江説：「我也沒經過什麼精確計算，反正算它一台機器3,000、5,000塊錢吧，有些還上萬呢，要是徹底一點，應該所有財產都沒收了，他們侮辱中國人民的感情，這就是代價！」說得咬牙切齒。然而，我覺得訴訟請求還是該經過一個合理計算，獅子大開口也是個問題；另外，一億元，看上來很大，法院可能從未判過這麼大的數目，但是，他説這一億元作為中國人民受到感情傷害的補償，我一算，壞了，中國人——大陸外加上港澳台，少説也有14億人口，一億除以14億，每個人才區區七分錢！這才真是對中國人民感情的侮辱，是在傷口又撒了一把鹽。我本來就受到了傷害，你説：給你七分錢補償一下，這不明擺着欺人太甚麼？另外，唐衛江又説要用這一億塊錢建500所希望小學，我説你沒這個權利，你僅僅是訴訟代表人，而訴訟獲得的收益是在全體當事人中間分配的，你説捐給希望小學你就捐了？這是你的錢啊？你作為代表人打了官司這錢就都成你的了？這7分錢我還要呢。

按説，唐衛江是一個沒學過法律的人，他提出這類不符合法律的要求是無可厚非的。奇怪的是，為什麼那幾位優秀律師也不冷靜地想一想其中的法理？也許大家聽我説這些的時候感到心裏有點憋，似乎我把解決問題的路都給堵死了。其實我們説它是政治問題時，並不是説它不能解決。中國政府完全可以跟日本政府方面提出交涉，中國外交部可以提出照會，可以表示遺憾，可以表示抗議，可以表示強烈抗議，可以降低甚至斷絕外交關係，最嚴重的時候甚至可以訴諸武力。只是政治上的事情用政治手段來解決，法律沒辦法解決這類問題。毫無理性地亂來一氣，那就不是搞法律。

博雅之士

　　上面説的是一個法律專業生在專業方面的訓練。法律之外，一個人進入大學後，還應該努力把自己塑造成一個「博雅之士」。四年之中，你會受到一種精神的薰染。最後，當你走出校園時，你會變成很不一樣的人。從外觀氣質、內在修養，各個方面都變得不一樣，這種不一樣在很大程度上是大學教育的功績。當然，不看一本書，偶爾聽聽課，在未名湖畔談談戀愛，四年之後也會改變，也會變得儼然有斯文之氣。但是我們不該這樣過這四年，還是該經常地、認真地讀一些書。開學典禮上我也説過，不僅僅要聽法學院的課，還要有效地利用我們綜合性大學的優勢，多聽點外系的課，比如西方藝術史、電影藝術鑒賞這樣的課。百年紀念講堂時常有交響音樂會，聽聽交響樂，領略一下最高層次的交響樂團演繹的貝多芬（Ludwig van Beethoven），在聽《田園》時想着田園風光，聽《命運》時想着貝多芬這個命途多舛的藝術家怎樣與命運抗爭，怎麼寫出那麼美好的音樂。《第九交響樂》，那是聖靈的感召，人類要走上大同，要有更多的和平而不是戰爭，人類都是兄弟姐妹，我們要

有一種大同的理想，不要在人間製造仇恨，我們要追求人類的和平，相互的理解。我們不能想像貝多芬在寫《第九交響樂》時耳朵全聾了，而且已快走到生命的盡頭。他親自擔任指揮演奏完《第九交響樂》之後，下面歡聲雷動，大家都在鼓掌，貝多芬卻一點都聽不到，旁邊的人提醒音樂家：「你應該向大家致意，大家都在鼓掌。」貝多芬轉過身來，現場的人們便看到音樂家滿臉淌着的淚水。這種偉大的作品，讓你感到人生的崇高。胡適老校長寫過一篇文章叫〈不朽〉，人怎麼才能不朽？不見得我們都去創造貝多芬那樣的偉業，但是，我們每個人都可以有讓自己不朽的方式，那就是為社會做出某種貢獻，這就足夠了。你會在這個世界中，領略許多美好的東西。蔡元培校長說，要以美育代宗教。我們有許多偉大的藝術，容易讓我們感受到宗教式的偉大。我們應該看看畫展，看看其他的藝術作品。我一直主張，北大應該利用自己的資源，給我們的師生提供更好的精神修養環境。百多年來，北大歷史上有多少偉大的人物、偉大的藝術家和學問家。他們的書法墨寶、他們的著作手稿，為什麼我們不可以搞個很大的陳列館把它們陳列出來，讓人們來到以後都可以看到：「你看胡適校長寫的一封信。」看着先賢的手跡，會睹物思人，會感受到一種精神風範。孟子講「養吾浩然之氣」。這種「浩然之氣」是怎麼養出來的？在家養鳥種花，行嗎？不行，靠的是讀書、聽音樂、看展覽和其他一些富有意義的活動。沒有這些東西，一個人的人格就不會獲得真正的提升。

對於學習法律的人來說，追求博雅境界還有職業意義上的效果。一個只懂法律的人絕對不可能成為一個好的法律人。他需要拓展自己的知識視野，他要讀許多東西，例如莎士比亞（William Shakespeare）。法律人通過莎士比亞的戲劇可以領悟到許多人生道理。人生本身的悲劇，像哈姆雷特（Hamlet）這樣的

角色，他表現的不僅僅是戲劇裏的一個表淺的人物，他揭示的是人生的深刻的悲劇和內在的衝突；陀思妥耶夫斯基（Fyodor Dostoyevesky）的小說裏提示的對法律正義性的追問，那是值得我們去思考的；卡夫卡（Franz Kafka）的《審判》（*The Trial*），可以揭示出法律的某種荒誕；狄更斯（Charles Dickens）說，法律訴訟是人類的一種災難。我們搞法律的人也許應該跳出來一點，讀一讀這些文學家的東西，文學家往往是社會裏感受力、領悟力最高的一個群體。「春江水暖鴨先知」，文學家的腳總是在水底下遊動，他們對這個社會中的疾苦體悟得最快。所以，讀文學作品實際上是理解一個社會、理解一種人性，最終對於我們的專業工作會起到非常重要的作用。我覺得我們應該分出精力去讀這些偉大的文學作品。我們還應當去讀一些西方哲學史上的經典著作，讀一些原著，不要過多地讀一些二手資料。二手資料，可以讀一些傳記，我覺得偉大人物的傳記總是讓人感到人生的振奮，感到一種激越之氣。此外，還要讀經濟學的著作。說實話，這是我自己知識上的一個缺陷。我一看經濟學的書就煩，看不下去。我不喜歡經濟學，特別不喜歡。我一直到上大學前也不知道，為什麼在銀行裏存錢不但不收保管費，反而要給我利息。到別的地方存東西人家都要收保管費，到銀行去保管錢，它倒過來給我錢，我真不理解這是怎麼回事。到上大學後才理解了，原來我的錢被它用了。但現在我覺得一些經濟學著作，還是比較容易讀。我勸大家不要重蹈我的覆轍，現在法律與經濟（Law and Economics），已經變成了一門非常有影響的學科，用制度經濟學的方法來分析法律問題。不懂一點經濟學，怎麼分析法律？什麼成本、效益，還有博弈論（Game Theory），對法律思考也產生了不少影響。另外，我們還應該多讀一些歷史名著，希羅多德（Herodotus）的、塔西佗（Tacitus）的、愛德華・吉朋（Edward Gibbon）的——他的《羅馬帝國衰亡史》（*The History of the Decline and Fall of the Roman Empire*）已經翻譯成

中文了——還有其他等等。總而言之，經典著作是我們應該閱讀的，包括中國古典的經典，如孔子、孟子。我跟一些本科生接觸，發現他們對孔孟還都挺熟，有時候説起來一套一套的，比我強多了。我只在小時候「批林批孔」時學了一點孔子，後來就沒有很好地讀過。讀研究生時才開始在中國古典上面下點工夫。最後，一個法律專業的學生還要提高自己的語言表達能力，並且把字寫得好一些。身為一個中國人，你的漢字寫得不漂亮，那真是不太好。這些知識都直接或潛在地對法學有影響，所以我們需要在這方面多開拓自己的知識。所謂「藝多不壓人」，讀書多了，對分析法律問題是一種潛在的資源，會讓你在分析法律問題時不會陷入工匠式的牛角尖裏，拔不出來。你會獲得一種有智慧的平衡，一種理性的平衡，永遠會做好自己的判斷，這是一個法律人成長中必須要做的。你看，這四年要做的事還是很多的。

第2講 法學方法的困惑

題記：這是2006年，我在北京大學講給學生的講座記錄。

　　我們都是生活在法學中間的人。大家進到這所大學來讀書，來學習這樣一個專業——法學。進入學校後，恐怕一直存在着一個很大的困惑，就是我們這個專業到底有怎樣的一種獨特的方法？這種方法如何區別於其他學科的方法？在這個校園裏邊，你們不斷見到其他專業的同學，社會學的、政治學的、歷史學的、文學的，各種各樣不同專業的同學，大家在一塊肯定會相互交流，談論你們這個專業如何，我們這個專業如何。大家通過各自領域的教育過程，去不斷培養自己一種專業視角。在這樣一個專業的視角之下，我們成了專業的人，畢業以後我們就和別人不一樣了。培養過程中非常重要的一點，就是我們這樣一種學科的方法。就法學方法而言，在今天這個時刻，可能面臨很大的危機。一方面，我們法學自我內部的一種知識和方法的建構，還處在一個比較脆弱的狀態之中，而與此同時，即便是法學界內部的一些學者們，也在不斷引進其他學科的方法來開拓本學科的視野。這也存在着一種危險，就是可能危及法學作為一個獨立學科的根基，使得自己的飯碗被砸掉。這是一個非常值得注意的現象。

法學是一門非常年輕的學科

首先，要在中國建構法學體系，即法律的知識體系，在這個過程之中，所面臨的一個非常大的困難，就是我們並不是一個法治國家。或者可以這樣說，今天我們國家還不能算是一個真正的法治國家。我們具有的，充其量只能說是一種非常脆弱的法學傳統。今天我們在大學裏所傳遞的法學知識，是從外邊引進來的。在中國以往的歷史上，沒有出現過真正意義上的法學專業。前一段時間我在網上突然看到，有一位老一輩學者對我進行非常坦率的批評，他就是台灣的張偉仁教授。你們也許都知道，他既是中研院的研究員，同時也是台灣大學的教授。他1935年出生於蘇州，少年時代到台灣，後來成為一位卓越的法律史學家。張先生既在台灣教書，也在一些西方國家教書，美國的一些名牌大學，哈佛、耶魯、哥倫比亞、紐約大學也有教，他身兼多所大學的教授職務，在那裏講授中國傳統法律思想和法律。他曾經在我們學校，給研究生教過先秦時代法律思想的課程，在清代法律史方面是非常重要的專家。1997年，我曾經編輯出版一本論文集，叫《中國法律之路》。當時我很希望選一篇討論中國古典法律教育的文章，檢索資料，發現張先生曾在台大的一份學術刊物上發表過有關清代法律教育的文章，於是就輾轉聯繫。承蒙張先生慨然同意，我們這本書裏就有了這樣一篇分量很重的論文。

在那篇文章中，張先生表彰了清代的法律教育，並且認為，它對於我們當今的法治建設仍然有着重要的參考和借鑒價值。但是，在這一點上，我和張先生之間是有分歧的。這幾年來我一直不斷地在不同的場合說，中國的古典時期是沒有法學傳統的，但我們有所謂的律學。我們曾經有過判案子的人，判案過程中也有一些輔佐人員，就是所謂的師爺，比如「紹興師

爺」。紹興這個地方出加飯酒，此外就是出紹興師爺，這是古典時期所謂的「法律專業人員」。他們往往是科舉考試的失敗者，往往能夠參與到司法的過程中，對他們的東家，也就是官員，進行輔佐，對於案件如何判決提供建議——他們就是刑名師爺。有一個非常著名的師爺，叫汪輝祖。汪輝祖先生就寫過一本《佐治藥言》，還有另外一本書（編按：汪輝祖後來還寫了《續佐治藥言》，並著有《學治臆說》）。在張偉仁先生看來，這些書裏邊都蘊含着所謂的中國「傳統的法學」，而我不認為這是一種真正意義上的法學。我也曾經對於中國傳統司法過程作過一點考察，也讀過一些師爺的作品以及對於師爺的研究著作，得出的結論是這樣的：司法過程無從生產出專業化的法律知識；同時，作為司法過程，最大的缺陷便是案件審理中的「個別主義」司法模式，對於一個案件的判決，不大注意從前對於同類案件是如何判決的。英美法律有一個重要的原則，叫遵循先例原則（Stare decisis），即要求後來的法官在做判決的時候，一定要研究或遵循從前的法官對同類案件的判決。這樣的要求是司法的題中應有之意，這種原則早在古羅馬時期就出現了。但是，當我考察中國古典官員如何判決案件的時候，我發現，判決書裏邊基本上沒有對以前案件如何判決進行考察，這些官員根本不考慮這些東西。當然，他們也引用法律條文，這主要是在刑事案件的處理時，因為按照清代的法律規定，判刑事案件不引用法律條文本身就是一個可以被追究的行為。但是，同樣是引用法律條文，他們引用的法律條文不見得具有某種確定性。我們現在的法官作判決也引用法律條文，哪個法官不引用法律條文？當然，有些法官過分了一點——在甘肅，有一個法官，他引用中華人民共和國新聞法作出判決，可是稍微了解法律的人都知道，我們壓根兒就沒有新聞法，這是一個不存在的法律！但是，儘管大家都引用法律條文，所作的判決仍然會非常不一

樣。比方説「侵犯公民名譽必須作出損害賠償」，就是侵權法中的一個原則，我們的《民法通則》第101條所規定的這樣一個原則，法官們都會引用，可作出來的判決卻是參差不齊的，存在着非常非常多的變化。所以，僅僅引用司法條文，並不構成司法本身的確定性。

對於民事案件，古人分類中所謂田土細故案件，官員們卻不大引用法律條文，引的往往是其他的東西。比方説，我們在古典判決書裏邊經常會看到這樣一個表達——「在禮」。「在禮」是什麼意思？那就是，要依據周禮的規則或精神作判決。判決案件最害怕的就是引用的東西不是法律規範，而是一些經典著作。比方説依照《毛主席語錄》來判決案件，或者依照「三個代表」來判案。前段時間某個報紙上刊登文章説，法院必須依據「三個代表」的精神來判決案件，我就覺得奇怪，依據「三個代表」怎麼判案啊！如果依據「三個代表」的第3條，「代表中國最廣大人民的根本利益」，「根本利益」怎麼解釋？這聽起來非常糊塗。這就是我們從前所倡導的某種判案方式：「引經入律，春秋決獄」，把從前儒家的經典運用到司法的過程中去。這樣在司法判決中會導致什麼結果呢？古代有一個女的要離婚，一個法官就開始給她講故事，説從前宋國有一個女的，丈夫已經在病床上十年了，人家還堅持説：「夫之病即妾之病，何忍離？」丈夫的病就是我的病，我怎麼捨得把他拋棄掉？所以你看看，依據這樣的故事你就不能離婚。中國歷史燦爛輝煌，故事太多了，有各種各樣不同的故事。當這樣一個故事作為判決依據的時候，就增大了司法的不確定性。更有甚者，有的官員作判決，一上來就是唐詩：「嗚呼！安得廣廈千萬間。」我們完全搞不清楚，他到底在依照什麼東西。

當我們談論一個司法權利的行使過程，如果依據的對象本身存在着相當大的不確定性，我們就不能夠説，這種司法能夠

帶來相同案件同樣判決的確定性。英美普通法中有十分重要的所謂區別技術，對於司法先例與正在處理的案件之間的關係作出仔細的辨別。這是一個國家獲得司法確定性的一個非常重要的來源。我認為，我們的古典司法真正就像德國著名的思想家馬克斯‧韋伯（Max Weber）所提出的卡迪司法（Khadi justice）。什麼是「卡迪司法」？卡迪是伊斯蘭教世界曾經存在過的一種司法官員，他判決案件不需要遵循已經確立的規則，而僅僅根據此時此地的案件本身包含的是非曲直，然後根據《古蘭經》所創立的原則，對案件進行判決。遇到了情節完全一樣的案件，也不需要遵守今天剛剛做的一個判決，而是完全依據明天的案件事實來判決。這樣的一種司法本身不能夠叫司法，簡直可以叫「司無法」。沒有法律可以遵循，而只是一個倫理型的準則或原則，這就是我對中國古典司法的一個看法。

很明顯，這樣的判斷涉及對於中國古典司法的真實狀態究竟如何，也理所當然地引起了中國法律史學界的質疑。不少學者們並不認為把中國司法等同於「卡迪司法」是一種準確的結論。他們認為中國古代司法本身具有某種確定性。有一位學者，黃宗智教授，是美國加州大學洛杉磯分校的著名歷史學家。他也曾經在北大教過課，在社會學系也教過一段時間的課。黃宗智教授所作的研究證明，清代的司法制度存在着確定性，他的理論依據就是，清代的法官從事刑事案件的時候都必須引用法律條文。但是日本的著名學者滋賀秀三、寺田浩明等先生，他們對中國古典做的研究，大多數也都否認了中國古典司法的確定性。

講這個事例要表達的是，儘管對於傳統中國是否存在法學還有很多爭論，但是，我們今天在大學裏所教授的這種法學知識，以及以之為基礎所建構的法律制度，都屬舶來品卻是不

爭的事實。也就是説，在我們這樣一個國家，法學是一門非常年輕的學科。它的年輕，表現在我們接受西方思想的時間還很短。因為時間比較短，對自己本土的歷史所形成的文化和這樣一種外來學術傳統之間的結合，還是一件比較困難的事情。

依據現代一般的學術制度，從事學術研究，是要通過發表或出版來表現的。我們現在要求，在學校任教的教授每年在核心期刊上發表論文。對於核心期刊，我們規定一個名單，比如我主持的《中外法學》就算是核心期刊之一，有些學校還將這個期刊界定為權威期刊，這比核心期刊似乎還高一個級別。在核心期刊上面發表文章，是評教授的條件。在我們國家，幾十萬從事社會科學研究的學者每年都發表很多很多的文章，就是我們本科生大概也要寫一點文章，研究生的畢業論文，有時候可能還要發表。這種硬性地要求學生發表文章的體制也有其弊端。現在是電腦時代、網絡時代，有些東西比較方便，"ctrl c"，"ctrl v"，就把一些事情搞定了。我現在不傾向於採取寫小論文的方式考試，有些學生寫的論文讓我覺得似曾相識。有一次，一個年輕人作了一首曲子給著名小提琴家帕格尼尼（Niccolò Paganini）看，請帕老師提提意見，給予指教。帕老師邊看這個曲子，邊摘下帽子給這個曲子鞠一躬，再看一會兒又摘下帽子鞠一躬。旁邊這個小夥子就奇怪了，説：「帕老師你這是什麼習慣，怎麼老是這樣不斷對着曲譜致意？」帕老師説：「我在裏邊不斷看到熟人，我這是表示我自己見到熟人的喜悦。」在寫作中也有一些問題，其中有一些很嚴重的問題都不是發生在學生身上，而是在學者身上。比方説，剛剛在北京市高院第二次開庭審理的某位教授涉嫌剽竊的案件，就是一個表明我們的學術——尤其是法學學術——還達不到規範化的重要事例。

一門學科內部的學者在今天行為如何，往往跟它在我們傳統學術格局中的地位有關。由於舶來品的背景，法學是沒有本

土傳統支持的一門學問，而哲學、歷史學、文學批評，都有這樣的一種傳統。與此同時，現行不合理的學術管理制度又進一步加劇了問題的嚴重性，使得我們不得不重視法學研究的方法和法學研究的一些規範。所以，我們今天用一個多小時的時間進行一個簡要的討論——在今天這樣一個時代，要進行法學的研究、法學的學習，在研究的方法方面究竟有怎樣的一種特殊性，需要我們去關注？也許有些問題屬一般性問題，是任何社會科學的研究都必須面臨的問題，比方說學術的自主。我們正在籌備一個研討會，研討學術自由問題，研討作為憲法權利的學術自由。我們的憲法也提到公民有從事科學研究的自由，很多國家的憲法對學術自由都有規定。那麼，學術自由的條件需要我們法律進行怎樣的一種保障？有時候在這個國家裏邊，還不能夠進行一個嚴肅的討論，不少話題仍然是禁區。比如說，今年是毛澤東去世30周年，今年是「偉大的無產階級『文化大革命』」爆發40周年，明年是1957年反右50周年。前幾天，有兩位當年被劃為「右派」的老人到我的辦公室去，跟我建議——《中外法學》明年能不能在適當的時候出「反右」鬥爭的一個專號，專門討論「反右」對中國法制建設的影響。我就覺得這個主題太好了，「反右」鬥爭中我們的法律界可以說是受到了最重的創傷。那一年，幾乎這個國家的所有律師都被打成了「右派」，法學教育受到了嚴重的摧殘，一些著名的法學家當年都被打成了「右派」。你們中的不少人也許都記得《南方週末》的那篇著名的文章，講當年台灣東吳大學的一些畢業生，如何在那樣一個艱難的困境下做事。儘管有些人能夠做一些事情，大多數人是不能做的。現在我們能討論一下、研究一下，1957年的「反右」鬥爭對法學教育的發展、法學制度的發展究竟有怎樣的一個影響。如果有人願意寫的話，一會兒講完了以後，你告訴我一下，我看有多少人想寫，明年的時候我搞一個專號，全部的文章都是「反右」鬥爭與中國的法制建設，也許蠻有意思的。但是

我相信，那位同學的表情已經告訴我，那是辦不成的，除非我這主編不想幹了，甚至整個雜誌都不想要了。學術如何保持品格上的獨立、學術上的自由，已經成為了學者和法學界都面臨的一個非常嚴峻的挑戰。有些東西我們沒有辦法去完全克服，甚至觸動都不容易。

學術的獨立與自治，直接會影響到學術研究成果的形態。比方說「引用」，我們的蘇力院長喜歡研究引用問題。他曾經發表過文章，以近年來法學界成果的引用率對於重要學者的分佈，作出描述和分析。這樣的文章，讓我們知道法學界的學者到底是哪些人，哪些學者是最有影響力的學者。他列出了目前法學界最具影響力的50名學者，其中可以看出北大法學院現在正處在一個蒸蒸日上的狀態，因為50名學者中北京大學法學院的就佔了九位，其中七位是在前25名之內。引用率最高的，排在第一名的是社科院法學所的梁慧星教授，前段時間梁先生見到我的時候，說他也注意到這篇文章。第二名是人民大學的王利明教授，第三名是我們這裏的陳興良教授，第四名是蘇力院長本人，我好像排在第十一名。他的這個研究表明，北京大學的法律學者影響力不錯。再換一個角度看，看這些人的年齡都是多大，從而考察這個機構將來的發展前景怎樣，因為如果這些人都是比較年輕的，那就說明這個學校年輕的學者已經在比較高的地位上了。然後再考察一下，這些人的本科都是在哪讀的，從而研究一下一個學校的本科教育對於整個國家法學格局的影響。

這個研究非常有趣，實際上蘇力院長還可以擴大一下，把法學界之外的人物得到引用的情況作一個統計和分析。比方說，研究一下法學界的文章引用的非法學界的人中，誰佔據了第一名。可能佔據頭幾名的，往往是我們的政治家。比方說「江澤民同志最近又指出……」、「小平同志早就指出……」、

「毛澤東同志曾經說過……」等等。我自己觀察，部門法已經發生了很大的變化，部門法的學者已經進入了——我們用一個中性意義的詞——概念主義，就法學本身的知識體系去進行論證，它的資源不需要假借外部的力量。一個研究名譽權保護問題的學者，一般不引用「小平同志最近認為名譽權如何如何」。小平同志大約從來不說什麼名譽權的事情。但是在理論法學方面，他們一般會引用所謂經典作家，就是政治家的話，政治的話語往往影響到了學術的研究。當然，這種引用都是所謂正面引用，你完全不可能和國家領導人商榷。我至今沒發現一篇論文與鄧小平商榷，都是支持性的引用，而且通常都是：「正如某某所指出的……」這個「正如」就表明這是一種不刊之論，是一種無需再討論的前提論斷。錢鍾書曾經在《圍城》裏邊說，有幾個地方的人可以把自己的籍貫作為論證的理由：「我是某某地方的人，我就這麼認為的，怎麼着吧？」好像廣東人、湖南人，還有半個山東人，可以做這樣的論證：「我們廣東人就這麼認為的！」那就對了，我們就不需要再去論證了。從事學術研究的人們，把馬列主義毛澤東思想作為不刊之論加以引用，這就表明至少在許多領域的學者都依附於政治家。這是我們今天在考察這樣一個學術規範的時候，必須要去特別注意的一個問題，當然，我們也需要去推動並逐漸地改變它。

改變並非易事，我們在這裏會遭遇另外一種傳統的阻力，那就是某種類似政教合一的傳統，它使得政治權威與思想權威合而為一。最重要的思想家往往就是政治領導人，除了政治領導人之外沒有思想家。在這裏，我們又看得到中西傳統的另一個重要的差異。大家都知道像康德（Immanuel Kant）這樣的思想家，是我們認為最偉大的思想家。他在活着的時候，就被德國人認為是最偉大的哲學家，但是康德先生一輩子都沒有走出過他出生的那個叫哥尼斯堡的小城，他一輩子連個芝麻大的官都

沒當過，可他是公認的最偉大的思想家。在西方，沒有哪個皇帝會愚蠢地認為他自己才是思想家，這就是政教權威分離帶來的一個結果。思想、學術方面的事情只有學者們去研究，而政治家不過是一些行政性的、跟思想沒有關聯的人，來做一些行政事務而已。但是，在我們這不一樣。這就構成了一個今天爭取學術自由、學術自主時非常大的困難，我們需要改變這種狀況。我個人在學術寫作方面，包括隨筆雜文，就從來不引用毛澤東怎麼説、鄧小平怎麼説，馬克思（Karl Marx）過去我引用過，但也只是作為批評性的引用，是他説的有問題。我們要愛惜羽毛，不要去寫那些應景文章。所謂的趨時，就是不斷跟着時髦走，但趨時的代價就是過時，不斷地跟着時髦的人，往往不斷地覺得自己已經過時。我曾主持法學刊物的編輯。在中國政法大學的時候，我主持過《比較法研究》的編輯；1995年到北京大學這邊來，從1999年底又開始主持《中外法學》的編輯。我所追求的一個目標，就是所發表的文章不可以趨炎附勢，在學問的態度上應當是真誠的，要體現學術和學者的尊嚴。自治、追求自由，我想這是我們普遍的追求。但就法學本身來説，還有一些具體的問題要去研究，對於這些問題，坦率地説，我是有困惑的，不能夠説我今天給大家講的都是確定的，現在提出來，一會兒大家可以一起討論一下，因為我發現在座的不僅有本科生，還有研究生，甚至還有來自校外的一些朋友。這裏，只是談一些有待驗證的看法。

法學到底有沒有自己的方法

　　第一個問題就是，法學到底有沒有自己的方法？一個獨立的，類似「獨門暗器」的這樣一個方法？這不是一個容易回答的問題。

我們都知道「法學方法」和「法律方法」存在着差異。當我們說「法律方法」的時候，我們說的是司法過程中，如何去進行法律推理，在這些法律推理中邏輯是如何運用的，這種東西叫法律方法。法學方法是什麼？法學方法是把法律作為一種學術或者說科學對象進行研究的途徑。我們這裏說的是要體現「法學方法」。我曾經跟幾位朋友一起翻譯了我個人認為非常有意義的一本書《法律與革命》(*Law and Revolution*)，是美國著名學者哈羅德·伯爾曼(Harold Berman)所撰寫的全景畫般的一部法律史著作。這個作品裏邊，作者用了很大的篇幅去論證西方的大學興起時代，法學家們在方法論上的追求，他如何把古希臘人所創造出來的所謂「辯證法」運用到法學過程之中，進行分析和綜合，並在這個基礎上協調法律規範之間的衝突和矛盾。我們可以發現在《聖經》、早期教會的學說、宗教大會所頒佈的教令，以及教皇所發佈的法令中，經常在一個問題上看起來存在着衝突。比方說，一個人是否在任何時候都不得使用武力。我們都知道，如果有人要打你的左臉，你就把右臉伸過去，是和平主義。但是「教父學說」以及《聖經》本身，表明了上帝似乎也並不完全排除武力。比如我們看，建通天塔這樣的一種行為上帝是如何懲罰的，還有一次毀滅一個城市之類的行為。似乎《聖經》裏面的學說，和上帝本身的行為之間存在着矛盾。後來的教父們，還有教會所頒佈的那些規則之間，也存在着相當大的差異。我們知道中世紀最偉大的法學家之一，也是意大利博洛尼亞大學最偉大的法學家之一，格拉提安(Gratian)他一輩子只寫了一本書，書名叫做《衝突教規之和諧》(*Concordia Discordantium Canonum*)。他一輩子都在用這樣一種分析綜合的辦法，研究如何解決各種不同教法淵源中的矛盾，結合相關規範所產生的歷史背景，對於那種規範的目標指向進行一種分析，最後進行協調。他得出的結論就是在某種特定的環境下，

使用武力才是正常的。這樣的研究在伯爾曼的《法律與革命》中，被認為是西方法學在方法論的歷史上一個非常重要的過程。但是，從方法論意義上來說，我想無論是從司法的角度、從操作的方法的角度、從我們法學的法律人的角度來看，他們所追求的都是可以被加以描述的。當然，在進行這種法律分析的時候，實際上我們是在進行價值上的取捨和平衡。我們可以說，法律人所追求的終極性的價值目標是正義。不像經濟學，也許經濟學家會更多地強調效率本身，但我們會強調正義的至高無上。

其次，我們追求一種普遍性，不進行個別主義的論證。一直以來法律本身是帶有一種普遍性，也是規範性的，有所謂的普適性的正義（Universal justice），也有所謂的慣例性的正義（Conventional justice）。在本地，有特別的一種價值標準。正義的標準是不是能夠超越地域的範圍。直到今天，這仍然是我們國家面對着國際壓力的時候面臨的一個很大的問題，當然也是法理學上永遠無法獲得完美平衡的難題。我們的國家有一些很奇怪的邏輯，就是我們願意一直提倡所謂的「保持一致」，但到了國際上，我們卻願意倡導「世界是繽紛多彩的，應該有差異的，我們應該尊重不同國家的差異，主權應該高於人權」等等。早在17世紀的時候，法國的著名作家、哲學家、思想家帕斯卡（Blaise Pascal），就批評過那種把地理的緯度和正義的標準關聯在一起的觀點。為什麼地理的緯度變一下，正義的標準就發生了變化？彷彿一座山就能夠改變正義的標準，在比利牛斯山的這一邊是英雄，到了那邊就成了死刑犯。我們法律人即使關注這樣一種地方性的正義標準，關注不同正義標準的衝突，但是我要說，法律人所追求的總是趨向普遍化的。有的學者不追求普遍化，非常強調本地風光，這樣的人往往是人類學家。人類學家最喜歡看到人類的差異性，人類學家要是到中國看到

一個小腳老太太，那真是高興得晚上都睡不着覺，因為他看到了人類生活非常不同的一點，非常不同的一種類型。如果全世界的人生活都差不多，什麼習俗都一樣，人類學家可能就要失業了。毫不奇怪的是，正是一個人類學家提出了「法律是一種地方性的知識（Local knowledge）」這樣一個口號。這是人類學家格爾茨（Clifford Geertz）提出的，這帶有相當強烈的人類學的色彩，而不應該是我們法律學界也跟着倡導的一個概念。有些人前幾年就不斷地把格爾茨這樣的思想加以推廣，以為發現了一種真理。其實我們可以以子之矛，攻子之盾，既然他説「法律學是一種地方性的知識」，這樣的判斷本身就是一個「地方性」的概括，是一種代表着人類學這一獨特學科「地方性」的表達。如果我們將這樣一種「地方性」的概括加以普適化，就變成了「法律不是地方性的知識」。

我們從事法學研究時必須要有一種學科上的自覺，注重我們跟人類學家、經濟學家等其他學界之間的分野。我們要看到普遍性。追求普遍主義、人與人之間的平等，正是普適主義的一個要求。我們不重視所謂的農村社區和城市社會之間的差異，東部和西部的不平衡。有人願意強調中國是一個大國，中西方發展不平衡，各個城市又很不一樣，法制程度也參差不齊，所以，我們不能夠把西方那種行之有效的法治拿來為我所用。但這是錯誤的説法，不符合法學的要求。固然，法學研究需要看到這些差異，以及這類差異可能對於立法和司法的影響。不過，法學所追求的卻始終是一種普遍性，關鍵是要揭示相關制度背後的一些內在機理，以及這些內在機理所蘊含的方法論意義是什麼。對於差異性的強調，會帶來一些難以解決的難題，因為差異性是絕對的，天底下沒有兩片完全一樣的樹葉，人不可能兩次踏入同一條河流，差異或者不平衡的推理是無限的。城鄉之間有差異，東部與西部不平衡，可是，農村與

農村就一樣了麼？即使同屬東部沿海地區，其間的差異也真正是不可以道裏計。甚至在同一個村子裏，不同的家庭也很不同。這類差異和不平衡是無處不在的，也會永遠存在下去。如果把它們作為不推行統一法治的理由，則法治在任何地方也不能實現，在任何時間內都不可能實現。所以，我們應當追求這樣一種普遍性、正義的至高無上，這是對我們法律人在價值觀念上，也是在方法論上的特殊要求。

確定性問題

我也一直認為，確定性的問題應當成為法學研究最關心的核心價值之一。確定性，就是指制定的規則有一種可預期性，不可以說我們完全不知道明天會怎樣。我們能通過對司法判決本身的研究，來預測今後法院會作出怎樣的判決。我最近也在看這方面的文獻，發現在過去一個世紀裏不同的觀點一直在互相衝突，不同的人觀點差異很大。有些人說，法官早上吃的飯都會影響到他今天的判決，更不用說吃飯的時候還跟太太吵了一架，上午的判刑多五年都是有可能的。法律與文學運動的這些學者，不斷地用文學批評的方式去分析法律問題。比方說，用詮釋學來分析法律確定性的問題就會變得非常麻煩。詮釋學認為，一個文本的含義不僅取決於文本本身的意義，而且經常取決於理解者——讀者的理解。立法者指定一個法律規範，法官是一個讀者，律師是一個讀者，當事人也是讀者。他們都在看這樣一個法律規範的時候，可能就存在着理解上的各種差異。作者死了，作品就成為一種難以獲得確定性含義的文本。在文學批評領域裏，對於文本意義的解釋上的差異性達到了相當激烈的程度。這樣一種「作者已死」的說法，會不會再進一步進行推演，推演到法律領域——「立法者也死了」？立法者的

確死了，許多立法者都死了，許多憲法的製作者都已經死了，拿破崙（Napoleon）早已經化作灰土了。我們不知道現在那個時代的還有誰活着？沒有誰活着了。德國民法典的立法者全死光光了。我們國家《民法通則》的制定者許多人也不在了。記得當年某位著名的刑訴法教授特別自豪地說：「1979年《中華人民共和國刑事訴訟法》是我一個字一個字寫出來的！」也許這種說法有些過分，因為觀察那個時候的立法過程，我們都知道學者的意見實際上沒有達到那樣的主導地位。即便如此，這位學者也死了。立法者死了，會不會帶來我們法律上的一個意義更加不確定的問題？因為他活着的話，我們還可以去問問他；如果他也死了，那真是永遠不知道那是什麼意義了。但是，問題在於，即便是他活着，他是否能夠獲得法律意義解釋上的權威呢？因為即使他活着，現代立法也往往是集體行為。我們人大人數更多，2,980人一起表決，有贊成的，也有反對和棄權的，最終通過了這個法律。然而立法者的意圖到底是什麼你知道麼？我們通常都不說話，舉手的時候看一半人都通過了。河南省焦作市的人大代表、勞動模範姚秀榮女士，當了全國人大代表三年沒說一句話。一到了北京，她就「徐庶進曹營，一言不發」。她也舉手，該舉的都舉了。當對於一個法案進行表決時，她的舉手表明她的意圖是什麼，我們也不是特別清楚，甚至她自己都不大清楚。所以，即使是個別立法者活着，我們也很難通過個別人來了解立法者的意圖究竟是什麼。

這樣的話，法律文本的解讀就變得非常複雜。法律不僅僅是一種法律，法律本身也是一種文學。它是一種文學創作，一個立法者和一個司法判決經常可以作為修辭學的研究對象、文學的研究對象。用文學的方法來研究法律，法律的不確定性就會愈發加劇，這是我們在主張法律確定性時經常受到某些質疑的根源。但是，我還是要向在座的各位同學發出我的呼籲：不

要輕易相信從文學的角度去研究法學是一個對於法學而言無害的角度！從知識方面而言，它也許會給我們一些啟迪，但是不能夠代替我們的法學研究的方法。它不應該成為我們法學研究的一種主流式的方法。法律，還是應當以追求確定性為最高目標，在方法論上也應當有這樣的一種要求。那就是說，在司法制度的建設過程中、在法學的研究過程中，我們都會孜孜以求地去追求一種法律本身的確定性。不要相信一些人說：法律規範都是人制定的，仁者見仁，智者見智。不，通過英美國家的判例法方法，我們看到，這個確定性的大廈是如何一步一步確立起來的；通過歐陸法學，法學是怎樣獲得一種確定性的。

許多朋友看過王澤鑒先生的書，尤其是那套著名的「天龍八部」——《民法學說與判例研究》。我有時候遇到一些民法問題，我首先去看他的八部書裏邊有沒有相關的問題，一般都能夠找到答案。他會在他的研究裏邊，告訴你什麼是「通說」，例如「不完全履行」是民法上非常重要的一個概念，告訴我們「不完全履行」在德國的法學是如何地建立起來的，在這個過程裏面，哪一個學者在哪一年發表了一篇文章，在被稱為是歷史里程碑的這樣一個過程，發生了革命性的變化，因為他把「不完全履行」的範圍進行了大規模的拓展。接下來是瑞士債法典，這部法典的起草者是如何去界定「不完全履行」的。什麼是「通說」，什麼是「少數說」，有些人提出來與「通說」不同的解釋，這種質疑到底有怎樣的價值，我發現讀王澤鑒的文章，能夠告訴我們，歐洲大陸上的法學是如何獲得了某種確定性的。

你們還記得薩維尼（Friedrich Carl von Savigny）吧？薩維尼在大學裏教法律，是一個著名的法學教授，被稱為是德國19世紀最偉大的教師。他講課的時候對各種資料爛熟於胸，自信洋溢於眉宇之間，一雙藍色的富有智慧的眼睛炯炯有神，

講話引經據典，各種例證，信手拈來，學生做的筆記根本不需要加以任何刪減，就可以發表出來成為一篇精彩的學術論文。他就是這麼了不起的法學家，雖然馬克思說他是德國的傭人。薩維尼在大學裏面教書，他們幾個教授成立過一個教授法庭，這個法庭專門接受法院法官的諮詢，當法院法官遇到案子，不知道怎麼判的時候，幾位法學教授就構成一個合議庭，對這個案件進行審理。當事人當然不在場了，因為法官之間有爭議，就把這幾個案件拿過來，最後他們可以作出一個判決。這個判決對於法官來說有相當大的說服力，法官基本上會尊重教授們的意見。歐洲的，尤其是德國的這樣一種法學傳統並不是建立在一種虛無縹緲的基礎上的，它在學理方面有一個嚴格的論證，而這種學理的基礎，正好構成了歐洲大陸司法本身的一種確定性。

因為我們在西方兩大法律傳統中，都看得到這種通過司法和學理建構出來的法律的確定性，所以，當我自己在觀察中國古典司法傳統的時候，會得出那樣的司法絕對無法獲得確定性的結論。引用條文並不能說明確定性，即便是官員們在司法判決的時候，不斷地說我們要嚴格地進行司法判決，也不見得就有確定性。確定性建構在一個人工建構的基礎之上，而不僅僅是一種觀念性的學說，或者說一種人道主義精神基礎之上的偉大訴求。這種確定性所建立的基礎性的知識，經常是很繁瑣的。大家看王澤鑒先生的書，很繁瑣。儘管邏輯嚴謹，但是那些成群結隊、紛至沓來的專業概念和術語，卻一點都不吸引人。如果不是對於民法有一定研究，讀起來簡直是一種折磨。但民法學家經常可以從裏面看到非常精妙的東西，這也是特別重要的。所以，法學研究本身所建構的確定性表現出來的一個基本的規範及規範之間的關聯，是不是有確定性是非常重要的。就我個人來說，我還特別願意強調，司法制度的過程中間

也特別需要上述審題的一種職能、一種建構來推動確定性的構造，不能夠讓這些國家裏面，法官怎麼判的都有，那樣確定性怎麼體現？我想，這是司法也是法學研究的一個追求。

法學創新問題

簡單談了一下法學本身在方法論上的獨特追求，接下來我想談一下法學創新的問題。任何的學術研究，目標都在於推陳出新，都在於我們要表現得跟從前的研究不一樣，要推出來新的思想、新的成果。一個學術成果的新，也可能體現在三個方面。第一項就是材料是新的。從前我們沒有發現湖南那個地方有一個古墓——馬王堆。馬王堆被發現了以後，我們挖出了老子《道德經》一個此前從未見到的版本，其中的字句有與通行版本不同的地方。根據這些差異而寫出來的論文，就是新東西。還有張家山漢簡，其中也有許多能夠給我們以新知的內容。我們都知道，這種新材料在學術研究中間特別有價值。但是，單純的新材料，往往並不足以使學術成果有非常重大的價值。重大的價值，往往是在新的材料、甚至舊的材料之上發現別人沒有發現的東西。從物理意義上，我們所處的世界是同樣一個，但是，實際上不同的人是在不同的世界中生活的。我們都來到這個教室，但是，在這個教室受過不同訓練的人，看到的東西往往是不一樣的——一個人很難看到他的知識不容許他看到的東西。所以，我們面對文化的、觀念的、審美的等等方面，我們看到的是完全不一樣的世界。對不起，我現在的說法可能跟上面的確定性有一點差異，但是嚴格的法律訓練，目標就是讓我們看到的世界是一致的——知識、觀念對我們的眼光有很大的作用。所以，學術的創新的第二個方面就是有新的方法。不同的方法，對所研究的結果是不一樣的。正如我們觀察到的法

學流派一樣，指向不一樣，就帶來了相當大的方法上的差異。第三個創新就是思想或者觀念上的創新。這種創新，給我們帶來了對於某種現象或事物的非常不同的解釋。馬克思和恩格斯（Fredrich Engels）之所以在思想史上有那樣的地位，就在他們看到了從前的思想家沒看到的資本主義社會的某種構造性的邏輯。韋伯之所以偉大，是因為他發現了馬克思本身的荒謬。這種對於流行學說加以批判、建構新的學說或理論，就是學術界一代一代往前走的一個非常重要的表現。

這樣一種學術創新，有必要建立在其原有的知識和成果的基礎之上，學術的創新一定要重視從前的知識的累積。從法學論文的寫作角度來說，為什麼要求前面都有一個註釋，告訴讀者都看了哪些東西，在這些領域中間，哪些是最有價值的？為什麼有些學術論文總是在前面提出問題，即西方人一般所謂的Introduction，導論？現在學術論文呈現一種特別八股化的狀態，前面一定會有這樣的東西。這部分要交代出來作者為什麼要做這個研究、試圖在怎樣的基礎上來從事這個研究、要提出怎樣的問題，有非常嚴格的層次化格式化的要求。前一段時間，我有一篇文章被翻譯成英文，那份刊物的編輯說這文章少一段東西，要寫一些導論之類的東西。我說，我這些文章是信馬游韁寫出來的，隨筆雜談的性質特別明顯。人家說：「要發表到我們的刊物上，就必須要寫導論，提出來做這個研究的原因，要討論什麼樣的問題。」我覺得格式化的要求特別難受，但是，還不得不遵循他們的要求和規則。其實這個要求是非常合理的，因為它使得每一個讀者都知道你建立在誰的基礎之上。有些人就自我作古，動不動就說「這個觀點是我第一個提出來的，這個觀點在中國我填補了一項空白」，但其實有些空白在科學史上根本沒有意義，只是去填補了一個無用坑。所以，

要讓讀者自己去判定文章，要知道你的文章建立在怎樣的基礎之上。

　　為了這些目標，我們可以去觀察一些學術比較發達的國家的學術刊物，他們發表的文章往往篇幅都非常長，像美國法學院編輯出版的 *Law Review* 這樣的雜誌，通常都是法學院高年級優秀學生編輯的，但卻是高水準的學術刊物。那麼厚的刊物，大概只發表三四篇論文。為什麼要發表長文章？因為長文章才是一個學科發展的里程碑。我過去編《比較法研究》的時候，國內的社會學科刊物稿件字數基本上限制在8,000字以內：「本刊所有來稿篇幅不得超過8,000字，編輯部保留刪節的權利，不同意刪節者請提前聲明。」有些刊物甚至只發表6,000字以下的文章。《中國社會科學》當時算是最開放的，不，還有一個最開放的是《世界宗教研究》，我1986年的時候在那兒發表了第一篇文章，就給我發了兩萬字，得了三百多塊錢的稿費。那個時候，三百多塊錢的稿費是「巨額財產」，因為當時一般發表一篇文章都是六七十塊錢。此後好幾個月，我的日子過得都特別好。《中國社會科學》對論文字數的要求算是比較寬鬆的，但在1990年前後他們要求無論如何不能超過15,000字。我在1993年編輯《比較法研究》時，發佈季衛東教授的論文〈程序比較論〉，有七萬字。在編輯部開會時，大家都面面相覷：「開玩笑，一篇論文就洋洋灑灑七萬字，這怎麼辦？」我看了一遍這個稿子說，我們應該全部發表。然後，我的同事說：「那我們是不是連載？」我們當時是季刊，那真是上氣不接下氣了。大家知道，好的文章有時候給人看小說一樣的感覺，因為有懸念。我看這裏有位同學拿著一本書《菊與刀》。這本書寫得就非常好，它勾着你往下看，有看了這章就想往下一章看的感覺。季衛東教授的文章寫得也很好，他是我們法學界一個非常優秀的學者。但如果把他的文章砍下後半截，來個「未完待續」，然後三個月以後再見，

這真正是折磨人。所以我說，不，全部發表。結果，我們就拿出七萬字的篇幅來發表。我在文章後邊寫了一個編後記專門解釋這個事情，用蘇東坡的那句話：「行於所當行，止於所不可不止。」對於學術研究、學術寫作，我覺得大家現在關注的是「又臭又長」，這是毛澤東說的。但毛澤東的批評是針對報章文字的，學術刊物不能這樣說。我覺得學術論文如果一味地崇尚簡潔，就可能普遍地是「又短又臭」。太多人只好把一篇文章砍得七零八落的，一篇文章分作幾篇發。直到今天，我們對於學術成果還是以篇數計算的。過去有人為了鼓勵大家寫短文章，說最好的辦法就是無論你寫多少都只給500塊，這就會鼓勵大家寫短文章。季衛東教授的這篇論文就被全篇發表了，現在又被法制出版社收錄在《法學名篇小文叢》裏面，成為法理學和訴訟法學領域最重要的成果之一。

鼓勵大家寫長文章，就是鼓勵大家坐冷板凳，追蹤過去的學術傳統，並且在這樣一個學術傳統上推陳出新。大家都知道你是站在誰的肩膀上，同時，大家也知道你都做出了哪些新的東西。我想，這是推陳出新的第一個方面。

推陳出新的第二個方面，是在這樣一種中西格局之下，如何推陳出新？所謂「中西格局」是說，由於法學研究這個學科本身是外來的，學術的基本概念、基本術語，甚至基本方法都是外來的，這樣一種外來的知識體系、外來的學理，給我們的研究帶來的大困難，就是我們如何具有創造性？於興中教授，哈佛大學法學博士，提出來的一些看法，我覺得特別值得重視。他認為，現在我們的法律界和法學研究中間所有這些概念，沒有一個概念是我們中國人創造的。這幾年非常盛行西方國家的人來中國講學，一會兒來一個哈貝馬斯（Jürgen Habermas），一會兒來一個德沃金（Ronald Dworkin）。國內學者跟他們交流時，我覺得，不知道怎麼說這種感覺，我們基本上是一個跟着人家

走的人。「德沃金教授，你的那本書我讀過了，我覺得你寫得真夠深刻的，關於那個原則與規則之間的關係，我理解得對嗎？」德沃金說：「我不是這個意思。」我們語言表達還是有問題。德沃金的背後是整個西方學術史。你了解他的局部的東西，你不能不了解它背後的東西。這樣就給我們理解西方的學術帶來了很大的困難，有時候甚至是盲人摸象。我們說，這個人的觀點是怎樣的，過一陣人家說，你對他的理解完全都是錯的。好像我們的理解，註定是不可能是準確的和完整的。

無論如何，這種只能邯鄲學步式的向西方學習的狀態是讓人不安的。我們能否作出自己獨特的貢獻？我們要有自己的創造，不僅僅有獨到的特色，我們本身就應該發展出一種原創型的思想和學術，我們可以在世界的舞台上跟你比肩，毫不遜色。我們是深刻的，是偉大的。不僅僅有古代的孔夫子，我們今天還要有王夫子、馬夫子、劉夫子這種新的思想家的出現。我們什麼時候能不讓外國人說起來老是孔子，再加上孫中山……你們看，從晚清時思想家的代表人物就變成政治家了，不論孫中山還是毛澤東，都是政治家中的大名人。但是，我們卻沒有獨立的民間思想家，百年來我們的法學思想家有哪些？好像這不是一個容易回答的問題。這不僅僅是虛榮心的問題——真正顯示一個民族偉大的地方，是它學術和藝術的偉大。塞繆爾·約翰遜（Samuel Johnson）說，一個民族的尊嚴在很大程度上要通過文學家來表達。莎士比亞永遠讓英國人感到自豪，正像柯克（Edward Coke）也是英格蘭民族尊嚴的體現一樣。

我們說，要立於世界舞台上面，要跟國際對話，但是怎麼對話？對話，我們要分享共同的語言。同學們經常使用雙語詞典，但雙語詞典經常給我們一種誤導，就是我們會認為任何一種語言都是可以用另外一種語言翻譯的，都是對應的，一對一

的。你有"eyes"，我則有「眼睛」；你有"head"，我有「腦袋」或「腦殼」。但是，一些抽象的學理怎麼去翻譯？「法術勢」怎麼翻譯成西方語言？什麼叫「法」？什麼叫「術」？什麼叫「勢」？我們的刊物經常要有一個英文目錄，我做編輯的時候也會自己動手翻譯一下。最怕的，就是把一些包含着某些中國特有概念的題目，翻譯成英文目錄。現代學術的通行概念沒有問題，最怕的是那些研究中國傳統思想的人的文章。〈論德主刑輔、刑期去刑〉，這怎麼翻？還有許多更加抽象的，只好音譯。「禪宗」，你說「禪」怎麼翻譯？西方人通過翻譯知道這個東西，但我看到一些英文文獻就是一個音譯「Zen」，好像是日本創造了這樣的譯法。《易經》怎麼翻，不少譯本乾脆就用音譯，「I-Ching」。看到書名你不知道，不要緊，看那些解釋性的內容吧。現代制度也有這個問題，我們的「人民代表大會」，標準英譯是"National People's Congress"。可是用"Congress"或者"Parliament"來翻譯我們的「人大」是否妥當？議會總要對於相關問題作出熱烈的爭辯吧？我們沒有爭辯。議會總是要對於財政預算作出細緻的審查吧？我們沒有這樣的審查。議會裏的議員總是每個人都是平等的吧？可是我們不平等：有總理級議員，副部級議員，局級議員，還有什麼級別都沒的議員。議員，應當是民選的吧？我們不是。凡此種種，這也叫議會嗎？今後是不是應該用音譯，我們就叫"Renda"，以便讓其他國家的讀者知道，這是一種不同於議會的集會。

由於這些名實之間的距離，中外法學交流變得非常困難。與此同時，這也意味着我們用民族語言的法學寫作的困難。學者必須對於相關領域的知識傳統——包括在西方而言必稱希臘羅馬這種知識傳統——全面地準確地把握，這已經是一個極其艱難的事情。但是我們還要求有一種可通用的語言的表達。我們現在在中國講學術，雖然都是用中文，但實際上都是從西方

生長出來的一套知識。如何在這樣一個格局中去真正地創新，不得不說是異常艱難的一件事情。這種挑戰，不僅僅體現在我們今天所講的方法論問題上，而且也體現在如何從實質上推動學術的發展上。

總而言之，由於我們的法學還是一個年輕的學科，同時在法學的各個分支領域中研究方法又容有差異，所以，上面這些討論確實只是嘗試性的。今天晚上，我給大家帶來的完全不是某種系統的知識。毋寧說，是自己在進入法學領域近30年之中所積累下來的某些方法論困惑。韓愈講，作為老師應當給學生「傳道、授業、解惑」，我很抱歉，自己卻只能拿這些自己的困惑給大家講，當然，也期望能夠引起各位的思考，並且通過廣泛的閱讀來獲得更多的知識。求知的樂趣，也許正在於這樣的由困惑而思考的過程之中。

第3講　中國法律教育的過去與未來

職業化視野下的法律教育

題記：這是2005年9月21日，我在煙台大學法學院模擬法庭的講座記錄。主持人是煙大法學院湯唯院長。

　　又回來了，我在1978年高考離開了山東省牟平縣。走的時候，家鄉並不存在一個叫煙台大學的大學，後來才有這所大學。沒有大學的時候，每一次牽掛的只是自己的鄉親父老、兄弟姐妹；有了煙台大學，我就開始牽掛湯院長。所以，回到老家來，感覺心情非常好。當然，你們不要期望我用牟平話作這次講座。我以前來作講座的時候，總是習慣在前面說一點牟平話。我們牟平話很土的。牟平話──其實不僅僅是牟平話──整個膠東話，比方說，我聽中央電視台演小品，魏積安演小品，我總覺着不怎麼幽默。魏積安也是咱們膠東人。我覺得，中國的語言中比較幽默的是四川話、北京話、東北方言，我們膠東方言好像不夠幽默，不夠幽默的語言就不適合作為小品的語言。而且，因為我離開家鄉已經27年了，已經習慣用普通話交流，甚至思考，所以要討論學術問題，就不大習慣用家鄉方言說了。我在家鄉的時候，曾經是毛澤東思想宣傳隊的成員，演講節目在台上總要說普通話，但是到了台下你就不能再說了，要說地道的牟平話。所以，養成了一種在台上說普通話、在台下說家鄉話的習慣。

關於過去

　　過去我曾經就法律教育問題，在這個場所作過演講，也給大家匯報過自己對法律教育的看法。大家也知道，法律教育不僅僅是整個國家高等教育的一個組成部分，也關係到在座的每一個人的前途。法律教育不僅僅是發生在大學裏的事情，而且對於整個法律制度都有深刻的影響。一個國家的法律教育模式，可以說是一個國家的法律制度的造型因素。它與法律制度之間，存在着一種互動關係。那麼，怎樣的一種法律教育模式對中國是比較合理的呢？

　　你們知道，前一段時間，我曾經鬧過一場事，宣佈暫停招收碩士研究生。這個事鬧得比較大，其實我沒有想到會那麼大。在今年（2005年）的6月23號的時候，我在學術批評網上發表了一封公開信，致北京大學法學院的院長、領導和北京大學研究生院的領導，宣佈暫停招收法學碩士研究生。我當時只是把這個東西發到了學術批評網上。學術批評網主持人也是我們山東人，楊玉聖教授。他本來是北京師範大學的美國史方面的教授，現在是中國政法大學的教授。他自己主持的私人網站叫學術批評網。我就說：「你把它登上去吧！」登上去以後，萬萬沒有想到的是傳播得這麼快，好像各個網站紛紛轉載。我當時也不知道什麼原因，可能是因為跟一個「北大」的教授宣佈罷招有關吧。

　　你們也知道，前邊曾經有清華大學藝術系的陳丹青教授宣佈辭職，不在清華大學做教授了。他是著名畫家，在美國待了十多年，作藝術方面的一種學習和實踐，後來清華大學就把他招聘回來作導師——博士生導師、碩士生導師。但是，他非常苦惱的是，多少年來他認為藝術方面非常有才華的年輕人，考研究生考不上，而考上的人，他覺得並不是藝術上最有培養前

景的學生。沒有藝術天分的人能夠考上，有藝術天分的人偏偏考不上。他感覺非常困惑：為什麼考藝術專業的研究生，還要考政治，還要考外語？政治你背得再熟練，你的藝術不行，那你能成為藝術系的好研究生嗎？英語教學，我覺得一直以來受到很多詬病。大家都覺得，是不是每個專業、每一個學校，都應該把英語當作那麼重要的事情？

我在一個小小的網站突然發佈這麼一個信息，引起了全方位的關注，包括各個網站、各個地方的報紙，甚至吉林白城市的《白城日報》。有我不認識的人把報紙剪下來寄給我，說：「我們當地的報紙，報導了你罷招的消息。」《南方人物週刊》以及鳳凰衛視《名人面對面》，也都進行了專訪。所謂「一石激起千層浪」，這樣的事件能夠引發如此廣泛的關注，如此強烈的一種反響，它的原因到底在哪兒？我想，我們可以自豪地說，法律教育不再是過去那個意義上的邊緣化的一種教育了！

大家知道，今年是科舉考試廢除 100 周年紀念。100 年前——1905 年，清廷宣佈廢除科舉考試。廢除了科舉考試，這對中國文化來說是一個重大事件，在中國歷史來說更是極其重大的事件。大家知道，清入主中原以後的相當長時間裏，漢人一直在反抗，我們許多人都把自己作為遺民——明朝的遺民，不接受新政權的統治，因為這個新政權完全是一個異族的統治。他們是外國人，愛新覺羅，這是什麼？這不是中國人的姓氏。所以，他們來當皇帝，漢族的人們就非常地不服氣，我們不願意接受這個新皇帝。但新王朝一旦宣佈恢復科舉考試，很多人就覺得這是我們的皇帝了，我們就接受了。所以，我們中華文化真是「海納百川」，胸懷極其開闊。這就說明，科舉考試是中國文化非常重要的一種根基性的因素。但是在 100 年前，朝廷廢除了科舉考試，不再用科舉的方式去選任官員。當時很多人從小就準備科舉考試，突然斷了他們走向仕途的道路，這對他

們來說是一個很大的打擊。後來，正是法律教育的發展，使得這些受打擊的人有了一種功能的替代物，那就是——法律教育相當於科舉考試——學法律，照樣可以做官。

　　一時間在中華大地上，法律學校、法政學堂如雨後春筍般到處湧現出來了。日本人來做我們的教習。那時各個地方法政學堂，像濟南法政學堂、南京法政學堂，許多日本人來教我們學習法律，學習法律成為通向官場的捷徑。這是當時的通例。法律教育，在那個時代裏興盛發展。比如話劇《茶館》裏邊，有一個二流子，有幾天沒有出現了，常四爺問他：「哎，這幾天沒見您，您到哪兒去了？」「上法政學堂了。」「上法政學堂了？」好了，什麼人都可以讀法律！這是那個時代的特點。法律教育從那個時代一直興盛到民國；30年代政府開始感到法律教育過分畸形地發展——太多的人學法律。著名作家楊絳女士的父親楊蔭杭先生——楊蔭杭名氣不如他妹妹楊蔭榆，就是魯迅先生寫的〈記念劉和珍君〉中北京女子師範大學的校長楊蔭榆——他先到日本學法律，後又到美國的賓夕法尼亞大學留學，做的論文題目是日本民法與美國民法的比較；回到國內，擔任過檢察官、法官、律師。他就說那時學法律的人如過江之鯽，法學文憑賤如糞土，沒有人認為法律是一門真正的學問。所以，國民政府三四十年代的一個基本政策，就是壓縮法律教育的規模，不允許招收太多法律學生。到50年代的時候，中華人民共和國成立了，法律教育更面臨着一個轉折關頭。1949年以前，我們曾經有過非常好的法律教育。比如總部在蘇州但法學院在上海的東吳大學，它的法學院在三四十年代被美國人稱為「全亞洲唯一的law school」。美國人的觀念中什麼叫"law school"？"Law school"就是「後本科的法學院」，是一個開展professional education的地方。而東吳大學，正是1910年由一個美

國律師建立、美國教會創辦的教會大學。在座的同學有從蘇州來的,可能還記得蘇州大學一進去,裏面都是西洋式風格的建築,老建築給人的感覺就像一下子走進了一個西洋的大學,那就是教會學校留下來的遺產。東吳大學法學院在1949年,不,1952年以前(因為東吳法學院及東吳大學真正停辦是在1952年)的中國,是一所真正意義上的重要法學院。它多多少少依託了上海殖民地這樣一個特點,殖民地的法律制度本身就是一個多元化的法律制度。你們都記得會審公廨,即領事法院。發生在中國人和外國人、外國人和外國人之間的訴訟,並不是由中國的法院來審理,而是由西方人開的法院來審理。這樣就導致上海那個地方各種各樣的法律制度都能實行。於是乎,那就需要了解各種不同法律制度的人才。

東吳法學院就適應了這種需求,培養各種各樣的法律人。他們開設的課程,學英美法的時候直接用英國和美國的課本學習,學習德國法的時候直接用德語的課本學習。每個人在東吳學習的時候,都必須精通兩門或兩門以上的外語。我有一個前輩的同事——潘漢典教授,他是東吳法學院40年代的畢業生。潘漢典教授在中學的時候,讀的是教會學校,所以他在高中畢業的時候,英語已經是「綽有餘裕」。到大學的時候,他要學德語,當時他那屆學德語的人不多,只有兩個同學,學校專門為這兩個同學配備一個教師教德語,教他們兩個人的德文。後來,潘漢典教授成為一代法學翻譯家,他翻譯了馬基雅維利(Niccoló Machiavelli)的《君主論》(*The Prince*)。大家看的商務印書館出版的馬基雅維利的《君主論》就是潘漢典教授譯的。這本書根據意大利文原版翻譯,並參照英美法德日等國譯本校對,就是說,他一個人精通這麼多語言——那是當時的法律教育的特點。

那個時候培養出來的人，能夠真正對西洋的法律制度有精闢的見解。有許多人在東吳畢業，以後直接到西方的大學去讀博士。大家也許記得吳經熊先生，他也是東吳大學的畢業生，後來到了美國密歇根大學去讀法律，讀法律期間又寫文章，居然在密歇根大學法學院的《密歇根法律評論》上發表關於霍布斯法官的法律哲學的文章。中國人留學西洋時經常寫的文章，都是寫一些我們自己的事，外國人不懂，所以說什麼是什麼。如果能夠研究西洋本身的東西，這是很了不起的。吳經熊寫的文章發表出來以後，霍布斯大法官真正感覺遇到了知音，於是立即給他寫了一封信說：「你對我的思想的解讀最貼近我的思想，許多人的研究都充滿了誤會。」這位吳經熊——東吳大學的畢業生，能夠成為這樣一個學者。然後，在美國學習完了，他又到德國去留學，在德國和史坦樂（Rudolf Stammler）過從甚密，有着很好的一種學術素養，我們都知道這個時候他的層次特別高。二戰後，在東京的遠東國際軍事法庭審判，所有參與這個法庭的工作人員必須要懂得英文，甚至要懂得日文，因為這個國際法庭審理的是日本戰犯。中國人參與這個審判的，九成左右的法官、律師、檢察官以及法庭的顧問，都是東吳一個學校畢業的，可以說，這個學校真是取得了很高成就的。但是到1952年，教會學校都不允許存在下去了，像東吳大學這樣一個學校的名稱也不存在了，改成蘇州師範學院。

　　20世紀50年代，我們的法律教育走向了一個低谷。最重要的原因其實不說也清楚，那就是，當時的新時代新社會不需要大量的法律人才。因為當時不是一個倡導法制的社會，我們還要什麼法制？如果是這樣一個時代的話，我們根本不需要什麼法律。因為法律從存在本質來說，是對統治者權力的限制的需要。所以，在1949年以前各個綜合性的大學都有法學院，但是1949年以後，開始大規模減少法學院。1952年和1953年及以

後，相繼在全國成立了幾個政法學院，主要的是像北京政法學院、西南政法學院、華東政法學院、中南政法學院，以及西北政法學院。西南政法學院是我的母校。前年，也就是2003年，西南政法學院迎來了她的50周年校慶。50周年當然是一個大慶的日子，許多校友都回去了，舉行了非常隆重的慶典。母校給了我一個非常特殊的榮譽，讓我作為校友代表在典禮上發言。我感到很激動，頭天晚上就開始不斷地準備怎麼去發這個言。通常我講話都不需要講稿，但那個時候我寫了講稿，非常認真地寫了稿子，因為那是個特別儀式化的場合——非常鄭重的儀式。我在那個講話裏講：「許許多多的時候，我們慶祝一個機構創辦多少周年，都是認為這個機構本身代表着一個事業發展的開端。但是，在慶祝我們的母校創辦50周年的時候，不要忘記：50年前這個學校創辦本身，不是發展法律教育，而是限制法律教育的標誌。」它是當時六、七所不同風格的大學的法律學系、政治學系合併起來，成為一個政法學院。比方說四川大學、重慶大學、西南人民革命大學等各種各樣師範類的院校，這麼多法律系全部合併在一起，也就意味着這些綜合性的大學不再有法律院系了，不再有政治學系了，合併在一塊，成為一個院校。北京政法學院，把清華大學、北京大學、燕京大學等等所有學校的法律系、政治系合併在一塊，成立一個北京政法學院。你們說，這到底在發展法律教育，還是在限制法律教育？當然是在限制法律教育。因為它不允許更加多樣化的法律教育的存在，所以，法律教育在那個時候受到了很大的限制。1947年，官方的統計數字顯示，學習法律專業的學生約佔當時在校大學生的23%，到了1957年，短短的十年之後，這個比例縮小到了2.7%。1957年還算好，到了60年代更可怕。文化大革命一開始，全國大學的法律院系差不多都停辦了。後來，有兩個學校恢復招收一點法律專業的學生——工農兵大學生，那就是

北京大學法律學系和吉林大學法律學系，可以招收一點工農兵的大學生。瑞士有一個著名的研究中國法的法學家，他的中文名字叫勝雅律，他的名字原文叫Harro von Senger。他不僅僅是研究中國法的專家，而且是一個研究中國歷史文化例如「三十六計」等的專家。他有一本書叫《智謀》，上海人民出版社出版的。他只研究了頭一半，後一半還沒有研究出來，當時德國總理科爾（Helmut Kohl）專門為這本書寫了一封熱情洋溢的信，說這正是開啟了我們研究中國智慧的窗口。勝雅律先生1970年的時候在日本留學，先跟日本的法學家學習日本的法律，後來從日本轉到台灣。大家知道，很多西方的人研究東方學問，開始先到日本，後來一定要到中國來，因為日本在古典文化方面不過是中國的一個模仿者。所以，一定要到中國來，中國才是正宗的。但是到大陸來不成，他就到台灣，去跟著名法學家馬漢寶先生學習中國法律史。自台灣學完了以後，他就覺得，在台灣學完了是不是可以到大陸學一學？於是到北京大學。那時是1974年，他來了以後就向校方申請說：「我是來自瑞士的工農兵大學生，我是不是能夠在你們這學習法律？」北京大學說：「不成。我們法學專業是絕密專業，絕密專業就意味着，學習法律會涉及很多不能讓外國人知道的知識，所以你不能夠學習法律。」他費盡努力，但是也不成。最後，只好到哲學系學了兩年的中國哲學。這個人中文說得很地道，而且經常有一些文革時期的表達。我跟他說：「你能不能幫我收集一些某某方面的資料？」他跟我說：「我一定要完成你交給我的這樣一個光榮而艱巨的戰鬥任務！」完全是我們文革時候的話，可能很多年輕的同學都不熟悉這種說法。據勝雅律先生當時的觀察：「北京大學法律學系，當時是全北大倒數第二小系。」倒數第一的是考古系，考古系沒幾個人學；倒數第二是法律系，沒幾個人學，所以一下子限制成這個樣子，沒有幾個人把法律當一回事。

法律教育是什麼？我不瞞大家說，1978年考大學的時候，我根本沒有報法律，陰差陽錯地給錄取到西南政法學院，這是我自己的一個很大的幸運。那時候，根本不知道什麼叫法律，但是到了今天，一個法學教授發出的罷招公開信居然能夠引發如此廣泛的關注，這說明今天的法律教育，真的已經成為不僅僅是身在法學院的人的事情，而且是全社會關注的事情。這是與我們國家的法治的發展有關聯的。我們要走向法治社會當然需要優秀的法律人才，需要培養法律人才的法學院。這是今天這個時代的特點。我想讓在座的各位老師、同學今天晚上具體思考、交流的一個問題是：我們今天的法律教育，到底要朝向哪個方向去走？我們整體的一個模式，要怎樣去規劃？我們如何能夠讓法律教育本身不變成像當年楊蔭杭先生所說的法學文憑賤如糞土？所謂「成也蕭何，敗也蕭何」，建設法治靠這一幫子人，破壞法治也是這一幫子人，如何避免這樣一種情況在中國出現？我們是否應該建立一種朝向職業化的法律教育？

關於未來

　　今天，我們到了該反思的時候了。1978年我上大學的時候，全國只有五所法律院系：北京大學法律學系、人民大學法律學系、吉林大學法律學系、湖北財經學院法律學系，以及西南政法學院。當時，全國一年法律招生的規模七百多人，西南政法學院一個學校招了約360人，我們的學校佔了半壁江山。但是現在，轉眼之間我們的法律院校，大家知道有多大的規模嗎？500所以上！我們當時是五所，現在是500所，短短的二十多年過去，翻了將近100倍！所以，現在已經到了反思我們法律教育的時候，應當給我們一個當頭棒喝，問一下我們，到底要建立一個怎樣的法律教育，我們這個法律教育跟社會之間有怎

樣的一種關聯？這是我們今天要特別需要思考的問題。我說，我們今天面臨的首先是模式上的選擇。

我們發現，法律教育裏有兩種主要的模式，兩種不同的模式，一種模式可以叫做歐洲模式，一種模式可以叫做美國模式。歐洲模式的法律教育，是從高中畢業以後直接考取大學開始學習法律，大學裏存在着一個叫法律學系的機構。法國巴黎大學法律學系，他們不叫法學院，不用 Law School 這個名稱，他們叫 Faculty of Law 或者 Department of Law。包括英國所有的大學裏面，法律學的那個機構都不叫法學院，都不叫 Law School。我們這個地方叫 Law School 特別地不對，因為我們的本科生佔據了法律教育的非常重要的位置，所以這不能叫 Law School。美國才叫 Law School——Law School 的前提是沒有本科生。歐洲各個國家的法律教育，包括英國的法律教育，都是到高中畢業以後學法律，法律專業大學畢業以後，有相當多的學生他們不見得終生從事法律這項職業，他們也可以做別的事情。歐洲大學的這種法律教育，由於是高中畢業起點的法律教育，所以與其說是培養專業的法律人，不如說是給這個社會的成員提供一種法律意識、法律的基本知識、法律的基本理論、法治國建構的基本邏輯。這是歐洲法律教育的一個特點。與這個特點相關聯的另一個特點，是歐洲模式的法律教育不可能傾向於經驗式的技能化訓練，他們的法律教育仍然偏重於理論性的，例如上大課。像這樣的一種課堂，在美國是不可想像的，而在歐洲幾百人在一起上課，上一種法律教育的課程，這是很平常的。這是歐洲的一個特點，因為它培養的不僅僅是專業的法律人，他可能將來成為公司裏的管理人員，他可能將來成為政府的官員，他可能將來成為法律之外的很多行業的成員。比如卡夫卡，學習法律出身，成為偉大的小說家；馬克斯·韋伯，學習法律出身，成為學者、偉大的思想家；另外一個馬克思，我們最偉大的卡

爾・馬克思，學習法律出身的他，成為法律的敵人，馬克思孜孜以求的就是建立一個無法律的社會——你看法律系培養出來了自己的敵人——當然，馬克思本人還是一個偉大的理論家；列寧（Vladmir Lenin）本人也是學習法律的，列寧學習法律的結果，是建立了一個宣稱要消除法律的社會主義的政權。所以，歐洲大陸的法律教育，它培養的是更寬泛的一種知識，而不是專業化的一種教育。

跟這種東西形成一種補償的，那就是法律學習畢業以後，一個人如果要選擇做法律工作者（律師、法官、檢察官）的話，必須接受一個由法律人來進行的司法研修。在法國的波爾多——這個城市跟我們煙台有點類似，盛產葡萄，是紅酒城，釀造的紅酒非常好——就有專門的大學後培訓機構。到波爾多，特別讓人感到振奮的是，走在馬路上，看到遠處矗立着一個大酒桶——天地之間一個大酒桶？導遊告訴說，那是法院。波爾多的法院建築，修成了一個酒桶模樣！下來進入法院，從「酒桶」那個地方開了一個門進去。嗨！真是法庭！我就覺得法國人那種浪漫真是了不得。你想，到一個「酒桶」裏邊打官司，你就要稍微思考一下：這個官司到底值不值得打，是不是有點荒唐？所以，有很多訴訟，一看到「酒桶」——「算了，我們回去吧！」不需要再訴訟了。波爾多這個城市，對歐洲文化非常重要的是：它是孟德斯鳩的故鄉，而且波爾多有一個大學就叫孟德斯鳩大學。波爾多這個地方，還有一個法國的司法官學院，就是說法國所有學完法律畢業的人，想繼續做法官、檢察官的人，必須要在這個司法官學院進行進一步進修。進修階段，就必須更加專業化。也就是說，把一個理論性的人才訓練成一個工作能力很強的人，可以知道案件怎麼處理了。在國家司法官學院裏邊，沒有教授在這教書了，指導這些學員的人都是實務工作者——資深律師、資深法官、資深檢察官。他們來告訴這幫人一個案件應該怎麼處理。經過一年到

兩年的訓練，這些人再到法院、檢察官署去，他們才可以勝任自己的工作。

　　歐洲大陸的另一個特點是：一個人在訓練結束以後，他選擇某種職業，幾乎意味着他終生從事着這樣的職業。如果選擇做法官，一輩子就不要再做別的了；如果選擇做律師——律師不是在這裏訓練，律師在法官的各個省的協會進行訓練——你就一輩子做律師；檢察官也是一樣。所以，他沒有英美國家的流動性。在英美國家，所有做法官的人都必須從做律師、做檢察官的人中間選任。一個人不做十年以上的檢察官或者律師，是不可能做法官的。這是他職業的一種非常重要的特點——美國式的特點。但歐洲大陸不是這樣的，歐洲是從一開始就選擇一個職業，一輩子真正的「一條路走到黑」。我曾經到過日本的司法研修所。司法研修所是日本的最高法院下屬的一個機構，相當於法國的司法官學院。但日本更加徹底，那就是：如果想做法官、做檢察官包括做律師，都必須進入到這個司法研修所學習和實習，他們叫法律學徒。日本的司法研修所，之所以讓最高法院來主辦，是因為擔心讓別的機構主辦會干預司法的獨立性，所以不讓司法省來主辦，由最高裁判所來主辦。我在1995年去訪問的時候，他們每年錄取的新生是700人。大學畢業、法學院畢業、法律學系畢業以後，這些人不能直接擔任檢察官、法官或者律師，他必須參加司法考試。我不知道是不是有同學前幾天參加過司法考試。當然我們的司法考試也比較殘酷，錄取率是百分之十左右。但日本的司法考試錄取率是百分之三左右，殘酷程度遠遠超過我們！一個人大學畢業以後，平均要考六次才能通過，那真正是一種「新科舉」。有些人都考到五六十歲了，還在考，因為你不考這關你就進不去這個法律職業。那個考試極其艱難、極其殘酷，甚至有些英美國家的學者批評說：這種東西太過分了。這種極其艱難的考試只能把一些

有才華的人逼到其他路徑上去。大家不做法官不做檢察官了，我們去做一個政府官員，我們不受這種簡直殘忍的折磨。1995年考過的是700人，現在增長到1,000人，就這麼一個規模，他們每年只錄取這麼多，名額是一定的。進去以後，大約是一年半或是兩年，我記得1995年的時候還是兩年，現在縮減到一年半。這一年半的時間分四塊，一塊是在司法研修所裏，進行由那些資深律師、資深法官、資深檢察官講解的教學，其餘的一分為三：三分之一的時間跟律師，三分之一的時間跟法官，三分之一的時間跟檢察官。這是日本的法律教育模式，你們可以發現，日本人學習歐洲大陸學得是特別像，學得很地道——中國的司法考試，也是借鑒這套制度。

司法考試，我也算是一個鼓吹者、呼籲者。1995年，我從日本回來就不斷地寫文章，鼓吹這個東西，倡議建立司法考試制度，同時封殺其他行業進入法官、檢察官、律師隊伍的可能性。我寫過像〈複轉軍人進法院〉這樣的文章，對於複轉軍人進法院進行挑戰和批評。有許多人說，這是公共知識分子挑戰中國最強勢的利益集團的舉動——說得我有一種特別偉大的感覺。把那個口子給封住，把這個門檻給抬高，然後，我們想像着中國能夠建立一個更加良好的制度。但是，中國現在這個制度建立得並不好，問題多多。其中一個是，考試成績是否能夠真實反映一個人的實際能力——我覺得，還是背誦比較多。這形成非常大的一個諷刺的是：廣西南寧市中級人民法院在第一次司法考試的時候，七十多位現任法官——法律工作人員參加司法考試，全軍覆沒，無一過關，但是南寧市郊區的兩個農民衝出去了，考試過關了。當然，我們也不排除農民中有很優秀的人才，但是，如果一個人的專業素養愈高卻不能考取，專業素養愈低愈能夠考取，這樣一種考試就比較值得檢討。當然，這不是我們今天要討論的主題。

我們說，與歐洲大陸式的法律教育模式形成強烈對比的，是美國式的法律教育模式。美國式的法律教育這樣一種模式，獨特性在於：它徹底消滅了本科學法律的這樣一種存在。在美國的各個大學裏邊，都不存在本科學法律的這樣一個專業。所有的學習法律的人都必須是在一個「後本科階段」，學習別的專業畢業以後，再學習法律，這樣一種模式可以說是「博洛尼亞大學模式」——喜歡意甲的同學，一下子就想起了有一個叫博洛尼亞的城市，羅拔圖・巴治奧（Roberto Baggio）還曾經在那個球隊踢過球——博洛尼亞是人類第一所近代大學的誕生地，再過百年左右，博洛尼亞大學就要迎來 1,000 周年的校慶紀念日。博洛尼亞從一開始就是一個法學院。最早的大學總要有三到四個學系才能成為一個大學，最基本的就是法學系、醫學系、神學系，或者再加上哲學系。而博洛尼亞大學最早具有的，就是法律學系，所以在座的各位同學可以自豪的是：我們這個學科，是人類一建大學就有的學科！據後來學者的研究表明，博洛尼亞大學一開始就是一個研究生院意義上的大學，尤其是法律學系，他們要求一個人，必須首先要受到過所謂「七藝」的訓練，「七藝」，就是邏輯學、幾何學、修辭學等等七種專業的訓練。那就是說，多多少少我們可以理解為，法律學系要求一個人必須是本科畢業以後。這樣一個傳統在歐洲大陸完全中斷了，但被美國給復興了。美國人也不知道怎麼回事，就把法律教育放到了本科之後。

　　我們可以思考一下：把法律教育放到了本科之後，是不是有它的合理性？在座的，有大一的同學嗎？你們告訴我，你們在大一學法律的時候，會不會感覺到法律是一門莫名其妙的學問、一門不大好理解的學問？對教法理的老師教得簡直可以說是「這什麼意思」、「根本沒有辦法理解」。法律是什麼？法律是統治階級意志的體現。我不知道這個說法，在現行的法理

學裏邊還有沒有。但是，我要問：什麼叫統治階級？階級是什麼意思？這社會中間是有上層人，也有下層人。你比方說，牟其中、大連實德的徐明那樣的人，算是上層階級的人嗎？我們是下層階級嗎？大學是上層階級是下層階級呢？你們大學生是上層是下層呢？統治階級，統治又是什麼意思？什麼叫意志？自然的意志還是人為的意志？體現，又是怎麼體現？所有的東西，都不是一個高四的同學能夠理解的東西。沒有辦法理解——匪夷所思。我給大一的同學上過法理學，我感覺非常不容易上。同學們告訴我說：「老師，教科書上每一個字我都認識，但是這句話說的什麼我不懂。」大家都知道，法律這門學科跟人類的經驗、人類的歷史、人類的苦難有多麼密切的關聯。法律涉及的是人心，法律涉及的是人的行為，法律涉及的是人際之間非常複雜的一種關係。如果一個人沒有對人際關係、人的行為、人心有一個初步的洞察的話，你怎麼去理解法律？為什麼說法學是一門需要一定的年資才能理解的學問？你們知道，有一些學科，特別是有一些少年天才的學科，比如數學。有一些人一點點大，數學方面可謂才華橫溢！法國著名數學家、哲學家帕斯卡（Blaise Pascal），14歲就寫了非常著名的文章，以及光學的文章。自然科學許多領域都是這樣。不光是自然科學，人文學科像文學方面的，比方說寫詩、寫小說。北京大學法律學系1979級學生入學的時候，人們驚奇地發現：怎麼竟進來一個小孩？他的名字叫查海生，筆名叫海子。我一說海子，你們都知道偉大的詩人海子——北京大學1979年法律學系入學的學生。他入學的時候還不滿15歲，考上北大法律系了，他是安徽懷寧人。進校時一點點大——他的同學後來給我看過他的照片，剛剛入學時的照片，那真是一個小孩的樣子——他在法律學方面，似乎一直也沒有什麼建樹，但寫詩是何等了得！我相信在座的不少同學能夠背他的詩歌，「面朝大海，春

暖花開」，太耳熟能詳了。那樣的詩句，把我的手剁了都寫不出來。你們知道，他在剛剛廿多歲的年齡就臥軌自殺了。現在每年到他的忌日，他去世前任教的中國政法大學的同學們都會在晚上把教室的日光燈關掉，點上蠟燭，朗讀他的詩歌，悼念他們心目中的詩聖海子。那麼小的人，他不僅是寫詩好，而且他在詩歌方面的理論非常高深、高妙。他寫過一些文章，這些文章臧否人類歷史上一些偉大的文學家——歌德（Johann Wolfgang von Goethe）偉大在哪兒？莎士比亞偉大在哪兒？我想，真是了不得！但是，海子就是對法律毫無興趣可言。當然，他是一個極端天才的人。但我們要說，讓一個這麼小的孩子學習法律是學不出來的，年齡這麼小，是不應該學習法律的。他對人類的生活、人類的苦難、人際關係的複雜沒有多少理解和領悟。這個時候，你如何能夠理解法律方面的一些獨特的知識？這也許就是美國這樣的一種法律教育模式的合理性所在吧。

　　美國的法律教育在「後本科階段」，還帶來其他的一些好處。比方說，能夠讓各種各樣的知識融入法律教育之中。大家學不同的知識，你們本科專業，你們知道高中教育跟大學教育很大的不同是，在大學教育期間你們是分專業的，你們被界定為，比方說物理學、經濟學、社會學、文學，大家有了不同的專業。有些專業不需要那麼多人的——這裏有沒有學哲學的人？你說，這個社會需要幾個哲學家？大概十個八個足夠了！但是招這麼多人，他也要吃飯，將來怎麼辦？學語言的——學英語的、學德語的、學法語的，將來有幾個人能夠成為語言學家？像許國璋那樣的人，像索緒爾（Ferdinand de Saussure）那樣的人，偉大的語言學家沒有多少人。但是招那麼多人學語言，英語系一下子一抓一大堆，將來不需要那麼多的人。他們將來幹嘛？總要找個職業吧？幹嘛？做律師吧，那就學法律。於是，各個其他的專業作為人文教育、社會科學教育，包括自然科學

基本知識的教育，雖然都是非常重要的一種教育，但將來都不是一種職業，所以人們就在獲得本科學位之後進入到法學院，學習法律。律師終歸是一個職業，不僅僅可以謀生，可以改變這個社會，還成為我們服務於這個國家的一個渠道。所以，各個不同的專業都來學習法律。

而我們的法律教育模式是，大家從高中畢業以後就開始學習法律，學習法律的過程幾乎是我們接觸第一個專業的過程。我們一下子就被訓練成為只能理解法律，只知道有法律，這樣視野會變得狹窄。因為每一個學科的訓練過程，也是把一個人變得更加專業化的過程，同時專業化的過程，也就是讓一個人看東西的時候遺漏許多東西的過程。我們到煙台大學，一看，這個校園建得很漂亮。你知道，一個建築學家來看的時候，他的眼裏只看到這個建築在建築學上的美學，而我們學法律的人一看就想，這個大樓建築中間有沒有腐敗？沒有多少說是從建築學看，它有多麼多麼的好，我們不能欣賞。也就是說，專業分工讓我們這些人雖然在物理意義上生活在一個世界，但是在知識的意義上，我們生活在非常複雜的多樣化的世界裏邊。我們人與人之間經常發現，溝通其實很困難。比方說，我們學法律的，跟一個不學法律的人在一塊兒聊法律問題，你會感覺到聊起來很艱難，聊不通。我過去寫〈複轉軍人進法院〉的時候，軍界的一些朋友寫文章跟我商榷；我發現，他們講道理時跟我不一樣。他們老說，領導同志指出如何如何。我說，作為一個學者，大家有道理說道理，你不要拿這些人來說理。我們的老話，最典型的話，「秀才遇見兵，有理說不清」。我就是典型的「秀才」遇見了「兵」。這實際上是一個詮釋學上的問題。人與人之間相互可以理解的原因，就是能夠相互理解的人之間本身就共享着一些知識和價值觀。我們相互之間本身存在着一種共同的知識基礎，才能理解。不存在一種共同的知識基礎，你又

如何能夠理解？你不可能理解的，只能是雞給鴨講——愈講愈糊塗，愈講愈講不清楚。這是一個非常有趣的問題。法律訓練，一開始就走這一步的話，我們的訓練就會逐步走向狹窄。醫學上有一種有症狀的眼睛，叫管狀眼，就是說，這個人看東西只能像管似的往外看。他看不見餘光，那就是一管窺豹，看這個世界上都是一個點一個點的。這種法律訓練能讓我們變成管狀眼患者，我們眼睛只看到法律問題。但是美國式的法律教育，偏讓你受別的訓練，然後，再讓你受法律訓練。這會變得非常有趣，一個人學了經濟學、語言學、社會學以及自然科學，都到法學院來了。一到法學院課堂上一看，年齡都很大，平均年齡大概二十六七八歲的樣子。過去我在哈佛法學院做訪問學者的時候，有一個人看上去五十多歲的樣子，法學院一年級，頭髮都沒了。我說：「你怎麼會這麼大年紀才讀一年級？」他說：「我是一個博士學位愛好者，我這人讀過好多博士了，爭取一輩子把人類的幾個最重要的博士都讀完，所以，拿到法律博士後預計我就該退休了。」這是個博士學位愛好者，就像收藏一樣的，要把所有的博士學位集於一身！

大家可以想一想，所有這些不同的人走到一個課堂上來學法律。這對於教師來說，是一個巨大的挑戰。教師的教育變得不像對高中畢業剛進大學的孩子那麼好糊弄了——說什麼是什麼，你不理解那是你的錯——不是這樣的！學生們有自己獨立的思考能力了，他們曾用不同的方法的訓練過，他們是從各種不同的知識和專業視野來觀察法律的問題。有個邊緣學科叫法律社會學，它不會過多地關注法律本身的一些問題。經濟學、人類學，各種各樣的學科都在這個法律的課堂上。我相信這個對於法律的教育來說，可能是一個好事情。好就好在各種各樣不同的知識，融入這樣一個法律教育的過程之中，深化了我們對法律的理解。教師在教學的過程中間教學相長。其實最

重要的教學相長是來自學生的不同的知識。你在上面講法律經濟學，正講得頭頭是道的時候，下面有一個人非常低沉地說了一句：「高斯定理（Coase Therom），你說錯了。」這對於教師而言，好像不是一件愉快的事情。但是我要說，美國的法律教育的成功原因之一，也許就在於法律作為一種主導知識的思維方式，仍然能在法律的訓練之中戰勝其他專業的一種侵略、一種冒犯。對於這些年來國內的法律教育，比如法律經濟分析，我相信同學們在老師的教授過程中間，了解到有些老師的經濟學素養很好。他給大家講，比方說，侵權法的經濟分析、婚姻法的經濟分析、死刑方面執行死刑和不執行死刑的投入產出、高斯定理……這些東西，可能愈來愈多地併入到法學的思考過程之中。我們可以說，在過去的二三十年間，經濟學的教育方式對法律教育的一種影響，可以說是法律教育所遇到的最大的挑戰之一。從這樣一種思考的過程當中，我們也受益良多。但大家不要忘記，法學仍然有自己的一種本位，仍然有一種別的學科不可替代的方法、獨特的思維方式。這是什麼呢？

我覺得，我們的法學界還沒有很好地描述出這樣一種法律的方法。法學這樣一種獨特的學科，它獨特的地方到底在哪兒？它是如何跟其他的角色形成一種差異？我們不要把法學作為經濟學的一種註釋——這是我們安身立命之本，沒有了它，我們的法學專業的存在就沒有了價值。我自己這些年來，也讀過不少美國法學院關於法學教育的一些資料，有關教學方法方面各種各樣的文獻。我發現，美國的法律教育是一種非常獨特的教育，是一種把一個人給規訓的過程。也就是說，從各個不同專業過來的學生，法學院的老師要想方設法地讓你知道法學的厲害。比方說，如何給你一個下馬威？你進來意氣風發，跑到法學院的學生感覺每個人都是天之驕子，許多人有好幾個博士學位，這不是一種誇張。那麼，教師們如何讓大家知道他的

厲害？有一種比喻叫做瘋人院，每個進入法學院的人都要經歷一種類似瘋人院的經歷。瘋人院怎樣逐漸地叫一個人接受自己是一個瘋子，因而需要治療這個事實？每一個進瘋人院的人都不認為自己是瘋子。一個人進了瘋人院，院方要想方設法地讓他知道他真的瘋了。你要讓他理同樣的髮型，穿一樣的衣服——這種衣服的樣式，以及其他人都統一穿着這樣服飾的做法，與外邊是不一樣的——把任何有個性的東西都給去掉，比如耳環、手錶。然後，他才會逐漸地覺得，我跟你們都是一樣的了，不是正常人了。法律教育也是這樣——法律教育是一種法學的訓練，尤其是英美國家普通法的訓練。它首先有一套獨特的話語體系，跟別的學科是不共享的，對別的學科研究再精湛，也讀不懂法律的書。法律的書上有一套「黑話」。這套「黑話」，就是一種知識體系，跟別人不説一樣的話。你們知道，這個東西很震撼人心啊！讀着讀着，你就會想方設法知道這個「黑話」到底是什麼意思，讀着讀着，就讀進去了，會覺得「黑話」好玩，這個「黑話」很精密，很獨特。當大家互相之間交流的時候感覺到用「黑話」很愉快，這個時候就差不多快進去了。

然後，蘇格拉底式教學法（來了）。課堂上，美國法學老師講課，通常會拿一個板，上面寫着同學的名字，用這個板要求每個學生座位必須固定，這樣名字與座位號就寫清楚了。每次上課就把這個板扛着，在講課的過程中提問題，經常性地提問。當看到哪個人的眼神有點遊移：「對！約翰，就是你！你來講一講這個問題！」約翰此時正在恐慌之中，就被提溜起來了，也不知道説什麼，驚慌失措，説的都是錯話，引起一陣嘲笑。別人再舉手，在想，讓我説讓我説，看看我比他強吧！可是老師偏偏不點那些舉手的人，就點約翰旁邊那個人——他跟約翰一個宿舍，這是株連。旁邊那個人沒舉手，但是也被點起來，起來也不知道怎麼説。結果你看，他慢慢讓一個人在這樣

一個場景下受盡刺激。在這樣的大庭廣眾之下丟人，回去以後，就要好好學習讀書。每天百多頁的閱讀材料，那麼拼！讀着讀着，就成為法律人了，就成為他們希望的那個thinking like a lawyer。

剛剛進入大學法學院的時候，每個人都想着我們要追求正義。到了法學院三年級，每個人對正義的理解就會變得更加複雜。他們就不會想像，正義是那麼簡單的喊着口號、打着標語就能追求的東西。他們就想像，要站在客戶的立場上，為客戶利益最大化等等這些問題。它就要訓練一個人，如何去分析一個判例，如何分析判例是正確的判例。所以美國司法的教育，即使它的時間很短，只有短短的三年，但在這三年的時間，真正讓一個開頭桀驁不馴、驕傲得像隻小公雞一樣的法學院的學生，在這之後都變成了一個比較馴服的、同時成為能夠在法庭上愉快勝任的法律職業者。這是他們的法律教育非常重要的——也可以說是成功之處。然而批評的人仍然很多。比如批判法學派的一個著名代表人物鄧肯·甘迺迪（Duncan Kennedy），對美國法學院的一種訓練的批評就極其激烈——好的法學院，培養出來的都是精英，精英就到精英的律師事務所；差的法學院，培養的都是赤腳律師，到窮鄉僻壤之處私人開業。（美國法學教育）不斷地去強化這個社會的等級意識，本身就在複製一種等級化的社會，所以批評它的人非常多。大致上來說，它的法學教育，仍然使這個社會形成一種良性互動。

關於美國法律教育其他的特點，在這兒，我不想再展開來說。我們現在所面臨的問題是：我們到底怎麼來調整？我們煙台大學法學院也是全國法律碩士的招生單位，我相信在座的不少同學可能是法律碩士，但是我們也有法學碩士。法律碩士、法學碩士，到底是怎麼回事？有些學校裏的法學導師，每個老

師每屆招收法學博士十多個人，乃至20個人，三年下來就將近60個人，導師都記不清自己博士生的名字！博士都如此氾濫成災，碩士更不用說，再加上我們還有本科！大家知道法律碩士本身創設的初衷就是借鑒美國法學院的教育模式。我們借鑒美國的同時，不是把大陸的這一塊取消掉。不，大陸這一塊繼續保留，並且擴張，美國式的也擴張。兩種模式雜糅在一起，我們就不知道到底要怎麼去培養合格的法律人。各位老師、各位同學，如果考察世界上的法治國家，大家會發現：它的法學院、法學教育模式，對應的是社會的法律職業主流。也就是說，社會絕大多數法律職業者都來自這種法律培養模式。比方說，歐洲大陸的法律本科畢業再經過司法研修，就沒有必要再去考什麼碩士、博士，本科足夠了！在日本，所有的法官、檢察官、律師不去追求什麼法學博士，就是本科畢業，司法研修所結業，我就可以成為一個法官、檢察官或者律師。這是一個非常好的方式，因為大家都是一種教育方式培訓出來的人，所受到教育的內容是一致的，語言是共通的，於是乎就保證大家的思考方式也是一致的。我多次在思考我們法律職業角色目前所存在的缺陷。最大的缺陷就在於：如果在一個國家裏，你搞不清楚案件到底會怎麼判，案件起訴到法院，你可以預測法官會怎樣判決嗎？你也說不定。你要是不能預測的話，就必須要到法院去送禮。「官司一進門，雙方就托人」、「打官司，就是打關係」，這些在法治國家裏不需要，因為法官的行為是可以預測的。在那裏，有許多案件其實根本不需要告到法庭上去，有許多糾紛在庭外就解決了，因為你可以預測法官的行為，知道這樣的案件起訴到法院去，最後的結果是什麼。因為在判例法的系統下，司法決策的一致性很大程度上依賴於遵循先例原則。只要這樣的案例跟從前的某一個案例是一樣的，就必須按先例判決。遵循先例原則，給後來的案件帶來的一種巨大的說服力

和影響力，它保證了決策的一致性，保證了今天案件的判決和昨天的判決保持一致。

我們的問題是：在我們國家，如何走向這樣一種決策模式？「打假英雄」王海，他不知道這個國家的法律到底怎麼了，他不知道為什麼法官判決一個案件，這個地方一個樣子，那個地方一個樣子。同樣的行為，為什麼不同地方的判決會大相徑庭，不，甚至一個地方的案件判決都大相徑庭？同樣一個某市中級人民法院，王海在不同的合議廳的兩個案件，判決結果是相反的，他的行為沒有任何差別。他最大的困惑是，咱們的法律怎麼了？為什麼不同的法官做的判決會不一樣呢？許多企業打官司的時候，有一種「主客場」的因素，主場好辦，院長都熟，什麼事都好辦。一到客場，原因在哪兒？「法律面前，人人平等」，包含着兩個非常重要的、經常被我們忽視的維度。一個維度是不同空間的人，在廣州的人和在煙台的人、在濟南的人和在長春的人，大家的決策應該保持一致。另外一個是時間，昨天的人或事，和今天的人或事，應當得到法律的同等對待。昨天的一個行為，判處了有期徒刑五年；今天同樣一個行為，居然判處有期徒刑15年，甚至判處死刑立即執行，就是因為昨天晚上傳達文件「嚴打」，「從重從快」打擊犯罪。這最大限度地破壞了「法律面前，人人平等」的基本準則！拋開其他因素不說，我們僅就專業因素──法律職業化因素來考慮：如何在我們國家裏，讓老百姓打官司有一個可預期性，讓我們知道法官會怎麼思考問題？這就需要我們思考，我們的教育如何去培養一種思維方式，一種比較趨同的、知識結構比較一致的四年的法律教育，或者七年的法律教育，讓我們把一套法學詞典給鑲嵌到腦子裏面去，把大腦給格式化。然後，再輸入任何一種同樣的知識或事實，馬上就能做出一種同樣的反應。我們是否

能夠做到這一點？我們當然知道，法律決策永遠不可能做到像機器一樣。大家都記得過去19世紀末20世紀初，曾經有所謂的「自動售賣機式」司法理論。法院就是一架機器，有一個入口，你把案件的事實裝進去，把法律的條文裝進去——當然別忘了把錢裝進去——然後，一按按鈕，機器運作一會，在出口那個地方，一個判決書出來了。我們盡可能地減少法官的個性對於司法決策的影響。對於這種影響，最有趣的一種說法就是：一個法官早上跟自己的太太吵了一架，上午判刑就會多兩年，因為他的心情不好。

美國人都比較關注聯邦最高法院法官的任命，因為現在的美國聯邦最高法院，到了一個多事之秋。去年10月，美國最高法院的發言人突然宣佈，已經80高齡的首席大法官倫奎斯特（William Rehnquist）身患甲狀腺癌，必須住院。大家都非常關注，因為倫奎斯特的確是年事已高，而且患癌症這樣的病，最好是宣佈退休。但是倫奎斯特很不高興，說：「我永遠不會退休！」今年1月，在布殊總統（George W. Bush）的第二任總統任期就職典禮舉行之前，布殊好像顯得坐臥不安，因為他當時正擔心剛在醫院動過手術的倫奎斯特大法官不會來，但最後讓他非常高興的是，倫奎斯特大法官在就職典禮前17分鐘到達了現場。他後來跟身邊的人說：就職典禮中，最讓他感到幸福的事情就是首席大法官來了。今年四月，我終於有機會到聯邦最高法院去旁聽一個案件。美國聯邦法院可以說是全世界最有權力的一個法院，有九個大法官。到美國聯邦最高法院旁聽，其實是很容易的，早上早點去排隊，完全按照去得早晚來發放門票。經過兩道安檢（「9‧11」以前一道安檢就可以），無需檢查證件，九個大法官展現在我的面前。

倫奎斯特大法官真的是風燭殘年，脖子上纏了好多莫名其妙的東西（全是醫療器械），還在那裏主持審理這個案件。其

實，那天的案件根本沒有太多吸引人的地方，是非常複雜的一個行政訴訟。但是，那天法庭上有滿滿當當的人。大家可能都要來看一下倫奎斯特大法官，借這個機會看一下他的身體，他們都惦念着這位老人。兩個案件審理時間是兩個小時，他中間下去了四次，比方説吃藥、喝水，因為他有癌症。過了一段時間，大家想，這個審季結束到休假的時候，倫奎斯特肯定會宣佈退休。結果沒想到，7月1日突然報導，「年僅」75歲的奧康納大法官（Sandra Day O'Connor）宣佈辭職。大家知道，她是最高法院歷史上第一位女大法官——我那次去美國，也有機會見到奧康納大法官，在一個基金會的研討會上，她專門來發表演講，對於中國的司法改革，包括對蕭揚院長的一些舉措，都給予了很高的評價。她怎麼會突然辭職呢？她説，她丈夫的身體不是很好，她覺得作為一個妻子，她很多年沒有盡一個妻子的職責了，她要回去了。布殊總統急急忙忙地物色候選人。美國總統的最幸福的時刻之一，就是聯邦最高法院有法官宣佈退休，他就有機會來任命自己中意的人，做聯邦最高法院的大法官。現在，美國的政治出現了非常複雜的一個局勢。這個局勢就是，保守主義佔據了整個政府的各個權力的中心：議會是共和黨統治，總統當然也是共和黨的，現在聯邦最高法院也是保守主義傾向佔主導的一個法院。布殊總統面臨這樣的機遇。奧康納被稱為整個美國最有權力的一個女人，這樣的説法非常有意思。美國首席大法官並不像中國的最高法院院長跟其他法官之間的權力格局。之所以説她是最有權力的一個人，是因為奧康納大法官是保守派中間的溫和派，她經常趨近於中間，在一些保守派與自由派僵持不下的案件審理時，最高法院的其他大法官們經常陣營分明，四票對四票。在這種情況下，你不需要關心別人的態度，關鍵就在於奧康納大法官的一票。所以，她宣佈退休了，布殊總統提名約翰・羅伯茨（John Roberts）做最高法院大法官的候選人。但不久的9月3日，噩耗傳來，倫奎斯特大法官不

幸去世了。接下來，布殊總統很快就改提名羅伯茨為聯邦法院首席大法官的人選，同時，他還可以提名另外一個人接替奧康納做大法官。羅伯茨是何許人也？約翰·羅伯茨本人是布殊的鐵哥們兒，為布殊競選鞍前馬後地工作。當然，他是一個非常優秀的法學畢業生，哈佛法學院畢業的，之後才做了兩年多的法官。最大的問題是，大家沒有辦法從他的判決來判斷他的態度是怎樣的，他在司法方面的立場如何。於是，他變成一個不可捉摸的人。所以，現在整個美國都在關注聯邦最高法院大法官的人選。而且，羅伯茨本人剛剛50歲，年僅50歲！他是1955年出生的，50歲的人被提名聯邦法院首席大法官，一旦任命，他如果要是幹到80歲（理論上來講，幹到90歲也沒有問題，只要他活到那個時候），那對美國的政治會產生怎樣的一個影響？倫奎斯特本人就是七朝元老，總統換了一屆又一屆，最高法院的首席大法官卻安坐不動。所以，大家都非常非常關注這樣的一個任命。我們以前說，美國的法律制度在美國社會中起的作用、它的角色都非常令我們關注。我們可以說，這樣一個角色的發揮跟法律教育密不可分。法律教育造就了這樣一個精英化的團體，塑造了美國法律職業的整體的社會形象。在一定程度上，我們不妨說，美國是一個在律師治下的國度，在這個意義上，美國的一些重要的法學院是美國治國的泉源。美國這個國家在治理過程中，是跟法學院的教育模式相關聯的。

總而言之，我們的法學教育，現在正面臨著一個很大的抉擇——也許不僅僅是法律教育模式的抉擇，更重要的是包括了法律教育的內容，也包括法律教育的方法。每一個法學院的教師、法律教育者，也許在今天這樣一個倡導依法治國，但整個國家仍然處於前法治狀態的情況下，都要考慮我們的決策如何真正通過教育來影響制度建構，來真正地使我國的法律教育自身走向一種職業化的道路。這樣一種職業化，也包含著我們回

應社會本身的機體，也包括針對我們這樣一個社會本身缺乏職業化的歷史構造，而去有意識地強調專業知識，強調法律知識的獨特性對社會結構與社會關係的改造。我自己不太贊同過分地讓法律教育去適應這個社會。我認為，法律教育本身必須保持自己的一種獨立性。我們有着自己的獨立的知識，我們有自己獨立的價值觀念和價值追求，我們必須要改造這個社會，而不是被這個社會所改造。我們仍然處在人治的汪洋大海之中，儘管我們現在的法律教育如此擴張！有許多人畢業以後跟我說：「老師，在學校的時候我們心裏非常激動，非常振奮，我們想，我們出去一定要改造這個社會，但現在我們畢業三年了，基本上被這個社會所同化了。」但是我要講，即使是那位跟我說被同化的同學，他能夠說自己被同化，分明標誌着他還沒有完全被同化。真正被同化的人他不會這樣說的。所以我們知道，他的內心仍然有一盞明燈在閃亮。他能夠預測到，他正在滑向一個自己所不能預測的深淵，感覺到自己正朝某一個地方去墮落。我想，這本身就是一種內心的自覺。我相信法律教育本身，也許有助於我們逐漸地去改變這個社會。這肯定是一個漸變的過程，不是一個突變。但它也需要我們在法律教育的中間更加自覺地努力。如何去想方設法地，讓每一個受教育者內心更堅定，從而長遠地去改變這個社會，而不是被這個社會所同化，這就是我今天跟大家報告中所要提出的一個主要課題。

答問錄

問： 賀老師，您好，我是一名05級的法碩。從您剛才的談話來講，我覺得您對美國的教育模式好像是比較認同的。我想問您兩個問題。第一個就是，您對法律碩士這種基本上借鑒美國法學教育模式的專業學位的設置，有什麼

看法？您認為它將來的方向會如何？它會不會存在若干年後消失呢？比如被法學碩士所同化，還是會更加堅持自己的一些特色？第二個問題，可能比較現實，有些功利的。我想問您一下，現在北大已經有很多屆法律碩士畢業了，我想知道法律碩士的就業情況如何？在社會上，被大家所認同的程度如何？

答： 讓我簡要地回答你的問題。我自己對於法律碩士的態度，也經歷了一個由懷疑——甚至一個包括某種程度的質疑——到接受，最後變成了一個非常積極的鼓吹者的變化過程。開始時我覺得，中國引進這種制度有多大的必要和合理性？我覺得，現在應該把歐陸模式學到家，而不是盲目地去引進這樣的體制。之所以懷疑，就是我們現在的教育行政機構沒辦法整合法律教育模式。比方說，我們有沒有一個法學院聯合會？美國有一個法學院聯合會。他們的聯合會，對於法律教育整個的一種發展方向有很大的指導作用。但是我們沒有，我們民間沒有這樣的一個組織。所有的東西都依賴政府，依賴教育部。你有沒有發現，這些年來一些學校成立法律系是何等的容易！幾個教黨史招不來學生的老師，轉來搞法律了。他們想：反正我們的畢業生也是法學學位，就隨便支個攤、掛個牌子——某某大學法律系就成立了。沒有一個科班出身的教授、副教授，剛剛從別的學校本科畢業來了這麼兩個人，然後就是幾個教黨史的老師，就招法律學生。沒有足夠的圖書儲備，沒有很好的教學環境和資源，這就可以成立一個法律系？這幾年法律院系能如此惡性地發展，跟這種管理上的疏於職守有密切關係！在這樣一種情況下，法學碩士不僅不限制，而且在不斷擴招。有些老師一個帶好幾十個，甚至上百個法學

碩士。這麼大規模的擴招，而我們同時又搞法律碩士，結果兩者之間到底是怎樣一種關係也搞不清。兩家打口水仗，你看在網上，兩家打仗真是口水遍天了。一個法學碩士同學在南京一份報紙上發表文章，題目叫〈此碩士非彼碩士〉，告訴大家有一些用人單位不明這個道理，感覺法律碩士就是法學碩士。其實請大家務必注意，這兩者不一樣，目的是貶低法律碩士，提高法學碩士。而且，現在有些用人單位的確在做這樣的事情，一旦看你本科不是法律就不要，本科學法律的他們才要。我覺得，這個對法律碩士發展會產生相當不利的影響。我在大前年，曾經跟當時任司法部教育司副司長的霍憲丹教授兩個人主持了一個全國性的研討調研，最後出台了一個報告，題目是《走向統一的法學教育模式》，就是專門對 JM 法律碩士教育的發展前景進行規劃。我想，我現在已經成為這個法律碩士教育模式的積極的呼號者了。說老實話，現在前景並不是特別清楚，目前法律碩士仍然在這個群體裏面處於劣勢。現有的法律教師，出身法學碩士的人佔了絕對比例，基本上還沒有出身法律碩士的成為在法律決策層面上有影響力的人。我特別高興的是，我現在招的法學博士中間已經有法律碩士出身的人。因為法律教師他本身並不是本科複合型的，他在教法律碩士時，他也搞不清楚這個法律碩士到底應該怎麼教，這是包括教師教育者面臨着的一個困境。所以，你叫我說未來發展前景怎麼樣，我只能説存在着很多變數。我希望能夠發展得愈來愈好，但前提是基本取消法學本科教育，大規模減少法學碩士的招生。比方説，我建議北京大學每年招 10 到 15 名法學碩士，剩下的名額給法律碩士。本科也逐漸地停止，不要一下子停止，因

為現在有好多法學院的學生學法律的。如果完全是法律碩士面向本科階段非法律專業的，這一部分學生將來考碩士怎麼辦？這也是我們必須考慮的一個問題。茲事體大，需要從全域的角度統籌解決。你問這個現在的北大法律碩士就業情況，根據我了解的情況，北大好像是還好，可能多多少少跟在北京的地理位置有關。我們法學院的就業指導老師，也非常用心地幫助學生找一份工作，好像還沒有面臨很大的危機。

第4講 學術規範與法學研究

題記:這是2005年12月1日在中國政法大學的講座。

　　很榮幸能夠同母校的張保生副校長一起做講座。張保生教授不僅對於學術規範有深入的研究,在法學翻譯、法學研究方面也都多有建樹,而其在政法大學出版社出版的博士論文更是一部關於法律推理與論證問題的傑作。今晚又有楊玉聖教授主持,在討論學術規範問題上,套用一句俗套的話,玉聖教授應當是國家級的主持人了吧。

　　剛才玉聖教授提到了一些學界醜聞,聽到中國法學界發生的這些抄襲之類的事情,我的心裏覺得很沉痛。法學家本身就是研究和倡導規則和秩序的,自己卻違反規則,搞這種雞鳴狗盜之事,這些人還有什麼臉面去面對他們的學生,面對他們的讀者?一個多少有點悖論的現象是,這些年來,包括楊玉聖教授在內的許多學者及基地從事嚴肅的學術批評和揭露學術腐敗,但是不規範的行為似乎反而有愈演愈烈之勢,這是很值得學術界包括各位同學反思的一個問題。

　　前些年我曾經針對一起學術違規事件寫過一篇短評,題目叫〈法學之羞〉,對於法學界在學術規範化方面面臨的特殊問題有過一點檢討。實際上,跟其他學科相比,法學以及法學界有着自己的特殊性。現在法學界最活躍的學者群是年齡在四五十

歲的人們，他們的少年時代都是在文革時代度過。寫「大字報」出身的人們，文風上是強詞奪理，充滿暴力色彩，所謂學術規範化完全是聞所未聞的。到了我們上大學的時候，我們的老師也剛剛從祖國的一些「陰暗角落」返回到校園，他們十多年都沒有接觸法律了，因為文革期間法學教育已經停辦了。而且這些返回來的老師大多接受的是50、60年代的所謂法學教育，差不多可以說是非學術和反法治的法律教育，同樣很少受到學術規範的薰陶。前些年我回本科階段的母校西南政法大學，我的法制史老師說她是我的「同學」。我很詫異，我就問她原委，她說：「基本上我是在教你們的前一天晚上看的書，我們是差不多同一個時候學習，所以是同學。」當然這種說法體現了老師的謙遜，不過我們這代人確實有種師傅和徒弟一起學習的感覺。所以我們這一代法律學人在學術規範的樹立方面有些先天不足的缺陷，應該說不是小缺陷，就是對學術規範不夠關注而且缺少這種自覺。

坐在下面的同學大多是法學專業的學生，當然也有一些「非法」的學生，你們都應該知道我們政法教育的歷史相當短暫，僅僅不過百年的時間。一個學科的歷史不僅僅有着時間的意味，而且它意味着這個學科中的人們對於學術規範認識程度的差異。像歷史、哲學、文學這些學科，雖然現代大學裏的風格深受西方學術的影響，不過在傳統中國，這些學問是存在的。不僅存在，而且十分發達。從前所謂「經史子集」也都是這些東西，現在叫做文史哲。孔子本身不僅僅是哲學家，而且是文學評論家，同時他在音樂方面也是很有鑒賞力的，可以說「三月不知肉味」，對音樂的感受特別地強。文史哲的這種傳統延續下來，在歷史上產生了像朱熹、王陽明、顧炎武這樣偉大的文學家、哲學家、史學家，但是請問各位朋友，中國古典時期可曾有過真正偉大的法學家？當然，曾經有關像杜預這樣

一些律學家，但是中國的律學卻始終處境低下，蘇東坡有詩句「讀書萬卷不讀律」。儘管這是在批評人們忽視律學，但是卻也道出了古典知識格局上的實情——律學算不上是一種崇高學問。對中國古典的士大夫階層來說，一個人每天在研究法律，這是很低層次的學問；高層次的學問是寫詩，寫點辭藻華美對仗工穩的文章。「文章千古事」，士大夫生活的核心便是寫出千古傳誦的美文。與此同時，人們在社會問題上好發宏大議論，什麼「為天地立心，為生民立命，為往聖繼絕學，為萬世開太平」，士大夫階層關注的是形而上的東西。「君子不器」，你如果天天去研究具體的制度如何建設，比方說證據制度，法庭上的證據如何判斷，前後處理的案件之間怎樣保持規則的連續性或穩定性，或者土地交易中怎樣既確保自由買賣又避免土地兼併。如果醉心於這類具體問題，這種人哪是士大夫階層，他根本上不了那個層次。所以說在中國古典時期的學術評價中，一個做法學研究的人本身是沒有多少地位的，這在很大程度上壓抑了法學的發展。嚴格地說，在傳統中國根本沒有真正的法學，當然我說這話會招來中國法制史學界朋友的不高興。我們評價一種學科在歷史上的發展，我們看到的不僅是學科實質內容的推進，更是學者對於學術上的規範、學術紀律的推進——什麼是符合標準，什麼是不符合標準，逐漸形成一套得到內部成員認同的準則。這個東西是會傳代的，它是會延續下來的，延續到今天我們的文史哲。老輩的那些學者遵循的規範讓我感到很了不起，這是歷史傳承下來的。

我們所在的這個法學卻不一樣。儘管在西方是古老學問，但是在中國卻是新派學科，是西方文化的影響或者說西學東漸的結果。中國法學僅有百多年歷史，這中間又經歷過幾次中斷。可文史哲不一樣，文革期間我們還有批林批孔。毛澤東也號召全民學哲學，全國掀起學哲學的浪潮，農民們在田間地頭

捧着書本學哲學。毛澤東的五篇著作，什麼《實踐論》、《矛盾論》，大家都在學，也不懂什麼叫哲學，那真是全世界絕無僅有的奇觀。不過這個東西沒有中斷，例如大學裏的哲學系就一直存在，而且還因為這種奇觀而愈發成為顯學。而法學卻完全不同，它不斷地被中斷，好不容易形成的學術傳統被打斷。怎樣形成一種有效合理的學術規範，這是我們法學的人面臨的非常大的困難。這樣的困難沒有其他人跟我們分擔，只能自己去思考，去慢慢地形成。

我們前面說在西方，法學是最古老的學科之一。因此，有關法學研究的規範也相當完備。以美國為例，那裏的法學界就有這樣的書，而且相當具體，甚至事無巨細，乍一看讓我們覺得有些瑣碎。美國的其他學科的學者也覺得法學界有些太過於細緻入微了。有的歷史學家抱怨說，法學家們寫論文註釋比我們還多，搞法律的人要那麼多註釋幹嗎？歷史學家不知道，搞法學的人有一個傳統，就是講證據，這跟在法庭上打官司有點關係。因此法學家最注重證據，講究「無一字無來處」，籬笆緊紮，步步為營。美國有一本 *The Bluebook*，最初是哥大、哈佛、賓夕法尼亞和耶魯法學院《法律評論》的編輯們推出的一個文件，教大家怎樣進行註釋，開頭叫《統一註釋體例》。因為後來的封皮是藍色的，大家都叫 *The Bluebook*。多年前我曾在北京圖書館找了一下，看有沒有這本《統一註釋體例》，找來找去，最後找到一本1958年版的。初期的版本非常簡陋，後來有美國朋友送了我一本最新版——第17版，使我們可以看到在美國的法學期刊上發表文章應當如何作註釋。書裏詳細告訴我們聯邦的判例怎樣引用，各個州的判例怎樣引用，英國的判例怎樣引用，同樣為英聯邦國家的澳洲的判例怎樣引用，甚至包括中國最高法院的判例怎樣引用——它管的事還挺多，因為期刊也會發表有關中國法的文章。其中就有一些特殊問題，例如如何使

用漢語拼音標示相關資料。引用中國的文章，為了表明它最初是用中文發表的，開頭用漢語拼音——過去不用漢語拼音，用韋氏注音法，現在一律用漢語拼音——把文章的標題用漢語拼音標出來，後面加上括號，裏面用英譯，把標題的英文意思翻譯出來。「藍皮書」不避細瑣地告訴你什麼叫「見」（see），什麼叫「參見」（cf.），在什麼情況下用「又見」（see also），什麼情況下用「但是見」（but see），支持性的文獻如何引，相關但未必直接支持的怎樣引，相反對的文獻怎樣引。引文繁瑣複雜，但是一本書在手，你就知道怎麼去註釋。上半年我去美國參加一個會議，提交了一篇文章，不久前那邊一個刊物的編輯給我郵件，說發表之前必須核對和增補註釋。我作了一些核查和補充。回國去，不久又給我來一份郵件，說我文章上哪一句話需要註釋。我說那是常識，他說不、不、不，西方的讀者不知道，你還需要註釋一下。這樣的規範化不僅讓一個作者有章可循，而且編輯的過程也將使得剽竊之類的行為被揭露出來。如果對照西方的學術規範，我們的法學研究實在還處在相當粗糙和大而化之的階段，需要學術界和編輯界艱巨的努力。

剛才保生老師講了一下什麼是學術規範，學術規範具有怎樣的意義。我願意在這裏補充一下我的一些想法。確實，學術規範討論來討論去，有時容易混。其實有兩個層面的學術規範，一個是實質層面的學術規範，一個是形式層面的學術規範。實質層面的學術規範，是判斷哪些因素構成了我們得以判斷一項研究是否優秀的標準，怎樣是一篇優秀的學術論文，這篇文章有怎樣的理論上的推進，有一種創造性的東西在裏面。另外一種是形式上的學術規範，它是研究這篇文章哪一塊應該做註釋，註釋的體例是怎樣的，這是偏向形式的一面，但是千萬不要以為實質的東西重要，形式的東西不重要，兩者同等重要。

我先簡單談一下實質意義上學術規範的六個方面。第一，剛才保生老師已經談到了，那就是對學術傳統的追溯。任何一項研究都不是空穴來風，它都是有一定的來由的——它是怎樣被提出來的、前人做過哪些研究；我們是不是在每一項研究開始都有一個引言或者一個註釋，告訴我們前人有哪些研究，這些研究進展到什麼程度。實際上每一項研究都可以放到學術史的譜系中，但我們必須了解前人的相關研究。學術如積薪，後人必須在前人研究的成果之上往前推進。有人寫文章，沒頭沒腦地研究，盤古開天地，你不知道他在說什麼。我在中國政法大學做《比較法研究》的編輯的時候，倡導寫文章要寫長一點，我們是比較早倡導寫文章不限篇幅的。你們知道那時候，投稿寫文章是限制篇幅的。有的雜誌說，來稿最好的限制在6,000字以內，特殊情況可以8,000字，編輯有刪改的權力。我記得1990年我在《中國社會科學》發表一篇文章，給我發了15,000字，當時的編輯張志銘教授跟我說：「這麼大的篇幅真是破例了。」在那之前，我在《比較法研究》上發表季衛東先生的文章〈程序比較論〉，一次發表了七萬字。七萬字一篇的文章，我自己都覺得很有成就感。當然，作者更有成就感了。你知道，這樣的文章它能夠構成學術史上的里程碑。它能讓後邊的研究沒有辦法繞過去。你在追溯的時候必須要清楚地知道有一座碑在那個地方。如果一個人不尊重學術研究的歷史，每個人都是自我作古，說老子是開天闢地，這樣就不構成一項嚴格意義上的學術研究。我們知道我們國家有些學者寫文章喜歡說自己是第一次提出這個問題，他們說自己填補了什麼的空白，說自己是原創，是開天闢地第一次。但是如果你去追溯一下學術史，那只不過是因為他見識比較少而已。錢鍾書先生在他的文章中提到：有一個人，在街上走着走着，忽然天上下起雨來了。他突然想起來手裏拿着一塊布，碰巧也有一個拐杖拿在手裏邊，他把布一展，把拐杖一支，呃，這不是能遮雨嗎？他就趕快跑到

專利局去了，去申請專利，說我發明了一種可以擋雨的工具。專利局的人推開窗戶，往外面的人群一指說，「你看他們打的是什麼？」這是一個意大利笑話，叫做〈他發明了傘〉。它說明了這種人自己以為自己創造發明了什麼東西，發明了傘。其實傘遍地都是。我們現在有很多學者真的是經常「發明傘」。

實質性的學術規範化第一個方面就是要尊重在我們之前發明了雨傘的人們，同時又能夠對於雨傘加以真正的改進，或者發明某種防水布料可以做成避雨的衣服。第二個方面我認為是涉及到一個比較複雜的問題，就是人文研究和社會科學研究之間的一種方法上的講求，甚至兩者之間的張力。在座的楊玉聖教授是做歷史學研究的。歷史學研究是典型的人文學問，而保生和我現在都在進行被歸類到社會科學的法學的研究。我也不知道社會科學跟歷史學到底有什麼區別，原來人文叫學科，社會科學叫科學。這裏有個很有意思的區別，也就是說玉聖教授不能稱為科學家，而我們則可以被叫做科學家。前段時間有一個在我的課堂上聽課的遼寧師範大學的老師，他在網上也很出名，他署名叫「法家梁劍兵」。梁經常在網上寫一些文章，和別人辯論法學是不是科學的問題，辯論得簡直熱鬧得很。後來我問他為什麼非要說法學是一門科學。他說這麼多的人在做這項研究，這麼多的學生坐在這裏學習，如果它不是一門科學，我們做的是什麼？他在那兒不斷地辯論說法學是一門科學。我說：「你沒有想一想烏爾比安（Ulpian）曾經說過的話：『法律是公正與善良的藝術。』」藝術和科學是不一樣的。藝術不是科學。藝術是充滿個性的，是非常不一樣的，人與人之間是做得很不一樣的。如果西方作曲家都是莫札特風格的話，那就太慘了。藝術要求個性化，而科學則要求嚴格的一種規範性的東西。科學的研究要求要非常嚴謹地去遵循一種相關的定律、定理，我們卻不像自然科學的人寫文章那樣。搞自然科學的人說：「我們

不像你們寫篇文章那麼費勁，因為我們的語言基本上都是那種類型的，都是那種很格式化的語言，你只要把那個東西表達出來就行了，篇幅也不長。」但是我說法學這種東西不是這樣。亞里士多德（Aristotle）的學科劃分非常複雜，他寫過多少學科的東西，倫理學、政治學、修辭學、物理學。那法學呢？這裏沒有法學。法學是被亞里士多德放在修辭學、倫理學、政治學裏邊討論的。那就是說在古希臘的哲人所處的時代，法學還沒有形成一門專門的學問，到了古羅馬階段法學才逐漸開始獨立的成為一門專門的學問。這樣的一種學問本身帶有一種相當大的問題，也是我最近非常關注的問題，就是修辭學上的問題。也就是說法學這個東西，包括司法決策帶有相當大的一種修辭學上的追求，因為它是對人的一種說服的過程。一個判決書作出以後，當事人看到這個判決書，科學的東西不見得有那麼大的說服力，有說服力的是修辭學上的問題。這就是為什麼晚近二十年間在美國興起了一門學科叫「法律與文學運動」。有許多人做這個研究，開始的時候「法律與文學運動」注重的是什麼？他們從文學作品裏面發掘法律的問題。比方說，莎士比亞戲劇裏所體現的正義觀念，狄更斯小說裏面顯示的英國訴訟制度，例如我們中國學者寫文章〈從《紅樓夢》看清代的民事訴訟法〉，這個寫得也很有味道。中山大學的徐忠明教授曾經專門研究過包公案，發掘有關包拯的戲劇、小說裏面所顯示出的法律文化和法律觀念，當然這種研究很有意思。但是後來的法律與文學研究轉向了，轉到一種把法律當作文學，如果說過去是law in literature，後邊就變成了law as literature，法律變成了文學。這樣的一種研究就把法學整個的轉向了。你不要以為司法決策是那麼確定的，是那麼科學化的。不，法官的個人價值觀、修養、知識、偏見等都會嚴重的影響到司法判決。如果法官在吃早飯的時候和太太吵了一架，上午判刑就多判兩年，有可能就變

成這個樣子了。這多多少少有一點後現代的感覺，似乎要解構掉我們法律人所孜孜以求的、洋洋得意的法律的確定性、司法決策的確定性。它告訴你一切都是不確定的。月朦朧，鳥朦朧，法學家就是文學家，這個還是蠻有趣的一個研究。我自己覺得實質的學術規範化第二個方面，恐怕就需要我們關注法學到底在多大程度上是一門科學。如果說我們法學不是科學的話，那我們又如何去避免法學變成文學，變成一種公說公有理，婆說婆有理，最後誰都不見得有理的徹底的個別主義，這肯定不行。法學的規範化在這個方面也許需要我們的一些關注。

實質性的學術規範化的第三個方面，涉及到的是剛才保生老師講的原創性的問題。我尤其關注的是涉及到中國的法治建設過程中，我們如何去保有一種創新的能力。你們知道法學研究大致上來說——由於我們前面說的前提，即法學是一門新派的學問——法學基本上是西方影響的產物。儘管老師們大多數情況下都是講中文，但實際上講的不是中國的學問。江平老師講羅馬法，美國課堂上都不怎麼講羅馬法這一又洋又古的老貨色了，但江老師給大家講羅馬法，實際上講的就是西洋的東西。你以為那個中國刑事訴訟法的課是中國的學問嗎？那完全是西洋的學問。西方創造出來的，包括名詞、術語、概念——一審法院、二審法院這些概念都是西方創造出來的。現在我們還實行交叉詢問、直接詢問，所有的這些東西不僅僅是實務方面，而且包括理論方面。於興中教授，大家知道他現在任教於香港中文大學。他是哈佛法學院的法學博士，有一次開研討會他談到了一個問題，就是現在我們討論學術問題時所使用的任何法律領域的概念沒有一個是東方國家的土產，全部都是西洋創造的。德沃金曾經來過我們政法大學作演講，也曾與中國法學界的許多學者作交流。你可以發現我們怎麼跟德沃金交流，

都是在請示，都是在請益。「我對這個概念的理解是不是符合你自己的思想？」你能夠原創嗎？你能夠說我這套東西能跟你來對話嗎？沒辦法對話，你首先是一個學生。有一個學者想對話，清華大學的江山教授。他其實不是想對話。他是說老子自己創造一套，不用你那套概念，什麼權利、義務、法治、民主、自由、人權，這些所有的概念都是西方創造出來的，我們是不是要自己創造一套？但是江山自己做這個事情很痛苦，自己在家裏想，皓首窮經，青燈黃卷，雖然也要看西洋的書，但卻要千方百計地避免受西洋概念的污染，最可怕的是書寫出來以後沒地方出。編輯看不懂，請了幾個學者來看，請幾個國內知名的幾位法理學者幫助審審稿，包括我個人也受到過諮詢，也只能很無奈地告訴那個編輯說我們也看不懂。每個字都認識，但是他說什麼，我們一點都不懂。

我們從來沒聽說研究具有中國特色的物理學，具有中國特色的數學，但是中國特色的法學卻經常被提出來。我們中國特色的法學究竟是什麼？我們如何在追求原創性的同時保持一種「可對話性」？剛才保生老師也說了，你能夠對話，你就能夠交流，你能跟別人說一樣的話。現在國際語言是英語，英語這個東西能夠表達我們的思想嗎？用慣了雙語詞典的人常常會有一個誤解，就是說任何一個東西都有兩種語言相對應的。你有一個桌子，我也有個桌子。你有一個眼鏡，我也有一個眼鏡。但是思想傳統是有差異的，中國古典時期的概念，比如說法術勢、內聖外王。我有一次編輯《比較法研究》的時候，最痛苦的是有個人寫一篇論文，題目彷彿是〈論德主刑輔、刑期去刑〉，我要把題目翻譯成英文，可是這個怎麼翻譯成英文，簡直是沒有辦法翻譯的。中西之間的溝通有許多我們的「特色話語」人家是不懂的，即使你用英文說。比如說，你用英文說three representatives是多麼重要的，美國人說「在哪兒，三個人在哪

兒？」你找不到。所以我們的學術研究中間充滿着讓人看不懂的話語，翻譯成英文更讓人看不懂。中西交流，外國人見了男主人和男主人的太太，恭維一下說「你太太很漂亮」。太太很羞澀，那個男的連忙謙虛地說「哪裏、哪裏」。那個翻譯就生吞活剝地翻譯作"where, where？"外國人很奇怪，心想怎麼我誇獎一句就問我哪兒漂亮！然後就說「你太太真的哪兒都很漂亮。」然後你知道男主人說什麼嗎——「不見得，不見得。」可怕的是這「不見得」的翻譯——「她最漂亮的地方你看不見」！所以學術規範化問題，追求可溝通性，中國有許多東西尤其是涉及到我們自己的學問跟思想傳統有關係的，這個可溝通性真是非常困難。儘管無數的前輩，包括一些漢學家做了很大的努力把中國的概念能翻譯成妥帖的英文，但還是有太多的東西是只可意會，不可言傳的。「常恨言語淺，不如人意深。今朝兩相視，脈脈萬重心。」就是靠兩個人對着看能看出點名堂來。我覺得這是一個學術規範化上的問題。當我們判斷一篇文章是符合學術規範的，我們怎麼能夠包容這樣一種不同的學術話語，既能保持可對話性，又能尊重本民族的一種獨特的表達。我覺得這個是比較難的。

　　第四個方面，我想提出目前學術規範化一個非常大的問題，就是我們沒有真正的、認真的實證研究，法學領域中的實證研究就更缺乏。而沒有實證研究所構成的法學研究，就沒有辦法向世人——不僅僅是向外國人——展示我們的制度發展到了什麼樣的程度，我們的法律制度在不同層面上到底取得了怎樣的進展。這個實證研究，現在像法社會學（Sociology of Law）研究已經有了一些推動，但至今看到的基本上也只是舉幾個例子說幾個道理，還沒有到真正的實證研究的程度。所以我覺得實質性的學術規範，是要求一個社會科學領域的研究具有很大的實證性，或者實證研究至少要佔相當大的比重才真正能夠使學術規範化。

實質性的學術規範還有兩個方面。由於時間限制，我就不想細說了，只是點到為止。第五個方面，就是學術倫理的形成。社會科學也好，人文學科也好，也許學者們都要遵循特定的一種學術倫理。學術倫理是將學者這個群體跟其他人相區別的一個非常重要的方面，有些行為不違反法律，但是違反學術倫理。比如說，西方人寫文章下面往往都有個鳴謝註，說誰幫我看了原稿，誰幫我看了第三部分並提出了什麼意見。有時候個別文章裏註釋說「我跟楊玉聖教授交談的時候他啟發我注意到了這一點」。所以說寫文章是一件很不容易的事情，這是學術倫理上的基本要求。最後一個方面就是學術評價制度的完善。這方面我不用展開，剛才保生老師已經談得非常詳細，非常多。

接下來讓我最簡短的說一下「賀十點」。人家說「江八點」，我是「賀十點」，玉聖教授把它搞成「賀十條」了。學術引用遵循的倫理，我只是非常簡要的談一下，也是在楊玉聖教授的不斷鼓勵之下，我也一直在思考這樣的問題，提出引用的十個準則。我把這十個準則稍微解說一下，我們就進入討論階段。第一個引用的倫理是「引用應當體現學術的獨立和知識的尊嚴或者學者的尊嚴」。這一條規範在當時開會提出來時有人問是什麼意思。我就說，學者引用東西不是輕易的，他們固然可以引用很多很多的東西，但引用的過程中間可以顯示出一個學者是否具有學術獨立的精神。有許多人寫文章，很喜歡引用國家領導人的講話。引用就引用吧，還說「正如某某某所指出的那樣」就是不需要去論證。領導人講話就是對的，領導人講話就是一種不刊之論，就是一種真理，就可以作為依據。好比我和你打架打不過了，就說「正如胡錦濤同志說過的」。領導人因為他們的權力就獲得一種正當性，我們一點都不陌生。文革期間，報章書籍裏的文章裏面都有黑體字，那就是引用經典作家的話，

就不需要去辯論。在西方國家，引用率是評價學者或作品的一個非常重要的指標。為什麼高斯（Ronald Harry Coase）能受到那麼大的敬重？他的〈企業的成本〉一文發表後引者如雲，是在過去百年間被引用率最高的一篇經濟學論文。霍姆斯（Oliver Wendell Holmes Jr.）的〈法律的道路〉為什麼那麼受推崇？也是引用率很高的一篇論文。但是我們引用率最高的是誰呢？是鄧小平、江澤民、胡錦濤，往前追溯，毛澤東、馬克思，引用率都是最高的。中國學者是怎麼回事？當然我們知道在這個國家裏一直有一個問題，就是最偉大領袖同時還有某些「兼職」——兼任最偉大的思想家。這個兼職當得屬害，偉大的領袖、偉大的統帥、偉大的導師、偉大的舵手，毛澤東說林彪「搞四個偉大，搞得也挺肉麻的嘛，我就當一個偉大的導師就行了」。你看，毛澤東要做博士生導師，不，要做全民的導師。導師者，就是在思想方面引領你的人。我們中國學術界久而久之形成了一個毛病，就是總是喜歡引用這些東西來做依據，「黨的十五次代表大會報告中指出如何如何」；領導人一講話就寫論證，就寫註釋。我覺得這樣的引用不足以體現學術的尊嚴、學者的尊嚴，學術沒有了獨立性。所以，我想我一定要把這個作為第一條，那就是學術研究要體現學術的獨立和學者的尊嚴。

第二條是引用必須尊重原意。尊重原意也是不大容易的一件事情。我經常看一些文章，尤其這兩年的，比如法理學的教科書裏，你會發現馬克思也有引用，馬克思下面是德沃金，德沃金完了凱爾森（Hans Kelsen）也有一段，接下來又是韋伯。他把所有的東西加起來，他似乎發現讀書的過程中這段話挺有幫助、挺有說服力的就把這段話引用上去；也不管人家上下文是什麼，不管馬克思到底是不是一個讚賞法治的人。馬克思本身是學法律出身的，他要建設的一個美好的社會卻是把法律給消滅了的社會。他認為法律根本沒有它的獨立性，法律本身就必

須要被送進歷史的博物館，它受到經濟基礎的決定，所以你把這套理論整體的來理解的話，就不至於會引用馬克思在個別地方說的某句看起來對法律有利的話，其實這不反映馬克思的原意。還有其他的西方學者，不同的學理，不同的法律流派，其實都有他非常細緻的區別。你在引用的時候不加選擇、橫七豎八的拿過來，讀你的文章倒挺順的，但仔細查一查原文，你看一看原文上下文是什麼意思，整體思想的上下文是什麼意思，你會發現你完全是在歪曲他的觀點，所以這個是需要我們重視的。但是詮釋學告訴我們要理解原文也不容易，因為原作者已經死掉了──即使不死我們也不太好去考證論證──而且現在詮釋學說文本的含義實際上不能由作者來確定，作者死了，作品一旦出版，解釋權就交給了讀者，作品的含義是在讀者和文本之間的溝通、理解。但是我們也不能跳到相對主義圈裏去，結果變成怎麼說怎麼有理。「子非魚，安知魚之樂。子非我，安知我不知魚之樂」，最後徹底搞不清楚了，但是你知道魚和人之間跟人和人之間畢竟不一樣，畢竟還是有區別，所以我們還是要提倡一種尊重原文的引用。

第三條，對任何一個觀點的引用應盡量追溯到這個觀點的原創人。這樣的倡導是對提出原始觀點的人的一種尊重。儘管剛才張老師說原創比較少，但他也說了過去的原創還是比較多的。我們就需要追溯到，比如說實證分析法學最早是誰，三權分立學說你在研究時不能說根據楊玉聖教授的文章提出的三權分立的學說，那就沒有追溯到根上，他只是研究美國憲法時闡述了一下三權分立學說，所以倡導要追溯到最初的原創者。

第四條，引用的時候必須要顯示出便於核查的信息。這個主要是說引用中國古典的東西，比如說，「見《漢書‧藝文志》」。《漢書‧藝文志》怎麼去核查？你沒辦法去核查。所以

中國古典時期的書版本信息特別不完整，不規範，所以有時候找東西特別不容易找。這可能跟過去我們特別倡導記誦之學有些關係。現在中西古今，各種圖書文獻卷帙浩繁，如果沒有很清楚的版本頁碼等信息，勢必帶來很大的混亂。好在20世紀上半葉燕京大學那些人在這個領域做過許多艱苦的工作，對於中國古典文獻的引用便利多了。但是，還是有些學者寫作時註釋太過散漫。當然，這是需要文獻整理的學者們做出配合努力的。

第五條，要保持被引用者的原貌。如果有刪節的話也要保持明顯的刪節標誌，並且不能有利用刪節來歪曲原意的情節。其實，最容易利用刪節歪曲原意的可能是電視節目。有時候你去做節目會被斷章取義。過去我們看報紙，會對於編輯加工有些警惕，聽廣播覺得到底是不是他說的也難說，但電視這種媒體給你的是一種空前真實的畫面，就是你在說，前後銜接天衣無縫。記得有一位朋友在電視上侃侃而談，但是，根據我對他的了解，他不會說那樣的話。後來我問他，他激憤地說編輯把他一些限制性的話全給剪掉了，太可恨了。所以，我覺得，現在學者真的需要警惕電視這種可怕的媒體。我們引證的時候也要注意避免這樣的剪裁。有些人就加了刪節號，甚至有些人連刪節號都不加，讓被引用者蒙受不白之冤，讓讀者受到誤導，這是相當嚴重的問題。

第六條，引用要以必要為限。剛才其實張老師講得更多的是註釋，他說的是引用佔八成，給人感覺好像基本上文章裏都在引用，實際上是每頁正文都是寥寥數行，下面都是註釋，那麼多，大概是這樣的一種狀態。實際上，引用太多了也容易傷害文章的原創的東西，原創的色彩至少會被傷害。但我們有些老輩學人做學問比較傾向於多引書，所謂「信而好古，述而不

作」。例如歷史學家陳寅恪教授的書，一會兒《舊唐書》多少卷曰，一會兒《通典》多少卷曰，一段加一段的引文，最後來個「寅恪按」，那麼兩三句話，最後那文章就完了。還有周作人寫文章也有這個特點，喜歡抄書，自己的話也就是寥寥數語。當然，讀這種文章，讀進去，仔細體味，還挺有味道和妙處的。抄書也有境界高下之分，如何尋找最相關的史料，如何對於過去人們習焉不察的材料賦予新的解釋，甚至不必自己費力解釋，只把相關材料放在一起，會讀的人們就會看出其中的含義，甚至自己的話也不必講得太白，微言大義讓讀者去體味。不過，如果做社會科學研究、法學研究，引用的對象太多，引用的文字佔的比例太多，就會傷害原創性，不是現在學術規範所倡導的，而且更忌諱的是引用一個作者太多。如果引用一個作者太多的話，給人感覺是你過分依賴一個作者，彷彿是在轉述，而沒有太多自家的研究。

第七條，有修訂版的著作應當引用修訂版。修訂版意味着作者的學術思想已經發生了變化，或者發現了新的材料，所以你引用作者觀點的時候如果有修訂版的應該依據修訂版，但是有一樣除外，就是做學術史研究，或者就研究這個對象——如張保生教授學術思想前後的變化，你一定要去看他的修訂版之前的，看看他過去的思想，早期張保生，後期張保生。當然，後期還沒到。

第八條，引用未公開發表的作品必須要徵得權利人的同意。未公開發表，比如說私人書信，比如說人家的學位論文，你引用的時候需要徵得權利人的同意，而且需要注意避免使得人家再發表成為多餘，這樣的引用已經構成了某種侵權。

第九條，引用必須要有明顯的標識。要有明顯的標誌讓大家看出這是引用的，而不是自己的話。有些人引用特別巧妙，

整個一大段話然後就是下邊加一個註釋——參看某某書，一核查，整段話都是從人家書上弄下來的。你不加引號，不加明顯的標識，是誤導讀者。

第十條，表明真實出處。有許多人利用翻譯過來的著作，但有些人不懂法語，引用的卻是法文版，我明明知道他從沒學過一天的法語，他怎麼會引用法文版某某頁。後來知道，這本書有中文譯本，為了便於讀者核查和利用索引，就在邊上空白——行話叫做「切口」——的地方註上原書的頁碼，當然上面有原始的版本信息，這極大地方便了他引用。我就看過有人引用我自己翻譯的書，結果一概不提有翻譯的著作存在，就是直接標註原書版本信息。一查他引文完全是從我們的譯本中出來的，而且我們的譯本第一次印刷有一個字錯了他也照抄不誤。這對譯者是不尊重的，也構成了學者的一個最大的忌諱，那就是不誠實。你明明是從人家翻譯的著作裏拿出來的，你偏要顯示自己懂「八國」英語，謊稱你是從英文版直接來的。我想這就構成了一個學術道德上的虧欠。

總而言之，學術引用問題、學術規範問題聽起來總體上是人們必須遵循的外在的限制性準則。不過，看起來是外加的，實際上是我們這個行業內生秩序的體現。同時，我覺得保生老師談到的特別重要的一點，是說遵循規則才有自由。如果沒有規則的話實際上連自由也沒有。學術自由其實離不開人們對規則的嚴格遵循。孟德斯鳩講什麼叫自由。自由就是做法律所不禁止的任何事情的權利，也就是說自由分明是跟法律、跟規範具有千絲萬縷的聯繫。沒有這樣的規範，我們就沒有自由可言。我們有的是什麼？有的是一種叢林世界，有的是強盜世界，有的是誰的拳頭大誰就是真理的擁有者的結果。所以，為了我們更好的獲得學術界的自由，同時也是為了獲得我們學界

應有的尊嚴，不再由於某些人的剽竊、雞鳴狗盜之事而羞辱我們整個學術界。我想，我們今天晚上的這個活動，最重要的意義也許就是讓我們對於這個問題有更多的警醒。同時，我想對各位研究生同學，你們將來的學術道路還很漫長，那麼大家都有一個共同的警醒，為樹立我們學者本身的這種尊嚴，為了樹立更加良好的學人風範而作出我們自己應有的貢獻。

第5講　1949年後中國的法律翻譯

題記：這是在2002年1月，我在「《美國法律文庫》暨法學翻譯與
　　　法律變遷」研討會上的發言，曾載於《法學翻譯與中國法
　　　的現代化》(中國政法大學出版社，2005年)，今收入本書，
　　　做了一些修訂。活動由中國政法大學出版社主辦。

　　李傳敢社長策劃會議日程的時候，我自告奮勇，要承擔
「1949年以後的法律翻譯」的發言。開頭覺得，這是一個比較
容易的任務，因為我自己從1984年開始做法律翻譯，可以說比
較多介入到這個時代的法律翻譯活動，參與很多叢書的編輯。
有些叢書，自己雖然沒有親自參與翻譯，但也做了一個編委，
或者做了一個副主編、主編之類的。像跟張志銘和季衛東兩位
合作做的「當代法學名著譯叢」，其實我沒有翻譯其中任何一
本書，但還是願意去做一個副主編，北京話叫「混個臉兒熟」，
所以各種編委裏邊名字入得比較多，可以說自己是新時代法律
翻譯活動的參與者；比較多的參與者，憑感覺說話都可以說一
些。但後來發現，這樣的問題其實是一個很艱難的使命。

朝向西方大門的關閉

　　首先，1949年以後到現在是一個很長的時期，對於
前30年，我們這一代學人既沒有實質的經歷，也沒有很深入的

研究。我想，任允正先生在這兒，您是譯界前輩，非常熟悉這段歷史。但是我們這些後來者，對這個歷史就不甚了了。我一直覺得，中國50年代引進蘇俄法學是一個特別值得我們從後來者的角度進行深入檢討的重大課題。是什麼因素促使我們去引進它們？在引進過程中，我們經過什麼樣的篩選？官方的意識形態在多大程度上影響到了我們當時對於書目的選擇？我們當時的引進跟我們的制度之間，有什麼樣的一種關聯？遺憾的是，這方面的研究還是太少。後二十多年的法律翻譯雖然我們經歷了，也參與了，但迄今為止，針對這些翻譯本身所作的研究還是相當少。

導致我們研究困難的，還有統計數字的缺乏。這兩天我一直在想，我們應該有一些很嚴格的數據來表明不同時代的法律翻譯到底是一個什麼樣的狀況。比方說不同國別的情況——近代百多年來，如我們翻譯不同國家的書目的比較，哪些國家更多，哪些國家較少？轉譯的比例和直接翻譯的比例？以及不同的法律門類，刑法、憲法、行政法等等。為什麼在清末的時候，國際法是一個特別受重視的方面？然而到了現在，我們卻發現國際法彷彿進入到自己的衰老期了——「9‧11」事件也許會激發更多對國際法問題的翻譯和研究。迄今為止，我們仍然沒有準確顯示不同時代翻譯作品的一種完整的數據或圖表。我自己不會作圖，但我腦子裏邊想像作個圖會很漂亮。我們還可以拿中國跟日本的比較。我們都知道日本人十分注意及時翻譯西洋的各種作品，用梁啟超略顯誇張的話，幾乎可以說是西洋那邊兒的書剛剛殺青，日語的譯本就在日本的書店裏可以看得到、買得到。在日本這樣的一個翻譯過程中，哪些書被翻譯過來了？跟我們比較，那裏的翻譯有怎樣的特色？比方說，薩維尼（Friedrich Carl von Savigny）吧的書在日語中有多少譯本，在我們這兒有哪些譯本？哪些主要著作還沒有譯本？這樣的一種

資料建設，儘管算不得多麼深入的學術研究，但可能現在對翻譯史，尤其是對法律翻譯史的深入檢討，卻是非常關鍵的。所以，我想這次會議只是一個開端，只是宣佈一種非常有希望、非常重要的學術研究領域的新開端。

我覺得，1949年以來外國法學引進史的一個重要特點是，開始一段時間我們是非常大規模地引進蘇聯的法學，維辛斯基（Andrey Vyshinsky）等人的著作在中國大行其道。人民大學在這樣的引進過程中，可能起了一個龍頭老大的作用。後來，我自己看了一些文獻和資料發現，蘇聯法學在當時的引進有一個很有意思的特色是，它跟我們自己的法律制度建設問題實際上是不搭界的，或者說聯繫並非很緊密。我覺得，蘇聯法律著作的引進，包括任老師剛才說的那些老輩翻譯家所進行的翻譯工作，其功效與其說是一種對於制度有直接推進的力量，不如說是那些老輩法學家還能夠在一個新政權奠定之後，在一個不講求法制的時代，仍然能夠有一些涉及法律的活兒可幹。我記得，潘漢典老師曾經告訴我，董必武跟他和其他年輕學者說過這個話，說是「你們不要寫東西，你們還是翻譯點兒東西好。搞翻譯，一方面當然政治上的風險小一些；另一方面，翻譯東西總是一個學術性的活兒——寫東西，你能夠寫具有原創性的東西嗎？」剛才，黃風先生也說起關於原創性的問題，可是在中國的50年代，一直到文革結束，最不需要的就是原創性。

在這個意義上，我覺得50年代蘇聯法學的引進，對中國法律制度的影響也許被估計過高。實際上，50年代中國就沒用多少內在的動力去建設法制。一些蘇聯著作的翻譯，包括一些蘇聯法學家來華講學，也只不過屬當時全方位學習「老大哥」過程中的一種應景文章。上層領導人對於引進蘇聯的技術，尤其是

軍事工業和重工業方面的技術，心情是迫切和真誠的，但是法律或者法學的引入，不過是「未能免俗，聊復爾耳」。當然，這只是我的一個猜想。

另外一方面，我們也可以看得到，在這個時段裏，有一些西方的著作仍然在出版，雖然數量很少。這類譯著，主要是到了50年代末開始出版的。比方說，沈景一翻譯的《古代法》，張雁深翻譯的《論法的精神》；比方說狄驥（Léon Duguit）的《憲法論》，錢克新翻譯的。但是我們發現，書的前面的一些序言，出版者或者譯者留下來的一些序言，是非常有趣的。

在《古代法》的前面，有李祖蔭教授寫的一個〈小引〉，好像有些代作者「謙虛」的一個前言。裏面指出：

> 梅因在本書中收集了有關古代法的若干材料，它對我們研究古代法有一定的參考價值。但是他對這些材料的分析和推斷是從資產階級立場和唯心主義的觀點出發的，因此在閱讀本書、特別是利用書中材料的時候，應當持分析的態度，不要被它的花花絮絮的資料和似是而非的議論所迷惑。商務印書館將本書重譯出版，作為學術批判材料，這是很有必要的。

將梅因（Henry James Sumner Maine）這樣的大師經典作品，說得彷彿只是一本資料彙集，而且居然用「花花絮絮的資料和似是而非的議論」這樣的評語，今天看來，真正是「魯莽滅裂，欺人太甚」。

可以看出，當時翻譯書的目的跟我們現在很不一樣。《憲法論》是狄驥一本非常重要的書，商務印書館在前面附了一段〈出版說明〉，最後一段說：

狄驥的法學思想已經成為現代資產階級法學中的一種極為反動的思潮，在中國的資產階級法學家當中也發生過一定的影響。為了肅清這種反動思想的影響，馬克思列寧主義的法學家有必要對狄驥的反動著作進行徹底的批判，以利於鞏固我們的工人階級專政。本館出版這一本書，就是供我國學術界進行批判用的。

讀這樣的文字，讓我們感受到當時特殊的輿論氣候。當然，張雁深寫的《論法的精神》譯著序文不大一樣。也許孟德斯鳩處的時代在馬克思之前，譯者對於孟氏的評論，相對來說還比較溫和。所以在50年代，我們看得到，一方面那種激烈地反法制的社會構建思路是如何幾近斷絕了法律翻譯；另外一方面，似乎那些受到歐風美雨洗禮的老輩法學家還是心有不甘，試圖通過翻譯延續那種似乎已成絕響的傳統香火。但是，隨着環境逐漸惡化，這種努力終於在60年代初期完全終止。我們可以想像，那一代法律人在文革硝煙之中是怎樣的心如死灰，陷入絕望的境地的。

翻譯的浪潮

經過多年的運動，我們終於迎來了70年代末期開始的改革開放。隨着文革結束，中國社會開始進入民主法制建設的時期，隨即，法律翻譯也進入了一個前所未有的活躍期。過去的20年間，可以說，在座的各位都在一定程度上參與了、推進了這樣的一種大規模的法律翻譯活動。我想，這是百多年來，規模最大的、涉及的語種最多的、參與人數最多的一個法律翻譯浪潮。是什麼因素影響到了我們這樣對外國尤其是西方法律著作的翻譯？

有些因素非常直截了當，我們可以看得出來。首先，中國社會走向法治，走向一種更大的開放。我們要建設法治，我們本土的傳統沒有太多的可資利用。過去那種社會主義的實踐使得我們知道，蘇聯式的社會主義已經沒有辦法去建構一個良好的法治。所以，這個時候，我們必須向西方開放。

第二個因素，是法學界對於法學作為一種獨立的專業和獨特知識這種意識的自覺。我想，我們這個時代，隨着高等教育的發展和知識分工的深化，給我的感覺有點兒像徐國棟教授剛才說的歐洲中世紀。中世紀雖然經常被說為「黑暗時代」，不過並非那麼一團漆黑。例如在中世紀，你會發現，由於今天盛行的民族國家還沒有形成，所以大家都沒有國別意識，反而行業很重要——我們都是搞法律的人。今天，知識分工讓「同行」的概念有時勝過「同胞」概念。所以，如果黃風教授遇到一個意大利的法學家，可能比他遇到一個中國的農民要有更多的共同語言，更有那種一見如故的感覺。這就意味着，我們是一種獨立的職業，我們這個職業使得我們分享着一種共同的語言，甚至類似的價值觀。在這樣的情況下，我們對於域外著作和思想的解讀，便自然有了更加強烈的迫切感。

第三，我想對於出版者來說，出版翻譯書也是有利可圖的項目，尤其是前些年，我們沒有加入任何版權公約——例如《伯恩公約》（*The Berne Convention for the Protection of Literary and Artistic Works*）——的時候，翻譯書不需要徵得原著作權人同意，也不用支付原作者的版稅。大家知道，商務印書館有些書出版幾十萬冊，那個利潤非常之豐厚。而且翻譯書尤其是那些經典著作，是一種長銷書，不一定是暢銷書，但每過幾年便要再重印，累積下來，銷售量就相當可觀。我想，對於李傳敢社長這樣的出版家來說，這是一個非常吸引力的事情。

第四，中西大量的交流導致了有許多人從國外受教育回來，回來以後，他們把國外的那套知識、背景性的東西都給帶回來。他們在教學的過程中，不斷地告訴學生們這個人很重要、那本書是經典，希望學生們也能親聆天音，直接讀到那些海外名家的作品。學生們也有種迫切的願望，想看看廬山真面目，想看看老師所跟的那個老師的本來面目，或者老師所讀的到底是怎樣的書。在這樣的情況下，翻譯作品的產出就獲得了巨大的動力。

此外，還有其他一些因素。例如，政府對於國外原版著作銷售的限制，也在一定程度上使得翻譯得到一個更大的市場。因為我們不可能很便利地買到外國的原版書，這樣的一個限制阻礙了思想的傳播，卻也在客觀上提高了翻譯作品的重要性。還有，近年來一些西方的基金會也開始樂於資助法律翻譯事業。我記得，在大百科全書出版社出的「外國法律文庫」那套叢書──江平老師主持的──開頭跟福特基金會聯繫的時候，基金會那些項目官員好像並不那麼熱心。當時，他們似乎更願意為立法機關以及政府機關的一些課題提供資助。我個人過去曾見到過，福特基金會資助台灣學者的一套關於近代史的著作，那是很學術化的項目。我曾跟一位項目官員說，長遠地看，資助學術性著作的出版，對於社會變革將具有更深遠的影響；法律翻譯著作的大規模出版，將深刻地影響中國的法學研究、法律教育乃至立法、司法的進步。福特基金會後來在出版方面，包括對翻譯著作的出版資助方面，也變得愈來愈熱心。

這個時代的特色

接下來，請容許我簡要地討論一下這個時代的法律翻譯具有哪些特色？這兩天來，我想大家也在不斷地討論、思考這樣的問題。

我覺得，第一個特色是，從選題到譯序之類文字的寫作看，最近二十多年的法律翻譯，意識形態色彩愈來愈淡了，我們不再按照意識形態劃界。像海耶克〔Friedrich Hayek〕的著作，大家知道，在60年代的時候曾經有過《通往奴役之路》的譯本，但那個是內部發行的，讀者範圍受到嚴格限制。當然，我們也知道，即使是今天，我們在翻譯方面仍然還是會遭遇某些阻力。許醫農先生在這兒，她是我們這個時代的一位偉大的編輯，她的經歷會告訴我們很多這類例證。梁治平和我主持的《憲政譯叢》，正是由許老師做責任編輯。說老實話，我們那時在編輯和出版時也遇到了一些困難。我們在這兒透露一個私下的信息，有一本書叫《憲政與權利——美國憲法的域外影響》，那本書涉及波蘭的地方，我們是做了某些技術處理的，不過這是不敢跟原作者報告的事情。書中涉及對團結工會活動的描述和分析，免不了有對社會主義以及政黨的議論，就令人感覺有些那個……後來，許老師覺得這樣出來可能有問題，跟我商量，是不是要稍微在文字方面做一點兒修飾。雖然自己很為難，但還是無可奈何地做了一點兒梳妝打扮的工作，把它修飾成不那麼令某些機構討厭的面貌。我覺得，許老師應該把那個原稿好好保留下來，以後會成為一個歷史性的文獻，看看我們這個時代的意識形態環境是如何限制我們，甚至在翻譯著作方面，也受到那樣的限制。當然，我覺得堅冰正在打破，選題正在走向多樣化，各種各樣不同思想流派的作品都在不斷出版。

　　第二個特色，翻譯選題的國別、語種分佈方面，更加全面，雖然英語作品的比例還是居高不下。

　　另外，轉譯的作品愈來愈少，更多的作品是直接從原語言版本譯出的。我們知道，在清末民初的時候，許多著作都是從日文本轉譯過來的。

另一特色是，更加尊重學術規範化，並且這種規範化也在逐漸影響到我們中國學者的寫作。過去我們搞翻譯，大家看到那種譯本，後邊兒的索引是全部不要的，註釋能砍掉也全砍掉了。現在，我們更加尊重這樣一種風格，也感受到索引之類的價值。所以，愈來愈多的譯作呈現出的是原作的完整內容。理所當然，這也成為國內學者寫作學習的榜樣。

困惑的問題

最後，提三個我自己困惑不清的問題。

第一個問題，翻譯是不是已經成為加劇我們對西方學術話語依賴的很重要的因素？比方我們說，誰翻譯的海耶克（著作）更準確？鄧正來翻譯的非常準確，也有人說鄧正來翻譯的不見得準確。諸如此類的議論，此起彼伏。在這樣的不斷地對西學真意及其合理的漢語表達的爭論中，我們就逐漸地受到研究或翻譯對象的控制，這是一種真實的情況麼？

第二個問題，外語作品的大量引入，和中國實際制度的巨大落差之間是否存在矛盾？如果存在，怎麼去協調？剛才黃風先生講了，西方兩大法系之間會打架。你們對羅馬法那樣的一種忠誠，和深受普通法思維影響的那些法律人之間，會形成某種知識立場的對立，至少兩者之間會形成一種競爭關係。重要的是，我們實際的法律體系與英美法之間相距甚遠，我覺得，剛才王健博士談的觀點很重要：這樣一種英語國家作品的大規模翻譯，跟中國制度之間有一種巨大落差，是否會帶來制度建設中的某種緊張？在座的絕大多數學者，大都做過一些英語著作方面的翻譯，我很希望能夠聆聽各位的高論。

第三個問題，不同語言來的西方法學作品，在中土的傳播過程中，是否會出現當年羅斯科・龐德（Roscoe Pound）在中國告誡的那樣，它會損害我們的法律制度和法律解釋的統一？我想就提這三個問題。

第二輯

憲政與法治

第6講　憲政的趨勢：中國與世界

題記：這是2004年7月28日我在廣東學術論壇上的講座記錄。該論壇由廣東省立中山圖書館、《中國改革》雜誌社、廣州市社會科學界聯合會以及《南方都市報》四家機構共同主辦，地點在中山圖書館。主辦者對於講演作了全程記錄，我又在記錄稿的基礎上作了一些文字的修訂。這裏謹向四家主辦機構的周到安排表示衷心感謝。

今天能夠在廣東學術論壇作一次學術報告，我感到非常榮幸，也感到很惶恐。我知道，這個論壇經過精心策劃，出席這次論壇的學者層次很高，主辦單位也是經過精心篩選的，能夠成為這個陣容中的一員，我非常高興。敢於在這裏作一次報告是需要很大膽量的，我從《南方都市報》對此前講座的報導裏知道這裏的聽眾藏龍臥虎，所以不免有些擔心，怕講的內容沒有足夠的新意，讓大家失望。另外，本來我的講座是安排在第一輪的，但是，在那之前，我到貴州黔東南有過一次漂流的經歷，被雲貴高原的烈日灼傷了腿，嚴重到了不能走路的程度，只好推遲到今天。因為我沒有按時來這裏講，所以給主辦單位添了不少麻煩，也給一些已經領了票的朋友帶來不便，自己很感歉疚。從那次經歷中，我有兩個體會：一是快樂總是跟痛苦相伴隨；二是某些給我們的生活帶來美好的事物用之不當，就會導致傷害，太陽如此，政府也是如此。

這次演講的主辦單位有四家，除了廣東省立中山圖書館這家歷史悠久的圖書館以外，還有《中國改革》雜誌社、廣州市

社會科學界聯合會以及《南方都市報》。我很榮幸，過去的一些年間和南方報業集團有着非常密切的聯繫。從1998年以後的不少時間裏，我經常在《南方週末》上發表文章，同時也目睹了廣東報業的發達和繁榮。請容許我在這裏，特別向南方報業集團，尤其是《南方都市報》表達一份敬意！這份報紙在2003年這一多事的年份裏，發表了許多重要的報導，使得在廣東發生的事情變為跟全國都有關聯的事情，也使得廣東發生的一些個案成為推動中國制度改革的動力。我相信，2003年中國社會不少的進步跟這份偉大的報紙息息相關。我在這裏使用「偉大」這個字眼，大家想必也會同意，因為我們都看得到這份報紙的總編輯、編輯以及記者們，為中國的民主法治事業所作的艱苦異常、百折不撓的努力。所以，我必須在此向南方報業集團表達我自己的崇高敬意。

廣東省是改革開放的排頭兵，這已經是眾所周知的事實。值得重視的是，似乎在一年多以前，廣東就率先提出建設現代化社會的目標。實現這樣的目標，重要的是民眾、學界、媒體以及政府中的有識之士都在不斷地探索着，如何在現有框架允許的範圍內裏進行制度的創新。有人對去年在廣東發生的某些事件感到不理解，說為甚麼廣東會發生這些事件？為甚麼廣東的警察會打人？為甚麼廣州的收容站會把孫志剛這樣的人打死？我的解釋是，與其說廣東發生這類事件多，不如說是廣東的媒體把這些事件報導出來了。其他的地方可能發生得更多，但當地的媒體是不能報導的。我們知道，現在有一種所謂「異地監督」的說法，就是只報導外地發生的負面事件，對於本地的事件則三緘其口。這樣的情況，極大地妨礙了新聞監督能量的發揮，也降低了人民對於公共事務的關心和參與的熱情。而廣東新聞界，尤其是去年的新聞界，為報導本地的一些負面事件做了很大的努力，這是難能可貴的。

一個社會發展的變化，可以說是多方面構成的，也是各種因素互動的結果。地方經濟的發達，正好反襯出我們的政治制度、法律制度方面的一些進步。我看日程，昨天是李曙光教授給大家做演講。我知道，他一直在研究跟市場經濟有關的法律制度，例如企業法、兼併法、破產等等。我相信，通過他的演講大家可以看出，所謂市場經濟絕對不僅只是一種經濟形態；市場經濟要求與之相配套的政治制度、憲法制度，以及更寬泛的法律制度。

　　大家記得，百多年前有一位中國留學生嚴復到英國去留學，本來他不是研究社會科學的，但這位年輕的留學生卻有些「不務正業」，對社會科學產生濃厚興趣。初到英倫，他養成一個業餘愛好，就是喜歡到法院裏面去聽法庭審理案件。你們也知道這是學語言的最好途徑。法庭上的言詞反映了社會各方面的知識，一個人能夠聽得懂法庭上的辯論，可以說這個人的語言工夫已經達到了很高的程度。嚴復在法庭上聽了幾天後，突然感覺到悵然若失。他跟清廷的駐英大使郭嵩燾講，聽了幾天的審判以後，他突然有所頓悟，發現英國富強的根源不在於有堅船利炮，更重要的是有良好的法律制度、政治制度。司法機關每一天都在伸張公理，法官每天都把正義送到每個人的家門口。無論一個人地位多麼弱小，無論被起訴的對象的勢力多麼高強，他都有信心在這個國家的法庭上獲得正義。嚴復認為這是這個國家富強的根源。

　　其實，跟嚴復同期以及後來的不少有識之士都看到這一點。他們發現我們學習西方不能僅僅學習堅船利炮，更重要的是要學習那裏的法律政治制度，要深入到器物背後的一些東西上，即制度層面以及文化層面。我們老早就意識到憲法、憲政所具有的重要意義，我們看到中國早期的時候也開始了自己的

立憲運動，包括晚清的時候制定了一部所謂的憲法。我們發現所有的發達國家都有憲法，所以我們要制定我們的憲法，但我們的憲法總是不能發揮它應有的作用。憲法中承諾給我們種種的權利，往往不能夠得到嚴格的保障；憲法所規定的國家權力的那種相互制約和相互平衡不能夠操作和實現。看看我們的憲法文本。大家想想如果再過200年，200年後的人拿着今天的憲法，不免要感歎今不如昔，不免要想像——過去的中國人生活得多麼快樂！政府的權力受到了法律的嚴格限制，人民享有私人財產的法律保障，人權保護是這個國家的重要使命，我們享有人身自由不受侵犯的權利。200年後的人們，如果不進行一個歷史社會學研究，只是把法律條文當真，他們就不知道憲法中規定的這種種權利有許多是沒有實際落實的。

對於我們這種有憲法而沒有憲政的狀況，許多學者作過一些研究。美國研究中國問題的著名學者黎安友教授（Andrew Nathan），曾經對近代中國憲政夢的破滅作出了解釋。他認為在這個國家裏面，在官場彌漫的文化是反憲政的行為。人們總是提拔自己人擔任官職，自己的親戚、同鄉、同學等——比方科舉考試的時候的同一屆或同門的人——通常會形成一個利益上的共同體。他們物以類聚，相互提攜，任人唯親，黨同伐異，從而使得憲法政治無從開展。雖然現代政黨政治也有類似的某些特色，但是，這只是所謂「疑似之跡」，兩者具有性質和運行等方面非常不同的特質。另外一個對憲政有害的因素是在於我們不能在差異之間尋求妥協，不同派系之間經常形成一種互為水火、不共戴天的局面。也就是說，在政治層面上的人都相信也號稱自己不僅僅是大權在握，而且也是真理在握。政治的領導人往往不僅是政令的宣佈者，也是真理的宣示者。這樣就完全排除了政治上既相衝突、又可合作的反對派存在的可

能性。這樣一種把行政意義上的最高權力和道德以及知識意義上的最高權力合而為一的格局對於憲政的傷害可以說是毀滅性的。它的後果是讓異見者要麼徹底屈從，要麼就只能通過武力推翻執政者。像過去國民黨一樣，總是宣揚所有的權力和真理都在蔣委員長那兒，所以共產黨就非常不服氣。我們都記得當年共產黨莊嚴的承諾，將來執政以後，要實現民主、言論自由和軍隊的國家化。中國共產黨遭遇的是沒有妥協精神的國民黨，雙方都想把對方置死地而後快，最後的結果是兩家只能通過內戰來解決問題。

1949年中華人民共和國成立了，我們建立了社會主義體制的國家。這是一種跟傳統中國的官僚帝國很不同的統治。至少在最初的一段時間裏，我們相信這是一個全新的社會類型，人們沉浸在一種彷彿是登上天堂的喜悅之中。在50年代，似乎每個中國人都歡騰雀躍，中國人民終於站起來了，我們都當家做主了，所有的剝削壓迫都一去不復返了。代表這種氣氛的一個事例是，畫家黃永玉先生在50年代初回國的時候來到北京，他跑到天安門廣場，看到一個交通警察，就滿心的激動，遠遠地跑過去，緊緊地握着那位警察的手，說：「警察同志，您辛苦了！我終於回到祖國的懷抱了！」人們都相信，中國終於找到了一條通向共產主義的康莊大道。然而，後來的歷史表明，我們根本無法超越歷史。改變一個國家的名號並不難，但要改變一種慣常的治理模式和傳統卻是極度困難。另一方面，不斷開展的政治運動以及政府權力不受控制，這讓我們認識到在一個社會主義國家裏，憲政仍然是必要的，法律仍然是不可能消滅的；對政府權力的限制、並且通過這種限制從而使人民的自由和權利免於政府權力的侵犯，仍然是必要的。

趨勢之一：憲政的正當性正在不斷強化

在今天這樣一個所謂「全球化」的時代裏，開放意味着中國的制度發展走勢將受到外部世界愈來愈強烈的影響，將跟其他國家尤其是發達國家有着千絲萬縷的聯繫。如果我們放眼世界，可以發現在憲政方面，我們不斷強烈地感受到一些趨勢。這些趨勢是甚麼呢？今天受時間限制，我們無法做到面面俱到，只能列舉舉舉大端。第一，西方的憲政，或者說通過法治使得政府權力受到限制從而使得人民權利得到保障的那樣一種體制，本身的正當性、合法性不斷地得到強化。這樣的一種趨勢是非常明顯的，可以感受到的。我們可以說憲政或者說法治在西方的發生多少有些偶然。英國是最早的一個立憲國家；那樣一個人口不多的民族，可以通過法律上明確的程序和其他規則，使人民能夠參與到政治生活當中。在1215年英國的貴族集體起事，逼迫國王答應他們提出的對王權加以限制的要求。英國貴族並不是搞內戰，而是要求國王簽署一個文件，稅收的時候不經過貴族們的允許不能夠收稅。這種不經過納稅人同意不得徵稅的主張具有顯而易見的憲法意義。此後，一個說法在英國逐漸醞釀，後來甚至成為北美十三州人民的響亮口號，那就是「無代表不納稅」。國家必須要嚴格按照人民的委託來行使權力，而不能超越這個範圍。這個觀念形成了慣例，連同其他因素一起，逐漸造就了英國的憲政體制。在英國並不存在一個成文的憲法，但不妨礙我們稱它為一個憲政國家。而在蘇聯以及前東歐的一些威權國家，它們都有條文非常漂亮的憲法，但是我們不能夠稱它們為憲政國家。制定一部言辭美好的憲法已經成為近代以來許多國家的常例。不過，要把憲法落實，卻不是那麼容易的。正如我們觀察不同國家的情況會看到的那樣，在不少地方，憲政模式的推行面臨相當大的阻力，這種阻力往往來自一些複雜的歷史和文化因素。

以中國為例，如何去限制政府、皇帝的權力，這歷來是非常困難的事情，因為皇帝具有一種天然的正當性。他是天子，違反他的意志就是違反天的意志。我們觀察歷史，一個明顯的困難是，在這個國家裏面，皇帝的權力始終沒有受到一個制度化的嚴格限制。雖然他實際上受到某種限制，像《周禮》、所謂「祖宗成憲」等等，但是，這類限制由於只是建立在可以作多種解釋的言說基礎上，解釋者不會受到另外的獨立力量的約束，因而無法形成體制化的限制機制和限制規範的確定性。晚清變法，我們要向西方學習，改革中國的現代政府架構。當時只能走溫和變革的道路，我們無法想像這個國家可以廢除皇帝這一延續兩千年的制度，迫不得已而變法的心態讓當時的人們在效仿對象的選擇方面頗犯難。

像法國這樣的國家是共和制，那時給人的感覺似乎是民情囂囂，不宜作為學習對象。美國當時雖然還算不上是一流強國，但也已經引起了相當的關注。不過，那裏也不是君主體制。有一個首腦，喚做「伯理璽天德」（President），但卻是由老百姓選舉出來的，也有任期限制。這樣的體制當然也不是我們能夠學習的。考察西洋，人們發現也許應該向英國學習。英國當時是世界最富強的國家，我們受盡了英國的氣，尤其是在廣東這個地方，我們都記得「三元里抗英」的故事，更不必說鴉片戰爭。我們希望也能夠像英國一樣成為一個強大的國家。此外，英國對於我們來說具有一個特殊的吸引力，那就是它有一個君主——在20世紀初，絕大多數中國人還不能夠想像我們可以建立一種沒有皇帝的體制。但是，我們最終發現，英國是最難學也最不應該學的國家。其中原因首先是英國法律複雜。百年前，我們面臨的最緊迫的任務是模仿西方來重建我們的政治法律制度，這就是所謂的變法。這種變法將使我們的制度跟西方接軌。要達到這樣的目標，一個比較便捷的辦法是把西方的

法律直接搬過來，甚至直接翻譯過來變成我們自己的法律。這種是最省勁的改制方式，像日本、土耳其最初等都是採用這種方法實現了法律的西方化。土耳其就是把瑞士《民法典》翻譯過來。為了使得民法學術能夠跟進，他們還把瑞士法院對民法的解釋持續不斷地引進，使得土耳其的法律職業者能夠學習到最新的發展狀況。在日本，當時主持修訂法律的大臣江藤新平，為了制定日本的法典，拿到了一本法國的法典，找到學者箕作麟祥來翻譯，但是箕作卻非常犯難。原因很簡單，他是一個蘭學家，也就是從事荷蘭學問研究的學者，對法語根本不在行。他說他只能借助查字典翻幾個詞，翻譯一部法典又談何容易。江藤新平說沒有關係，我們只要翻譯過來，裏面有些錯誤沒關係，翻譯完成把法典的題目由法國刑法典改作日本刑法典就可以了，這樣日本就有自己的法典了。這顯示出一些國家學習西方的緊迫心態，同時也說明了歐陸國家法制較易模仿。

從學習的角度說，英國——當然也包括美國——的法律乃是最不容易學習的。在歐陸，一卷在手，所有法律便盡在其中了。可是英國的法律在哪兒？那裏並沒有一卷在手的法典，而是卷帙浩繁、汗牛充棟的判例，各級法院在處理案件時都需要依據法院從前所作的判決，要研究歷史上的判例。這樣一來，學習的過程就會變得十分艱難。沒有辦法在很短的時間內將這些判例裏所包含的法律規則提煉出來，編成法典。

第二個困難來自英國憲政中的地方自治傳統。這個傳統在英國是牢固確立的，但是，它卻是讓我們很為難的一個因素。在中國，中央集權雖然也是問題多多，可是地方自治也許會帶來更為嚴重的問題。因為只要說到自治，我們很容易就想到諸侯割據、軍閥擁兵自重、地方豪強以及貪官污吏魚肉下層百姓等可怕的景象，以至對於中國的老百姓來說，最好的狀態是國

家統一，而絕非地方分權。地方一分權，就出現了地方的一個個小皇帝。我們要建立地方自治，到今天還有一些困難，所以當年孫中山先生說我們中國人的自由不是太少了，而是太多！多到把這個國家變成一盤散沙的程度。於是孫中山不斷地強調的是集中和統一，可以說我們今天的制度中間許多的弊端或許跟中山學說（尤其是晚年的學說）有密切的關聯。政黨性質，政黨和國家之間的關係，領袖的地位以及諸如此類的問題，直到今天依然可以看到中山先生某些思想痕跡的問題。我們說地方自治是英國的政治制度非常重要的傳統，但這個傳統所內在的地方自治與國家統一而強大相和諧的特質是最難以學習的。

接下來我們看到的是立憲君主制，當初看到了英國的國家體制裏有「君主」這樣一個現實，國人不免感到親切，不免想到那裏的制度是我們應當借鑒的，這時我們可能多多少少忽略了那裏的君主是要受到限制的——君主只是虛位、禮儀、民族的象徵。後來，我們意識到必須將君主置於一個象徵性的位置上，但是在一個缺乏虛君傳統的國度，這種限制的建立總是極度困難的，所謂「蜀道難，難於上青天」。後來曾有人傾向於認為，如果在清朝的時候是一個漢族人的政權，君主立憲制的建立或許會容易些。當時是滿族人的政權，對滿人不滿的書到處流傳，「非我族類，其心必異」的說法獲得了比以往更大的說服力，這使得漢人和滿人之間的矛盾愈來愈激化。因此，假如當時的政權是漢族人的政權，政府與百姓之間的隔閡就不會那麼嚴重，限制皇帝權力的體系就更容易建立起來。但是，我對這種看法是不敢苟同的。雖然在晚清時代滿漢衝突的確是相當激烈，西方的民族國家學說也確實更易於喚起民族而不是「天下」的觀念，但是過分誇大民族間衝突作用的解釋可能讓我們忽視了更重要的文化因素。其實，從另一個方面說，對君主立

憲制建立的可能性，滿漢矛盾也可能成為一個有利因素也未可知呢。因為純粹漢族皇帝，可能煥發臣民更強烈的忠誠，從而給限制權力帶來更大的阻力。總之，滿漢矛盾只是加劇了政府權力運行中的混亂和低效率，而要建立一種真正的君主立憲政體，我們要面臨的卻是數千年的君主專制傳統。

看起來，英國這種體制是學不來的。最後，當眼光轉到了德國，大臣們終於看到了可以學的體制。我們希望富國強盛，像後起的資本主義國家，能夠在世界列強格局中佔有非常重要的分量。這是我們當時非常緊迫的目標，所以中國的體制愈來愈朝向德國以及因學習德國而發展起來的日本。無論是政治體制還是法律體制，德國在不少東亞國家的現代化過程中發生了重要的影響。所以，我們最終走向了德國的那種富國強兵的道路。在20、30年代，中國的法律體系基本上是學習德國，或者借鑒經由日本而轉口到中國的一整套制度體系。不過，德國體制中自由因素的缺乏也影響到作為學習者我們的制度。在後來促使德國走向納粹體制的各種複雜的影響因素裏，我們或許應當注意到其制度理念中的某些缺陷。

我們回到今天這樣的時代，在整個世界範圍內，西方的那種憲政體制的合法性，可以說愈來愈強，它的正當性幾乎已經得到各國在形式體制層面上的廣泛認可。即便是那些實際上非憲政的國度，我們也看到議會在開會，選舉在開展，憲法裏都規定一定程度的政府機構之間的分權，也規定相當廣泛的公民政治權利。尤其是在上個世紀90年代之後，西方式憲政的這種合法性簡直可以用福山（Francis Fukuyama）的經典說法加以表達：歷史的終結。

當然，在這樣的時刻，我們還要看到這個趨勢的另外一面——也許跟民族主義有密切的關係——隨着西方制度在全球的傳播和它的壓倒性優勢的確立，導致了某種複雜的心理反應；

並不是全世界的人民都心悅誠服願意接受這樣一套制度。或者說這套制度在許多國家引進的過程中，由於它沒有發揮出在來源國家所能夠發揮的那種作用，導致人們信心或耐心的喪失，甚至那些最初的熱烈倡導者也逐漸地不再相信我們應該走這樣一條道路。在中國我們經常說康有為、梁啟超，包括嚴復，這些人到晚年都開始轉向保守，轉向對儒家學說的倡導。實際上，西方的制度傳入中土之後發生了一種雙向的改變，即在改變我們制度的同時，也被我們的文化以及各種非正式制度改變。異地的東西到了中國，逐漸地將成為中國文化的一部分。外來的東西不經過本土化的改造，就沒有辦法在中國立足。但是，如果改造的程度是如此劇烈，已經變得面目全非，則引進本身就沒有意義了。在莎士比亞的《仲夏夜之夢》（*A Midsummer Night's Dream*），一個人變成了一頭驢，旁邊的一個人吃驚地大叫：「天哪，你被翻譯了！」我們學西方的制度也差不多如此——引進的是一個人，但經過本土文化的一番改造，他就成了一頭驢。

比方說我們今天的人民代表大會，這也是學習西方議會制度的產物。但是，時至今日，議會制度原來具有的一些特色在我們這裏逐漸被改造沒了。議會中的辯論乃是議會政治天經地義的特色，英國——這是最早建立議會制度的國家——議會的開會模式是最典型的，按照有助於辯論的形式設計出來的，執政黨和反對黨分庭抗禮。當然辯論有規則，每個人辯論的時候臉要對着議長，這有助於減少過多的正面衝突。大家要遵循發言過程中的諸多看起來非常繁瑣的規則（所謂Rules of Order）。然而，我們的人大卻很少有辯論，當然其中的原因之一是代表的數量太多了，三千多人沒法辯論。為了讓人大也多少有些討論的色彩，我們就設計了分組討論這樣的獨特會議形式，但是，除了解放軍代表團——這也是一個非常中國特色的安排——之

外，分組卻是以行政區劃為單位的。由於省委書記、省長都是當然的全國人大代表，於是分組會的討論過程就受到了行政權的嚴格控制。

如此看來，我們議會的代表分類標準可能是有問題的。西方國家的議會代表首要的分類是按黨派分類，我們看電視上訪問一個國會議員，字幕上他名字後面有一個「(D)」，我們就知道這是民主黨議員。議會座位的劃分也是依據黨派的。但是，這一套在我們這裏卻完全行不通，因為我們的代表基本上都是共產黨，全國人大代表中中共黨員的比例佔了八成以上。不是共產黨的，心中也極其熱愛、完全擁戴共產黨。在這樣的情況下，我們的代表分類幾乎想不出一個合理的模式。

這種西方制度到中國的變形使得推行人感到失落、失望乃至於絕望。絕望以後，有人認為我們需要尋找自己的途徑。其他國家也有這種情況，比方說有人在倡導所謂亞洲價值觀或亞洲的獨特性，比如說新加坡的李光耀。人們逐漸開始在政治法律制度以及文化方面試圖發展自己的一套話語跟西方相抗衡。中國也有這樣的思想出現。經過了100年的發展我們的憲政還沒有成熟，人們當然樂於看到一種來自本土，並在本土的文化中發育起來的憲政文化理論得以成功。蔣慶教授是儒學在當代中國的一個代表人物。他去年在北京三聯出版了一本《政治儒學》，研究的問題正是如何以儒學的政治理論來回應當代中國法治、民主以及憲政建設的需求。大家知道，當代新儒學的代表人物，大致上都非常強烈地主張我們傳統的儒學由於過分強調心性，而缺乏政治法律制度方面的一整套學說；心性儒學這種東西雖然有助於君子人格的養成，但卻沒有辦法使得人性之外的政治法律制度實現良好的秩序。「內聖」固然不錯，但是卻很難開出「外王」花。這樣我們就可以看到，儘管士大夫階層的

話語中總是充滿一種家國之憂，「先天下之憂而憂，後天下之樂而樂」、「為天地立心，為生民立命，為往聖繼絕學，為萬世開太平」，但是中國政治混亂的現實跟士大夫所表達的那種偉大價值可以說形成了殘酷的反差。士大夫的口號愈來愈漂亮，現實的政治卻愈來愈腐敗。於是，新儒學的一些代表性的學者便主張我們要以心性儒學養成民族的心靈和人格，與此同時，我們亦必須尋求西方政治法律學說，諸如民主自由、權力分立、司法獨立、個人權利保障等價值，與我們的心性儒學之間的結合。這種銜接如果成功了，所謂儒學發展的第三期正是指我們是否能夠順利地跨過這個坎兒。

蔣慶教授對這樣的學說不以為然。他認為，儒家自有一套在政治法律層面的偉大學說。這一套學說由於許多學人過多地關注心性儒學，甚至將儒學誤讀為只是心性儒學，因此長期受到忽視。其實，正所謂「睫在眼前常不見，道非身外更何求」，蔣慶就是要將儒學的政治法律學說開掘出來。這本《政治儒學》要完成的就是這項雄心勃勃的文化與制度重建的使命。蔣慶認為西方政治制度以及學說存在着重大的缺陷，比如一味的講求民主，人人平等，這樣一種法律學說，使得賢與不肖、君子與小人都享有同等的權利。他認為這是不公正的，讓某個小人投一票也算一票，孔子也只能投一票，這算甚麼國家？他認為在制度方面應當明確地確認法律面前，人人不平等，應當確立德主刑輔、刑期去刑這樣的儒家核心觀念，應當讓代表天道的儒生以及代表歷史文化接續的那些人在國家決策方面具有更大的權力。蔣慶教授曾經對我說：「衛方，你要通過你的奔走使得中國的最高法院的門口將來能夠樹起孔子的塑像。」他認為孔子是人類歷史上最偉大的法官，連海牙國際法院都樹有孔子的塑像。孔子曾經是魯國的最高法官，說過「聽訟，吾猶人，必也使無訟乎！」我覺得，當蔣慶只是闡釋古典的儒學政

治傳統時，他的努力相當值得尊重，也頗多啟發，但是，當他用這套理論來構造今天的政治法律制度的時候，就顯得有些捉襟見肘，甚至走向荒唐。其中原因也許不能完全歸咎於我們「五四」以來受到的歐風美雨的洗滌，否則我們就無法解釋清末之前的兩千年裏這樣的學說為甚麼沒有創造出良好的社會秩序，為甚麼社會不公和冤情總是愈積愈多，最終總是要通過暴力的方式來緩和。

因此，今天的非西方國家要在政治法律層面上獨闢蹊徑，開闢一種不同於西方模式的道路，雖然這種努力是值得尊重的，但是其中勝算並不大。也許，一次又一次的努力在顯示出這類學人鍥而不捨的精神的同時，也更加反襯出西方模式的正當性和不可抗拒的力量。另外，我覺得這類學說的倡導者應當注意的一件事情是，跟其他領域的情況不同，要在政治法律制度方面推行一種具有個性的學說時需要慎重，因為一旦這種學說被政治家們付諸實施，其對於民眾生計甚至生命的影響就不是一次自然科學試驗所能比擬的。

趨勢之二：社資之爭的終結及其影響

跟憲政相關聯的第二個趨勢是，傳統的社會主義和資本主義兩種陣營的對立已經不存在對憲政發展的影響。在1990年之前，我們還看到這個世界上社會主義佔據很大的一塊，之後一下子社會主義只剩下寥寥數國，蘇聯東歐全部江山易幟，外蒙古也給搞成資本主義了，只剩下中國、朝鮮、越南、古巴少數幾個社會主義國家，而且相互之間還不太買賬。朝鮮已經不承認我們是社會主義了。確實，如果我們按照文化大革命時期的社會主義學說，今天的中國哪裏還算是社會主義？我們正在建

立社會主義的市場經濟，市場經濟變成了一個非常具有正當性的說法。小平同志1992年南巡，在廣東這兒畫了一個圈兒，使得我們把社會主義和市場經濟兩個連在一起，把過去水火不容的兩個東西捏合在一起，叫社會主義市場經濟。中國共產黨人的特色不是特別的教條主義，有的可以做不可以說，有的時候能說不能做。這也是一種大智慧，但不可避免地要付出一些代價。摸着石頭過河，過去就過去了，沒有過去就淹沒在水裏的可能性也並非不存在。

不管怎麼說，社會主義體制是過去的一個世紀人類在探索一種新社會類型方面的一次大實驗，它的目標非常高遠，要清除從前所有社會尤其是資本主義社會的弊病，要把人類帶到一個沒有壓迫沒有剝削的大同世界。當這種試驗開始的時候，引來了多少人的熱烈歡呼和殷切期盼！胡風在1949年之後曾經寫過一首詩，宣稱：「時間開始了！」我們都相信，隨着社會主義的建立，未來是無比美好的，人們將踏着社會主義的康莊大道進入共產主義。但是，很少人能夠預見到，在後來，那樣的社會主義給人類帶來了怎樣嚴重的災難，例如斯大林主義、文化大革命。正是這樣的災難讓我們逐漸地重新反思社會主義，當然也反思資本主義。

經過半個世紀——如果從蘇聯算起則是近百年——沉痛的歷史教訓，我們不得不承認，歷史的階段也許不能超越。我們知道了，人類最災難性的時刻，往往來自把人世間變成人間天堂的那種努力。現在多少人還在說我們要大步奔向共產主義，沒有多少人還嚮往着一個沒有國家、沒有法律、沒有警察的社會。我們現在要搞多種所有制並存，現在憲法還明確規定要保護私有財產，這可是社會主義中國歷史上的第一個保護私人財產的憲法。

私有財產保護的背後是政治哲學的深刻變化。傳統的社會主義有自己的一套政治哲學，有一套假定，就是說在社會主義國度裏面，其實憲法是沒有必要的，最重要的是我們能夠發現一個先進的階級是無產階級；無產階級的政黨是共產黨，共產黨人乃是用特殊材料製成的人——我們都記得柏拉圖的《理想國》（Republic）裏有類似的學說。有了他們，我們所有的事情都可以得到保障。有了這樣的政黨來領導我們的國家，我們何需分權、建立一個分權體制，還要搞甚麼權利的制約與平衡？憲政？要憲政幹甚麼！在那個年代建立一套限制領導人和政府權力的法律體系是不可想像的，也是不可實現的。所以在50年代中國不會是一個法治國家，這也許是傳統社會主義的一個必然結果。為甚麼在過去的那種社會主義國家都傾向於壓制宗教？為甚麼在許多社會主義國家裏都出現很嚴重的個人迷信，也就是把最高領導人當作神來頂禮膜拜？因為人們相信，這個領導人是群眾的救星，是照耀我們給我們溫暖的太陽。在這樣的環境裏，憲政是不可能發生的。

　　然而，我們今天不再相信有這樣一種可能，有這樣一個唯一的真理的發現者和發佈者。我們每個人是獨立的。我們知道國家、政黨都需要受到法律的約束。如果國家、政黨不受法律的限制，一樣會給人民帶來慘痛的災難，這是我們多年的慘痛經歷所得來的無比寶貴的教訓。所以今天我們需要憲政。去年（2003年）在這個地方發生的孫志剛事件，導致很大的影響，最後的結果是僅僅收容遣送被廢除。我們都知道，這還不滿足，我們希望建立一個違憲審查的機制——政府，包括最高層次的政府，有時會在行使權力的過程中侵犯人民的權利，違反我們的憲法。為了對於政府以及立法機關的違憲行為加以審理，為了使得違憲的法律能夠及時地廢止，我們需要建立一個違憲審查機制。儘管當時這一目標沒有實現，但是我們看到現在全國

人大常委會也在思考這個問題，是否能夠建立一個相對獨立的憲政審查結構，審查違憲法規的機構。前幾天傳出一個信息，這個機構建立了，在全國人大下面是全國人大常委會，常委會下面是法律委員會，在這個法律委員會下設立了一個法規備案室。看起來，這樣的一個機構很難發揮違憲審查的功能，它的地位太低，工作方式也不可能進行司法模式的審查。不過，這畢竟是推動未來制度發展的一小步。總之，社會主義與資本主義的爭執不存在了，一定會在將來給我們未來的制度帶來一個很大的發展空間。

趨勢之三：超國家組織對主權的限制

第三個趨勢是，超國家的組織正在形成。目前，18世紀所形成的那種主權國家概念正在有相當的變化，愈來愈多的國家開始承認主權也要受到一定的限制。按照傳統的國家定義，國家是人民至高無上的統治者。近代以來民主的發展，使得我們強調對政府能力的制約，但就整體的國家而言，主權的至高無上仍然是毋庸置疑的。所以國家可以制定法律，所以國家可以作為國土內的人民的唯一代言者，可以從事外交活動甚至發動戰爭。如果說在君主專制體制下，帝王們可以號稱「朕即國家」的話，現在的情況則倒過來了，是「國家即朕」，國家變成了至高無上。但是，我們看到最近這些年，情況正在發生着非常明顯的變化，比方說歐洲國家成立歐盟。歐盟完全是一個超國家的組織，而且它可以對國家進行直接的干預，歐洲議會所制定的法律對於其成員國有直接的約束力，甚至各個成員國中單個的公民也可以對他的政府提起訴訟，要求歐盟法院進行審理，後者所做的判決可以直接達到每個具體的個人；各個成員國的政府必須要遵循法院的判決、執行法院的判決。加入歐盟有一

個前提條件，就是所有加入的國家都必須廢除死刑。這種國家之上的組織有了立法機構、行政機構和司法機構，這是在20世紀中葉前聞所未聞的。而今天歐盟的力量愈來愈強大。過去有聯合國，由於文化範圍的超大跨度，在運作上它形成不了政府的模式，而今天我們從歐盟看到了政府的模式。這不是偶然的，在歐洲的各個國家也曾經有服從於超越國家之上的機構約束的歷史經歷。羅馬教廷對於歐洲各個國家某種規制，逐漸形成了在宗教以及某些與宗教相關的世俗事務上超越政府之上的權威，這是歐洲能接受這種超越國家的組織的歷史基礎。

今天我們仍然倡導「主權高於人權」。我們雖然參與了許多國際條約、國際聲明，但我們沒有把這些條約、聲明直接轉化為國內的法律。我們加入了國際人權兩公約，政府簽字了，但人大尚未審批。如果批准了，我們就必須履行這兩個公約中所規定的各種義務。如果大家看看兩公約裏所規定的種種公民權利以及對政府權力的約束，大家會意識到這種加入對於中國來說是多麼重大的一件事情。這類公約意味着我們主權國家必須受到國際大家庭所確立的行為準則的限制，而不是一國的統治者關起門來，在國內為所欲為。主權原則也受到其他一些好像不那麼強制性的因素的限制，例如一國在從事內政以及外交活動時國際社會的評價。事實上，從前我國政府也有過對於其他國家政策作出評論甚至譴責的先例，例如南非在廢除種族隔離政策之前，我們經常抨擊南非的種族政策。我們今天好像很喜歡「一個國家的內政是不受他人干預的」這樣的學說，倡導「主權高於人權」，堅決反對西方國家借人權口號干預我們的內政，但另一方面，我們又是聯合國常任理事國，在海灣戰爭以及伊拉克戰爭時，我們堅持要發揮聯合國在對於伊拉克採取行動方面的排他性的權力，而聯合國不正是一個超國家的組織麼？這也是很矛盾的一種心態。我相信，隨着時間的推移，主

權原則必須受到一些限制的原則可能會被我們逐步接受。這個
道理很簡單，那就是我們為甚麼要建立國家和政府？我們服從
一個政府的理由是甚麼？不就是為了使我們生活得比沒有政府
的情況下要更好麼？政府是為保障自由而存在，而不是為削弱
和剝奪自由而存在的。如2003年政府廢除收容遣送制度就是一
個很好的決定，這是政府響應人民的意願而做出的。當然這還
遠遠不夠，我們希望政府能夠再接再厲，做得更好！

趨勢之四：司法權的全球化膨脹

在過去的半個世紀裏，司法權在世界範圍內不斷膨脹、
擴張是憲政發展的第四個大趨勢。國家的權力通常可以分為三
種：行政權力、立法權力、司法權力。我們需要一種機構去制
定規則，也需要另一個機構去執行規則，同時還需要一個機構
裁判糾紛。許多國家比如美國，雖然倡導三權分立，相互制約
平衡，但是在歷史的不同時期三種權力之間的所謂平衡是處在
一種動態的調整中的。在立國之初，立法權力非常強大，行政
和司法處於弱勢。最高法院成立之初，只能屈尊在國會的地下
室審理案件，因為它沒有自己的辦公場所，司法權力很弱。上
個世紀的50年代以前，美國的行政權力佔主導地位；50年代以
後，人們發現一個驚人的趨勢——鐘擺正在朝向司法權傾斜，
司法權力在不斷擴張，成為三權中非常顯赫的一個權力。

司法行使權力的基本模式就是爭議的雙方在一個公開的
法庭上提交和對質證據，相互辯論，最後由一個中立的第三者
做出裁判。早在約170年前，托克維爾（Alex de Tocqueville）就發
現，在美國這樣一個國家，所有的政治問題都會或早或遲地轉
化成法律問題，最後由法院來解決。法院不僅僅裁判普通的民

刑事案件，而且成為一種巨大的政治力量，成為平衡立法和行政權力的巨大力量。涉及最高權力交替時的爭議，不少國家只能通過戰爭來解決，但是美國每每通過司法的方式來解決。司法的這種崇高地位構成了對優秀人才強大的吸引力。大家還記得美國的一個總統——塔虎脫先生（William Howard Taft）。他當總統時覺得這不是自己人生價值的最高實現，而認為當了聯邦最高法院的大法官才是！最後他當上了！一般最優秀的美國人似乎都不太願意去當總統，因為總統是民選產生的，要能夠進入白宮，就必須討好老百姓——不管誰的孩子，抱着就親，也不管是不是自己生的，這能表示親民（也就是討老百姓的喜歡）！最優秀的人不屑於做這樣的事情。另外，任期也是一個值得考慮的因素。美國總統的任期是四年，四年之後還經常要尋求連任，就又開始一輪新的討好人民的活動。如連任不上，總統的光彩就結束了；如能連任，再過四年就必定成為老百姓，可以回家了。像卡特（Jimmy Carter）卸任之後去開農場，克林頓（Bill Clinton）則做演講。最好的職業是幹一輩子，這才能顯示自己一生都在發揮作用。法官正是終身任職的。還有，總統與法官之間的區別還體現在行使權力的方式上。行政權只是一種命令／服從型的結構，他可以在行使權力之前通過諮詢方式作出內部論證，但是，外顯的樣式總是相當簡單的，就是命令與服從。法官的權力卻不同，他要在行使過程中進行非常複雜的說理，要調動所有的知識、智慧，這種論證過程是非常有魅力的。有一個美國大法官說過，上訴法官這種職業——美國的上訴法院和最高法院的法官都可以稱之為上訴法官——唯一能夠讓人欣慰的特色就是你可以發表與自己的同事不同的觀點。聯邦最高法院裏九個大法官共同對每一個案件進行審理，大家都進行論證，論證過程中當然會有不同的意見。進行了非常複雜的論證後，根據少數服從多數的原則，他們要作出有普遍約束力的判

決，同時持不同意見的大法官也可以起草和發佈自己的異議判決書，同樣要把它發佈出來，儘管那並沒有約束力。有一位了不起的大法官霍姆斯（Oliver Wendell Holmes Jr.），他一輩子就擅長於寫不同的意見，是一個天然的反對者形象。美國社會倡導差異性，比如一幫社區的居民在討論關於修路的事情，討論到最後大家都同意，只有他一個人不同意。大家問他為甚麼，他說：「我也沒有甚麼理由，我就是不喜歡大家都一致同意。」把霍姆斯大法官的意見搜集、出版後，你會覺得當時他所持的相反觀點屬少數派，但是後來卻顯示出它具有歷史先知般的預見性。多年之後社會發生了變化，十年前沒有法律效力的判決，過些年以後卻能夠成為主流意見。法官是一種非常有挑戰性的職業，天天需要思考。做一個大法官多麼美好！霍姆斯大法官在最高法院任上一直到 91 歲，那時他的鬍子、頭髮、眉毛全是白的，穿看一身黑色的法袍，發揮着自己的知識、思想、智慧對全國的影響力。這種職業非常具有吸引力，它吸引了最優秀的人才！直到今天，這仍然是事實：當總統的人往往才智平平，當法官的人才是這個國家最聰明的人。正是由於司法界是最優秀的人組成的一個群體，才使得司法機構逐漸獲得了對政府權力的審查權。行政政府乃至於立法機構，他們的行為都必須受到司法的審查。

二戰以後，世界許多國家都開始借鑒美國率先創立的司法審查制度，這種借鑒好像麥當勞、荷里活在全球流行一樣，難怪有人稱所謂全球化就是美國化。舉個例子，我們曾經到德國聯邦憲法法院去考察、學習。德國的聯邦憲法法院和該國的最高法院一樣，坐落在德國一個叫卡爾斯魯厄（Karlsruhe）的城市裏，那是一個只有十萬人口的小城市。這所法院是根據二戰後制定的聯邦德國基本法而設立的。根據基本法以及後來的《聯邦憲法法院法》的規定，如果普通法院審理的案件涉及相關法

律可能違憲，而如果違憲與否不解決，案件又無法判決的問題，法院——後來又擴大的當事人——可以將案件提交憲法法院，由其審理決定是否宣佈該法因為違憲而無效。聯邦憲法法院作出的判決具有至高無上的效力，而且借鑒了英美的模式，憲法法院的判例具有對以後同類案件的強制性約束力。另外，我們從該法院的判決內容上看，也可以發現美國聯邦最高法院的判決對於德國憲法司法的深刻影響。雖然在二戰以前德國的憲法中，我們也可以找到司法審查的痕跡，但是讓一個司法機構有如此大的影響力，尤其是憲法法院可以對立法行為進行合憲性審查，這的確是美國影響的產物。德國的一位學者曾經這樣描述在憲法領域中美國在那裏的影響：「通過這些『與美國憲法學和司法界』的接觸，在德國出現了一大批學術著作，幾乎研究了美國憲法理論和實踐的各個方面。與美國的飽學之士合作的比較法研究，絡繹不絕的訪問學者和開業律師在大學和職業協會中的高談闊論，以及唾手可得的美國法學文獻，無不使德國的憲法理論和實踐遭遇到美國的衝擊。沒有哪個國家的憲法制度受到憲法學家如此隆重的禮遇。」（施泰因貝格：〈美國憲政主義和德國憲法發展〉，載亨金、羅森塔爾編：《憲政與權利》，鄭戈、趙曉力、強世功譯。北京：三聯書店，1996年，頁276。）

不僅僅是德國，美國所開創的司法審查制度幾乎在整個西歐都產生廣泛而深刻的影響。對於一些在傳統上不那麼信賴司法界的國家來說，這種憲法法院行使違憲審查權的制度無疑為司法界重樹其權威性、改造相關國家的政治生態，尤其是改變司法與立法以及行政之間的關係提供相當新穎而重要的路徑。

司法權膨脹和擴張的另外一個表現是，在愈來愈多的國家裏，行政權以及司法權在行使的過程中經常採用司法的模式

解決問題。比方説聽證會這樣一種模式。廣東這邊政治體制改革走在前面，其中有一個讓人欣慰的地方，就是人大經常進行有關的聽證。比如説有價格聽證會，有一次人大甚至通過聽證會，把一個環保局的局長給彈劾了。説起來，聽證會就是一種準司法模式，它把法庭模式引入立法權或行政權的具體運行過程中。由於程序本身與司法的類似，於是在這個過程中法律人（受過法律訓練的人）的參與變得非常必要。

這些趨勢對於我們有怎樣的意義

以上，我們放眼世界，談了憲政發展在當今的四大趨勢。實際上，這些趨勢都跟中國的現實情況有緊密的關聯。時間的限制不容許我對於這樣的關聯一一討論，且讓我們回到我關注比較多的——立法制度和司法制度方面看，簡要地分析一下這樣的趨勢到底對於我們的憲政建設意味着甚麼。第一方面，我們也許對於現行憲法體制尤其是人大制度中的缺陷有了更清楚的認識，有些缺陷是很明顯。審議的政治需要立法機構進行審議、進行爭論，但我們缺乏爭論，人民代表太多也不適宜爭辯（其他國家議會通常是五六百人，這些人可以就某一問題進行爭論和研究）；而且我們開會的時間太短，每年開會的時間是十二三天，今年還少了幾天，儘管今年有一個非常大的事件——修憲審議，結果我們還節省了一兩天的時間。西方國家議會開會的時間差不多是半年至九個月。議會的議員就是天天開會的人，這幫國會議員就是職業的開會人員，也只有天天開會，審查政府財政政策、稅收方面的問題，議會才能夠真正地監督政府。現在國務院審計長李金華先生揭露出我們的錢花得是何等的隨意，真的是觸目驚心！財政方面的漏洞，讓我們每個納稅人都很擔心，不知道這個錢有沒有準。有些領導人回到

故鄉，發現路修得不好，他一句話財政撥款幾個億；某位財政部長回自己的母校參加百年校慶，跟校長說：「對不起，我沒有帶甚麼禮物回來，我帶了八千萬塊錢給母校。」朋友們，這不是他個人的錢，這是國家財政的錢，是納稅人的錢！財政方面的巨大的隨意性，人大怎麼去審查這種財政？這就需要開會，就需要把財政部長和各個部位的負責人傳來一點一點地審查。這樣的審查沒有時間又如何開展得起來？

當然，人大制度還有另外一些顯而易見的問題。我們的國家叫中華人民共和國，我們的政府叫人民政府，我們法院叫人民法院，我們檢察院叫人民檢察院，我們的警察叫民警——展開來就是人民警察——我們上大學上人民大學，我們讀的報紙叫《人民日報》，我們到人民銀行辦理人民幣業務，病了到人民醫院⋯⋯代表人民不是說說就行的。講「以人為本」是要讓每個人都有權利參與到國家政治生活中，其中最基礎的是，我們有權利選我們的代表，這樣的代表才能為我們負責。代表和你沒有關係，他憑甚麼來為你負責？北京市有一個叫做「陽光憲政」的民間組織，最近策劃了一個系列的小型研討會，主要討論人大以及憲政建設的問題。他們不久前邀請了幾位海淀區人大代表，請他們談作為代表的體會。我應邀去做了一個評論，我說我今天非常榮幸，遇到我們的代表了。平常你根本見不到人大代表，也不知道他們在做甚麼，他們是否對得起你的囑託。我們知道這是不正常、不合理的。我們法律中出現了一些低級的錯誤，我們的立法需要專業人士的參與。像《中華人民共和國民法典》，這是多少專業的法律。如果沒有相關專家的人民代表來審議，這個法律制度是審議不出來的。

當然，我們也應當看到，現在的制度在慢慢地變好，我聽說很多專業的律師願意成為一個人大代表。前一段時間，我參

加第三屆全國律師論壇時，與來廣州和來自全國各地的律師進行交流，我發現有許多律師有很大的政治抱負，這是好事情。我相信，隨着律師階層的興起，他們在人大代表中所佔的比例會逐漸增加，對於改變人大代表的構成、知識結構、會議程序以及提高立法品質都是大有益處的。

第二個方面是司法。那就是，我們是否可以通過更深入的司法改革，建立一個公正的司法體系，並逐漸地使司法可以對政府的權力加以切實有效的制約。說起這一點，大家可能很容易想到行政訴訟。的確，在我國現行的法律框架內，行政訴訟乃是司法能夠對行政權加以制約的最直接的途徑。但是，我要告訴大家一個不樂觀的消息，最近這些年，在全國範圍內，行政訴訟的受案率在下降，老百姓愈來愈不願意到法院去起訴政府。這是甚麼原因？我們曾經向世人炫耀說我們的行政起訴案中，原告勝訴率達到了30%，全世界覺得這個是很大的成就。但他們不知道，在中國一個老百姓如果能夠打定主意把政府告上法院，這是受到了多大的冤屈才可能做的事情！我們知道這30%絕不能讓我們盲目樂觀，況且我們看到在很多事情上，司法仍然沒有顯示出自己公正的品格。為甚麼房屋拆遷的問題動輒引起老百姓上街遊行，到市政府或市委門口靜坐，甚至到要到天安門去自焚？為甚麼他們不到法院去提起訴訟，起訴政府？我們都知道不少地方的拆遷實際上是政府和企業聯合起來的拆遷，是有利益驅動的拆遷。這樣法院的角色是甚麼？法院只不過把政府的意志化為一紙司法的判決。真正要讓人民樹立起對司法的信心，就必須建立獨立的司法體系。走向這一目標的路徑可能有多種，例如提高法官素質、改善法官行使權力的方式、強化對於司法權運行過程的監督、在法院管理的各個環節上尊重法官個人的獨立性等等。現在我們就遇到一個機遇——中國可能要進入行政區劃的改革。我在網上看到準備把

全國的省級單位由原來的32個增加到50個。那中國一下子都變了，廣東也不是老廣東了，汕頭和福建南部都合併為一個潮汕省了，粵北和湖南以及江西的南部地區合併為一個南嶺省了。民政部的官員後來闢謠說這只是一個學者的方案，還不到具體實施階段。但是，這無論如何是一個好事，尤其是對於司法改革來說是一個大機遇，在行政區劃改革了以後，我們原來的省級單位仍然保留下來做一個司法的單位，也就是說33所高等法院保留，行政權跟司法權兩者在管轄區域上就會不重合，司法獨立就得到了最堅實的保障。今後我們看地圖翻開第一頁就會看到中華人民共和國行政區劃，第二頁就是中華人民共和國司法區劃。當然，司法改革涉及許多的方面，我自己所有的研究用四個字表達的話，就是「司法獨立」，這是我的追求。只有司法權能夠對政府權力進行強而有力的制約，才能夠給人民帶來希望，這會改變中國一直以來政治安排上的嚴重問題——人民和政府之間找不到一個中立的裁判者。

最後一點，簡單地談一下新聞自由的問題，順便說一下司法如何保障新聞自由。我們現在談言論自由還有些為時尚早的感覺，就彷彿三年災害的時候老百姓談滿漢全席怎麼吃法，處在饑餓中的人談奢侈的宴席，簡直是畫餅充饑，很不現實。不過，如果看我們的憲法，那裏是明明白白地規定我們公民有新聞出版自由的。憲法有明確的許諾，但是實際生活裏沒有，這就是所謂的有憲法而無憲政。當然，制度發展需要一步步的推動，今天的情況不太好，但也有一些好的方面。剛開始我就說了：新聞界的朋友，有良知的記者，他們沒有一刻停止過努力，這種為新聞事業而努力的行為讓人感到希望所在。當然還有其他因素影響新聞走勢，比如說商業的因素介入新聞之中。我們看廣州這邊的情形，不管《廣州日報》也好，《羊城晚報》也好，《南方都市報》也好，制約它們的非常重要的因素就是廣

告。有廣告投放使你可以生存，你可以過得很好。商人為甚麼要在這些報紙上做廣告，不在那些報紙上做廣告？這些商人知道哪些報紙是私人買的，有些報紙送給我們也不讀，有的報紙不送給我們，我們自己也買來讀。商人在這些受到民眾歡迎的報紙上做廣告，這就帶來了報紙的機遇，這是商業的邏輯。現在的新聞界就是夾雜在商業的邏輯和政治的邏輯之間，兩者之間相互衝突，搞得新聞界很難過。但難過是變化的前兆，像過去的不難過反而是很可怕的，是個死沉沉的世界。廣東的情況向我們昭示今後可能發展的一種途徑。

除了商業因素之外，也許司法制度的改善也能夠給新聞自由帶來一種良好的環境。舉個例子，余秋雨除了《文化苦旅》之外，還要做「法律苦旅」，他是要把批評他的人告上法院去。打官司他要錢也不多，每一次10萬塊的精神損害賠償金。這一期的《南方週末》還登了一個余秋雨的專訪，坦率地說，作為公眾人物，余秋雨對媒體批評的態度是令人失望的。他前一段時間打的一場官司正是有關媒體批評的。蕭夏林先生寫文章批評他，說他把文化變成了赤裸裸的名和利，因為深圳市為了他給深圳的文化說好話，送給他一處豪宅。蕭夏林對他的批評被他視為侮辱。他稱自己沒有收受豪宅的情況，就去起訴到法院。法院的判決讓我感覺非常興奮，法院判決駁回余秋雨先生的起訴。法律判決是要說理的，你猜法官是如何說理的？法官當時似乎採取了類似於比例原則的說理，說蕭先生為寫一篇文章費盡千辛萬苦、坐飛機到深圳的可能性到底多大，況且做調查也獲得不了有關情況，因為這涉及個人隱私。被告人的律師很聰明，他請社會科學院的黎明先生來法院作證，黎明教授作證很有意思，他說「當時我們文化界都傳說余秋雨得了一處豪宅」。法官根據這樣的證詞，認為蕭夏林情有可原，這畢竟不是他自己編造出來的謊言。當時大家都這樣傳說，他就信以為真了，

就寫了這個文章。公眾人物也要忍受一種個別失實帶來的傷害。公眾人物可以有很多途徑來洗清自己的不白之冤，不一定要通過司法的手段，而社會對公眾人物的監督應該是更加強更有力。當然蕭夏林先生寫文章有不實之處是應該批評的，但批評不意味着要賠10萬塊錢。各位朋友可以看到，這樣的司法判決實際上給新聞自由帶來了一種希望。只是現在的情況還很混亂，司法標準還很不統一，公眾人物提起名譽權訴訟的有時候敗訴，但是，同樣的案情也可能勝訴。涉及影視明星以及像余秋雨這樣的人物，法院可能要超脫些，但是一旦原告有某種政治背景，被告包括媒體勝訴的可能性就微乎其微了。

上面，我們通過四大趨勢以及它們對於中國立法和司法可能有的啟示意義作了一些粗淺的分析。中國是一個大國、一個古老的國家，我一開始引用中國憲政夢破滅的例子，就表明這個國家裏面制度的發展很難一蹴而就。有一些小的國家，經過一段時候的努力，憲政的發展很快有起色。而我們中國作為一個人口眾多、歷史傳統悠久的國度，同樣的改革要付出更大的代價。但困難是我們努力的理由，而不是逃避的藉口。我一來到這個會場，坐在前面的幾個朋友就主動跟我交流，他們關注過我過去的情況，他們說對我參與「五學者上書」表示敬意，我覺得不敢當。去年的孫志剛事件之所以最終導致國務院宣佈廢除沿用廿多年的《城市流浪乞討人員收容遣送辦法》，學者們的努力只是其中不那麼重要的原因；更重要的是，數以百萬計在各種媒體，尤其是網絡上發言的人構成了政府所不能忽視的力量和吼聲。當然憲政實踐不僅僅靠吼，更需要我們具有理性的、建設性的努力。中國有的時候缺乏妥協性，不僅存在在政府中，還存在在國民的心態中。每個人在對待現實弊端的時候，需要的是理性的態度，必要的時候要學會妥協，學會讓步，這一點也是非常重要的。相信通過每個人的努力，通過廣

東帶頭羊的角色，方方面面、各個行業從自己的角度發出自己的聲音，作出自己的貢獻，我們對中國憲政的前景是完全可以表示樂觀的，讓我們共同為這一美好前景的到來而奮鬥！

答問錄

問： 你剛才提到孔子是最偉大、最優秀的法官，但您是否感覺到法學和儒學有深刻的差異、矛盾？有時候，用儒學和法學的眼光審查同一個法律問題或事件，真的覺得很難協調統一，而正是出於對兩者皆崇尚的心情，更令我迷惑。您是否認為孔子式的法官類似於自用心證中的法官？怎麼把握在法庭審判（或分析法律問題）中的依賴道德倫理觀念的量度？

答： 我講的是老同學蔣慶先生的觀點，我的觀點跟他並不一樣。我認為孔子作為一個具有偉大人格的先師，到今天一直非常值得我們尊重。我讀《論語》的時候，真的能夠感覺到他博大的、開放的心理。也許我要説，假如孔子生活在今天，這種博大和開放的心靈正好能夠促使他向西方學習。我覺得在中國近代最像孔子的學人是胡適先生，北京大學的老校長。他就是孔子式的人，真的是努力做聖人的人。他年青的時候就注重寫日記，他知道自己的日記將來一定會成為歷史學家研究的對象。他為人處事，對政治的態度，對政府獨立的立場，獨立，但是不偏激，不是説我要打倒你，而是説我要和你合作，但同時我又保持批判的立場，這樣一種精神最具有孔子所倡導的「君子和而不同」的風範。就人格風範來説，孔子具有很大的感召精神，但我覺得，今天我們在建設法治憲政中所運用的知識理論跟儒家的學説基本上是不能

溝通的。儒學講的是人與人之間複雜的差異，所謂「差序格局」，儒家最講究人與人是不同的，君臣、父子、兄弟、夫妻、朋友等等，所有都是建立在差異性的倫理基礎之上。同時，儒家過分的相信每個人都可以通過感化、教育，偉大的統治的過程就是偉大統治者感召我們的過程，是我們如坐春風，每個人都通過統治者的教化而成長。這樣的想像理論上講是可能的，現實中卻不可操作。比如說君子小人之分，怎麼去判斷一個人是君子？這是儒家所不能解決的，那麼多人都聲稱自己是君子，但我們都知道他們是小人！他對人的正常慾望缺乏一種必要的尊重，中國一位非常了不起的文學家說過，儒家「明於知禮儀而陋於知人心」。他們不懂得人心。他們自己在做事的時候知道人心是甚麼，他們喜歡錢愈多愈好，他們好這個、好那個，但是在教育別人的時候，他們總想通過倫常說教，把人的正常慾望給消滅掉來實現一個良好的政治，這是不可能的事情。我們很難想像今天還可以用這種方式來建設法治！

問： 美國的憲政本土化涉及很多的問題，美國的這種憲政理念放到中國是很難實施的，但有一個過渡，就是台灣和香港。比如台灣、香港先試行，然後再滲透到中國大陸，這方面請您跟我們做一些具體的指導！謝謝！

答： 你提了一個讓我很興奮的問題！因為香港和台灣的確用他們的實踐來證明中國社會可能的一種憲政模式和實踐。香港當然非常獨特，總共是幾百萬人口。這樣一個社區不大，經過長期的英國殖民統治，過去的說法我很贊同，就是先法治，後民主。現在，民主的發展到今天為止仍然經受着考驗。上次我到香港去，我對香港的

記者説，我身為大陸一個搞法律的人，我旗幟鮮明地希望香港的直選搞得愈早愈好！為甚麼？你如果試驗失敗了，我們正好汲取教訓。説起來，民主和法治這樣的兩分法的確是有一點點缺陷，彷彿它們可以分頭進行。如果仔細考察英國民主制度和英國普通法的發展歷史，我們可以發現，民主是跟個人自由空間緊密相連的，而個人的自由空間又跟地方的法治狀態有着密切的關係。在香港一有甚麼事兒，老百姓就上街遊行，包括菲律賓人看到自己國家有一個人在伊拉克被扣為人質，也到香港的街頭去遊行。遊行已經成為他們的一個習慣，就是説在過去沒有民主的情況下，法治仍然是保障着公民的自由。我非常注意香港模式對大陸的啟發，但是我認為，香港的模式對中國大陸的啟發意義可能受到普通法傳統的局限，而近代以來的中國法律現代化的過程裏，英國法律的影響是很微弱的。大陸沒有可以與香港共享的法治歷史經驗。所以我更注重台灣的模式，比如説大法官會議，現在已經演變成憲法法院。首先看看大法官會議組成的成員，每一個大法官如果考察他們的歷史背景，他們每個人都是非常卓越的學者，有一半以上的人是教授出身的，一半以上的人是留學外國並獲得法學博士學位的人。大法官會議最早的起源是1947年《中華民國憲法》。《中華民國憲法》規定大法官會議是司法院非常重要的一個機構。當時規定可以擔任大法官的條件是，做過多年法官且成績卓越的人、在國際法庭上擔任過法官的人，最後一條很可怕，説是政治領域中成績卓著的人。如果一個政府不尊重法治的話，就要安排許多政客們到這個機構來當大法官。從1947年開始，民國政府在這個機構的建構方面非常認真，當過大法官的人都是法

律界的才俊。這些人組成的大法官會議，他們裁決的時候，對政黨糾紛、政治方面的衝突等等作出解釋，這些解釋充滿了學術色彩，例如他們會在司法意見書裏加上不少註釋，德國最高法院曾經作出怎樣的裁判、英國法官如何裁判、美國的最高法院又有怎樣的學説等等。有時，連台灣的法學界都覺得這樣做太過分了，但是現在這個機構正在發揮着愈來愈大的作用，對政府形態的改造發揮着愈來愈大的作用，政黨可以輪替了。過去的國民黨哪裏允許你跟我輪流執政？這説明中國人在政治方面並不是不能妥協，不能讓步。我們有這樣的經驗值得關注和重視，這畢竟是中國人所作一個可貴的探索。

問： 您認為地方自治在中國是否真的不能實施？我們過去是否高估了中央集權的好處，而低估了分治情況下的優勢，比如歷史上的三國、遼宋夏時期等等，這些時期在統一的狀況下沒有甚麼發展，但是在分治的時候卻有比較長足的發展。第二個問題是，根據中國「議行合一」的原則，三權分離的局面是否有可能實現？如果要實施的話，大概在甚麼時間？

答： 首先請你包涵，第一個問題我真的是沒有資格回答，我在演講中間涉及這樣一個問題，但我沒有研究過中國的地方與中央的關係，對自治的歷史經驗和現實演變缺少知識，所以，這個問題確實超出了我的能力。我聽你提問的時候所顯示出的知識背景，感覺我更應該向你請教這個問題。

第二個問題涉及非常重要的問題，嚴格意義上的「議行合一」，就是説把立法的功能、行政以及司法的功能完全

的結合為一個機構。這樣的一種實踐只在巴黎公社時期有過短暫的嘗試，後來都知道在社會主義體制下「議行合一」是行不通的，制定法律的人同時到政府裏面去做事這是不可能的。後來大家都劃分了。我們在憲法上規定了「一府兩院」體制，人民代表大會至高無上，下面是中央人民政府即國務院和通常說的兩院，即由最高法院和最高檢察院統一行使司法權。人民代表大會下的「一府兩院」制度，其實就是一個分權的模式。憲法中說了，人民法院依法獨立行使審判權，不受行政機關、社會團體和個人的干預，對於檢察院也有一個類似的規定，這說明大家也意識到了分權的價值，就是不能把所有的權力由一人或一個機關來行使。但關鍵的問題是，分權並不是簡單地說說而已，不只是一個條文。它作為一個非常複雜的制度構造，沒有認真的制度建設，分權就會給老百姓帶來災難。假分權不如真集權。不分權的時候，老百姓找政府是很容易的。老百姓到縣衙去找縣太爺，縣令就要管理你的事情，要處理你遇到的難題，他無從推諉，因為他真正是一縣之長。現在可好，老百姓要想跟政府打交道，交易成本之高你都搞不清楚！衙門林立，官員無數，把個老百姓搞得無所適從，找政府的成本變得居高不下，這是表面上分權實際上不分權的很大弊病，給老百姓帶來很大的困難。我到一個縣去講課，一個大禮堂全是滿滿的人。我問是不是把農民也給找來聽我講課，陪同的人告訴我，不，他們全是縣鄉兩級的幹部，而且還沒全來，還有一些同志出差了，下去收糧了。這麼龐大的政府班子，是今天老百姓或納稅人要付出的代價。所以，我覺得現在最大的問題在於建立了分權體制，就是要分起權來，權利的歸屬就要分清楚。

問：　立法質量對憲政的實現和保證是很有影響的。我們基本
　　　法是由人大制定的，其他法律由人大常委完成，但三千
　　　名人大代表，來自不同的工作崗位、背景，有不同的文
　　　化水平，我想問，在這種多元化的結構組成中，如何保
　　　證立法質量？他們其中相當部分也許並沒有接受過專業
　　　的法律教育，您剛剛説的司法制度在這方面又能發揮甚
　　　麼作用？

答：　西方國家的代表是由人民自己產生的，而不是被指定
　　　的，而且選民在選的時候，有一個非常有意思的考慮：
　　　這個人做律師做得挺好的，他代理的一些案件都勝訴
　　　了，就覺得他不錯。律師往往就會被他們選成自己的代
　　　表。所以美國國會中，律師出身的人一直不少於一半，
　　　這種結構就使得法律人在立法機構中佔的比例很高，在
　　　立法的時候也好，對政府的監督也好，就顯得非常有力
　　　量。但我覺得立法議員背景的多元化本身不是問題，重
　　　要的是這個多元化的議員要是由人民選出來的，這樣他
　　　就有動力參與到這個過程之中，大膽地發表自己的看
　　　法，這是最重要的。

問：　請問您對中國的法律人走向政治的前景有何看法？中國
　　　的法律人能否成為中國政壇的一支重要力量？

答：　現在，中國的法律人中有一些人已經成為中國政治領域
　　　中比較受注目的人物，在省部級這個層次已經有不少法
　　　律出身的人了，而且他們的表現受到了相當的關注。法
　　　律人能否走上政治的前台，跟一國的政治生活的形態有
　　　着密切的關係。例如，在官員選任這個環節上，如果
　　　他們必須要通過競選，那麼法律教育所培養的以言詞辯
　　　論和説服能力就會讓民眾願意投他們的票。像美國的行

政第一把手——總統，從歷史上看，一半以上是律師出身的，因為他們要到處去發表競選演講。搞法律的人都是「三寸不爛之舌」，口才好，能把黑的說成白的，討得選民的歡心，然後就當上了總統。另外，當議會真正發揮它的立法以及監督政府的功能的時候，選民也會考慮怎樣的人更能夠勝任這樣的使命。一些法律出身的人們的表現也可以對後來的選民起到說服作用。因此，說到底，法律人的參政程度與規模是跟政治的基本形態相關聯的，當政治運行模式還不是一種法治政治的時候，即使是一個學法律出身的人，在那樣一個政治空間中，到底能夠多大程度上發揮他法律職業的特色，也是大可質疑的，所以我並不盲目樂觀到想像，如果某幾個法律出身的人位居要津，我們的整個形勢會有一個突變，這不太可能。但是，事情也有另一面。那就是具有更強法治意識的人進入政壇，也會對於政治生態起到某種改造作用，量的變化應當說也是值得期待的。我自己當然希望搞法律的人能夠愈來愈多的進入到政壇中，從而使得法律人的知識和法治意識能夠逐漸地滲透到政府的行為之中。確實，搞法律的人有一種規範意識，但現在有人批評說，愈有規範意識的人，愈是容易鑽規範制度的漏洞。這種情形也有，但是我覺得總體來說要不斷地推動，建立一種他們鑽不了漏洞而只能嚴格要求規範辦事的體制，這才是最重要的。

問： 請您評價一下現在民眾的憲政意識如何？在中國民眾現在的社會環境下如何培育民眾的憲政意識？

答： 有些人經常說中國老百姓素質不高，如何如何，但我認為中國老百姓的素質夠好了，素質不好的是官員階層。

憲政意識説起來很抽象，但實際上很簡單，就是跟自己有關聯的事務，我要有機會去知道，有機會去參與，不能説對我們生活很有影響的事情，我一點都不知道。憑甚麼跟我一點關係都沒有？有一個選擇權給老百姓自己，這就是民主。比如説查賬，我的錢被你收走了，但錢是怎麼花的，就這麼從我家裏拿走了，拿完了以後願意怎麼花就怎麼花，願意怎麼揮霍就怎麼揮霍？那怎麼行！這樣的政府是不對，我有權查！憲政其實就是針對這樣的具體問題。我相信老百姓的素質不是這麼低。過去有思想家説，不同的政體有不同的支撐因素，支撐專制政體的最重要的一個品格是恐懼、威脅。專制政府如果沒有了恐懼，就沒有辦法生存。貴族政體的支撐性因素是榮譽，而民主政體的支撐性因素是公民的美德。公民參與政治，願意參與在政治生活當中，這是美德，也是政體的一個重要基礎。公民的美德是如何煥發出來的？在西方國會的審議過程當中，經常有一些演講，這種演講經常有一種非常激動人心的東西，當然他們也經常訴諸上帝、宗教，但是平常也有許多涉及公民美德的東西，呼喚人民關注政治、關注政治家的品格、關注政治弊端的廢止，這都是使得一個國家政治不斷改善的因素。所以我説，民主化的社會才能夠真正地讓公民的美德通過政治的參與來不斷地煥發出來，使得一個國家變得愈來愈高尚，愈來愈偉大。愈不參與，公民「各人自掃門前雪，不管他人瓦上霜」，所有的人都不關心公共生活的時候，這個國家就沒救了。我們必須要建立一種良性的循環。我們需要改造在長期專制政治下養成的「遇事説三分」、「禍從口出」這樣的觀念，應當鼓勵人民直率地表達他們的看法，對政府大膽地進行批評。愈鼓勵，説

的人就愈多；說得愈多，制度的演進就會有更大的智慧進入。這樣政治制度就愈來愈開明，就是所謂的政治文明，也就是文明的政治、不野蠻的政治，然後逐漸走出惡性循環。

問： 說到民主和憲政，當局就說中國人落後，文盲多等等，非洲、印度比中國更落後，但是民選了，你怎麼解釋？

答： 我覺得你說的就是解釋。不是中國老百姓的憲政意識不夠好，是領導的憲政意識不好。

問： 你認為中國司法獨立的最大障礙在哪裏？

答： 我過去一直想到從邊緣開始，而不是從敏感的部位開始。我小時候看樣板戲——在座的跟我年齡差不多的朋友，都知道以前有一個樣板戲叫《智取威虎山》——說威虎山很難攻打，想打就是打不下來，後來他們去找獵戶老常。獵戶老常說，後山還有一條小路。後來，果然是走了後山的這條小路。我就一直企盼着，中國司法改革成為推動政治體制改革的後山小路。司法的改革是不敏感的。提高法官的素質、改善程序的設置、法庭更加開放、法院應該說理、辯控雙方地位的平衡、律師的參與等等，怎麼說都沒有風險。說得再天花亂墜，也沒有甚麼風險。不過，司法改革走到今天，一個現實問題愈來愈明顯，那就是如果政治體制不改變，司法公正的實現還是極為困難的一件事情。儘管如此，我還是相信通過這種程序性的變化、技術性的改革，最後能夠促成一種政治性的變化。所謂的政治是甚麼？政治就是統治合法性的格局，人民願意服從誰，人民信賴哪個權力，這就是政治。如果我們的司法愈來愈公正，司法的正義愈

來愈能夠實現，我們希望看到的那一幕場景居然發生在北京、上海、廣東，或者說一個很偏遠的地方，法院天天在伸張正義。這個時候，人民不信賴法院也難！這個時候，政治權利就轉移了！大家可以看到，坐在前面的那位朋友舉了一個紙牌，上面寫着我在網站發言時簽名文件上的一句話——"Nothing is impossible"，意思是「沒有事情是不可能的」。我更傾向於用有人評價孔子的那句話來翻譯它，叫做「知其不可而為之」。我相信，這樣政治的格局終究會發生變化，我們會逐漸地走到民主、法治、憲政的社會。當然，我們在推進司法改革的時候，也不能忽視對政治體制改革的推動。我們應當記住毛主席教導我們的，要「兩條腿走路」；要記住小平的名言，「兩手都要抓，兩手都要硬」。因為司法的獨立、司法的公正離不開一個大的環境，這個大的環境就是我們的政治環境，所以我現在更傾向於「兩條腿走路」，「兩隻手都抓」。我也希望，大家都參與到「兩手都抓」、「兩隻手都要硬」的努力之中！

第7講　中國憲政的起步

題記：這是2003年3月17日，我在西南政法大學小禮堂的講座
　　　記錄。

　　我真是特別地激動，好像這樣的場面出乎了我的意料——
憲法，怎麼可以有這麼大的吸引力？我想，這個原因可能是在
於昨天晚上的講座，我作為評論人不斷地遊說大家，今天晚上
有另外一個講座，而且是昨天晚上講座問題的持續，所以就引
發了同學們的興趣，似乎有為自己做廣告之嫌。另外一個原因
是，在我左右的這些西南政法大學風頭正勁的同行們，他們的
吸引力使得大家能夠踴躍地來聽這次學術報告。我私心裏面也
有點抱怨他們，因為他們的到來，使得我擠進來的路程變得非
常艱難！

　　身為一個西南政法大學畢業的學生，已經離開學校將近21
年了！也就是在將近25年前的當時，我從山東那個八千里路雲
和月的地方考到西南政法。那個時候，這所學校還是叫西南政
法學院，我們戲稱為「稀爛政法學院」。因為進入學校以後，
這個校園實在是不如我們想像的那樣，是一個美好的大學。拉
着我們的大卡車，在往東山大樓走的路上，由於下雨，路很泥
濘，走不動了，最後我們就跳下來，背上自己的行李一直走到

東山大樓。那個時候，東山大樓是我們的宿舍。想想時間過得真快，一轉眼自己就已人到中年，恐怕都快過了中年了。但自己對母校的這份情感，是隨着歲月的遞增而愈益彌深！錢鍾書先生曾經在他的文章裏説過，人對自己家國的記憶多隨歲月愈發深刻，而不比數學式的記憶。數學式的記憶，只是像刻在石頭上的文字，隨着歲月的流逝，隨着風化作用的影響，那些字的痕跡會愈來愈淡。而一個人對於自己家國的情感，彷彿是刻在樹上的文字，樹長得愈來愈高，文字也會變得愈來愈清晰，而且也變得愈來愈容易辨認它，甚至可以説是更加過目不忘。我覺得我們對母校的情感，也可以作這樣的比喻。每每在北京聽到母校一點點好的消息，就一定要找幾個校友喝點酒。但是，聽到母校哪位優秀的教師又調離了，又到了湘潭大學，到了中國政法大學……雖然有些老師到了北大，對於我今天所在的北京大學法學院的力量大有幫助。比方説尹田老師，現在就是我的同事，過去是我們學校的老師，但心裏面確實會有些矛盾，這不是要把我們西南政法的精髓都要抽光了！

今年，是我們校慶50周年。所有在外地的校友都紛紛想在校慶50周年時為母校做點甚麼，為母校做一點怎樣的貢獻。北京地區的校友會已經做出了一個決定，要出資出書，即出一套《西南政法大學學子學術文庫》。我們要選擇50位在學術界、法律教育界具有一定知名度和貢獻的學者，每人奉獻自己最好的一部作品，組成50本一套的「西南政法大學學子學術文庫」。我相信，這是許許多多的學校在它們的校慶時都曾幹過的一件同樣的事。另外，我也參加過西南政法大學廣東校友會的成立典禮。我在那個典禮上發表過一次演講，叫《西南政法的精神》。在那個典禮上，我欣慰地知道，廣東校友會因為他們「財大氣粗」，準備給學校捐獻更多的錢，這個可能比北京校友會做的更具有實質意義。

吾國與吾人

　　剛才張紹彥老師給大家介紹我的時候，我覺得有着太多的過溢之辭，這可能是母校情感所帶來的麻煩，因為校友對校友怎麼看怎麼順眼，所以說我的好話就太多了。「影響中國21世紀的100位年青人」——我不知道這是好影響還是壞影響？我自己當然希望是一種好影響。不過說老實話，要想影響中國的社會，真不是件容易的事情，因為這是一個巨大的國家，這是一個歷史傳統非常悠久的國家。至於在其他方面，覺得自己於學術研究方面真的是不怎麼樣。說老實話，在大家面前我是有點慚愧了，尤其是在左右這幾位年輕的同行面前，覺得自己沒有作出太大的學術貢獻，多數情況下只是一種面向社會的貢獻。有人說，這是一種「賀衛方現象」：到處去演講，成為一個嘴力勞動者，發揮自己的嘴功優勢，儘可能地去傳播一些最基本的司法理念。如果大家關注網上的話，可以發現網上對我的一些非議和批評，認為這是犧牲了學術！但我個人覺得，這種現象可能還是有其意義的。我想，學者之間還是有着一定的分工。一些學者可能喜歡專注於書齋裏的高頭講章，於書齋中鑽研一些形而上的、非常高深的學問，我們其實特別需要這樣的學者。比方說，西南政法大學79級的學生，現在清華大學任教的江山先生。這個先生的書我到現在還是沒有讀懂。他對我說：「不要緊，我這個書是為1,000年以後的中國人寫的。」事實上，我們真是需要一些學者寫一些東西——給1,000年以後的中國人讀。不過，這樣的學者可能會有點虧，因為他走到哪裏，大家都不太認識他，讀他的書也讀不懂。過去他在中南政法任教的時候，有一次一個成教（成人教育）的班他負責講法理學。你想，叫他講法理學豈不是一場災難？他把教材發給大家，那個教材實際上就是他寫的一本書，學生們表示強烈抗議，因為那個書可以當作催眠用。但我仍然相信，需要有一些人把高等

學府或者象牙塔裏的那些高深學問化作大眾喜聞樂見的形式，並能夠把這些知識傳播到社會當中去。我想這樣的學者肯定也是需要的！我自己最近這幾年可能是更多地在這一方面做了一點工作。在做這方面的工作時，我過去基本的研究思路是司法改革與司法制度。

我早先和豹哥（盧雲豹）是同行，都教外國法制史。今天下午，我還專門拜訪了林向榮老師。他是我大學期間的老師，也是我們非常尊敬的老師，是他把我引入到外法史這個學科的門徑裏面去。但是後來，我又覺得林老師把我引入到一個其實非常寂寞的門徑——外法史研究來研究去，誰都不知道你是誰，不容易真正地發生一種國內的影響。後來，我就轉向對中國當代司法制度的研究，借喻「鑿壁偷光」之說，即想借鄰壁之光來審視我們國家某些制度的狀況與發展。我們可以發現，西方的知識背景構成了我們觀察中國事物的時候一個非常有意義的、非常有趣的比照！我們經常可以看到，在西方是那樣的，而中國卻偏是這樣的。儘管我們現代性的制度都是從西方引進的，但那種「軀殼」的引入比較容易，而實際的運作，即這樣一種制度發揮的功能，每每卻很不一樣！這就促使我不斷地在司法制度方面進行些思考——中國現在的制度問題在哪？但是，這樣的工作做來做去之後，馬上就撞到一面牆上去了，這面牆似乎是研究司法制度必然要面對的，也沒有辦法迴避的問題——那就是憲法問題，或說是憲政問題。

我們的司法制度，可以說是國家憲法制度的一個重要組成部分。我自己覺得這個問題迴避不了，必須要涉及憲法的問題。比方說我們加入了 WTO（World Trade Organisation，世界貿易組織），而加入到 WTO 一個非常重要的先決條件就是，我們中國政府必須要莊嚴承諾，我們擁有一個獨立的司法體系，能夠

對政府行為以及立法行為進行合法性審查。從發生學（Genetic Science）上看，這是一種發源於美國，甚至說它的根源在英國法律史上所謂的Judicial Review的一種司法審查制度。我們政府的談判代表滿口答應：我們有一個獨立的司法體系，我們可以對政府的各種行為進行實際的審查。但我認為，這是完全不了解中國的情況。參加談判的代表沒有一個是法律人，於是導致了我們答應了一件我們做不到的事情。當然，我們中國人和外國人打交道往往喜歡這樣，「你先答應下來，答應下來再說！他們能拿我們怎麼辦？」中國這個國家有時真拿它沒辦法。當時明顯地承諾了司法獨立，法院有沒有這樣一種獨立的權限馬上就變成了一個我們憲政體制上的大問題！當我們研究司法制度的時候，這樣的問題必然是沒法迴避的，它必須被回答。

憲法學的良心

各位同學可知道，可能你們沒有經歷，想當年我們在這個校園裏讀書的時候，我們教憲法的老師是良心上最痛苦的一位老師！因為他總覺得自己講的話同學不相信。比方說，他總是在說資產階級的民主是虛偽的，我們的民主是真實的；資產階級的議會是清談館，對勞動人民來說資產階級的東西都是陷阱。而我們的民主是最真實的，我們社會主義國家裏人民當家做主。1949年，可以說是我們劃時代的一個年份，從此我們告別了受苦受難的舊社會。我們推翻了三座大山建立了新中國，毛主席在天安門上莊嚴地向世界宣告：「中國人民從此站起來了！」老師在台上講，我們在心裏嘀咕，我們滿腹疑問。我相信老師在台上能感覺到這樣一種抵觸。我們所有的憲法知識，在我讀大學那個年頭完全是一個政治化了的、完全是一個為現實政治服務的知識體系。當然，這樣的老師往往回到家去以

後，把門一關，長歎一口氣。同學們，你們可知道，這樣的情況久而久之，會使得我們國家的法律教育中的憲法學成為最低吸引力的學科！

憲法權利：文本與現實

對我來說，昨天晚上是一個受益良多的時刻。我聽到一個研究法理學的學者說，中國的憲政時代可能就快要到了。我們可以看到，今天我們的媒體在不斷地造勢，不斷地呼籲着我們要關注憲法的問題。我看有幾位同學手裏拿着今天剛出版的《南方週末》，我也參與了他們的一個訪談，基本是「首先要把憲法落到實處」的那個意思。

大家請細看憲法的明文承諾：「中華人民共和國公民有言論、出版、集會、結社、遊行、示威的自由。」各位同學，你們畢業以後發了點財，想去申請辦一份報紙，你看看他批不批你，他不會批給你的。他是不允許你辦報紙的，因為辦報紙必定是國家的有關機構、政黨的有關機構的事情。在這個國家，所有的報紙沒有一家是私人的報紙。而在美國，幾乎所有的報紙沒有一家是政府的報紙，沒有一家電視台是政府的電視台！包括CBS、CNN那樣一些超大的、巨大的、國際化的傳媒，也是私人辦的。我前不久讀過《華盛頓郵報》一位女總裁的自傳，我才知道那是個家族辦的報紙，但它卻是世界頂級的媒體！而我們中國卻沒有私人辦的媒體。當你申請去辦一份報紙，或是辦一個電視台的時候，你會受到嚴格的拒絕。《中華人民共和國憲法》承諾給我們有關的遊行、示威的自由，即我們可以表達對所處土地上的政府的不滿，或者說對其他的人的不滿，示威有時也包括比方說對於「美國要打伊拉克了」這樣的不滿情緒

的表達。現在網上就有反戰浪潮，我們只能在網上反戰。世界人民都在街上遊行的時候我們在網上熱鬧、自娛自樂。我所在的北京大學有同學申請去遊行，只收到「不允許遊行」。當然，政府的擔心我也能理解，學生遊行開頭是以抗議美國為理由，最後走着走着，喊的口號就喊出別的口號了。這也比較麻煩。我昨天晚上曾經在這裏和大家說過，有一年北京大學學生申請遊行終於獲得了一次許可，但遊行路線必須是往北京大學的北邊走。你知道，北京大學北邊是農村，而且還人煙稀少。《中華人民共和國憲法》許諾我們有宗教信仰的自由，但這樣一種宗教信仰自由的內涵到底是甚麼？我曾經在講司法制度的時候說過，這種信仰自由，它其實包括多種多樣的東西，其中一層意思可以簡單表達為：公民願意信甚麼。這是公民自己個人的事情，而不是政府的事情，更不是政黨的事情。但這樣的自由，坦率地說，我們還沒有得到實現。

憲法論證之邏輯

昨天晚上我們學者中間，產生了一個很大的理論困惑。張志銘教授在這裏不斷地批評說，現在的學術界對於憲法的論證、對於憲政的論證顯得軟弱無力，他要求並希望我們（有志於憲法理論建構或重構的人）闡發一種更為強而有力的論證，從而讓政府不得不去接受這樣的論證。我自己非常困惑的是：我們怎麼能夠顯示出我們的力量？我們怎麼去論證憲法本身內在一種應有的精神？就說運用憲法這樣的手段，把憲法的價值清清楚楚地昭示在世人面前，包括那些在廟堂之上的大人先生們的面前，讓他們規規矩矩地接受憲法的約束，而這其實是、彷彿是在「與虎謀皮」。這是異常艱難的事，好比自己想拔着自己的頭髮離開地面。直到今天，我還在不斷地問張志銘教授：「你說

你那個強而有力的論證是怎麼個論證法？你告訴我。」但他好像也沒有給我解釋得很清楚，也許是我過於愚笨，沒能理解這裏面的奧妙和微言大義。

在我看來，實際上一個國家憲政力量的興起，真正的憲政得以發展，其實並不完全來自學者的力量。學者本身做論證，當然可以做出一些比較有說服力的論證。我自己覺得，過去我們對民主、自由、法治、人權等這些價值的論證，也都存在或多或少的偏頗。而這種偏頗，我認為是在過分地把這些價值理解為只對人民有好處而對政府沒有好處，對政府的高官沒有好處。我覺得實際上這是個「成也蕭何，敗也蕭何」的邏輯，能夠追求民主的是這些人，把追求民主事業斷送了的往往也是這些人。所以說，我們更需要一種全方位地看問題的眼光。看到民主也好，看到法治也好，看到自由也好，這些價值它們始終是有其兩面性的。

感受民主之一：投票箱之妙用

比方說，民主，它當然要體現為人民當家做主，體現為人民能通過各種各樣的形式，參與到國家的管理生活中去。我黨就是除了人民的利益之外沒有自己的利益，黨追求的目標本身就是讓人民當家做主，這其實是一點都不矛盾的。但是這樣一種說法，有時還經常容易出問題。我有時候覺得，做講座我們還是不要太過分的激烈為好，一會兒大家提問題時要注意防止過於激烈才是。

在我看來，民主的價值是無量的。我曾經寫過一篇小短文來講這樣的道理，當時是準備寄給報社發表的。報社的人說：「你這篇文章不能發表。」我說：「不，我這個文章就是要告訴

那些人民主沒有危險，民主是好事。」我非常仔細地去列舉了一下民主為甚麼有價值，民主並沒有甚麼陷阱。他說：「我告訴你，你這個文章是微言大義」，然後就不給我發表了。到現在我的文章也沒有發表出來。後來在出版我的一本小冊子《具體法治》時收了進去，題目叫做〈投票箱的妙用〉。

我認為投票箱是個非常奇妙的東西。比方說，投票箱它能夠轉嫁決策風險。大家知道，決策這個東西是必然有風險的。在任何體制下，決策都要面臨着可能的失敗、可能的風險。這個時候誰參與決策、誰決策就顯得非常地重要。民主的體制，它把決策的權力通過投票箱這樣的方式轉移給了人民，讓人民選擇他們的領導人。國家總統是人民選的，法律是你自己制定的。克林頓總統做那樣的事情你別有意見，你當時沒有看清楚。這樣一種東西它就有一種潛在的轉嫁，多多少少有些像「婚姻」。民主制度下的婚姻是一個自由戀愛的婚姻，而專制制度或反民主制度下，它是一種強制性的、父母包辦式的婚姻。他給你派一個省長來，你就有這麼一個省長，這個省長幹得不好，人民當然有理由抱怨：憑甚麼給我這麼一個省長？這好比是說，你當年是父母包辦的話，如果你不滿意就可以抱怨。但是，你要是自由戀愛，像我們大家在毓秀湖旁邊自由戀愛，找一個對象帶回去給你父母親看，結果最後婚姻出了危機、出了問題，你能抱怨誰去？只能是牙齒打落了往肚子裏咽。民主，轉嫁了這樣的決策的風險。三峽大壩該不該修？通過民主的方式來決策，萬一發生問題，最後誰也不會為這樣的決策而負責任，而是人民自己負責任。這是一個非常好的轉嫁矛盾、轉嫁危機的方式。任何社會對統治者來說，其社會秩序的維護都是非常基本的問題，社會必須要有秩序，社會必須要有一種人與人之間關係的合理預期。這樣一種秩序，正好來自人民對於法律的普遍遵守。人民為甚麼要遵守法律？大家可以發現，這同樣是一

個轉嫁的方式。人民自己選擇自己的代表來制定法律，你自己選擇的代表就在這法律中間，就在這制定法律的過程之中。

感受民主之二：論辯之美

西方國家的議會，想方設法地讓每一個人感覺到，彷彿他自己的意志也參與到了這樣一個立法決策的過程。以議會辯論為例，西方國家的議會，簡直可以說是辯論成災。美利堅合眾國，似乎也可以叫做美利堅辯論國。他們就喜歡辯論，那個辯論長則十幾個小時，短則一分鐘。作為議會裏面的議員，他說話要非常地俐落，他要口若懸河。演講需要崇高的時候，得要感動得全國人民流眼淚；演講需要強而有力的時候，要讓你感到一種擋不住的誘惑。所以西方國家的議會裏面，律師特別多。因為學習法律的過程，就是一個把人的口才演練得滔滔不絕、口若懸河的過程！而且具有一種不可自抑的束縛力，學法律就是要訓練這樣的能力。所以律師中有很多人，往往都願意進入議會裏面成為議員。這種辯論過程，實際上使得他們這些議員往往職業化，從而成為專職的議員。

大家注意到沒有，我們正在討論人大代表的職業化——現在有20名人大代表準備成為職業化的代表，即他們將會是學法律和經濟出身，進入人民代表大會成為常委。但是，如果我們開會的時間每年仍然是這三天半，很快結束了。如果每年只開三天半的話，你再怎麼職業化也是沒用的。西方國家的議會通常集會的時間是180天到250天之間，也就是說，一年有大半年的時間都在開會，在不斷地辯論、辯論……

為甚麼要辯論？其實人民感覺到了，他們的代表真正履行了他們在立法過程中代表某種特定利益的義務，他們把這個義

務履行得非常好，人民感覺也很好。我們不僅僅應該關注議會議員本身的辯論，我們還要看到制定某些特定的法律總是伴隨着各種各樣公開的聽證會。比方說，跟中華人民共和國有關的法律、有關的國家條約，需要修改的時候，他們一定會有個聽證會。聽證會請一些中國問題專家，也請一些美國利益方面的專家，外交史方面的專家，來進行辯論。

這些東西實際上都是一種統治術，都是一種傅柯（Michel Foucault）意義上的權力運用的一種技術。它讓人民感覺到「我真的是參與到裏面去了——儘管我並不真正是議員——我自己的意識真是化作了法律的本身。」在這樣的情況下，使得法律在人們心目中的正當性，或者說法律本身的正當性、合法性，獲得了一種更為強而有力的基礎，使得人民更願意服從這樣的法律。而在非民主國家裏，立法的過程根本不需要考慮人民的意志，他們也沒有真正讓人民表達這樣的意志。於是法律就僅僅成了最上層的、少數人的事情。這樣的法律和我們有甚麼關係？我們常常看到一些普通人民，甚至包括我們一些從事法律研究的學者，都願意鑽法律的空子。為甚麼要這麼不守法律？因為這個法律實在是和我們沒有關係的，它並沒有很好地體現我們的意志。如果一個社會中有很多人都認為法律制度本身是少數人的意志，這個社會裏還有多少人願意遵守法律？還有多少人願意去維護一個良好的秩序？

感受民主之三：統治之成本

以上是我們從控制決策的過程這個角度來看民主的價值。然而，從統治者的角度來說，民主還有一個好處，投票箱還有一個妙處，那就是它使得統治者本身維護統治的成本下降了。大家知道，一個人一旦當上主席也好，總統也好，在不同的國

家裏面，他都有着相當不同的維護權力的成本。然而有一些國家需要很少的統治成本，雖然他進入這樣的官邸，比方說進到白宮裏面，對個人來說是件極為艱難的事情，要花天文數字的金錢。有篇文章題目叫做〈金錢鋪就白宮路〉，到白宮的道路是用金錢鋪就的！我們看到了，也許會幸災樂禍，會挖苦諷刺，說美國的民主是「金錢民主」，是「黑金政治」。你看我們多好，我們不是這個樣子，我們不需要這麼多開銷。但實際上，他們要選擇一個國家的元首，花18億美元的並不算多。他們有18億美元的聯邦開支，那是納稅人的錢。我們山東曾經有一個「秦池酒」要做廣告，在中央電視台做了一個標王，竟花了將近4億人民幣！一種白酒，質量不高的白酒，花了4億人民幣！這樣看來，美國選擇一個四年乃至八年的總統，花費18億美元絕對不能算多，況且所有的賬目都是非常清楚的，可以隨時予以核查。

問題的關鍵在於，民主制度下面領導人當選以後，一旦坐到這個寶座以後，你會發現民主大大地弱化，或者甚至說是杜絕了其他人篡權的可能性。一旦你按照這樣的程序，選擇這樣的領導人，你就要服從他的領導。你不可以說：「你克林頓雖然幹了一年，萊溫斯基（Monica Lewinsky）的事就出來了，你下來，我上去！你這樣生活作風不檢點的人，哪有資格？」這是不可以的。因為在民主旗幟下面一個人試圖當領導人的方式，只有通過民主的程序，通過法律的形式，而不可以通過其他的方式來獲得。否則的話，你就是在跟千千萬萬的選民作對。這可是不能成功的遊戲啊。

克林頓總統結束第一個任期，在其第二個任期即將開始的那段時間裏，我正在美國學習。當時我天天看電視，正在播兩黨大選的競爭。多爾（Bob Dole），一個老共和黨人，與克林頓

總統在競選。美國有個電視台特別好，我一直跟中央電視台建議說：「你最好把那個片子引進來，叫中國人民看一看」。那個電視台叫做C-Span，有時我們在網上可以看到那個頻道。那是一個政治頻道，一個廣告都沒有，天天在播國會議員的辯論，兩黨的互相競爭，競爭中的記者會。這對一個「政治動物」來說，天天在電視前面看是最最開心的。我那個時間就變成了這樣一個「政治動物」，就是古希臘說的 political animal。天天在那裏看，真是過癮，他們兩家打得一塌糊塗。但過了一段時間，總統大選的結果有些州統計出來了。克林頓收到的第一個祝賀電話，是昨天那個還和他對罵的多爾。然後，是克林頓的就職典禮，整個車隊緩緩地從賓夕法尼亞大道走過。嚴厲的寒冬之中，在聯邦的最高法院首席大法官倫奎斯特的主持下，克林頓總統手按聖經，宣誓就任美利堅合眾國的總統。那一刻，我自己的眼睛有一點點濕潤。真的，我不是一個那麼多愁善感的人，但在那一刻，我覺得是非常非常地感動！在這樣大的國家裏，在世界的歷史文明中，在這樣超過二億人口的大國裏，政權的更替，本來似乎應該跟流血、跟血腥、跟殘酷的戰爭密切關聯。許許多多國家最高權力的交接，都不是通過和平的方式。而在這樣的一個國家裏，在美利堅合眾國二百多年的歷史長河中，除了南北戰爭之間的一點中斷以外，每過四年他們的國會山前就有這樣一場典禮。就有這樣一個和平地把最高權力讓位給他的繼任人，讓予由他的人民選出的另外一個領導人的這樣一種光榮的儀式。這個國家取得了長足的和平。

這個國家這樣的一種政權的和平交接使得陰謀家沒有了市場，使得所有想要發揮自己才能的人，要通過正當的程序、通過民主的方式來取得最高的權力。在這種場合裏，你不要想着通過玩甚麼政變來實現。你可以發現美國的軍界和總統的關係，保持着非常良好的中立與獨立。軍隊絕對不可以政府化，

軍隊就是要保持一個嚴格的中立。而總統，也是不怕被報紙罵得沸沸揚揚的。克林頓總統在那段時間，簡直可以説是斯文掃地。報紙上天天登着他那些低級庸俗的笑話。比方説，美國每個總統退休以後都可以修一個自己的圖書館，把自己所有的資料放到裏面供後人研究。漫畫家筆下的克林頓總統的圖書館，上面打了三個很大的「X」，意思是三級片比較多的地方。還有一個漫畫家虛構，克林頓總統去世以後，他的太太希拉莉（Hillary Clinton）也死了。她到天堂去參觀，參觀到一個房間，有個解説員正在解説。她一看怎麼裏面都掛着這麼多鐘，各種各樣的鐘錶。希拉莉看了覺得很奇怪，就問解説員是甚麼意思。解説員説：「每個鐘錶，都代表着在塵世中的一個重要人物。」她又問：「為甚麼有些鐘錶快，有些鐘錶慢？」解説員説：「鐘錶慢的，是指那些生活作風非常嚴謹的，沒出問題的那種人；快的，就是出了問題的那種人。」希拉莉就很關切地問道：「你知道克林頓的鐘錶是哪架？」那個人説：「克林頓總統的鐘，讓上帝拿去當風扇用了。」大家知道，美國那些報紙真的是「哪壺不開提哪壺」。一個在任總統，他還要指揮三軍，要在全國人民面前發表一些崇高的講話，但報紙就是這麼糟蹋他，搞得他灰頭土臉。但是，你可以發現他照舊指揮三軍。在科索沃的轟炸中，沒有那個將軍敢説：「你算老幾？你天天在白宮裏面搞那些好事，你丟了我軍的臉哪。」沒有，大家都非常嚴格地服從克林頓總統的命令。你們知道，他不僅僅有這件壞事。以前他還逃過兵役，該服兵役他不服。越戰的時候，他體現了非常懦弱的一面。而且他還吸大麻，小的時候他就吸毒。你們知道這些都不是甚麼好事，都被全國人民揭露出來了。但是，居然軍隊要照舊服從他。這是甚麼樣的一種力量？為甚麼沒有哪個將軍說不服你？為甚麼沒有哪個將軍說：「是，我服從你」，但接下來跑到老布殊總統（George H. W. Bush）那裏説：「老總統，

這個接班人太差了，你看，他現在已經偏離了您所制定的路線。」沒有這樣。

你可以發現民主旗幟下面，民主政體使得領導人不需要花費不必要的心力去維護他的權力。這種維護權力成本的大大下降，是民主給政治帶來的最大價值之一！而且統治者、領導者不再需要兵無常將，將無常兵，不再需要為警惕地方勢力而大調度，不再需要每天都在揣摩着周圍的人，哪個人是有野心的，哪個人是好人、是哥們，不需要拉幫結夥，形成一種違反憲政制度的小集團。民主旗幟還可以帶來另外一個好處，是它可以保護下野的領導人。當一個領導人任期屆滿、交出權位，人民不再選擇他做總統了，或者說他做了兩屆了，按照憲法他必須要讓出來。這個時候他就還原成一個平民，又回到了老朋友們中間，而且還可以做一些有益的事情。像克林頓現在多開心，到深圳發表一場演講，聽説捲了 20 萬美元走了，沒有人去監督他，沒有人去監視他。他不需要像一些非民主體制國家的領導人。要麼提前下來了，提前下來就下到監獄裏面，或者被軟禁起來，完全失去自由。沒有一個當權者願意當權力不在手中的時候，喜歡到監獄裏去，或者被軟禁着失去了自由。我想，把權力一直給一個將生命延伸到最後一刻的人，對人民來説、對自己個人來説，也許都會是一場災難。

我認為我這樣一種論調，這樣一種對民主全方位的解讀，對它的價值的更全面的分析，是比較有説服力的。但可惜事實上還是沒有甚麼説服力，也發表不出來，也不會有多大的影響。今天在這兒重新發表一次，請大家批評指正。我想，自己這樣一種論證方式，也許需要更多地改變。我們會想起，法國著名思想家托克維爾在論述司法權、司法獨立的時候，永遠不會忘記從兩個角度去論證：一方面，獨立的司法固然會構成對

專制王權的制約；但另一方面，獨立的司法又可以把人民的不滿引導到法律的程序中間去，使得人民不需要到街上去或者到山上去（人民到山上去就是要跟皇帝造反了）。托克維爾這樣一種分析的思路給了我很大的啟發。

憲政維度之一：作為超驗力量的宗教

儘管論證方面需要做某種調整，但我必須要回歸到我的本題上來——那些使得憲政或者憲法落到實處的因素到底是甚麼？我們不妨簡單地對比一下西方國家的社會基礎、它的歷史發展。是甚麼因素使得西方的憲法每每成為人民權利的「大憲章」？而在非西方國家，在某些國家裏，憲法永遠都是一張空頭支票，永遠是讓憲法老師感到最為痛苦的一紙文件？今天在這裏，在座的許多老師都是這方面的專家，我也想向你們請教。我自己感覺影響西方憲法發展的因素，其中有兩個世俗因素，有兩個神聖的因素、精神性的因素。這四個因素是非常重要的。兩個精神的因素中，第一個因素是基督教。

基督教本來並非導源於西方，它是從亞細亞地方發源的，本是一種非西方的宗教。但後來在羅馬帝國時期，這種宗教緩慢地向西方傳播。當然那部歷史是由血與淚寫就的，許多人受到了迫害。當時的基督教是被當作邪教來對待的。政府對基督教殘酷迫害，宣揚信基督教的人是歪理邪說的倡導者。這樣的一種宗教，最後卻成功地實現一種征服。它征服了西方，使得整個的西方變成了一個基督教的世界，每一個西方人幾乎都變成了基督徒，尤其在中世紀甚為鼎盛。

我們知道，基督教它本身是一種精神的力量。它塑造了我們的信仰，讓我們不相信各種各樣的多神；它讓我們相信上

帝，讓我們有一系列的學說，聖父、聖子、聖靈三位一體這些的學說；它使我們禮拜天要去教堂祈禱，我們感覺到自己的罪過的時候要懺悔；它使我們的精神面貌發生了深刻的變化。我們知道這種精神的力量，或許也會對世俗的統治者產生深刻的影響。當每一個世俗的統治者本身也是基督徒的時候，他就會相信基督教所宣揚的原罪學說，即每個人都是有罪的。自從人類最早的「特務」引誘了夏娃，偽裝成一條蛇說服夏娃去嘗嘗蘋果的滋味的時候，我們人類就墮落了，每一個人都有了原罪。我們每一個人人生的過程，都是一個抵罪的過程。我們要洗滌我們的罪過，我們要不斷地懺悔，我們要知道我們並不是一個甚麼神奇的人物，我們不是一個神，我們只是一個普通的人。即使你貴為國王，貴為皇帝，也是有原罪的。大家可知道這點非常了不得！上帝面前人人平等很容易轉化為法律面前人人平等，相關的人的權力（利）就受到了嚴格的制約：你不可以過分地張狂，你不可以把自己想像成是偉大的、光榮的、正確的。說你永遠不犯錯誤的，那是不可能的一件事情。世上沒有哪個人是這樣的人，所以，這本身就構成了對統治者的行為——包括他的觀念——的嚴格的制約。我認為這種制約的功效非常強大。

另一方面，基督教又不僅僅是一種精神意義上的學說體系，它還是一種世俗的存在。也就是說，它構成了一種現世的組織。基督教不僅僅是讓大家拿着書本學習，它有一個有形的教會，一個有形的教堂。這些教會和教堂，在基督教的生活中發揮了重要的作用。同時，他們還有一個羅馬教廷，羅馬教區主教的地位日益上升，最後變成整個西方基督教世界精神上的最高首腦。羅馬教廷到了中世紀的時候，已經成為西方最大的地主，西方所有的人的土地都不如羅馬教廷擁有的土地多，因為它掌握了一個權力——就是說，當你死的時候，是用遺囑來

分配你的財產的，你所有的不動產的一成是要貢獻給教會的。久而久之，教會的土地就會愈來愈多。訂立一個遺囑再死掉，這是西方人的老傳統，我們這裏不太信這個東西，誰說我死以後再如何如何？這個是不太吉利的。而西方從古羅馬時期，就繼承了這樣一個遺囑繼承的傳統，這就使得基督教會的土地愈來愈多。大家可知道，在中世紀時代，土地財產是多麼重要的財富，它具有一種強烈的政治意義。更不必說，基督教會通過一系列學說的解讀，將現實世界分割為兩部分，即精神生活和世俗生活。在世俗生活領域中，我們要服從國王的法律，當然不僅僅是國王法律，當時還有封建法律、莊園法律、城市法律、習慣法等等。但是在精神領域中，我們絕對不服從國王的命令，我們只能服從教會的命令，或者說教皇的命令、法令。

「把凱撒的歸凱撒，把上帝的歸上帝」，這是聖經裏面的教誨。我們需要仔細地解讀，到底甚麼是上帝的，甚麼是凱撒的。例如，婚姻制度。婚姻制度本身就是世俗生活的一部分。俗話說：「三十畝地一頭牛，孩子老婆熱炕頭」。而這跟精神有甚麼關係呀？但西方人就說了，基督教教導我們一男一女兩個人的結合，不僅僅是世俗意義上的結合，不僅僅為了繁衍後代，它還象徵着耶穌基督和他的教會之間的結合。這樣一解釋，就把婚姻神聖化了。最神聖化的時候，在中世紀居然是不允許離婚的。大家既然認為它象徵着基督和教會之間的關係，你就不可以想像基督與教會之間一會兒合、一會兒分，只要合了就不能再分了。我們說了永不分離，那就不能再分離了。所以在中世紀的時候，按照法律是不允許離婚的，而且也不允許一夫多妻或一妻多夫的存在。你不可以一個教會有兩個基督，或者一個基督三個教會，那是不可能的事情。說基督教改造西方婚姻非常成功的一點——我也不知道是否可以說這是成功的一點——就是它形成了嚴格意義上的一夫一妻制。我們中國人

現在的婚姻制度，其實也是學習西方人的一個結果！同志們，這其實並不是我們要傳承的制度，我們中國的國情是不願接受這種東西的。我們過去是一夫一妻多妾制，我們長時期地允許這種一男多女的情況存在！但是按照基督教的學說，這是不可以接受的。更是因為這樣的一種解釋，使得西方人從傳統上來說，婚姻要到教堂裏去結，要去接受上帝對他們的祝福，而且要宣誓。今天某某某先生要娶某某某小姐為妻，他們兩人和他們的證婚人以及所有的親人都到場了，我要問一下大家，對他們兩人締結婚姻關係有沒有任何異議。那一般地說，當然是沒有了。然後接下來說，「某某小姐，你今天要和某某先生結婚，你會在他任何時候，不論是他在困境痛苦的時候，在疾病的時候，都會永遠地愛他嗎？」那個女的一臉神聖：「我會的。」反過來，也要問男的。然後，兩個人交換戒指、締結婚姻。然後，管風琴的聲音響起，婚姻交響曲的音樂奏起，在那一刻神聖的旋律在教堂裏回蕩，我們那一刻感受非常偉大的一種東西。日後萬一對太太動手打架的話，就會想到：我對上帝發過誓，我要永遠愛她！我怎麼會打她？這就是為甚麼中國的家庭暴力通常比西方的要多一些的原因。

還有其他的一些精神領域，比方說，跟西方後來的憲政發展影響非常密切的言論自由、學術自由、出版自由、表達自由，這些純粹精神領域的事情。這些事情由於傳統上都是由教會來管理的，所以到了近代以後，我們看到西方國家的世俗權力，通常不會染指類似的範圍。比方說，西方大學的獨立。一個大學獨立的歷史，並不是跟世俗國王鬥爭的歷史，而往往是跟宗教權力鬥爭的歷史。西方大學獨立的歷史是這樣的一部歷史：「風能進，雨能進，國王不能進。」大學是這樣一個神聖的領地——我們思考甚麼；隨着「政教分離」原則的產生與確立，我們信仰甚麼，我們不信仰甚麼，完全成為我們自己的事情，

政府不得干預，政府不得命令我們該信仰甚麼。大家看着直到今天，這些精神對西方政治的運作仍然有巨大的影響。大家知道，在西方國家，很少有領導人發表一篇講話讓全國人民都學習，這是不可能的事情。克林頓總統從來沒有發表過任何演講叫全國人民都在這裏學習，或者學習了講話，我們的幹勁提高了等等。

各位同學，大家知道，在我們的民主制度下，它的代價是政府的領導人不再是思想家了。我們很少看到近世以來，西方國家的政府領導人，同時也是一個偉大的思想家，這種情況基本上是不會發生了。思想家都產生於大學之中，都是那些學者在創造思想，而領導人是實踐思想的人。比方說，列根總統（Ronald Reagan）就是新古典主義經濟學說的實踐者，而羅斯福總統（Franklin D. Roosevelt）是凱恩斯主義的一個實踐者。他們是大學教師說甚麼，領導人聽甚麼，我們這裏卻倒過來了。當然這是代價，也使得世俗國家的英雄不太容易出現，統治着我們的人的人格往往也不見得高潔與偉大。這樣一種偉大性格的喪失，可能也會構成政治運作中的某些問題，好在它的民主給它奠定了一個合法性的基礎。在非民主的國家裏面，我們每一代的英雄都是最高權力的執掌者，最偉大的思想一定是那個最高的核心。這裏我可以稱之為唯一的思想家嗎？唯一的思想家就是那個核心。我們說甚麼？還要我們幹甚麼？所以在這樣的國家裏面可以說，唯一的思想家就是那個最高領導人。這個就變得很麻煩，因為當一個地方的世俗的權力跟精神的權力高度合一的時候，思想表達的空間、思想自由的空間，就會喪失殆盡。國家的權力，跟精神的權力之間的結合有一個過程。在西歐，這個權力是完全分離的。到了東正教的東歐，這個權力做了一點點的結合。到了中國，這個權力就完全合一了。在中國，從來就有所謂的「曾經聖人口，議論安敢道」。知識分子沒

有一種言論自由，但聖人早已經死去了，孔子兩千年前就死去了。誰代聖人立言，誰來解釋這個詞是「非聖」或者是合乎聖人學說的，就是世俗那個最高統治者。我們認為，這是一個特別巨大的問題。有不少同學可能讀過《顧準文集》。這位在20世紀中國歷史上，在我看來是最了不起的思想者之一的顧準先生，在文革期間發配到農場勞動的時候，還在研究希臘歷史、西方歷史。在研究中世紀歷史的時候，他發了一個感歎，他說在西方這樣一個政教分離的時代，在這種情勢下，最底層的人也許得不到甚麼好處。但是稍微體面一點的人物，可以兩邊躲閃。得罪了世俗的統治者，我可以跑到宗教這邊來，你就管不着我了——大家知道，國王的警察不得進入教堂，這是一個非常嚴格的戒律——而得罪了宗教的力量，我可以跑到世俗這邊來跟你對抗。他可以兩邊走。我想，像顧準那個時候的感歎，真正是讓我們時隔40年的時空之後，仍然能感覺到那樣一聲歎息，一種意味深長的歎息，一種歎息帶來的力量。每一個使得西方憲政得以實現，使得憲政的規則落到實處的力量，就是這樣一種宗教的力量，這是一種神聖的力量。

憲政維度之二：自然法傳統

第二個神聖的力量，在我看來是自然法的傳統。當然大家都是研究法律的，這個問題我就不展開來說了，由於時間限制，我也不可以講得太長。自然法傳統的構成，對於西方世俗的權力，甚至包括有形的立法機構，也是一種嚴格的約束。制定法律並不是無所顧忌的，並不是可以為所欲為的。在古希臘著名的戲劇《安提戈涅》（*Antigone*）劇本裏面，安提戈涅是個女士，她的哥哥因為背叛了國王在城外被殺死，按照國王所頒佈的命令或者說法律，任何人不得埋葬這身為叛徒的屍體。她認

為這是一個不應該服從的法律；她一定要去把她哥哥的屍體加以埋葬。當國王不滿她這樣的行為去質問她的時候，她說有一種法律的地位，遠遠高於國王制定的法律或我們這個時代的法律。它存在的時間已經十分久遠，它永遠高於所有的法律。這可以說是古希臘時代一個自然法精神，它深深影響了後來西方的整個法律和政治制度！

　　一直到我們說的黑暗中世紀，那個時候，有一位神學大師托馬斯・阿奎那（Thomas Aquinas）。我們本來以為這樣一個維護分界社會、維護神學權力的人物可能沒有甚麼了不起的，肯定是一個反動分子，但我們看他書的時候可以發現，托馬斯・阿奎那在他的著作裏面，表達了一種要對世俗權力施加強而有力的制約的思想。他把神法置於比實在法更高的位置，神法是制約實在法的一個強而有力的力量。同時他說，人民有反抗政府的權利，政府的權力和統治者的權力在獲得的環節上面不得有瑕疵。正如我們要懲罰偽造貨幣的罪犯一樣，我們要懲罰那些通過不正當途徑獲得權力的人！對於這樣一些人，人民有權利加以反抗；對暴政，人民有權利將它推翻！我自己看到這樣鏗鏘有力的句子，心中為之震動。我覺得中國歷史上雖然也有過孟子的「天聽自我民聽，天視自我民視」、「民貴君輕」這樣的學說，但整個給人的感覺是體制內的學說。體制內的一個學者在那勸說着：「你要注意，水可載舟，亦可覆舟。你要尊重老百姓，老百姓才會喜歡你。」這樣的一種勸說，是一種非常軟弱的論證。而托馬斯・阿奎那發出這樣的吼聲，真正是賦予了力量。這種力量的根源在於自然法傳統。我們很欣喜地看到，自然法在二戰以後得到了復興，德國憲法最明顯地體現了對自然法傳統的尊重。也就是說，對於國家通過民主程序所制定的法律的本身，這樣一種權力過程也要進行必要的限制。國家即使通過民主的程序，當絕大多數的各國人民都擁護納粹，擁護希

特拉（Adolf Hitler），擁護制定一部迫害猶太人的法律的時候，國會也不允許制定這樣一部法律。這是用自然法的精神，來對國家權力包括人民民主制度下面的立法權力，進行限制的一個非常強而有力的精神資源。

憲政維度之三：多元利益與階級社會

於世俗方面，我想也有兩個因素非常值得我們關注。第一個因素，在我看來，就是不同的社會階層、不同利益集團的出現，它們在一個社會組成結構中間突顯出來。比方說，一個人過去生了五個兒子，每個兒子和他分了40畝地；五個兒子又分別生了五個兒子，結果只剩下8畝地。你還敢再生嗎？連兒子都不敢再生了，再生的話就沒法分了。土地就是這樣隨着繼承的展開，一次次地被零散化、零碎化，變得毫無政治意義。所以我們的皇權、做皇帝的人，在一定程度上都可能特別喜歡這樣的小農經濟，因為這種小農經濟，它使得很大的土地所有主不可能形成。古典時代的地產與階級，具有一種非常的政治意義。比如我們剛才講到的羅馬教會法時代，龐大的地主階層可以對抗國王並對其加以制約。而我們恰恰喪失了一種非常重要的制衡基礎，那就是大的土地所有制。我想，這樣一種對私有財產的法律保護措施，也是長久以來所欠缺的。

另外一個使得中國社會沒法產生階級社會的原因，是中國科舉考試（我過去寫過一篇文章表達的一個觀點）。科考本身就是破壞穩定的階級結構的一個非常重要的因素。記得在我們學校的學術報告廳，大概是大前年的時候，我曾經給同學講過，科考的這樣一種考試制度，大家知道這是一種公開、平等的制度，它從所有的人中間選任官員——每一個男人，只要你學習好，足夠聰明，足夠努力，你都有機會改變自己的社會地

位，進入到上層，成為黨和國家領導人。黃河邊上陳家莊有位先生，叫陳世美。陳世美從小非常刻苦學習，成績優秀。他一路過關斬將，加上他的夫人秦香蓮相夫教子，於是他真的是一步登天，成了全國高考第一名。在他殿試的時候，皇帝一看這小夥子風華正茂，長得又非常好，學習又這麼聰明，真是了不得。皇帝一想，自己還有個女兒，皇帝女兒也愁嫁——所以一開始就詢問，但陳世美先生出了個昏招（編按：原意是下棋時棋手一步錯棋導致落敗，現引伸至導致事情變差的錯誤決定），居然說自己沒結婚，隱瞞了自己的婚姻歷史，這就演發了那樣一個故事。大家知道，在歐洲社會，在西方的社會，沒有哪個國家，你可以想像一個皇帝會把自己的女兒嫁給陳家村裏出來的人，嫁給一個農民的兒子，這是不可能的事情。我們知道，無論是在封建時代，甚至包括近現代，嚴格的貴族政治、貴族社會裏面，婚姻是保證貴族血統純潔性的一個非常重要的方面，不能亂結婚的。英國的國王要娶誰，是有憲法性慣例約束的——對憲法性慣例，平常你看不到它的條文，但是一旦有人違犯，馬上全國人民都陷入動盪不安之中。愛德華八世（Edward VIII），那個只愛美人不愛江山的國王，他要娶辛普森夫人（Wallis Simpson）為妻。那個辛普森夫人跟愛德華八世一見面，四隻眼睛一對就撞出了火花——你離不開我，我也離不開你了。但是愛德華八世要跟她結婚，消息傳過來，引起了全國人的動盪，引發了一場憲法危機。國王娶妻要符合三個條件：第一，國王所娶之妻，必須是貴族家的千金；第二，國王娶妻，她必須是英國國教的信奉者；第三，國王要娶妻的人，必須是一個處女。辛普森夫人這三條都不符合，你說問題嚴重不嚴重？憲法性的危機出現了。所以我們可以說，西方這樣一個社會是不可能理解我們中國古典時代那樣一種由科舉考試制度所帶來的社會身份的高度流動性。

我們的古典詩文充滿了這樣的感歎，「眼看它起高樓，眼看它宴賓客，眼看它樓塌了」、「舊時王謝堂前燕，飛入尋常百姓家」、「朝為田舍郎，暮登天子堂」，說的都是這樣一種社會地位的頻繁變化所帶來的社會現象，帶來的是士大夫階層不斷寫詩詠歎人生無常、富貴無常這樣的一種狀態。這樣的一種狀態會帶來甚麼因素？就是一種中國社會階級結構沒有辦法形成的因素。比方說，農民永遠就是農民，他就形成一個農民階級；地主就是地主，他永遠是地主，他就是地主階級。資本家就是當資本家，政治家就當政治家，武士就做武士，貴族就當貴族。這樣一種階級森嚴的情況，中國就不可能發生。所以，不同社會之間的社會結構一旦走向鬆散，就變成了社會沒有辦法形成持續和穩定的階級利益，也就不可能產生一種必要的階級鬥爭與階級衝突。如果沒有這樣一種秩序格局的階級利益的衝突，同時也帶有一種妥協精神的話，那麼憲法就不可能得到發育。即便是有憲法，它也可能會變成一紙空文，一面旗幟，一種號召。我們知道這只是些歷史因素，但我們發現，這些歷史因素到近現代以後也並沒有發生根本改變。我們看到的，近代以來整個中國的社會和結構，無論是私有產權的保護，還是這樣一種選官制度或者說階級結構的穩定性，都沒有發生歷史性的變化。於是我們也可以說，中國社會沒有辦法從其本體自發產生出憲法和憲政來，所以我們的憲法或許註定會是一種舶來品。

憲政維度之四：稅收與代表

　　談到第二個影響憲政的世俗因素，我覺得這個太世俗了，就是我前段時間寫的稅收方面的文章。稅收問題，是促進憲法發展的一個非常重要的基礎性條件。前一段時間我在報紙上寫

了一篇文章，題目被修改了，那個發表出來的題目叫〈人大審查預算的意義〉，而我本來的那篇文章的題目叫〈稅收奠定憲政基礎〉。我覺得，我的文章原來的標題寫得很強而有力，結果被他們改成這個樣子。有時候我寫的文章題目追求的是一種溫和，他們反而給改成強而有力的。那次昆明市檢察院制定了一個規則，要求在法律文件裏面，「狗急跳牆」、「狼狽逃竄」、「狼狽為奸」這些詞以後一律不許出現。我認為這是一個非常重要的發展，這意味着國家權力行使過程中，和人民之間關係的一種改變，我就寫了一篇文章，題目叫做〈法言法語的意義〉。結果文章發表出來，卻被改成〈將你「狗急跳牆」掃出法律文書〉，多麼強而有力！但這本身就存在着一種非理性。而這次我想有一種強而有力的表達，最後卻反被改成〈稅收審查預算的意義〉。後來我覺得他們這點讓我不是很喜歡，就對他們狠狠地發了幾句牢騷，說：「改則不用，用者不改。如果你要改的話就別用，我自己找別的地方去發表；你要是用的話，不允許改我一個字。」當然這是有點霸道，好像也不是特別好。

稅收問題是一個很大的問題。前不久，劉曉慶女士出了問題，我自己對劉曉慶是很同情。劉曉慶是我們這代人非常尊重、非常喜歡的一個電影藝術家。她也是我們四川人，多才多藝的表演者。我們年輕的時候看的都是劉曉慶的電影，她是我們心中的偶像。我覺得我自己在稅收方面多少有點抵觸情結。我自己都不喜歡交稅。當然我必須交稅，有些稅是跑不掉的，但有些稅能逃掉我就逃了。比方說自行車，一定要我買那幾塊錢的牌照，貼上那個表明你交了自行車稅了，你才能合法地在北京的路上走。我最大的一個疑惑是我們的錢你收取了，怎麼花了？你收我們的錢看上去收得非常正當，你還在街上到處貼的標語說「依法納稅是每一個公民的神聖義務」。那你把我們的錢收走了，是怎麼花的應該告訴我們一下。我認為西方的法

治國家，它們的議院、議會，之所以在審查稅收、審查財政預算、審查政府的開支方面行使巨大的權力，是因為它正是西方憲政的一個非常重要的體現。

大家肯定記得《大憲章》（*Magna Carta*），它1215年在英國出現的一部憲法性文件，可以說，就是跟稅收有關的。約翰王（John, King of England）好大喜功，屢戰屢敗，屢敗屢戰，跟法國人打，跟教皇不和，鬧得雞犬不寧，打仗也不成，最後把國庫的銀子都花了。花完了他就得再要點錢，跟誰要去？他把國內的貴族召集起來：「嗨，哥們，給點錢吧？沒錢了，不能打仗了。」貴族們在朗頓主教的領導下說：「不行！你這樣把我們的錢揮霍無度，都花到不正當的地方上去了，我們要說道說道。你憑甚麼要這麼花錢？你憑甚麼要打這場戰？以後要打仗，國會要研究，宣戰是我們的權利。」那時候當然還沒有國會了，反正就是那些貴族在一塊兒呆着，大家要有一批代表，在那看着國王，在那審查財政的預算和花錢的情況。要增加新的稅種、稅率，都必須要經過貴族代表的研究，貴族代表認可的裁定可以得到執行。我想，大家記得後來將近二百年的時間裏，每個當了國王的人，貴族們都要站起來說：「你要再簽署一遍《大憲章》，這個《大憲章》你必須要表示服從，你才可以當國王」，結果每一屆國王都要複述一下。這個《大憲章》，就成為約束國王權力的一個非常重要因素了。我們知道，後來的一個口號也變成了美國革命時代的一個口號，那就是「無代表，不納稅」。

各位弟兄們，你們有代表嗎？同學們，我相信有幾個問題今後會得到愈來愈多的關注。首先，當然是人民的代表讓我們自己來選，而不是有人給我們指定。指定的人不可能知道我們要選出的代表是甚麼樣子的代表，這是人民代表大會合法性的

唯一基礎所在。接下來，人民代表要真正地在審查政府的財政方案方面行使真正的權利，要這樣行使權利的話，有一些因素需要注意。也許在座從事憲法研究的朋友早都關注過了，比方說，我們要使人民代表大會的人數大規模地減少。也許我們真的需要減少人數，因為我們需要更多的辯論。我覺得這些因素也值得大家關注。

前一段時間，我寫了一個小系列的文章，就是談論辯術的。大家讀過亞里士多德的《修辭學》(*Rhetoric*)嗎？《修辭學》裏面有好多東西都在研究演講。演講分三種演講，一種是政治演講，一種是訴訟演講，一種是典禮演講。西方的演講歷史真的是源遠流長！我們看到在《伯羅奔尼撒戰爭史》(*History of the Peloponnesian War*)裏面大量收集了各種演說，其中有非常著名的伯里克利(Pericles)的葬禮演說。那個葬禮演說讀起來，洋溢着一種高昂的情緒和情感在裏頭。我上學期給大家講外法史，我把這篇葬禮演說全文給大家讀了一遍，而且我用着非常富有情感的聲音給大家朗讀。之後，我為了對比，又給大家讀了一段列根總統在「挑戰者號」失事上的演講。大家聽了這個演講以後，覺得這跟伯里克利的演講何其相似！大家就總覺得怎麼中國人講話這麼沒色彩，這麼沒味道，當然最重要的是它沒有一種真正的個性。我覺得演講術的研究可能是非常重要的。在我們國家的代表大會裏面，是否應該有真正的演講？而演講得以發展的一個重要原因，是要有對立的力量。沒有對立，沒有辯論，就沒有演講。大家知道，我們中國兩千年的歷史，最缺乏的一種文學品種就是演講。兩千年的歷史，我們不是一點辯論都沒有。我們都知道有過兩位偉大哲人或者是高人，當着弟子的面在一塊兒討論學問，但是這種東西留下來的很少。孟子、孔子的著作都是片斷的智慧、片斷的對話，沒有那種大規模的辯論或者演講，即便是演講，也使用論證體寫出來的，給人感

覺不是西方意義上的東西。我們尤其是沒有演說，沒有長篇大論的公眾演說，而我們今後也許要講究這樣一種公眾演說。

政黨登記是法治國家必須要履行的程序，每一個政黨的成立必須經過登記，因為它是社團法人。登記了以後，它的財產會有一個非常嚴格的管理；它違法了，別人可以起訴它；它要是被別人侵犯了權利，也可以起訴別人。現在，我們侵犯了別人，別人拿我們沒有辦法；但是別人侵犯了我們，我們也沒辦法。這個錢都是從國庫裏面開支的。我們這些人出生於社會底層，想一想我們面朝黃土背朝天的父老兄弟，他們天天在為這個龐大國家支撐着！在南宋的時候，當時的文人挖苦說：「朝廷南移，我們的疆土喪失了一半，而政府的官員的數量卻長了一倍。」我們黨現在這套系統的人是很多，拿的工資也是很高的，黨對退休幹部的待遇是不可以減少的。我想這些東西都帶有相當多的憲政意義。所以我認為財政稅收這一方面的問題，恐怕能夠成為一個世俗性的因素，一個推動中國憲政興起的原因，一個使得中國憲法得以起步的非常重要的動因吧！

憲政維度之五：法治與法律人

當然還有其他一些原因，我覺得我在司法制度方面的演講中間，已經不斷地提起過了，在這裏我也就不再展開這個話題。我認為司法獨立也是使中國憲政得以起步的一個非常重要的契機，一個非常重要的着力點。也許今後我們會在這方面做更多的努力。今天下午，張志銘教授還說過，法治社會也是一筆歷史性的交易。也就是說，它需要經過一段長時間的歷史來慢慢形成的，不同力量的角力，形成一種利益平衡的格局，最後形成一種統治者不得不就範的情況。着眼於這樣一種觀點，我自己覺得我們國家的憲政剛剛起步，但可以說路途還是比較

遙遠的。不少朋友可能讀過美國漢學家孔飛力(Philip Kuhn)的那本《叫魂》(*Soulstealers: The Chinese Sorcery Scare of 1768*)。大家知道,《叫魂》裏邊有一個主題,讓我們感覺到了一種學術上的意義。在考察了西方國家的現代政府制度、法治形成這樣一個歷史過程之後,我們可以得出一個結論:現代的政府制度或者說相關的法律體系,就是把過去那個不受限制的、恣意專橫的權力逐漸納入到法律軌道,使其受到嚴格的規範約束的過程。在這個過程之中,國王或者皇帝逐漸地被官僚化了。皇帝和國王不是官僚機器之外的一個因素,他們本身也變成了這架機器全域的一個齒輪。當然,由於他是國王,他有王冠,他這個齒輪上面鑲嵌有鑽石,閃閃發光。但他仍然是一個齒輪,他仍必須按照人們事先設定的這架機器運行的相關程序來運行,而不可以越這個程序的雷池於一步。這是西方國家憲政歷史所昭示的,把一個從前不受限制的權力納入到一個規範的、程序的、法制的軌道上來的一個非常重要的事實。我們最大的問題是我們沒有辦法把皇帝摁到機器裏面去。這個皇帝怎麼也不進去,你還拿他沒辦法,大家的力量不夠使得他進去。

這個使得皇帝逐漸被摁到機器裏面去,活生生地變成一個齒輪的因素到底是甚麼?我覺得剛才我們說的四項,尤其是包括我們今天的法律人。法律人所掌握着的一套專業知識,所應用這種專業的技能,所使用的這樣一套專業語言,所必須遵循的一種專業的決策邏輯,使所有的權力在接受司法審查後都變成規範化的權力的機制,都是非常重要的因素。我自己身為一個法律人,特別看重最後的司法制度這一領域的發展,雖然這並不影響我們推進其他領域的發展。每當我回到母校,在校園裏看到這麼多師弟師妹們,看到他們在校園裏朝氣蓬勃地行走,看到他們在教室裏面非常全神貫注地學習,感覺到他們聰慧的大腦正不斷地被法治的知識與理念「格式化」。我認為,對

法律的專業知識的接受，是一種人的思維被不斷「格式化」的過程。這一切使得他們在走出校園之後，無形中帶上了一副法律人的有色眼鏡在看問題，而且總是"thinking like a lawyer"，像法律人那樣思考問題。一代又一代人的出現，一代又一代人的成長，能夠將法治的理念、民主的理念、自由的理念傳遞到社會的每一個角落，真正地改造我們這樣一個社會及其運行的每一個細節。使得無論是政黨也好，政府也好，司法的權力也好，還是立法、行政的權力也好，都逐漸地走向一個法治憲治化的軌道。我們中華民族兩千多年來，多少代人一直不斷地流血、犧牲所追求的，即將在今天獲得一個最為良好的契機。最後，我願意跟大家一起分享一份共同的樂觀情緒：由於有了我們這些法律人，使這個國家的憲政充滿了希望，儘管一切只是剛剛起步！

第8講　司法與傳媒的複雜關係

題記：這是2004年12月，我在華東政法學院的講座記錄。

　　對於我來說，華東政法學院是我做兼職教授的大學。能夠過來交流，那麼我自己想講一下對於新近的制度建設，和我們法治發展上的一個關鍵問題的看法。題目是《司法與傳媒的複雜關係》。在這個月的13號，《文匯報》上的「上海高校學術報告」欄目已經公佈了這樣一個題目。

　　司法與傳媒的關係是非常密切的。我自己過去有一次學術報告，題目叫做《支撐憲政大廈的九大支柱》，其中有一個是司法獨立，有一個是新聞自由。這兩者之間是唇齒相依、唇亡齒寒的關係。如果沒有新聞自由，一個國家的司法無法表現良好，它不可能是公正的司法，因為沒有新聞對於司法進行切實有效的監督；另一方面，如果沒有司法獨立，新聞也不太可能自由。

幾個判決的案例

　　最近，我一直在觀察我們司法界判決的案例，覺得這些判例會給我們很多啟發和教益，讓我們思考許多問題。早在五

年前，我曾經對北京市海淀區人民法院所作的一個判決進行過評論。那個判決是關於言論自由問題的。在保定市有個小夥子叫王宏。王宏在北京的恆升筆記本電腦公司買了一台筆記本電腦，回去後這個電腦老出問題。比如說，這台電腦用久了就燙手，關機後屏幕上總是有個白點，沒有辦法消失。這個電腦還有一個毛病就是噪音很大，彷彿是一個拖拉機在自己書桌上運行。然後他就回到恆升電腦公司要求退貨，恆升公司說：「你自己已經升級過了。」王洪說升級並不影響電腦的其他功能，為甚麼其他功能出現這樣的問題，希望公司做出解釋。公司說：「我們不能給你退，只能給你修。」王洪說那就修，反正是保修。恆升公司：「說因為你自己升級過了，所以不屬保修範圍，你必須給 7,000 塊錢，才能修這個電腦。」王洪非常憤怒，就想方設法地說服電腦公司。公司根本不被說服，王洪幾次從保定到北京，終於忍無可忍，就在網上貼了張「大字報」——《請看我買恆升筆記本電腦上大當的經過》。在這篇文章裏，他很憤怒地說，恆升筆記本電腦簡直是個垃圾產品，它就是豆腐渣，「我希望所有的人都不要買這樣的電腦。」然後跟帖的人很多——大家知道，現在網絡時代，我們享受着空前的一種言論不自由——但不管怎麼說，他貼出去後，後面跟帖的就很多。大家都聲援王洪，都說我們今後不買這家公司的電腦了。恆升筆記本電腦公司終於覺得這件事影響到它的利益，於是恆升公司起訴到法院，起訴到管轄我的法院——海淀區人民法院。起訴之後，經過辯論，最後海淀區法院作出了判決，判決王洪侵權成立，王洪損害了恆升公司的名譽權。大家知道，中國是少有幾個規定了法人也享有名譽權的國家。法院判決王洪賠償筆記本公司 50 萬元人民幣，然後又判決兩家轉載這篇文章的媒體各賠償將近 25 萬元，而恆升公司獲得了將近 100 萬元的收益補償。後來這個判決發佈後，我覺得需要對

這樣的判決發表一點評論。你們知道，對於批評海淀區人民法院，我是心存顧忌的。因為搞不好的話，我就會被他們審判，這樣不太好辦，但是這樣一個案例，因為涉及言論自由、媒體監督的問題，我覺得我不能不說話，於是我就發表了一篇文章，叫〈不智的訴訟，含糊的判決〉，對於這樣一種訴訟本身的缺陷，法院判決中的問題提出了批評。我的批評包括法官也許沒有理解到名譽權或者言論方面所涉及的民事糾紛實際上跟憲法密切地關聯。我們的《民法通則》保護了自然人和法人的名譽權，但同時《消費者權益保護法》保護了消費者對於企業進行批評的權利。我們憲法第35條明確規定在這個國家的公民享有新聞出版方面的自由，享有言論的自由。我們必須要保持這兩者之間的平衡。我們必須要考慮到一個公民要發表相關言論的時候，它是否是在履行憲法所賦予他的一種權利。同時我認為王洪先生過分激憤的言辭，法官必須要進行細緻的考量。那就是他的言辭正是由於過分情緒化、過分激烈，反而損害了他言辭的說服力。你們知道最有說服力的言辭是甚麼？不是情緒化，而是非常理性的層層剝筍的這樣一種言辭。大家記得舒膚佳香皂的廣告嗎？跟大家說舒膚佳多麼好，如果你用普通香皂洗手，洗完後仍然殘留很多細菌。一看就很害怕。但是你要用舒膚佳的話，細菌就少多了。他說少多了，但他廣告上還留了五、六個細菌在動。他不會說，細菌死光光。他不說這個東西，因為他一定要保證一種理性化狀態；他也不說舒膚佳就是好，其他香皂都是垃圾。這樣說反而沒有說服力，所以依據一般的常人能夠判斷的標準，人們不會信以為真的言辭不應該構成侵權，這是我個人的一個觀點。與此同時我也認為，我們的法官也必須考慮到對企業發展帶來怎樣的影響。我們不了解訴訟的當事人，我常常想，一個訴訟就是對糾紛當事人有直接影響力，但我們也應該想到一個訴訟也常常影響到沒有介入到訴

訟中的人。法官如果在這宗案件裏判決這樣的言論屬侵權的話，我們今後都不能去隨便地發表批評一個企業的言論。因為即使我們國家不是判例法國家，但法官做出一個判決，它不可能說一個人今天是這樣做的，明天一下子就改變，以今日之我非昨日之我，這一點是不太容易做到的，所以判決會保證一個決策的某種連續性。而且一個企業，尤其是生產電腦的企業，在一個Internet時代裏，居然可以起訴自己的消費者，簡直可以說是愚蠢到家了。我認為一定是他們的管理制度出了嚴重的問題，才會打這一場官司。如果我是恆升公司的老闆的話，我寧肯自己拿出50萬元錢來堵住王洪的嘴，你們知道這會產生怎樣的效果，王洪會高興得不得了，回去後不斷地說恆升筆記本電腦好。這樣的廣告效益要比他們自己拿錢的廣告要好得多，這就是網絡時代的特點，但企業居然如此愚蠢。我認為鼓勵和獎賞這樣愚蠢的企業對中國整個的經濟發展，將會產生相當嚴重的負面影響，所以這是含糊的判決，而且是不智的訴訟，我認為他最終會是「贏了（得）貓兒賠（賣）了牛」。我們宋代有一首詩，勸告大家不要打官司，叫「衙頭府底賠杯酒，贏了貓兒賠了牛」。我認為這就是這樣一種「賠了牛」的做法。他將會付出很大的代價。付出的代價包括，比方說我走到一個地方，我就會說大家要注意這個企業。恆升公司的恆是永恆的恆，升是太陽升起來的升。這個公司已經沒有多少人去關注它了，也沒有多少人去買它的筆記本電腦了，也許就是因為這場官司而使其付出的代價。美國最高聯邦法院的大法官說：「一個優秀的法官不僅僅要是一個優秀的法律人，而且應當是一個優秀的歷史學家。他要懂得歷史，他又應當是一個先知，他還要是一個哲人，那就是對社會進行一種良好的判斷。」這是我們通過這樣的案例看到的情況。當然後來這個案子上訴到第一中級人民法院。第一中級人民法院判決對關於是否構成侵權的這一部分

維持原判，但大規模地減少了王洪的賠償數額，最後減低到賠償8萬元人民幣。由50萬元降低到8萬，而且其他兩家媒體都不需要再賠償了。恆升公司只獲得了8萬元錢，但王洪先生8萬元錢也拿不出來。最後海淀區人民法院對他進行拘留，把他抓起來了，許多網上的朋友都對他進行捐款，就把王洪的這筆賬給還掉了。這是五年前的案件，但這些年來，你們發現中國的司法界也不斷地在探索和摸索，也有很多優秀的法官，他們有感於我們的司法不能很好地保護公民實現他們憲法上的權利，人們也在作一些摸索或探索。一些案例非常有趣，在我們上海，有范志毅訴《東方體育報》案——是叫《東方體育報》嗎？上海的報紙現在愈來愈感到陌生了。在文革期間，我們都看《文匯報》、《解放日報》，即使我們在山東。現在上海的報紙上海人也不看了。我知道《文匯報》原來是全國性的報紙，現在連地方性的報紙都算不上——《東方體育報》報導范志毅賭博。范志毅先生怒不可遏，認為他根本沒有這些事。於是他就告到法院，大概是徐匯區人民法院，對吧，盧院長？今天我們上海市一中院的盧院長也到場了，他也是一個非常優秀的法官，也是一個作了很多經典判例的法官。徐匯區法院有位法官作出了判決，他的判決告訴范志毅，也告訴我們每一個人，范志毅身為一個公眾人物，必須要接受媒體的更強更有力和更加嚴格的監督。在這個案子的監督過程中間，不可避免的會出現這樣那樣局部的失實。這樣的失實是媒體監督當中必然會出現的問題，所以駁回范志毅的起訴，范志毅鎩羽而歸。這樣的案例是大家第一次看見在中國的判決書裏出現了「公眾人物」這個概念。「公眾人物」來自英文。大家知道叫做 "public figure"。公眾人物是甚麼？在美國的概念裏也包括行使公共權力的那些人，包括社會中間非常知名的人士，比如游偉教授；包括影視界、體育界的明星們，也包括那些由於自己本身的原因而捲入公眾事

件中的人物，比如說萊溫斯基。萊本人不是公眾人物，只是一個普普通通的白宮裏的實習生，但她個人和克林頓總統發展點異乎尋常的關係。這個事件一旦被報導，因為克林頓本人是公眾人物，她也會因這樣的事情變成公眾人物。萊沒有辦法說你侵犯了我的名譽權令地球人都知道了。你這個報紙老報導這些東西，她甚至肖像權也沒有了。全世界各地的報紙隨便登她的肖像，她不可能去主張這樣的肖像權，這樣的概念大家知道。1964年在美國聯邦法院作出了這樣的一個判決《紐約時報》訴蘇利雲（L. B. Sullivan）案——1964年這個案件對於美國的媒體如何去監督公眾人物可以說是里程碑式的案例，它甚至傳播到了世界各地。蘇利雲案件所確立的原則被意大利所接受，被德國所接受，一次次地被各個國家所接受。它的原則是甚麼？那就是一定要確保媒體在報導涉及公眾人物的事件的時候，它沒有辦法要求一個媒體說的話都是真的。大家知道，新聞英語叫 "news"，前面是個 "new"。 如果不 "new" 的話，它就不是 "news"。"News" 是甚麼意思？就是要新，此時此刻剛剛發生的事情我們要保證公眾知道。你們看到CNN這樣的電視台，它已經發展出了所謂現場直播新聞。「9‧11」事件的時候，我們領略了現場直播的新聞。正在發生的事件，電視台正在直播。到晚上九點多的時候，有朋友告訴我說快打開電視看鳳凰衛視。我打開電視一看，好傢伙，第一幢大樓已經搖搖欲墜了，飛機已經撞過了。接著我們眼前就是第二幢大樓被撞的情景。現場直播，這個叫新聞。中央電視台還沒播。中央電視台歌照唱、舞照跳，沒發生甚麼事。正好那天晚上十一點左右，有個中央電視台的朋友打電話給我，我說：「你們怎麼不播？」他說：「上邊還沒有規定我們按照甚麼樣的口徑來播。」這如何保證公眾的知情權？所以對於一個媒體來說，當我們不能苛刻地要求一個記者，把他所見到的事情馬上就發表的時候——你們

知道人都有局限性，人不是上帝，上帝才是全知全能的——一個記者只能根據他眼前所觀察到的情況，作出一個判斷然後寫成文字來發表，這個時候不可避免地有許多他看到的東西都是片面的。每一個人都是片面的——每一個人只有一張臉，一雙眼睛，我們的背後沒有眼睛。這個時候要是游偉老師在背後嘲笑我，我眼睛看不到，但我要是看到他在笑我的話，我看不到你們在笑我，所以你們知道這個世界上沒有一個人是全知全能的。要及時迅捷地發佈信息，我們必須容忍記者的失實。《紐約時報》訴蘇利雲案確立了另外一個非常重要的準則，那就是當一個公眾人物要提起名譽權或誹謗案的，他必須要向法院提供證據。這個證據表明了報導者或者媒體有實際惡意。甚麼叫實際惡意？非常簡單，即就是明明知道一個消息是虛假的，但仍然發表出來，這個叫實際惡意。這個舉證的責任是交由原告來舉證的。那就是你告這家報紙，你要把證據拿出來，證明寫文章的這個記者有實際惡意。這個證據幾乎是沒有辦法拿到的，那就意味着美國聯邦最高法院已經從根本上封殺了公眾人物可能提起名譽權的機會。很少有這樣的情況，公眾人物能夠打起這樣的官司。我曾經在北京和聯邦最高法院的大法官之一，也是九個老人之一的安東尼·甘迺迪（Anthony Kennedy）大法官有一次座談會。他說他們現在對於狀告報紙這樣的案件，受理的情況很少。因為狀告報紙，尤其是公眾人物狀告，法院如果輕易受理的話，就必然導致媒體不斷的應訴。大家知道，即使是所有的案件都判這些媒體勝訴，但媒體要為這些案件所付出的律師費、差旅費，各種各樣的費用，已經是沒有辦法承擔了。這樣的一種審查，這樣一種法院不能很好地維護新聞自由的話，必然導致報紙謹小慎微，挑刺不如栽花。報紙天天說GDP又提高了，糧食產量又獲得了空前的豐收，為甚麼？因為這就不會出現糾紛。人們通常不會因為表揚自己的文章而去打官司，所

以這就會嚴重抑制新聞本身對社會的監督作用。在我們的法律還沒有一個字涉及公眾人物的時候，我們上海法官已經走在了歷史的前頭。在他們的判決裏居然用了公眾人物這個概念，而且這個判決得到了許多人的讚賞。這是我們司法一個很大的進步，我們法官探索着如何維護新聞自由。

接下來一個案件發生在北京，但是當事人和上海有關係。余秋雨訴《北京文學》和蕭夏林案。余秋雨也是個公眾人物，最出名、最popular的一個作家。據說有些地方掃黃打非，在妓女的包裹可以搜到余秋雨的書，可見他的知名程度。余秋雨當然也是個頗受爭議的人物。有許多人在天天想着怎麼罵余秋雨，包括像余杰先生，北大中文系的畢業生。余杰先生就抓着余秋雨在文革期間的經歷，扭住不放。余秋雨是當年文革期間一個寫作班子「石一歌」的成員。文革期間有很多的寫作班子，都是一種筆名、一種化名。像北大和清華兩個學校的一些醜陋的學者，大家合在一起寫文章的名字叫「兩校」。上海這邊也有十一個成員形成的寫作班子「石一歌」（取諧音），很美的名字。這「石一歌」裏也就有余秋雨先生，然後就抓住不放。《北京文學》的蕭夏林編輯寫了一篇文章，題目叫〈文化中的文化〉。這篇文章很有意思。他評論目前文化界的一些現象，但文章的主旨是批評余秋雨，說余秋雨這樣的人沽名釣譽，他根本不是一個文化人，他不是個像樣的學者。比如說他在深圳說深圳是中國文化最重要的地方之一，說深圳是中國文化的橋頭堡，將來會出現中國文化的深圳學派。他說這麼多的好話，但大家知道二十多年前，深圳還是個小漁村。他怎麼會說這麼多的好話？蕭夏林先生在文章裏面說：「哦，原來不是偶然的」，因為深圳市政府免費送了他一套豪宅。你看看這是交易。一個文人、一個知識分子，做交易，這邊給他房子，那邊就說這邊好話，這是怎樣的一種事實？文化在這個地方成為赤裸裸的名和利。這

篇文章在《北京文學》上發表了。余秋雨當然是非常的鬱悶，非常地不高興，然後他就開始訴訟，你們知道，余秋雨準備在《文化苦旅》之外進行「法律苦旅」，要打一系列的官司。他已經打勝了一場官司，就是那個叫「秋風秋雨愁煞人」的案子，得了10萬塊的賠償金。他到北京打這場官司的時候，遇到了一些障礙。他起訴蕭夏林和《北京文學》。蕭夏林打電話給我，不是，而是蕭夏林派他的律師──現在已經成為中國專門打名譽權官司，當被告方律師的救命律師浦志強律師，中國政法大學碩士畢業生，本科是在南開大學讀的。浦志強律師代理的案子很多，很多很有名氣的案子，比方說早前，安徽阜陽的《中國農民調查》案件的被告方就是由他代理的，他代理那兩位作家──浦志強律師給我打電話說能不能寫一點文章，造造勢，因為他們都知道我在好多年前就發表過文章，對公眾人物這個概念試圖加以倡導，他們就覺得我寫文章多多少少會有一點影響力，然後影響這個法官。後來我說，通常在一個案件判決之前，我不願意寫文章。因為寫文章一直是研究司法制度，跟法院的許多人關係都不錯，所以多多少少有點影響司法的感覺。同時我說把蕭夏林的那篇文章拿來我看看，結果拿來一看我說我不能寫。因為那文章裏邊除了提到余秋雨外，還提到我。但是，是把我當作先進典型來對待的，就是說我們這個社會裏邊也有一些嚴肅的知識分子。然後，我就說：「這個不好，這個像是狼狽為奸，你說我好，我現在幫着你說話。這不好。」我覺得這種交易太難受。我說：「不要緊，我們要相信我們的法院，我們的法官。而且有浦志強律師那樣的好律師。」然後這官司就打打打，最後判決作出來了，這個判決我一看──真是好！北京市東城區人民法院的一個法官所作的判決裏邊進行了一種非常詳細的推理。他告訴案件的當事人，這樣的案件到底是否蕭夏林本人在捏造事實。這個情況非常重要。浦志強律師

他提前對這個事情就預測好了，說法官大人——不是，咱們中國不說法官大人——對，「審判長，我們有一個證人要求出庭作證」。於是，就請中國社會科學院一位研究哲學的教授叫黎鳴——不是唱歌的那個——請黎鳴先生到法庭作證。說是這個事情，在蕭夏林寫文章那段時間，北京地區的學界、文化界都在傳說余秋雨得了一套房子。這個證據獲法官採納，法官說這就表明，這不是蕭夏林個人捏造出來的事實，不能完全說是空穴來風。而且這個案件也在認真地確立一個準則：一個人在寫文章的時候，他必須認真地去核實事實，但這種核實不能要求太過分，不能超出一種合理的限度。比方說，這個案件所涉及的一種情況，蕭夏林作為一個普通的編輯，他如何能去核實這樣的事實，這是非常困難的一件事情。他們還告訴我說，當時法庭上還需要舉證，你說你的名譽權受到了損害，所謂名譽權受到侵害就是社會公眾對你的評價下降，那原告方是否能舉出證據來證明，你的評價下降了，這個證據幾乎是沒有辦法舉的。所以，最後東城區人民法院的法官驚堂木一拍，駁回起訴。余秋雨「法律苦旅」就結束了。大家知道，這對於我們的作者、我們的媒體來說，是非常重要的判決。

前不久又出現了一個判決，又讓我感到很振奮。那就是廣州市華僑房屋開發公司訴《中國改革》雜誌社案。《中國改革》雜誌社是中國體制改革研究會所辦的一份雜誌，總部在北京。他們在刊物上對於華僑房屋開發公司這樣一個國有企業所出現的嚴重內部管理方面問題進行了批評，說他們的管理層在分肥，國有資產在流失，國有企業的原來那些員工們的利益得不到保障，媒體進行了報導。報導完了，華僑公司覺得這是對他們名譽權的侵犯，就起訴到廣州市天河區人民法院。廣州市天河區人民法院受理了這個案件，最後做出了判決。這個判

決——我説我振奮，你們都想像得到——判決華僑公司敗訴，由三位法官判決的。這三位法官的名字，一個叫巫國平，一個叫伍雙麗，一個叫郭越。我準備今後無論走到哪兒，提到這個案例的時候，我都要把名字説一説。因為他們是好的法官，我們有義務讓地球人都知道，我們國家有這麼好的法官。當然，判得差的案例也有，同樣是天河區人民法院判決的另一個案例讓我們感到羞辱。那就是《南方都市報》的總編輯、總經理喻華鋒被判刑的案件。12年徒刑，到了二審的時候，改判為八年徒刑。我認為這樣的案件，是一個法官生涯中的恥辱。有許多朋友説：「賀教授，你不能這樣做，你知道有些案例不是這個法官判的，後邊有人迫着他們這麼判，你板子打在法官的身上，那是不合理的。」我説：「不，我顧不了那麼多了。」我覺得我們遇到一些判決非常糟糕的判例的話，走到哪兒就説到哪兒，就跟這幾個人有關係。我覺得逐漸地激發我們的法官，最後法官就是説：「你們願意判你們判，老子不幹了。省得那個賀衛方到處説我。」我想我們這三位法官——差的法官我暫時不説了——這三位法官是多麼的優秀。他們這個判決書裏邊，確立了非常有價值的幾個原則。一個原則叫合理信息來源原則，如果根據實事求是原則來説的話，這個報導的確跟後來的真實情況有差距、不一樣。但是，他們記者依據甚麼來做的這個報導，發現這是企業的年度報表，有一些廣東當地報紙的內參，然後記者根據這些材料作出了自己的報導，同時有些訪問。法官説，一個記者報導一個事件，你不可能要求他變成一個科學家、一個偵探，永遠這樣偵察下去，他要及時報導一般的新聞界所公認為合理的信息來源，我們就不能夠苛求他，他只能夠走到這一步。你的企業報表本身，由於你們的原因，存在着缺陷、問題，不能怪罪記者。另外確立的非常重要的原則叫公正評論原則，也就是説媒體所作的評論是否侵權，要取決

於他所作的評論是要追求甚麼，他的目標是甚麼。法院的判決書說，固然這些評論裏有個別字眼有一些情緒化，但他最終的目標是為了維護國有企業的利益，為了維護每一個國有企業工人的利益（職工的利益）。所以這樣的評論對這個國家是有價值的，不可以被認為是侵權，於是駁回起訴。

我開頭舉了一個我不太高興的判例，但是後來我發現好的判例愈來愈多。有許多朋友常常說，現在我們法院的情況怎麼可能變好，就是對法院特別失望。但我說：「你要是看到這些判例，就能夠看到我們法院系統也有一些非常有追求的法官，可以說絕大多數的法官，他們在追求着能夠用更加合理的方式來推動這個社會向前發展。」你們可以發現，現在的判例裏面，我只是舉了三個比較好的判例，但是還有不太好的判例。同樣是北京地區所作的判決，陳永貴同志的遺孀訴吳思案。吳思大家都知道，寫《潛規則》的那個著名人物。吳思寫了另外一本書，叫《陳永貴：毛澤東的農民》。同學們也許根本不知道這個人的名字，但是對我們這一代人，那可不得了。大寨（編按：山西省大寨村，在五六十年代是大寨公社的一個大隊，陳永貴當其支部隊長。文革時期有一場運動作「農業學大寨」，其「大寨」便是指這個大隊），你們都知道，陳永貴便是文革期間炙手可熱的人物，由全國的勞動模範後來升為國務院副總理。農民當副總理，我覺得很尷尬。當然他也有很開心的地方。每天喝一瓶茅台酒，這麼好的酒一天一瓶。這是官方給他配的消費。他感到最不舒服的就是每天要接見外國人，人家西裝革履地被接見，他還要穿着一身農民的衣服，還圍了一個羊肚毛巾在頭上接見外國人。外國人和他握手的時候那表情都是詫異得不得了，彷彿是跟外星人在握手，而陳永貴也不知道跟人家說甚麼，他根本不了解西方的、外國的情況，但是他官至國務院副總理。永貴兒大叔後來就去世了。吳思這本書也出來了，我一

直覺得這個死人是否應當享有跟活人一樣的名譽權、肖像權。這是個很值得研究的問題。我們都知道西方國家的法律制度一向對死去的人就沒多少保護，人都已經死了。大家知道名譽權、肖像權這些東西屬人格權的一部分，人格權一定是和一個活着的自然人相關聯的。你在報紙上寫一篇文章罵我，我感到很痛苦，不堪忍受，活着還不如死了。但我要真死了的話，你再怎麼罵，我不會痛苦，因為我已經死了。但是這些東西在中國的法律規則闡釋得不清楚，導致司法實踐中產生一些混亂。比方說，在台灣也曾經有過這樣的事。台灣有一個刊物發表了一篇文章，說著名的作家韓愈是死於花柳病，性生活不檢點。接着，法院就受理了一個起訴，一個姓韓的先生做原告，說是侵犯了我的爺爺的爺爺的爺爺的爺爺的爺爺……的名譽權，這就是著名的「誹韓案」，結果法院還判決侵權成立。當然我們這個國家在文化方面——這一點我覺得我的觀點並不極端——和西方的文化有差別。西方的文化由於基督教的改造，它的家族主義已經變得不那麼嚴重了。家族主義早在古羅馬後期隨着基督教的傳播，隨着日耳曼人和羅馬人之間的民族融合，最後就使得家族主義這個東西給打破了，所以他們接受了基督教。對他們來說，最應該敬重的就是上帝。上帝是唯一應該崇拜的對象，別的你不可以崇拜。基督教傳播到中國來，遇到的最大障礙就是這樣一條。中國人信了基督教，然後崇拜上帝，但旁邊還有着祖宗的牌位，他也崇拜祖宗，到底能不能崇拜祖宗，這在明朝的時候發生過所謂的禮儀之爭。羅馬教廷堅決禁止中國的基督徒一邊崇拜上帝，一邊崇拜祖宗。這傢伙，這還了得，崇拜其他的偶像，這是基督教所不容許的。然後就要打折扣，這點是非常麻煩的，因為基督教也好，佛教也好，傳到中國來的時候，都遇到這樣的障礙。咱們中國人說這樣的宗教叫無父無君——沒有父親，沒有君主。這樣的東西算是什麼亂七八糟

的東西，所以受到強而有力的抵制。我們不喜歡這個東西，我們搞祖宗崇拜，家裏邊有祖宗牌位，這是中國人家庭的一種常態，所以中國和西方不一樣，一個中國小夥子和一個美國小夥子吵架，我們罵人都是往上罵的。中國小夥子氣急了，說：「我跟你媽如何如何。」然後，那美國小夥子愣了半天說：「那是你和我媽之間的關係。」所以西方人和中國不一樣，它這個法律制度從根本上來說死人的名譽權甚麼的都沒了，但我們國家在我看來，如果一點都不保護的話，也不太符合這個民族的某種文化。也許應該保護，但保護到甚麼程度，這是一個問題。當然這個案件更重要的是，吳思在《陳永貴：毛澤東的農民》這本書裏，沒有做別的事，只是把陳永貴在歷史上的一個事情給揭露出來了。陳永貴在歷史上，曾經在年輕的時候，參加過日偽的組織。這個東西是中央有文件的，但中央文件是內部發行的，然後老幹部的回憶錄——有些老幹部的回憶錄回憶起自己年輕時曾經參與過陳永貴這個事件的調查——也作了證實。吳思身為一個歷史學家，他的寫作引用這個東西沒有問題，而老幹部的回憶錄也沒有多少人讀過，影響不大。但是吳思一支生花妙筆一寫，知道的人就太多了，並在《北京青年報》上連載，陳永貴的家屬就感到非常憤怒，他的太太和兒子向北京的法院起訴，最後北京法院判決吳思侵權成立。大家知道要賠償多少萬塊錢。有一次，我們還在一塊兒開座談會，談關於這個案件。吳思還着急：「這可怎麼好？要我賠償4萬塊錢。我到哪兒去找這4萬塊錢？」我說：「你別哭窮了，趕快給人家錢。」你們看到了深一腳、淺一腳這樣的狀態，我們要仔細分析一下。從一個淺層次上來說，為甚麼對於媒體，對於公眾人物的批評，在中國現在的司法保護過程中間顯得非常不平衡？到底原因在哪兒，我們都知道，首先一個原因是我們相關的立法和法律解釋方面太過粗陋，以至於沒有辦法為法官的決策和法官

判決案件提供一個比較確切的預期。法官在判決這樣的案件的時候，我們在立法層面上沒有解決這樣的問題。剛才說的公眾人物問題，說的公眾評論的問題，說的所謂依據的消息來源是一種合理的來源，這些東西都是法官在判決過程中創造出來的，不是我們國家的立法所規定的。我們要制定中華人民共和國民法典。民法典前一段時間很熱門，前一段時間講座很多，我不知道學校是不是也來過一些人，講民法典制定，一些老輩的學者也很著急。那天我問江平老師：「您覺得我們的民法典多長時間能夠完成？」江老師說：「我看不用多長時間，五年差不多吧。」江老師歲數比較大了，他希望自己有生之年能夠看到這部民法典的誕生。拿破崙當年主持法國民法典的制定說，「我的光榮並不在於打勝了三十多場戰役，滑鐵盧一役就使得所有的勝利黯然失色，使我永垂不朽的是我的民法典。」有一天，我問起梁慧星老師，他說：「衛方，以後見了我不要再問民法典的事兒。」江老師說：「看來我是看不到了。」那是很鬱悶的。因為那個《第一草案》裏邊有很多問題。開頭的時候，《第一草案》提交是比較正式的文本，在那個初次起草的東西裏邊是有公眾人物這個概念的。有這個概念讓我們感到很振奮——好傢伙，以後也有「公眾人物」了。公眾人物的隱私權可以因為公共利益而受到限制，多好的一個條款，但是提交到全國人大的《第一草案》，我們再一看，沒了。我發現上邊還是有人很厲害，能夠看得出來問題的奧妙。所有的東西都給刪掉了，而且是七零八落的一個法律條文。有關我們現在的司法解釋，我常常問一個問題——這樣的問題是我們學法律的人的基本問題——我們如何保障在這個國家裏邊法官決策是平衡的、是穩定的？比方說，法律面前，人人平等。如果全國的法官引用的法律條文都是一個條文，都是一部法典，是否能夠確保法律面前，人人平等？好像不太可能，因為比方說，「王海打假案」就

是一個最典型的例證表明這做不到。《消費者權益保護法》是中華人民共和國的法律，適用於全國，第49條應當適用於全國，但是大家都適用這部法律，作出的判決卻是不一樣的。王海說：「我在這兒是消費者，在另一個地方不是消費者。」你會發現，「消費者」這個概念成為一個關鍵詞。如果我們的法院、我們的法官對於「消費者」這個概念的解釋是七扭八歪、深一腳淺一腳的，我們就不可能保證全國同樣的行為得到同樣的對待。消費者很奇怪。消費者是甚麼？我到商店去買一件衣服回來穿，我當然是消費者。但是，我一下子買了五萬件，回來以後說：「你這是假貨，你要賠償，雙倍返還。」這算不算消費者？大家知道，這涉及司法的根本性問題。每一個案件，法官在他的判決中間，實際上都在解釋法律的概念。如果我們沒有辦法讓這個國家的法官——尤其是上訴法院的法官——在解釋相關的法律概念方面保持一致的話，這個國家不可能獲得統一的法治，我們不可能法律面前，人人平等。這樣的平等包含着空間意義上的平等，一個上海的法官的解釋要保持跟雲南的法官的解釋一樣；這樣的平等還包含着時間意義上的平等，一個今天的法官要和昨天的法官的解釋保持一致性。如果沒有這樣一種法官對法律關鍵的概念、基本的規則所作的解釋的一致性的話，我們憲法第五條所規定的法治統一原則就勢必成為一句空話。我們目前這樣的一種狀態似乎做不到這一點。我們的新聞法制這方面，最高法院也非常急切。他們也出台了一些規則，比方說非常重要的一個司法解釋，大概是出台於1999年或者1998年，具體時間我記不清。有感於最近涉及新聞的訴訟愈來愈多，最高法院作出了一個解釋說，對報紙報導的要求是要做到基本事實的準確，但非基本事實不能要求所有的東西都準確；這看起來是要鼓勵記者更加大膽地、更加直截了當地去進行批評的一種解釋。但問題的關鍵在於，這個所謂最高法院的解釋仍然需

要解釋，那就是說甚麼叫基本事實，甚麼叫非基本事實，搞不清楚，更不是特別的清楚。我們仍然需要一個解釋來使得全國都遵守這樣的解釋，所以一個國家的法律體系絕對不僅僅是立法創造的，而是也包括我們通過上訴審、最高法院法律統一的功能，來使得相關的規則（法官所必須遵循的規則）保持一致。我相信在座許多都有讀過王澤鑒先生的著作，他也在研究主流的解釋。一個國家裏，法官們對於相關的概念有一種共識便會形成主流解釋。每一個法官判決案件的時候除了必須遵循法律條文，也須包括這樣的一種解釋，這樣的話才能夠保持法律的統一性。我們沒有這樣的主流解釋，我們國家法律統一的機制——我想大家不妨去研究一下在中國怎麼去保證法律的統一——幾乎可以說是非常的粗陋，沒有辦法保障法律的統一。有一次一位叫 Diana Wood 的女法官，是美國聯邦第七巡迴上訴法院的法官，在中國的兩個地方給法官講課，一個是上海，一個是武漢。她在上海講課，講完課到武漢，我正好在武漢中南政法學院。我作為這個項目的協調人，也協調她和中國法官的交流，並給中國的法官講課。她說她剛從上海過來，知道湖北省高級法院的法官在下邊。她說：「我想請教湖北省高級法院的法官們，你們是否能夠常規性的研究上海高級法院所做的判決？」湖北高院的法官說：「對不起，老實地告訴你，不研究，我們也不知道他們怎麼做判決，除非他的判例被最高人民法院的《人民法院判例選》登出來，我們偶爾能夠接觸一點兒，但不是常規。」Diana Wood 法官就問：「那你們怎麼能夠保證同樣的事情在上海和在武漢能夠同樣的處理？怎樣能夠保證法院對待不同地區發生的同類案件能夠同樣的處理。」這樣一問，我們法官就不知道怎麼說了。我們雖然法律上明確憲法規定，「法律面前人人平等」，但是實際上我們沒有這樣的機制來保障「法律面前人人平等」，更不消說這兩年愈來愈多出現的爭奪管

轄權。管轄權異議愈來愈多，老百姓打官司多多少少有點主客場的意思。在自己所在的城市打官司，這是主場；人生地不熟到了新疆，那是客場，為甚麼有這麼大的問題？那是因為法官的確可以上下其手，他可以對法律作出完全不同的解釋，你還看不出來他到底違法不違法。他還引用法律條文。當然這不算甘肅的一個法官，他最後判決案件說，根據《中華人民共和國新聞法》第三條的規定作出判決；但我們國家並沒有新聞法。現在在立法和法律解釋這兩個層面上，我們都沒有一些非常確定的準則，讓我們能夠對新聞更直接、直率地批評社會中一些有權勢的人物提出框架上的保護。所以司法界在處理這樣案件的時候，往往就不知道依據甚麼，這也是為甚麼有一些案子判得特別好，有些案子判得特別不好。另外我們可以總結一個規律，那就是在今天這樣一種公眾人物的名譽權糾紛的案子中間，好像有一個區別。這個區別就是現在看起來有一些重要人物——政治方面比較高層次的人物，他們的案例通常是原告勝訴。剛才我舉了陳永貴，同時像魯迅的兒子周海嬰。大家知道周海嬰先生也喜歡打官司，每個地方用了他爹一個肖像（他就想打官司似的）。他那個爸爸當然是很偉大的一個爸爸，中華民族的一個文學方面的象徵，現代文學的象徵，魯迅這樣的人還有肖像權，我覺得真是不可思議。魯迅早就變成了公共財產了，大家隨便可以用，當然你不能用來詆毀他。但出版一個《魯迅傳》，封面用魯迅的肖像，怎麼這也算侵權呢？周海嬰先生就天天打這樣的官司，最後就掙了不少錢。他老爹生前窮困潦倒，死後他靠他老爹來吃飯。這種東西，我想我們的國家需要有一些所謂的法律上邊怎麼去限定的問題。魯迅這樣的一個人，他是一個政治符號，是一種社會的公眾人物，真正是一個很偉大的符號，這樣的一個人涉及案件的時候，他的後代往往能夠勝訴。但余秋雨為甚麼敗訴？余秋雨已經不是個政治符號了，已

經在政治方面沒甚麼重要性的一個人物，他就敗訴。范志毅就敗訴（其他的那些好像臧天朔曾經勝訴過，某個網站評價十大醜星，他居然勝訴。那個案例也是個非常糟糕的案例。），所以你可以發現他有個規律性的東西，可以發現有些案件肯定會受到外部力量的很強而有力的干預的時候，這些案例往往是原告勝訴；如果有一些外力不干預的時候，法院可以自主地判決一個案件的時候，往往法院能夠維護新聞的一種價值，新聞自由的價值或者批評的價值。這是現在的一種情況，非常有趣的一個規律，是逐漸形成的一個規律，這一點也要求我們逐漸去推動這個國家的司法獨立。如果不獨立的話，我們就必然遇到這種不平衡的狀態，因為一切將取決於這個案例涉及的是甚麼人，而非取決於法律對這樣的情況的一個規定。

新聞自由的四個價值

我們要稍作一些分析，是一個更深層次的問題，那就是我們憲法規定的新聞自由這樣一種價值，到底應當如何理解？我們知道有許多地方，大家對於新聞自由似乎有一點恐懼，總覺得新聞自由會給社會帶來動盪，比方說記者看到甚麼就可以發表甚麼，可能給我們帶來許多負面的東西，使得我們這個社會不穩定、經濟不能夠很好地發展等等。我們要考察一下在新聞自由這個領域中間，古往今來人們是怎樣去判斷新聞自由這樣一種價值（對社會的價值）。讓我簡要地說，因為這也說不了太深，太深了容易出問題。有關新聞自由，最早提及的人我想是一個經典作家，米爾頓（John Milton）。這位英國著名詩人寫過謳歌，是有關新聞自由的一個非常重要的文獻。後來是約翰·穆勒（John Stuart Mill），英國著名哲學家，寫過一本書就叫《論自由》（*On Liberty*），其中有包涵「新聞自由」這樣的論述。言

論自由、出版自由，其實這些自由大致上都是可以合到一塊兒來說的，但現代社會人們愈來愈傾向於把新聞自由跟言論自由作一個區別，因為言論自由似乎就是大家這樣的言說，比方我今晚在這裏和大家說，一會兒你們還可以向我提問題，你們也在行使着言論自由的權利，但新聞自由不是這樣的。新聞自由都是報社、電視、電台這樣有組織的力量。這樣的力量在現代社會，人們逐漸把它理解為一種「第四權」。「第四權」就是立法、行政、司法外的第四種權利，成為一種公共權利。第四權這樣的一個概念最早是來自英國著名的哲學家埃德蒙·伯克（Edmund Burke）。他在分析當時英國社會結構的時候，有西方慣常說的三個等級。所謂三個等級就是國王、貴族、平民（自由民）。在埃德蒙·伯克那個時代，他已經發現在英國新聞界似乎已經形成了第四等級，成為第四種強而有力的社會力量，所以他用「第四等級」這個詞來形容。「第四等級」這個詞在現代直接被稱為第四種權利。隨着社會媒體的不斷發達，人們發現傳媒這東西對於公共權利進行了強而有力的制約。我們單個人的言論——我們在街上喊兩聲——起不了任何作用，但是一份暢銷的報紙突然發表一篇文章，其形成的社會壓力會非常大，大家都知道水門事件（Watergate Scandal），就是《華盛頓郵報》的兩個記者鍥而不捨地把這個新聞挖掘出來，登在報紙上，最後導致尼克遜（Richard Nickson）辭職下台。大家深深意識到這樣的新聞本身的力量，所以大家傾向於把新聞自由與言論自由作一點點區隔。對新聞自由本身可能帶來的負面東西，也可能有更多法律加以限制。我們知道現在有一點點差別，但大致上來說我們現在的討論還可以把三者放在一起，甚至還可以用表達自由這樣的概念來說。我們在說的是一種表達，言論自由包括各種言論，包括演說，包括我們寫一點東西貼出去，也包括我們在袖子上戴一個納粹的標誌在大街上走一走——我就是要戴這

個東西，怎麼樣！這也是言論自由。還有包括焚燒國旗——老子不喜歡這個國家，燒着玩玩兒看。這也是一種表達自由。所以，自由的範圍現在是非常寬泛。言論自由，或者説表達自由最重要的價值，前人歸結為以下這幾個方面：

第一，言論自由有助於形成一種觀念的自由市場，有助於我們發現真理。我們都知道人類非常重要的一個使命就是探索真理。這個真理表現在各個領域中間，比方説在司法改革方面，我們要探索司法獨立方面真理何在；陳景潤先生在研究哥德巴赫猜想（編按：Goldbach's Conjecture，是18世紀歐洲一個有關整數性質的假説）的真理何在；一個農民在研究甚麼時候種莊稼的真理在哪兒。所有的這些真理都需要我們通過創造一個觀念的自由市場來加以表達。人們相信真理不可能被人所壟斷，被某個特定的人所壟斷。文化大革命期間，我們習慣説一句話，是林彪告訴我們的。林副主席説：「毛主席的話句句是真理，一句頂一萬句。」那個時候我們不需要別人再思考，全國人民的大腦都沒用了，你就聽一個人的。毛主席到了晚年已經不會説話了，他只能用五個手指頭這麼動，他的侄子毛遠新便解釋説主席告訴我們要鬥私批修。此時大家都開始學語錄，鬥私批修。就是這個樣子，那時候不需要有人有大腦，只需要全國有一個大腦就可以了，這是壟斷真理的結果。但是我們都知道文化大革命給這個民族帶來多麼慘重的災難，所以痛定思痛，愈感覺到米爾頓所倡導的觀念的自由市場這樣一種價值的重要性，只有這樣我們才能真正使得一個社會裏各種各樣的觀念都被表達出來，然後能夠保障這個社會決策的正確。

第二，表達自由第二個價值體現為它是民主政治的一個基礎。一個民主的社會，一個民主的國家，需要每一個人的政治

參與，大家要熱情參與。參與是一種美德。早從古希臘開始，西方就有不少哲人研究不同的政體的基礎條件是甚麼。比方說專制政體，它的基礎條件是恐懼。它要讓每一個人恐懼，你想說一些話但覺得不敢說。「你可不能說這樣的話啊！」父母在家裏教育孩子，「這樣的話在家裏父母面前說便好，你可別出去傳。」恐懼啊恐懼。這是專制政體得以建立的前提條件，沒有了恐懼，專制政體就沒有辦法存在下去。我有時候做演講，口無遮攔，是「口啼役患者（編按：即手足口病患者）」。有一次是軍隊請我去做報告，我說我還是不去了，我不想站着進去，橫着出來。他們說：「沒事兒，我們這個將軍班兒，他們對國家的事兒了解得很多，你別擔心吧。他們還愛聽真話，你可千萬別擔心。」然後鼓勵了我，我就去講。講完了以後，有一個聽課的將軍說：「賀教授，你講的有些話，你敢講我們都不敢聽，聽着都害怕。」你看這是恐懼、恐懼。貴族政體維持基礎性的東西是榮譽。貴族政體對於榮譽有着非常深切的渴望。《基度山恩仇記》（*The Count of Monte Cristo*）裏邊，有一個軍人說：「這涉及貴族院的榮譽問題。」一聽貴族院的榮譽，那不得了。在貴族社會的條件下，在貴族政體下，如果大家都不講榮譽，那就麻煩了，這個貴族政體無法維繫。而民主政體的一個最重要的條件就是美德。甚麼叫美德？甚麼叫公民的美德？我們知道最根本的東西，那就是我們要參與政治。我們要用我們的言論、我們各種各樣的表達去知道這個國家是我們自己的。所謂真正的「三民主義」——民有、民治、民享（編按：此處指美國前總統林肯提出的 "government of the people, by the people, for the people"，並非孫中山提出的「三民主義」），這個東西跟現在說的那個甚麼「權為民所用、利為民所謀、情為民所繫」（編按：即「新三民主義」，由前中國國家主席胡錦濤提出的）是不一樣的。國家本身是人民自己的國家。如果我們人

民出現了一種政治冷漠，對政治問題已經不感興趣，選舉也不參與，公眾的演講也不去，覺得反正跟我們是沒關係的，這時候民主政體就死掉了。所以民主政體必須鼓勵一種政治參與，而最好的政治參與是甚麼？就是我們對於政治事務自由地發表我們的觀點，闡述我們的看法，這是我們民主政體的要求。所以在一個民主政體下，言論自由幾乎是天經地義、題中應有之義，沒有了它就沒有了民主。這是言論自由的第二個價值。

第三個價值，社會穩定。言論自由能夠強化社會的穩定性。我們都知道一個自由的社會裏邊會出現一些讓人感覺不舒服的事，比方說遊行示威。在街上遊行，交通要管制了，大家感到不舒服。領導人被罵得狗血噴頭。天天白宮前面有人在喊口號：「打倒布殊」──沒有哪個人願意聽打倒自己的。有人還扔點蕃茄、臭雞蛋；英國的議會前面天天有人在特闢的一個區域，天天在那裏遊行。旁邊有兩個警察在那兒維護秩序，有時候我們也覺得挺尷尬的。我們的國家來了客人都非常的接待，然後不允許任何人遊行示威。其實西方國家領導人他們看到遊行示威倒覺得挺正常的，看不到反而覺得不正常，這都是大家觀念的差別。這樣的一種──甚至有些更局部的、更麻煩、更嚴重的──小動盪，恰好預防了大動盪。美國第三任總統傑佛遜（Thomas Jefferson），說過一段話，非常好。他說：「人世間我們的社會中經常出現的這種局部的動盪，它是我們和諧的人類社會的一部分，正好比是暴風雨是和諧的自然的一部分，我們不可以想像這和諧的自然裏邊沒有了暴風雨，我們也不可以想像一個美好的民主社會裏居然沒有這樣的局部動盪。」這是非常重要的一個說法，甚至我們還可以考慮到這樣的自由權利的行使過程中間，一個社會也許很難做到真正的完美，言論自由必然帶來一些討厭的東西。托克維爾在《論美國的民主》（*Democracy in America*）裏邊分析過這樣的一個問題，

這個問題特別值得我們去反思。他說有人經常想，我們能否享受言論自由的好處而不承擔它的代價。那就是說我們只要求好的言論都能夠發表出來，大家暢所欲言，但是沒有糟糕的東西。甚麼一會兒劉曉慶又離婚——人家根本沒離婚。小報上的東西，大家快來看。北京地攤上的報紙，前些年特別多，現在少了——甚麼趙忠祥跟饒穎，高峰的私生子問題又來了。天天搞這些名堂，你會覺得這個社會言論自由的代價是不是太大了？還有色情。色情這種東西，現在我們的網絡已經有這樣一個很大的麻煩了，像新浪、搜狐這樣的網站都經常有這樣的成人笑話。你一點擊「裏邊好黃哦」。我有時候特別擔心我兒子，我說：「你可別再上網了，那網絡太可怕了，裏邊有大老虎。」這東西你說怎麼辦，怎麼遏制得住？沒有辦法，無論是這個一定程度的色情、一定程度讓人感覺到難堪的言論，這都是我們追求言論自由過程中必須付出的代價。托克維爾講，有人想只享受好處，不承受代價，那就是我們想像的最美好的狀態。但是你會發現，你邁出的第一步已經跨到專制的地方去了。也就是說你想把這個社會中間那些令人討厭的東西給去掉的時候，我們沒有辦法再有任何新聞自由，這中間沒有過渡地帶。我們本來以為我們可以找到一個中間狀態，但這個中間狀態是沒有的，這是托克維爾所表達的最意味深長的、最值得我們反思的觀點，也讓我們知道，這個社會是這個樣子。你要享受言論自由的好處，你就要承擔它的代價，就要忍受公眾人物天天被這個嚼來嚼去的，這點兒甚麼事兒都搞得沒有人不知道。這是沒有辦法的事情，那麼它的好處是甚麼？我們批評領導人，有些完全是侮蔑、不實之詞，但是他批評了，大家就覺得很開心。美國有個電視節目類似於《實話實說》(編按：中央電視台的清談節目)，或者《有一說一》(編按：濟南電視台的一個綜藝節目)的那種類型的節目。那個主持人一上來就拿總統開

玩笑，一上來就是埋汰（編按：北方話，意思是挖苦）總統。克林頓總統出問題的那段時間，我看了一期。那個主持人一上來就說：「你們最近看報紙了嗎？最近報紙上有一個故事，第一夫人希拉莉最近到天堂上去參觀了一下，到了天堂上以後看到天堂上一些解說員說這個屋子給她參觀一下子。結果到了這個屋子裏邊發現牆上掛了許多鐘。希拉莉就問這個鐘是甚麼意思，解說員說這些鐘每一個都代表着凡間的一個重要人物。她再問是為甚麼這些鐘有些跑得快，有些跑得慢？那解說員說是跑得慢的都是生活非常檢點嚴肅的人，跑得快的都是出軌的人。希拉莉問：『那我丈夫的鐘，克林頓總統的鐘在哪兒？』他說：『你問克林頓總統的鐘，被上帝拿去當電扇用去啦。』」這種節目很受歡迎。克林頓夫婦也在家裏邊看，看到這個的時候心裏邊真是⋯⋯北方說「要多撮火有多撮火」。但政治家沒有辦法，只好忍受。這種節目最大的好處是它把老百姓對國家領導人的怨恨都給宣洩出去——你看它都幫我說話，這個人是該罵。罵完了以後再看到這個人，他覺得挺順眼的。更不必說新聞不斷去把官員們試圖掩飾的事實加以揭露。我們常常想一個國家興旺，說要人民監督政府，我們政府是人民的政府，我們叫人民共和國。我最近提出來把「人民法院」的「人民」給去掉，還引起軒然大波。因為觸動了我們老百姓的一個敏感神經，我也承認可能這個問題提出來太早了點。我們這種平頭百姓，怎麼監督政府？走在白宮前邊，你怎麼監督政府？我們監督不了，現在政府愈來愈複雜，他搞出來一些技術化的表格，比如說某個預算。我們這種不學財務會計的人，怎麼能夠判斷出預算合理不合理、支出合理不合理？最後具體的每一筆開銷你怎麼去審查？你不懂專業，你審查不了。但是媒體能夠幫助我們，新聞界保持一種非常高度密切關注的狀態，而且媒體有專業的記者，他會告訴你，他會揭露相關的問題。這樣的話，就使得這

個國家所有被掩飾的事情都能夠及時被揭露出來。官員們也可以說沒有辦法。他們沒有辦法阻卻這種揭露。公眾人物條款使得他們必須要提出來實際惡意的證據，他們提不出來，只好忍氣吞聲。事情不斷被揭露，這種情況使得官員們不敢作惡。大家知道，克林頓在小石城（Little Rock）做律師的時候，有一點點偷稅漏稅的事件，結果被扭住不放。司法界扭住不放，新聞界扭住不放。那麼點兒小事情和萊溫斯基那種事情，他們獨立檢察官不惜動用聯邦經費五千萬美元來追查在我們這兒是小事兒的事情。媒體天天報導，最後的結果是甚麼？他使得在那個國家裏邊官員們不由自主地成為孔繁森，不可能成為王寶森（編按：孔繁森為孔子後人，在90年代獲中共譽為傑出代表；王寶森則在90年代被揭嚴重貪污）。你怎麼可能腐敗呢？你一點點小事兒就被揭露出來，你還可能做大嗎？你可能像成克傑（編按：成克傑是前廣西狀族自治區主席，在2000年被判受賄罪成）那樣貪上千萬嗎？不可能。美國的官員並不見得比我們的官員素質高，但是，他們的廉潔程度從哪兒來的？是從新聞自由裏來的，從司法獨立來的。沒有這兩者的話，是不可能保持一個高度廉潔的政府，保持一個富有效率的政府，保持一個公正的政府。正是這樣一種不斷的揭露導致官員謹小慎微，這個社會就不可能發生大的動盪了。社會就穩定了，人民對政府的滿意度也就提高了。我老說克林頓被揭露得那麼厲害的時候，民意指數還達到了六成。有關政府的威望，托克維爾說過一句話——這是我今天答辯的時候，我從我們的博士生的一篇論文裏看到的一句話，說得非常好——正是因為在英美國家，司法權受到陪審團的嚴格限制，反而提高了司法權的地位，讓司法權變得更加有力量。沒有哪個國家的法官，會像英國和美國的法官那樣強而有力。原因就在於他被陪審團分割了一部分的權利，受到陪審團的制約，我們可以得出一個結論：有時候你讓人民擁

有更多的監督的權利，人民可以自由揭露那些腐敗的現象，反而能夠提高一個政府的聲望，讓一個政府更加有能力、有更大的動員能力來使得一個國家向前邁進，讓一個國家的經濟得到有序的發展，讓一個國家的社會秩序能夠得到最大限度的保證。這是新聞自由的第三個價值。

新聞自由的第四個價值，在於它是我們每一個人作為人的尊嚴的一部分。我們的自我實現，實現我們自己的人生價值。我們靠甚麼？人生在世，非常重要的一點是我們要表達自己。我們每個人是多麼的不一樣，每個人都有非常獨特的地方。你生在非常不同的家庭，你受到了不同於別人的教育。這種教育肯定是不同於別人的。即使我們學的是同樣的課本，但你的領悟是不一樣的，你領悟到的東西是不一樣的。我們各具特色，是人的創造性。人是多麼偉大的一種造物，人這樣的一種動物，他能夠寫詩。有些詩寫出來我就覺得很奇怪，人能夠做那麼漂亮的詩，每個字我都認識，但我就是寫不出來。那個詩多麼了不起，「朝辭白帝彩雲間，千里江陵一日還」，真是多美的詩。還有海子那樣的詩歌，那樣的詩篇。海子才多大，海子上大學到北大學法律，1979年，79級，上大學時不到15歲，不到15歲上的北京大學學法律，從安徽的懷寧去到北京大學，然後學法律。一個小孩，才一點點大，在這學校裏邊——我看過他那時候的照片，真的就是一個孩子那個樣子——你別看這個傢伙看起來懵懵懂懂的樣子，他可是個偉大的詩人，我認為海子是中國20世紀最偉大的詩人，不要加「之一」。他那麼年輕，對語言的感悟那麼敏感，他寫的詩真的讓人覺得特別。我就知道我們的年輕同學中間，對海子的詩很崇拜。每年他忌日的時候，在北京的一些高校，包括他生前工作過的中國政法大學，都有一些同學把教室的燈關掉，每個人點一根蠟燭，朗誦海子

的詩，悼念這位偉大的詩人。廿多歲就去世了，廿多歲就臥軌自殺了。詩人，了不起。音樂家，那也了不起。這個作曲也了不起，我特別佩服這些人——貝多芬《第九交響曲》，多麼偉大的交響曲，能夠把合唱引入到交響樂中。《第九交響曲》首演的時候，你們知道他做這首曲子的時候，他的耳朵已經全聾了，他聽不到任何音樂，他沒有辦法通過一邊彈琴一邊作曲，他就在那兒這麼譜曲。譜完曲子首演的時候，由作曲家本人指揮首演。指揮家當然是背對着觀眾。演奏全部結束的時候，輝煌的結束的時候，後邊人全場起立歡呼，樂隊的第一小提琴提醒作曲家說回過頭看看，觀眾向他們表示感謝。當貝多芬回過頭的時候，人們發現滿臉淚水的貝多芬，這是偉大。這樣的時刻，這是人類最偉大的生靈，但這樣偉大，貝多芬到了五十多歲的時候，他說他的境界不過達到了莫札特八歲的境界。我們看人類歷史上一本本偉大的著作，一首首偉大的詩篇，一個個偉大的建築的設計，包括各種各樣的創造，人是多麼了不起的一種生靈。這種動物要求我們社會對他尊重，要求這個社會尊重他的個性，他的個性是每個人都無權利去泯滅的。而言論自由、表達自由能讓我們的個性得到充分的表達，這是人的價值的一個得以實現的最重要的方面。我們常常說生存權是我們人權的一個重要組成部分。當然我同意，但生存權是甚麼？對於我們這樣的人來說，也許對每個人來說，生存權的第一要義是讓我們說話，讓我們說我們自己想說的話。這是生存權的最重要的方面，否則的話，讓我們說假話，活着還不如死了。所以人不能說假話，人不能把自己偽裝起來，這是非常重要的一點，這是人的尊嚴的一部分。這也是為甚麼我們遇到了能夠坦率地表達自己觀點的人，我們格外尊重他。我們一看到那種滿口的假話、大話、空話的人，我們感到非常的厭惡，因為他是跟我們的本性相違反的。所以，我們必須要保障言論自由，我們要保

障新聞自由，我們的司法界在這方面已經做了很多的、很好的探索，但現在我們要在一個更廣泛的範圍內去推動它，去創造更好的環境，來使得我們這個國家變成一個真正的人的樂園。

第9講 讀《孟子》，想法治

題記：這是2010年1月2日，我在北京三味書屋的講座記錄。感謝
　　　三味書屋的劉元生女士、李世強先生及同道的支持。

　　這次來三味書屋，是我「三進宮」了。非常榮幸能在2010年
的第二天，獲邀請在書屋今年開展系列論壇的第一場交流。

　　「讀《孟子》，想法治」，想討論的是孟子與法治之間的關
聯，也就是希望觀察一下，在孟子那裏，存在着哪些跟法治建
設相關的思想。當然，更延伸一些，也包括儒家學說與今天的
法治建設之間的關係。這些年來，這一直是引發我們強烈關注
的問題。我說的「這些年來」有些縮小了，可能要延續到100年
以上的歷史。也就是說，從1840年以來，中國人始終有一個非
常麻煩的事，就是如何處理我們的傳統與我們所追求的現代化
之間的關係，以至於到了90年前「五四」的時候，真正掀起了一
場所謂的「思想的革命」。「打倒孔家店」成為非常鼓舞人心的
口號，像當年而獲北京大學特別引進、來自成都的吳虞先生，
就因為他是打倒孔家店的老英雄。當然，他在北京這地方身體
力行地去違反禮教的學說，也引起了非常大的麻煩。有人說，
反傳統就是「五四」以來的新傳統。直到今天，我們主流的學說

仍然是堅持用西方的理論救中國，無論是社會主義救中國，還是許多像我這樣的人所追求的法治建設，以西方的基本法律精神、憲政原理、對自由的無微不至的保障，來奠定我們未來的社會治理基礎。這是我們一直追求的一個方面。

英國人有句話，「歷史就是另外的國度」。過去的歷史，常常對一個國家來說，是另外一個國度。對中國來說，這樣的判斷格外地準確。也就是說，我們的歷史已經成為我們之外某個國度的歷史了。我常常與研究中國法制史的朋友說：「你們的研究基本上只具有考古學上的價值。」那就是說，研究無非是讓學生們知道，我們的祖先是怎麼過來的，我們的祖先是如何失敗的。我個人的專業領域是西方法律史，我覺得我們當代的法律制度，無論是刑法、民法，學的還是西方的東西，比方說物權法。這幢涉及三味書屋的房子該不該拆？有許許多多的問題都涉及物權法，而物權法的根基，則建立在從古羅馬開始的西方法律傳統的基礎之上。所以，我們今天看起來像中國人在中國的課堂上聽中國的老師用中文講授法律，但實際上按照《圍城》裏的說法──不是留學，勝似留學，我們在中國的課堂上，實際上學的是外國的、西方的東西。

這樣一種判斷，引起了許許多多的爭議，但這種爭議當然沒有使新儒家困惑，因為新儒家認為在心性儒學方面，還可以用古典的東西解決我們的問題，但是在制度方面，如在憲政、民主、法制這些問題上，我們必須要用西方的東西。所謂的「新儒家的第三波浪潮」，就是要把古典儒家的心性儒學和西方的憲政學說進行一個結合，這是新儒家的一個基本判斷。不少人知道，蔣慶先生這幾年來不遺餘力地鼓吹我們應該回歸到真正的儒家思想。他在三聯書店出版的《政治儒學》，這本書的完整版是在台灣出版，在三聯書店出版的是刪節本。他基本的判

斷是，我們最正確的道路不是說把古典儒學的精華跟西方的民主法制憲政理論進行結合，而是說我們壓根就不應該接受西方的憲政理論。咱家自有寶貝在，不可以「拋卻自家無盡藏，沿門持缽效貧兒」。我們不該去向西方乞討，我們漢家自有其偉大的政治傳統。他在書裏就想去開掘這樣一個偉大的政治傳統。他給我發了任務說，司法改革也不能學習西方，孔子本身不僅是一個偉大的教育家、哲學家、思想家，而且孔子也是一個偉大的法學家和法官。這些當然會引發我們的思考，到底中國的出路在哪裏？

各位朋友都知道，我是去年3月份到新疆，去石河子大學支教，教兩年的時間。我在網上看到，許多朋友對我表達了非常多的關心。我有一個帖子，題目叫《在石河子安頓下來》，後面的跟帖達到了上千條，來自全國各地，四面八方。我是比較願意到全國各地高校到處去講，所以幾乎各主要高校都有人在帖子下邊署名表達關注。其實我到新疆，對北大來說是兩全之策——既對某些機構有個交代，同時也可以說對我有保護作用。在2009年這一個敏感的麻煩年，能夠遠離政治中心，到新疆偏安一隅，可能北大也覺得這是個好事，我個人也覺得不完全是壞事。在去年年初這個時候，我也不覺得未來一年或者兩年我們國家能夠發生多大的實質性變化。這個時候與其過多地在這裏固守，還不如到新疆這個非常美麗的地方去好好讀點書。所以，我在那寫了一首很爛很爛的打油詩。其中有一句話，叫「莊子孟子石河子」，就開始在那裏讀一點中國的古典。

在我小的時候，我接受的中國式教育基本上是反傳統，至少在形式上是杜絕對傳統文獻的學習的。毛澤東的著作取代了所有的其他閱讀，沒有機會認真地讀中國的古典。林彪事件之

後，毛澤東發動了「批林批孔」運動，才稍微讓我們惡補了一點點孔子的學說。我記得那時我還到處跟大家講孔老二搞復辟的故事。但是對孟子，坦率地說，早就買了孟子的書，基本上就放在書架上睡大覺。所謂經典著作，就是大家都知道、但大家都沒讀的書。這次到新疆去我就把那本《孟子》帶去了，就開始認真地閱讀。

限制君權的孟子困境

大家知道，在先秦時代的思想家中，孟子是一個非常獨特的人物。比如說，他辯才無礙，長於辯論。我記得讀唐德剛先生《胡適口述自傳》的註釋的時候，他就專門點到孟子辯論術特別有趣的地方。他跟空想社會主義者陳相先生辯論的場景，辯論到對方啞口無言，他還氣哼哼地說：「予豈好辯哉，予不得已也！」

我在讀《孟子》的過程中，由於自己對西方的法律制度稍有涉獵，對法律思想有點關注，尤其是對今天的法治建設，於是思考我們是不是該從孟子那裏了解一點智慧。尤其是我剛才提到的蔣慶先生，非常信誓旦旦地說中國古典儒家思想中間自有偉大的政治傳統在。這個政治傳統到底是怎樣的？在法治建設方面，到底提出了哪些問題？會面臨怎樣一種困難？

剛到新疆不久，我曾經應譯者的邀請，給一個英國人羅伯遜（Goffrey Robertson）寫的書作過序。這本書叫《弒君者》（*The Tyrannicide Brief*），它講的是整整360年前，1649年的1月，在英國發生的審判查理一世（Charles I of England）的事件。你會發現，英國審判查理一世是人類歷史上最早的對於合法在位君主的審判。他們尋找了怎樣的一種法律的依據？他們法庭的建立有怎

樣的合法性基礎？他們在起訴的過程中間又怎樣去論證一個君主犯下了檢察官指摘的罪行？就例如，他是不是叛國者？在當時君主制度下，所謂叛國者，其實指的是背叛國王的人，但國王能夠背叛國王嗎？這裏邊有一些特別有趣的悖論。《弒君者》這本書全面向我們展示了當時那位起訴國王的檢察官庫克（John Cook）——其後獲任命為副檢察長——是如何一步步地把國王推到了審判台，把國王推上了斷頭台。查理一世當時上斷頭台的場景，那天的天氣也跟今天的北京差不多，飄着小雪，天氣很冷。國王馬上要上斷頭台了，牧師來給他做最後的宗教式儀式。做完了以後，國王說：「今天看起來天氣很冷，我必須多穿件衣服」。底下的人心裏在想：馬上都要死了還多穿衣服幹嗎？國王繼續說：「天冷，我可能凍得發抖。如果我站在斷頭台上我在發抖的話，我的臣民會以為我因為害怕而發抖。他們會誤會我，所以我不要在我的臣民面前顯示出我恐懼死亡。」於是，他多穿了衣服上了斷頭台。最後劊子手要砍他的腦袋之前，他還說：「我的頭髮是不是會礙事，所以請給我一個頭巾，我把我的頭髮紮一下。」最後他走上斷頭台。台下一片歎息的聲音，這是歷史留下的記載。其實每個國家可能都有暴君，都會遇到這樣如何去限制君主權力的困境。在孟子的時代他是怎樣去理解這個問題？我們今天不妨進行討論。

我們講孟子與法治之間的關係，首先可能要關注的是孟子要限制君主權力的困境。孟子遇到了一個怎樣對君主權力加以限制的問題。限制君主權力，是任何有君主的國家、有君主的地方都會存在的問題，即便建立了共和制度。我們知道，共和政體下我們也存在着怎樣限制最高領導人權力的問題。我們的國家，可能是東方國家中第一個建立了共和政體的國家。過去一直存在的一種說法是：假如清朝是一個漢族人執掌權力的王朝，那麼我們是否就可能順利建立一個所謂的立憲君主制？因

為清朝末年的時候，朝廷的權力架構存在着一個巨大的困難，就是滿漢之間的矛盾，滿漢之間的衝突，互相猜忌。這種猜忌使得漢族的民族主義以及與之相伴隨的激進主義大行其道，很難順利地建立一個立憲君主政體。有人假設，如果是明朝那個時候，我們就受到了西方列強的壓力，或許就能夠建立一個立憲君主制。但我覺得這個説法沒有多少可靠的依據，因為從秦朝以後，我們幾乎看不到把君主權力真正進行法治或從體制意義上作出嚴格限制的可能。我們要麼聽任君主肆無忌憚地行使他們的權力，要麼就揭竿而起，推翻現存王朝。我們似乎沒有一種辦法建立有效的制度，讓君主繼續存在，同時他的權力又被納入到法律的軌道中，受到嚴格的限制。我覺得這個問題不僅僅是在君主制度時代存在，在我們今天也存在，只不過皇帝的名稱變成了大總統，變成了後來的其他名目而已。總而言之，我們似乎就找不到一個辦法來限制君主的權力，來監督最高領導人。他最有權力，看都看不着他，若你寫文章批評，那就刪掉，這不好辦，又怎麼去監督？

我讀《孟子》的時候，發現孟子也遇到了這樣比較麻煩的事。孟子和齊宣王談限制君主權力談得非常多。當説起君主與臣民之間關係的時候，我們發現其實孟子的時代或者孟子個人的思想已經對孔子的思想有了一個比較大的發展。按照肖公權先生作的一個歸納，他認為主要體現這三個方面：第一個方面就是要養民。孟子強調一個治理良好的國家一定是君主與臣民之間和諧美好共處，一定要讓人民富足過上好日子，而不是讓人民面臨饑餓、困苦；第二個非常重大的差異是，孟子非常強調所謂的「民貴君輕」──「民為貴，社稷次之，君為輕」，這樣的一種思想是孟子比孔子思想更走了一大步的地方。「得民心者得天下」，這是他一個非常重要的主張；第三個方面，孔子在論述君臣之間關係的時候，孔子往往只假定好的方面，只是

正面去闡述，沒有講反面如果出現了所謂君臣之間的關係發生衝突，發生嚴重的衝突時候應當怎麼做？而孟子就非常清楚地把君臣之間的關係，界定為一個所謂相互對等的關係。易中天先生就專門提出，對等與平等不一樣，君主與臣子之間不能平等，但是有相互對等的權力義務關係。「君之視臣如手足，則臣視君如腹心；君之視臣如犬馬，則臣視君如國人；君之視臣如土芥，則臣視君如寇仇」，這樣一種說法在當時是一種非常激烈的思想，一種具有革命性質的思想。

《孟子》裏記載了孟子與多位君主的對話，我覺得他們中間，齊宣王是最生動的一位。他特別坦率，特別真誠。他跟孟子說：「寡人有疾」、「寡人好色」、「寡人好貨」——直截了當地承認「我喜歡財富，我喜歡美女」。齊宣王與孟子之間有很多有趣的對話。有一天，孟子問：「如果一個朋友要到新疆去支教，臨走前把太太和兒子交託給另外一個朋友，結果這位朋友從新疆支教回來，發現他老婆餓得面黃肌瘦，孩子在沿街乞討。他的朋友根本沒有好好關照人家，沒有對得起朋友。你說，對這樣的朋友怎麼辦？」齊宣王說：「斷交，不跟他再交往了」。然後，孟子說：「好，那如果一個地方官，他把一個地方治理的混亂不堪，調動人也調動不動，怎麼辦？」齊宣王說：「免職。」孟子接着說：「如果一個人把整個國家搞得混亂不堪，老百姓都餓死好幾千萬，你說這個人怎麼辦？」齊宣王左邊看看，右邊看看，避而不答甚。這就是「王顧左右而言他」（見《孟子·梁惠王下》）。讀《孟子》，會發現齊宣王是非常好玩的一個人。

有一次，齊宣王請教孟老師說：「歷史上所謂的『湯放桀，武王伐紂』是否有這麼一回事？」孟子說：「這是史書的記載，這事好像是有。」齊宣王又問：「做臣子殺死自己的君主，這叫

弒君。這樣的事情也可以嗎？」孟子這時候旗幟鮮明地回答：「如果是殘酷統治、禍害百姓的，這樣的人應該稱為『賊』。如果是置道義於不顧，那就是人性的殘缺了。缺失人性的殘賊之人就可以説是個『一夫』。我只聽説湯武誅殺了獨夫殷紂，沒有聽説過他是以臣弒君的。」（見《孟子·梁惠王章句下》）這是孟子非常清楚的表達。

我們知道，先秦諸子相互之間的對話，與柏拉圖的對話體有着非常大的差別。朱光潛先生曾經説過，在人類早期文明的對話體時代，最好的兩個對話體作家，一個是孟子，一個是柏拉圖。但是柏拉圖和孟子對話，我個人覺得有很大的差別。柏拉圖的對話，就是幾個人，一對話就對出一本書來，而且經常只是一次對話。就如你看《理想國》，從一開頭格勞孔（Glaucon）、蘇格拉底（Socrates），後來的斯拉西麻查斯（Thrasymachus），幾個人在一塊聊着聊着，聊出三十萬字的一本書來。我想，這肯定不是這幾個人在那聊，旁邊有個人在那裏記，這肯定是柏拉圖一個人在家裏寫這個對話，但是寫得又那麼漂亮。最糟糕的對話是答記者問題。比方説，假如我是個記者，問李老師：「你認為作為一個好的書店經營者，應當具備哪些品質？」李老師流利地給我説了三條。我再問：「那你在過去的經營中遇到哪些困難？」李老師又回答一二三……我就變成了一個問話機器。好的對話體一定是三四個人棋逢敵手，互相較勁，大家各有各的道理，以至於誰也説服不了誰。柏拉圖對話就是這種長篇大論的：甚麼是善？甚麼是惡？甚麼是正義？怎樣建構一個理想的國家？這樣的一種對話，是需要在邏輯上層層剝開。你的思想不能有片刻的停頓，要步步緊迫地扣住它，才能讀得懂柏拉圖的《理想國》。但我們先秦時代的對話，無論《論語》，還是《孟子》，或其他的一些對話，基本上是一問一答，再一問一答，沒了。然後就場景置換了，變成另外一個

地方了，然後再一問一答，一問一答，又沒了。這樣一種片段式的智慧，我認為與古希臘尤其是柏拉圖的對話之間存在非常大的差異。

孟子關於君臣之間關係的對話，在全書之中經常能展現一些，但沒有沿着一個邏輯一步一步深入挖掘，有些話題就留給後世，比方說留給了漢朝。到了漢景帝的時候，漢景帝多多少少也有一點齊宣王的遺風，也喜歡找幾個學者來聊天。這天就找了兩個學者，一個叫轅固生，一個叫黃生。轅固生好像也是齊人，據說是研究《詩經》的知名專家，然後就被請到皇宮裏聊一聊。幾個人聊着聊着不知為何又轉到了「湯武革命」這個話題上。黃生非常明確地反對孟子學說。黃生說：「湯武誅殺他們的君主就是弒君，哪是甚麼『湯武受命』？」轅固生是一個書生氣十足的人，並且恪守孟子的立場，反駁說：「這麼說不對，桀紂暴虐昏亂，天下民心都叛離了桀紂而歸順湯武，湯武順應天下人的心願而殺死桀紂，桀紂的百姓不肯為他們效命而心向湯武，湯武迫不得已才立為天子，這不是秉承天命又是甚麼？」

古代人的辯論喜歡用比喻。此時黃生拿鞋子和帽子作比喻。黃生說：「帽子雖然破舊，但是一定戴在頭上；鞋雖然新，但是必定穿在腳下。為甚麼？這正是上下有別的道理。君主有缺點，你可以提出批評意見，按正常途徑反映問題，你可以不斷地要求君主改正自己的過錯，但是你不能犯上作亂。你反而借其有過而誅殺君主，取代他自登南面稱王之位，這不是弒君篡位又是甚麼？」

轅固生不服輸，居然用歸謬法，拿本朝開國皇帝來堵對方的口，反駁說：「照你這麼說，咱們漢朝的開國之君高皇帝（劉邦），取代秦朝即天子之位，也是弒君了？」

這一問，黃生自然就是瞠目結舌，無言以對。當然同樣難受的也有漢景帝，辯論來辯論去把他的老祖宗給牽扯進來了，拿這樣的敏感事例說時勢必讓景帝感到為難，於是他也以比喻對比喻就把這場辯論給草草收場了：「食肉不食馬肝，不為不知味；言學者無言湯武受命，不為愚。」（見《史記‧儒林列傳》）我們可以發現，這個問題基本上沒有辦法去解決，成為兩千年來中國思想史上沒有答案的問題，也是孟子困境的第一個方面。

這不僅是孟子困境，這簡直可以擴展地說是中國困境——你如何對待一個殘暴地對待自己人民的君主？其實黃生的論辯過程中有顯而易見的破綻。第一，取喻不當。怎能把君主與大臣之間的關係說成是帽子和鞋子之間的關係，帽子不可能殘害腦袋，這一點跟君主不同，君主會殘害他的子民。第二，如果按照「正常程序」正言匡過，但是天子仍我行我素，暴虐依舊，為臣者又該如何？對此沒有研究，沒有接着討論。

不過，有一次孟子似乎觸及了通過「正常程序」但無法解決問題的方案。對話者還是齊宣王，那一次跟孟子討論起公卿與君主之間的關係。孟子區分了兩種公卿：貴戚之卿和異姓之卿。對於貴戚之卿而言，「君有大過則諫；反復之而不聽，則易位」。齊宣王聽到這裏，臉勃然變色，很不高興。這也是他很可愛的一點，他不喜歡就不喜歡，喜怒哀樂皆溢於言表。然後孟子等他表情緩和了再說，對於異姓之卿而言：「君有過則諫，反復之而不聽，則去。」「去」就是用腳投票，就是「乘桴浮於海」。但是，這只是討論公卿與君主之間如何相處，像陳勝、吳廣那樣的小民百姓該採取怎樣的態度，孟子沒有言及。

我們在說到孟子困境的時候，其實他第一個非常大的困難就是以怎樣的標準判斷君主已經墮落成為一個所謂的「獨夫民

賊」。有一幅畫其實挺漂亮的，有金正日同志跟朝鮮人民軍的女士兵在一起，如魚得水！但他是不是一個暴君？我們怎麼去判斷暴君？拿甚麼標準去判斷？比方說有些人只是智商不夠，資質平庸。大家知道，君主制是按血緣繼承的。我們過去的科舉考試從來沒有被推廣到皇帝皇位，說今年的考試要考皇帝。皇位一定要求血緣繼承。從智力的角度說，血緣繼承是靠不住的。雄才大略的父親有可能他的兒子非常懦弱，聰明的父親有可能兒子出奇的笨。我們老家老話說「爹差差一個，娘差差一窩」。這個血緣跟他的才智是沒有甚麼必然的關聯。智商低的君主沒有辦法進行合理的決策，有可能被左右所左右，就會變成像傀儡一般的人物。你怎麼判斷這樣的弱智型的人物算不算是一個暴君？大概應該不算。還有，一般決策失誤造成損害，或許也不能說是暴君。有人說，中國歷史上暴君比例很高，所有的皇帝加起來其中三分之一基本上是公認的暴君。但是即便這種公認，能不能得到公認還難說。

所有的東西都在歷史中反覆重現。每一代人都在重新寫他們的歷史，對於所謂的誰是暴君誰不是暴君，也許我們只能依賴歷史來判斷，但歷史的判斷只不過是後人的判斷。劉少奇說：「好在歷史是人民寫的……」但是，等到人民真的要寫歷史的時候，他本人已經不在了。真所謂「待到草兒青青，馬兒早已餓死」──待到歷史由後世去寫的時候，前世的災難已經形成了。

一個治理良好的國家，或者說在一個合理的制度框架之下，非常重要的一個制度優勢就在於人們能夠及時地糾錯，我們的君主也好，或者說我們的領導人也好，他所犯的錯誤能夠得到最及時的糾正，而不是說一味地依賴歷史的評價。那怎麼去建立一個立時就能糾正錯誤的制度？前段時間，我評論北京

發生的一個案子，安徽的上訪女李蕊蕊到北京來，被河南省桐柏縣駐京辦給關押起來，最後遭到強姦。我說強姦的人固然應該被懲罰，但是，是誰導致了這宗強姦案的發生？那不是桐柏縣駐京辦事處嗎？我們是不是該追究桐柏縣駐京辦事處的責任？我們是不是說一定要把老百姓堵在北京之外，像河北省有所謂的「護城河工程」，整個河北省變成北京市的護城河，誰也不准進北京來上訪。我覺得這是地方政府千方百計要讓中央信訪部門失業。我們建立信訪局、信訪辦，不就是讓老百姓都可以到北京來上訪麼？不讓上訪，這不就意味着這幫不懷好意的傢伙讓我們的信訪局局長都變成沒有任何權力的人物，信訪局毫無業務可做？而且為甚麼我們一定不讓老百姓到北京來表達他們的不滿？為甚麼其他的國家便可以？即便是美國在伊拉克戰爭的時候，你可以發現美國幾十萬人到華盛頓遊行表達他們的抗議，這完全是合法的、正當的。

孟子的第二個困境，就是以怎樣的程序來判斷一個君主已經淪為獨夫民賊。我們看早期的英國議會進行辯論的場景，可以看到議會的辯論其實有一些非常核心的命題，或者說經常周期性出現的論題，那就是我們怎麼去判斷一個人構成暴君，用怎樣的程序來判斷。我們需要一種合法的程序，而這種程序是可以啟動的。大家知道，有時候國家的憲法也好，其他的一些制度也好，它提供了一個你可以運行權力的框架。2003年孫志剛事件發生以後，我和其他四位學界同行，向全國人民代表大會提出一個鄭重的建議書，要求他們啟動憲法第71條。這一條規定了人民代表大會可以根據情況需要設置特別委員會對特定的事項進行調查，並且做出決定。這樣的決定可以說具有法律的效力。我們人大也有這樣的一個委員會，我們不妨叫它「七十一條委員會」。孫志剛事件發生以後，我們特別說，我們不相信廣東省，因為這個事件就發生在廣東省。廣東省說：「我

們馬上成立專案組，對於孫志剛事件進行專項調查。」我們必須要有一個超然和中立的機構來行使這個權力。於是我們要求全國人大設置特別委員會對於孫志剛事件，對於《城市流浪乞討人員收容遣送辦法》的實施以及這個法律本身的合法性進行特別的調查，比方說公開聽證，給我們做出一個結論。孫志剛事件到底怎麼發生的？誰應該為孫志剛事件承擔責任？如何在維護城市秩序與保障人權之間取得合理的平衡？與此同時，還要提出一個立法方面的方案。如果能這樣做的話，真的是特別好。你們記得英國國防部的武器專家凱利先生（David Kelly）自殺身亡以後，英國國會馬上成立一個特別委員會，任命著名的法官赫頓（Lord Hutton）做委員會的主席，進行聽證。他們甚至傳喚了當時的首相貝理雅（Tony Blair）親自到聽證會來，在宣誓的基礎上說出當時的情況。我多麼希望我們的全國人大也成立這樣的委員會，他們是赫頓做主席，咱們這邊請賀衛方做主席，我一定好好履行這主席的職責。我一定會做出一個賀衛方委員會報告，並代表全國人大提出相關的立法建議。但你們知道，從1982年我們現行的憲法制定、頒佈、生效，一直到今天，已經過了將近三十年的時間，憲法第71條規定這個特別委員會居然在中國一次都沒有啟動過！這真是睡美人條款——看上去很美，一直在睡大覺。我們多麼希望全國人大行使權力，你們一定要把權力行使出來，但人大就是不動。後來裏邊有一個朋友與我說：「這個機構你不進來你不知道，你進來了才知道，設置的目的就是讓它不幹事的，它甚麼事不幹是最好的。」這是我們現在制度中間的一個很值得我們反思的問題。為甚麼我們有些東西就是啟動不了？它的動力在哪裏？

跟程序相關聯的是第三個困境，就是如何迫使君主同意進行這種判斷。當年《大憲章》簽署，就是因為1215年時的英國君主約翰打仗屢戰屢敗，屢敗屢戰，最後把國庫給掏空了，還

要繼續打仗，但是他自己沒錢。君主打仗沒錢，他只好向貴族們說：「大家再給點錢吧，我再僱用軍隊出去打仗，我們一定要把法國人打敗。」那幫貴族們說：「那不成，你不能增加稅收，你不能夠說收錢就收錢，我們要成立一個會議，來管理相關的財政。」國王說：「你們要造反？我告訴你們，我的軍隊跟外國打，總是失敗，打你們卻完全沒有問題。」於是國王就組織軍隊跟貴族的軍隊開打。結果外戰失敗，內戰也不成。國王的軍隊被當時貴族們的軍隊給打敗了，於是簽署了城下之盟《大憲章》。

朋友們，你們可以發現，英國歷史上有很多很有趣的事情。比方說，他們把國王打敗了，但是他們不說「老子把你給廢了，我來做國王」。不，國王還是你做，但要簽署一個文件——叫 *"Magna Carta"*，你還繼續做國王，但是你必須遵守我們給你設定的規則。大家還記着《大憲章》的條文是如何限制國王的權力，甚至規定法律的正當程序，徵稅必須獲得貴族的同意，並且施政過程要受到貴族們的監督。這樣的思想在《大憲章》裏也體現出來了：一個人的生命和財產不經過合法的程序不得加以剝奪，包括他的自由；受到指控的人有權獲得正當的審判。這直到今天仍然是我們的奮鬥目標。朋友們，有很多人根本沒有經過法律程序，一個人就「被進去」了，就「被自殺」了。有的人不過是表達一下自己的思想，他的自由就喪失了。當然《大憲章》體現的基本法律的正當程序，不是當時就實現的，而是逐漸地實現的。無論如何，1215年是英國憲政史上非常重要的年份。

這正是孟子困境的第三個方面所在：如何能夠形成一種足以讓君主就範、足以讓所有行使權力的人服從於人民的一種力量。這種力量可能不是說法律作了一個規定，而是其他的力

量。這種力量是甚麼？比方説，社會獨特的結構，不同階級間的相互衝突和妥協。我們説一個階級社會是分不同階級的，各種貴族階級、平民階級。國王雖然就一個人，但他也是一個階級；同樣，貴族階級裏邊還有所謂的宗教貴族和世俗貴族，他們之間也可能有利益的不同。到了今天這個時候，我們説有中產階級、市民社會、大學自治、農民有農會、工人有工會。出租車司機他們也有權利成為一個聯盟，如果他們的利益受到損害，他們完全可以組織起來，我們就不出車，讓整個全城交通運輸陷入癱瘓。這是他們施加壓力的辦法，他們是一個組織化的存在。一個社會能夠真正地保持一種對君主權力的限制，社會自我組織的良好狀態，以及足以與強權相抗衡是極其重要的。最可怕的社會就是上面有一個權力無遠弗屆的君主，下面是一盤散沙一般個體的人民，這是完全不可能形成良性發展的社會，是社會結構最差的狀態。

孟子的專業化思想

我最近在讀美國的漢學家列文森（Joseph R. Levenson）寫的《儒教中國及其現代命運》。我覺得特別有意思的是，作者寫這本書的時候，談中國官僚政治的時候居然是從中國畫開始談起。他提到中國的士大夫階層喜歡的這種文學活動、藝術活動，尤其是中國畫的演變居然是説走向了文人畫的傳統，他們不求神似，而只求有一種特別偉大的精神在。而一個人可能素描工夫根本不行，但是他可以畫出很了不起的中國畫。中國畫要求你不要一味地去描摹自然；把自然寫的特別真實，有的時候反而成為一種禁忌。比如説，山水畫水面上有山的倒影，你要是真把倒影畫出來，按古典一些的標準來説是很不好的做法，是很忌諱的。列文森説這形成了一種整個的官員階層大家

共同的審美趣味，這多多少少可能是跟中國的官員到底會不會變成一個專業化群體有關係。士大夫階層，尤其是科舉考試所形成的官僚階層，他們頑固地反對形而下，頑固地反對自己變成技術層面上的力量，而一味地追求道德方面的東西。這樣的話就沒有辦法使得官僚階層形成一種分工嚴明的群體；即大家因為有了獨特的職業訓練，有了專業技能和背後的專業理論支撐的這樣一個專業化的群體，同時形成一種治理國家所需要的勞動分工。負責財政的官員，他們對於財政制度，對於經濟有着精闢的理解和非常好的把握；負責司法的官員，他們受過良好的法律訓練，他們可以判斷案件並且真正做到同樣的案件同等地對待。在中國的歷史上兩千年來完全沒有形成這樣的專業化的官員階層，而西方的憲政理論一再地向我們展現出：歷史上來說，如果沒有這樣專業化的官員階層，國家的權力就會不受約束，它沒有辦法受到來自技術層面的約束。正像18世紀初年英國那位著名的國王詹姆士一世（James I）曾經經歷的那樣，他要到法庭去審理案件。當時法院的院長愛德華·科克爵士（Sir Edward Coke）對國王說：「不，你不能來審理案件。」國王說：「憑甚麼我不能來審理？難道說我的大腦很笨，你們都是聰明的大腦？」科克爵士說：「不，國王陛下，上帝賦予你無與倫比的智慧，你的智慧是超人的，但你所有的智慧都是所謂的"natural reason"，也就是說你是自然的東西，是先天稟賦。但是我們從事法律工作的人，我們是一種後天的學習。我們通過長期的學習，對司法實踐的一種歷練，使得我們能夠形成一種特別專業化的知識。每一個案件動輒涉及人民的生命、財產以及自由，如果沒有這樣的專業化的訓練的話，你判決的案件標準就必然是混亂的，誰也不知道你會依據怎樣的準則判決案件。」

我們現在是不是還有這個問題？你到法院去，因為交通肇事，你問律師說：「你能不能告訴我，我會不會被判死刑？」

律師說：「你是交通肇事，我們國家刑法第133條明確規定，交通肇事造成人員傷亡最高刑期是七年。你喝酒了，你無證，你開了車把四個人給撞死，還有一個重傷，你確實罪孽很大。但是法律就這麼規定的，最高七年。但如果你撞了人以後你開着車就跑了，結果那個人因為搶救不及時死在那兒，那你最高判15年，這是法律的規定。」你聽了這話就很高興，想看來自己是死不了。但律師又說：「你別高興，我告訴你，我們要判一個人死刑不死刑不僅要看法律，還要看人民群眾的感覺。如果老百姓都憤怒無比，民憤極大，網絡上都炒成一片，恨不得把你千刀萬剮了，那你就麻煩了。所以你到底死不死，我真的說不好。」

　　我覺得一個國家的法律上最大的災難莫過於此，就是他到底會判怎樣的刑罰你搞不清楚，完全不依據法律。所以有人出主意說，以後打官司也別實際審理了，就在法院門口放個碗，放兩個骰子，原被告雙方來打點，誰的點大就贏。有許多人說，他撞死四個人！他喝醉了酒居然開車。可別忘了他喝醉了酒開車是送他父母親。「9‧11」那些炸飛機的人那是要捨生去炸大樓，那還沒有把父母親帶上去。那你說孫偉銘是帶着父母親，準備把老頭老太太全給交託了？沒有。他把父母親放下來以後，父親還跟他說：「你今天喝了酒開車小心點。」他還說：「老爸你放心吧」，然後就出事了。居然成都中院一審判他死刑，立即執行。當然二審改判無期徒刑，但這依然是突破了法律。現在看起來喝醉酒撞死人，判無期徒刑已經成為一個常態了，南京的也這麼判。這根本沒有辦法去想像，你怎麼可以隨便地去解釋法律。法律被玩弄於掌股之間，這是個非常可怕的事情。

　　我自己覺得，我們中國古典歷史中間早期是有主張專業化的思想苗頭的。誰在主張？孟子。孟子是特別強調要用專家治

國的一個人。孟子見齊宣王，曰：「為巨室，則必使工師求大木。工師得大木，則王喜，以為能勝其任也。匠人斲而小之，則王怒，以為不勝其任矣。夫人幼而學之，壯而欲行之。王曰：『姑舍女所學而從我』，則何如？今有璞玉於此，雖萬鎰，必使玉人雕琢之。至於治國家，則曰：『姑舍女所學而從我』，則何以異於教玉人雕琢玉哉？」這段話就是說，你如果想建築這樣一個房子，我們李老師就要到處去採購木料，要找個木匠來幫你修理和建造這個房子。你不能把我找來，我也可以砍木頭，但是我把你木頭都砍碎了。你要找一個工匠來。你如果有一個非常好的玉石，這塊玉石價值萬金，你要找一個懂玉石的來幫你加工這個玉。治理國家為甚麼不是這樣？如果一個國王在治理國家的時候跟一個專家說：「你把你學的東西全部扔掉，你聽我的就行。」那這是國王不懂得專業化。這是孟子思想中的一個重要內容。

我們前面提到了孟子跟陳相的辯論。陳相這個人，本來是一個聰明好學的年輕人，後來遇到了當時一個叫許行的人。一聽許行聊天，陳相心中大服，當時就覺得許行最了不起。許行主張一個國家的君主最好一邊耕地一邊治理國家。如果君臣百姓都這樣的話，這個國家就是一個好國家。孟子一聽這個歪理邪說，氣就不打一處來，就跟陳相進行辯論：「你們許老師就是自己種地，然後自己寫書？」「當然我們許老師自己種地。」「你們許老師吃的菜也是自己種的吧？」「也是。」「你們許老師穿衣服嗎？」「我們許老師當然穿衣服。」「那衣服也是自己織的？」「我們許老師他也會織。」「你們許老師戴的是絲綢的帽子，也是他織的？」「那個帽子好像是他拿糧食出去換的。」「你們許老師做飯用的鍋碗瓢盆都是他自己打造出來的？」「那都是他到市場上去買的。」「你們許老師看別人寫的書也是自己印的？」「都不是。」結果孟子最後做了一番總結

陳詞，雄辯非常。孟子説：「然則治天下獨可耕且為與？有大人之事，有小人之事。且一人之身，而百工之所為備，如必自為而後用之，是率天下而路也。故曰，或勞心，或勞力；勞心者治人，勞力者治於人；治於人者食人，治人者食於人，天下之通義也。」這講的就是分工的重要性。可惜的是，這種思想在後世完全淹沒了。

孟子的國際法思想

國際法思想在先秦時代有沒有？我認為，先秦時代國的概念，雖然跟我們今天所説的主權國家的概念不太一樣，但是孟子的思想的確值得我們去研究。比方説威廉‧馬丁（W. A. P. Martin），他的中文名叫丁韙良，字冠西，是京師大學堂（北京大學的前身）的西學總教習。丁韙良先生在19世紀60年代主持翻譯了《萬國公法》，是較早在中國傳播西方的國際公法學説的一個人。最早的，比我更早到新疆的人──是林則徐。林則徐到廣州禁煙，他面對一個很棘手的問題，就是如何把他們的鴉片都從船上給扣了。但他就覺得也不能魯莽行事，似乎也應該看看外國有甚麼規定。他四處找人去搜羅這方面的書。有人就給他介紹了一本瑞士著名國際法學家瓦泰爾（Emerich de Vattel）的書 *"Le Droit des Gens"*（英文書名作 *The Law of the Nations*），這是國際法從前的説法。1839年的時候，林則徐找到了這本書，就特意叫手下的人説能否把其中關於甚麼時候扣押貨物的那個東西翻譯給他。他手下有一個人叫袁德輝，生在馬六甲一帶，小時候學過拉丁文和英文。他把它們從英文版裏摘譯了出來，摘譯以後林則徐又一點看不懂。林則徐問這寫的是甚麼。比如説，我們今天英文裏的 "right"（法文是droit），我們都知道它是權利。我有權做這個事情，這是我不可剝奪的自由和權利。這

個自由和權利翻不出來了，這是抽象的東西。袁德輝就翻譯不出來。林則徐看了半天說，看來還得再找個高人。當時正好廣州有個美國傳教士，是個醫學傳教士叫伯駕（Peter Parker），在那兒開醫院的。有一天林則徐就派人拿了這個毛筆寫在紙上面的這幾句話請他翻譯成中文。伯駕翻譯了以後，林則徐還是看不懂，林則徐就根據他根本沒看懂的國際法知識寫了封信給英國女王。那封信我看的是英文版，寫得義正詞嚴，基本上把女王視為一個酋長，好像林則徐的級別都比女王高得多，說「你手下亂七八糟的人到這來如何如何」。這是最早的一次國際法在中國的傳播。到了19世紀60年代，就是這位丁韙良先生組織翻譯了第一本完整的《萬國公法》。丁韙良先生在做這個工作的同時也在思考，甚至寫了一篇文章叫〈中國古時國際法概說〉。他也看到了中國古代國際法上的一些準則到底是怎樣。比如說打仗的時候，對方如果戰陣沒有排好，你就不能打，要等人家排好了你再打。這是戰爭法方面的規則。

我自己讀《孟子》的時候發現，孟子在戰爭法，或者國際法，對於國家主權還是高於人權這個問題上有他一系列的很有意思的思考。簡單地說，第一，人權高於「主權」，不承認現在流行的「不干涉內政」的原則。那些實施暴政、殘害百姓的君主，本身就沒有合法性。本國百姓呼號無助的時候，外國的「征誅」，即為消滅暴政而進行的征服就是一種可行的選擇。如果說孟子生活在今天，他一定非常贊成美國出兵伊拉克。這是孟子國際法思想的第一個方面。

第二方面，他要考慮到百姓歡迎與否。當地老百姓是否歡迎是個非常重要的決定因素。當然這個東西比較難判斷。比如說，很長時間就沒有所謂的民意調查這些東西，當然搞不清楚。比如說，伊拉克的老百姓怎麼去說他們到底歡迎不歡迎，

也搞不清楚。文革期間我感覺到當時的生活真是朝不慮夕,人人自危,多少人不該被關到監獄的被關到監獄裏。最近看一些文革的,那些慘案。那個時候如果美國打進來,老百姓會不會歡迎?前幾年,據說有一個電影攝製組在我們老家山東膠東拍外景,兩個化妝成國民黨士兵的人在拍片之餘休息,他們看邊上地裏邊有一老頭在幹活,然後説:「咱們倆去嚇唬嚇唬他」。這兩個人拿着槍過去説:「老頭,幹甚麼呢?」老頭回過頭一看,驚呼到:「天哪!你們可回來啦!」當時都是個別檢測,整體民意是怎麼回事也搞不太清楚。

第三方面,對於被征服國家的暴君應該加以嚴懲,甚至可以誅殺,這也是為了撫慰受到其殘害的百姓的心靈。但是,依照怎樣的程序作出懲罰,是否要設置一個特別的法庭,孟子沒有言及。不過,過去孟子曾跟齊宣王講過殺人的道理:「國人皆曰可殺,然後察之;見可殺焉,然後殺之。故曰,國人殺之也。如此,然後可以為民父母。」這樣的程序要求是否也適用於對待一個涉嫌暴政罪的異國君主?

第四方面,征服他國的過程中間應該最大限度地減少傷害和對其他國家生活秩序的破壞。孟子喜歡這樣的做法,就是軍隊在那打,但兩邊老百姓該幹活幹活,該幹嘛幹嘛,不受任何影響。他認為這是對被征服國家最好的尊重。殺人父母、掠人俘虜、毀人宗廟、遷人重器都是不允許的。這是孟子提出的一些主張。

第五方面,特別有意思,這涉及美國是否應該繼續在伊拉克駐軍的問題。一旦征服結束,暴君廢黜,就應當與被征服國的人士協商,推舉該國的新君主。一個不甚清楚的問題是,一個仁德之君,征服他國進而統一天下,在更廣闊的地域上推行

王道，不正是一個順理成章的選擇麼？撤回軍隊，立本地人為王，似乎有些尊重領土完整的意思，卻不是推廣普適的王道。這種建議是否因為在孟子的心目中，齊宣王還遠遠達不到周王那樣的境界？

一個反法治的軟肋

我們說孟子法律思想的最後一個方面。桃應問孟子法律問題的時候（見《孟子‧盡心》），孟子做的回答，顯示出他反法治的立場。桃應有一次請教孟子說，我們假設一個案件吧——「舜為天子，皋陶為士，瞽瞍殺人，則如之何？」假設這麼一個案子，天子他爸爸殺了人，天子怎麼辦？也就是說，像舜這樣的賢明君主該怎麼辦？孟子開始好像沒有意識到，這個問題暗藏着甚麼玄機。孟子說，抓起來不就是了。但是桃應馬上說，只抓起來就行了？難道舜不能說不抓？孟子說，那怎麼能禁止呢？依照法律，就是應該被抓起來。桃應接着就問，再接下來，舜怎麼辦？你可以發現，孟子忽然說出了這樣的一番道理，那就是說，舜看天下就好像看一雙破了的鞋子一樣，可以隨便扔掉的，天下對他來說算甚麼？他應該把他的父親背出來，越獄，跑到天涯海角，到皇帝找不着的地方去頤養天年，讓他的父親能夠安度晚年。然後自己還從內心裏，對這樣的一個選擇非常地欣喜。再接着，有人問：「你曾經是國王，你的國家怎麼辦？」「你居然說國家是甚麼，根本就是忘了。」這是孟子的一個回答。有一位曾在美國學法律的朋友周天瑋寫了一本書，叫《法制理想國》，副標題是「孟子與蘇格拉底的虛擬對話」。他重點談到這個問題。儒家思想在這樣的問題上，存在着一個反法治的問題。那就是說，你的父親殺了人，是否應當按照法律來加以嚴格制裁？這是我們用孝戰勝了本來應當嚴謹

適用的法律準則。我們可以發現，孟子在所有的這些方面，都特別強調孝的準則高於法律的準則，這可能是儒家整個法律思想非常麻煩和糾結的地方。其實，即便按照儒家自家的倫理，孟子的說法也無法避免自相矛盾。記得袁枚就提出過這樣的質疑：假如瞽瞍所殺之人也有子女，依照孝道，殺父之仇也不能不報。如此一來，兩方之孝道如何能夠並行不悖？

簡短的結論

我講得很長了，現在讓我做幾點簡短的結論：

第一，儒家的法制困境既來自它理論內在的矛盾，另外也來自中國傳統社會的獨特結構。社會結構導致了一個思想。我們知道，思想家產生於一個社會，思想家只能是這個社會的。所以這樣的一種思想，它能否超越，這就跟我們的社會結構有密切的關係，尤其是在像我們這樣一個兩千多年前相當封閉的狀態之下，我想它受到這個影響，儒家的困境其實也多多少少跟傳統社會的結構有關係。

第二，道德權威和政治權威的合一乃是我們政治法律史上的一個頑症。最偉大的思想家永遠是在皇宮裏邊，而不是在山野之中。所以山野中人必須學習和遵循皇帝和其他廟堂大人的思想。這樣的話，就把道德權威、思想權威、政治權威、宗教權威都合在一塊去了。這是我們古典時期限制君主權力遇到的極其艱難的一個問題，直到今天我們也沒有辦法去想像當年的德國，我們知道康德在他生前就已經確立了在德國最偉大思想家的聲譽，但是康德一輩子連個科長都沒幹過，一輩子就沒離開他出生的小城，根本不需要把官家的承認和他思想的深度合到一塊去，甚至經常是完全相反的狀態。

第三，雖然有政治專業化的早期努力，但是最終儒家更強烈的德治指向以及後來科舉制的長期延續，封殺了這樣的分工發展。勞動分工，官員分工，國家權力某些部分走向職業化，這方面的努力是沒有成功，也可以說是愈來愈嚴重走向反專業化的這樣一種傾向。這都是我們到今天還面臨着的問題。

　　近代的「西法東漸」是給我們走出困境最好的契機，當然我們漫長的專制歷史決定了這是一條極其艱難的道路。但是艱難歸艱難，我們還要記取孟子對我們面臨艱難問題的時候給我們的一點鼓勵。孟子曰：「仁之勝不仁也，猶水勝火。今之為仁者，猶以一杯水救一車薪之火也；不熄，則謂之水不勝火。此又與不仁之甚者也，亦終必亡而已矣。」（見《孟子・告子章句下》）我們廣泛地去吸納人類迄今為止所產生的偉大的文化結晶、精神產品、制度經驗，與此同時我們也對於我們的古典文化抱着一份開放的胸懷，能夠點鐵成金似的把古典的一些東西變成對今天有利的話語風格或者話語本身，我想走出困境並不是我們想像得那麼遙遠。

　　我今天一來書屋，我們書屋的主人李先生、劉先生都在鼓勵說：「雖然過去的一年有些事我們不太高興，但我們還是要看到有讓我們高興的方面。或者說，之所以我們有那麼多不高興，有時候我們還是太消極太悲觀。」我想，兩位老人的「不可救藥」的樂觀主義精神也深深地感染着我，我也希望，這種精神也能夠感染在座的各位。

答問錄

問： 第一，請您談談孟子的反暴君思想和西方法治、程序正義思想如何結合？第二，蔣慶的政治儒學思想有沒有在學術界尤其法學界引起反響？

答： 你提的第一個問題：這兩者是否存在結合的可能。我開頭說，天下有君主的地方必然存在暴君出現的可能，也必然存在限制一個人成為暴君的努力。《萬曆十五年》中黃仁宇描寫的臣子們不斷想方設法地想影響君主，這也是努力。從大的框架、從憲政的角度來說，必須要形成社會組織化的力量，使君主不得不服從、不得不就範、不得不說「我是站在籠子裏邊跟你們說話」。達不到這個程度，單純從紙面上設計各種制度是不太有用的，儘管看起來也有某些互動。

關於正當程序和程序正義這個問題。我們的基因裏特別匱乏這種東西，不僅僅是中國，歐洲大陸的文化比起英美也特別缺乏程序正義的準則。程序正義之所以能在英國產生，與英國發展過程中獨特的歷史遭遇有關。比方說，它沒有辦法制定大量的實體法律。1066年征服英格蘭的是一群說法語的外國人。外國人帶着一幫軍隊征服了這個國家，不得不說「我們宣佈你們所有的法律都有效，我們絕對不給你們制定一套全新的法律」。但他又要想方設法地統一法律制度；雖然承認你的法律有效，但一定要通過司法制度、巡迴法官制度來想方設法了解你的法律，並且讓統一的實體法律在這種程序中適用。程序跟實體看起來是沒有關聯，但程序的夾縫中間逐漸產生一套叫普通法的法律制度，這個屬「小孩沒娘說來話長」，歷史怎麼形成這個東西有許多特殊因素。後來《大

憲章》之所以那麼強調程序問題，包括每個人都有權利獲得和自己同樣的人的審判——陪審團理念，多多少少是程序正義的要求。這已經形成了英美法律制度的獨特傳統。我們中國整個古典的思想史上，雖然說我們也在追求一個良好的制度，但我們很少從程序的角度去思考問題。這一點我們是非常缺乏，需要我們去補課的。

第二個方面，你談到蔣慶政治儒學的思想對法學界有沒有影響。我覺得基本上沒有甚麼影響。最主要的問題是，他這套東西沒有辦法進行論證。蔣慶雖有他的論證，比方說他不認為政治的平等是合理的，他認為這個社會中有小人有君子；比方說投票，西方民主最壞的假定是不承認這個社會中的人是不同的，要給不同的人以不同的說話的效力。孔子去投票，他的一張票就相當於小人一百萬人的票。當我問蔣慶，誰來判斷誰是孔子、誰是孟子？孔子其實也和我們常人差不多。你看他見了南子那個開心的感覺，他也是個常人，你憑甚麼賦予他一種更高的說話效力？

蔣慶在抽象的層面上說的時候，人們尚且可以接受，但在具體制度設計〔不易接受〕。他設計的三院制：民主院，每人一票選出的議員決策，這個院代表一般的普羅大眾；另一個接近於儒生主持的院，比方說叫孔子來做院長，孟子等這些品格高尚的人〔參加〕。他們這個院說話分量非常重，他們代表道統、代表偉大的精神力量。我問他，現在人中有哪一個人比較適合當院長。他說：「我看茅于軾先生比較合適」；還有一個院代表着歷史傳統，把從前皇帝的後人，選其中的一些代表，形成一個院。這樣一個三院制下任何一個重大決策都必須三院通過才能變成國家的法律（和決定）。我覺得這個東西愈聽

愈荒唐，以至於在網上，有人把他貼出來後，後面的跟帖說：「哪個墳墓沒關好門而出來的東西？」中國古典語言體系沒法與今天使用的法學語言體系接軌，比方說道法自然、德主刑輔，這些東西沒辦法譯成英文與西方交流。我們今天這套法學語言基本上是西化的語言。況且，民法上的理論怎麼去吸納這個東西，很難。

前段時間有朋友說，你們法學界還不錯，別的學界經常是左派很厲害，法學界基本上沒甚麼左派，這是甚麼原因？我說，法學這個東西不可能左，他左就不是法學了，他把自己給扔出去了。像民法、刑法所有的理論資源沒辦法用左派的朋友喜歡的那套話語去論證。

問： 現在社會上一些事件都是媒體先揭露出來，當事人才得到公正的處理。您認為法官處理案件中如何不受媒體影響？最高法院出台的禁止媒體惡意傾向性報導，這種公權力對媒體報導的控制與法官公義間的矛盾如何解決？

答： 這是非常重大的問題。我們看到被媒體廣泛報導的案件，其判決結果個別時候也是公正的，但公正的很少。即便說有些人挺可恨的，但最後結果可能是非常魯莽地、非常不顧法律界限地對這個人進行處罰。比方說，多少年前鄭州的張金柱案。張金柱是公安局的政委，醉酒駕車撞死一人，重傷一人，拖在車底下好長距離。的確他應當受到法律嚴厲的制裁，但他被抓獲歸案後，被判決死刑立即執行了。又比方說，鄧玉嬌案。我自己在網上及各個方面搜集的情況來看，她就是正當防衛，不存在防衛過當。你要站在一個女孩的角度去想像，兩個喝得醉醺醺的人，把自己按在沙發上，拿着一遝鈔票威脅。她應當知道她受到的是性方面的威脅，面對強姦這

樣一個急迫的可能，她就擁有無限防衛權，她可以拿刀把這個人捅死不負刑事責任。網上有不少朋友說，結果還是不錯的，因為鄧玉嬌最後可以不用坐牢了。上一期《南方週末》還說「鄧玉嬌的幸福生活」。但這不是一個公正的判決，甚至在程序方面非常混亂：發生在巴東縣的案件不是縣法院判決的；縣委在學習省公安廳的決策，並且縣委擴大會議做出決定堅決執行上級的決策。到底是哪判決的？這個案件很神秘，我們不知道終極的決策人是誰，而且一點都沒有程序的公正。孫偉銘案也不公正，更不用說三鹿奶粉案，那些受害者根本告狀無門。

從根上說，首先我們不要輕易地說是媒體在干預司法獨立。媒體的報導應該是自由的，新聞報導不應被任何限制，除非事後證明它違反了法律。比方說，一個記者明知道他所做的報導是虛假的仍然發表，這樣的報紙電視電台應當受到法律的制裁。但這是事後的，而不是事先進行任何審查。一個好的司法制度的特徵是：管你媒體怎麼報導，我自有我法律上的邏輯，固然你的報導是對我的監督，但是我們法律的邏輯與新聞人所遵循的邏輯可能有些差別。比方說，在國人均曰可殺的時候我們就可以堅決不判死刑。這有一個前提是司法是獨立的。當人們過多指摘媒體時，往往忽視一點：單純媒體報導往往不可能直接導致案件發生讓人們瞠目結舌的判決，而是媒體的報導引起了領導人的關注。領導人一批示，壞了，這個人就保不住了。張金柱說：「我是死在記者的筆下。」他錯了，他是死在領導人的筆下，因為領導人批示說：「這樣的公安敗類不殺還了得？」這是制度，是非常重要的一個前提。

最高法院前不久出台的《關於人民法院接受新聞媒體輿論監督的若干規定》，這是一個被監督方對於監督者規定說關於你應該怎樣監督我的若干規定。這個很有意思。總共九條，這也許是繼承了《九章律》傳統，前面八條講的都是說我們應怎麼接受新聞輿論媒體監督，每一條都虛得不得了，每一條都可以說不接受監督，都可以對媒體說「不行，我們關門，我們不讓你進來」。第九條可是實實在在地說，如果媒體的監督有下列情形：故意做歪曲報導，影響司法公正，損害司法尊嚴的，違反法律的，如何如何，四五項，而且後面還有一個麻袋條款說其他甚麼行為。真實面目在第九條暴露出來了。許多朋友關注這個規定的時候會說，甚麼叫惡意報導，這些界定不清楚的話，媒體就會動輒得咎。我要說要害不在這，要害在於最高法院有沒有權力制定這樣的東西。法院是司法機關，司法機關的職責是使用立法機關所制定的規則來判決案件，這是你的使命。你不是立法者，涉及法院和媒體之間關係的規則必須由立法機關人民代表大會制定，你本身就是利益的一方。你制定法律再自己解釋，自己執行。我認為這是赤裸裸的、光天化日之下的、悍然對人民代表大會的立法權的侵犯。

問： 有人這樣評價香港和台灣：香港法治健全一點而民主薄弱一點，台灣正好相反。2017年香港特首要直選，兩岸政治談判馬上就要開啟。在這兩件事的推動中，香港和台灣對大陸會有甚麼新的意義？

答： 感謝你告訴我一個新信息，說兩岸之間政治談判馬上要開始。我覺得，你的判斷很有意思。香港的確是一個法治傳統十分堅定的地方。英國的統治，別的好處也許不

特別清楚，但有一個好處是，普通法的法治傳統是英國文化中間非常令人自豪的一點。所以有人會以香港為例證明，對於一個國家來說，也許不應先去搞民主，而應先去建設法治，建設出良好的法治再搞民主，這是包括大陸有些學者比如潘維先生就是這樣的主張。台灣法治和民主之間，民主發展得非常讓人欣慰。但你說台灣的法治問題，我認為台灣的法治其實比大陸要好得多，基礎要堅實得多。我曾對台灣的法院改革問題做了一些考察，我發現他們現在司法獨立基本沒有問題了。我前年去台北講學時拜訪過當時的台灣司法院院長翁岳生先生。翁先生說：「現在我們大致上能做到獨立於當事人、獨立於金錢，上下級法院間也獨立決策，上級法院絕對不敢干預下級法院獨立的司法權，法官個人的獨立性也沒問題了。但比較麻煩的是媒體的壓力，他們經常覺得法官在媒體面前心理感覺到很大的壓力。」這是他個人的解釋。

自從《民國憲法》頒佈後，台灣就一直有一個非常重要的司法會議叫大法官會議。台灣的這個大法官會議構造在制度方面比較認真，他們的司法界是精英化的。司法界沒有轉業軍人進來，也沒有外面招幹來的，阿貓阿狗都去當法官。不僅當法官還當最高法院院長。我認為他們的法治建設其實也不像我們想像的那樣法治建設滯後於民主。

關於你說兩岸的政治談判馬上開始，前幾年台灣的《中國時報》採訪我，問台灣的這些做法，比方說現任台灣總統都可以被起訴，這對大陸有甚麼影響？我說，其實我們還是挺關注的，因為台灣將近兩千多萬的人民是中華民

族的一分子。他們能夠實現法治，能夠建設成民主，意味着我們並不是每個人出生脊樑就有一副馬鞍供別人奴役的。台灣人能夠建設成良好的民主，為甚麼大陸不可以？有人老是說我們這個民族素質問題。不，我並不覺得台灣人民的素質比我們高到哪去。我們大陸人民也不錯。我到新疆觀察，那個地方的人素質也很好。往往是領導人的素質不如老百姓好的地方，他們才不讓我們搞民主。他們的素質不夠好，他們不了解民主的價值，不知道民主社會如何讓國民也讓領導人都可以過得更有尊嚴。而且民主要在民主中間學會民主，沒有人可以看着教科書學會游泳，我們必須讓人民在民主的實踐中間學習民主，去通過教訓學習民主。英國哲學家羅素（Bertrand Russell）說：「錯誤是教育的一部分。」我們不可以想像一個人不犯錯誤就可以長大。我們一定要知道台灣是多麼好的一個範例。

鄧小平曾經留下政治遺囑，說兩岸之間的問題除了一個中國不可以談外，甚麼都可以談。我覺得台灣的領導人應該向大局看，不應該把眼光放在狹小的島上認為搞「台獨」就會有前途。這沒有前途的，一定要把眼光放在大陸。兩岸的政治談判我寄予厚望。

問： 您認為惡法是法，還是惡法非法？

答： 惡法問題在法理上一直是非常困難的問題。最大的問題誰來判斷哪個法律是惡法？對於一個反戰主義者來說，任何一個國防方面的法律都可能是惡法。你有權利個人判斷，你可以不執行或號召法官放棄執行法律的可能。但我認為這裏存在非常大的難題。

我更願意把它轉換為法律的形成機制。也就是說，如果一個法律是真正從民主的邏輯形成的，它顯示了這個地方多數人民的意願或選擇，儘管少數人覺得不合理、不喜歡，但是，還是需要遵守。比如說，多數人是異性戀，少數人是同性戀。過去法律總是規定，所謂婚姻是一男一女之間的結合，這個概念是多數人的選擇，它不代表少數人的利益。但大致來說，我們認為法律取決於一個時代，這個時代一般人判斷說這是可以接受的，而且它的程序來源是合理的，我們就可以承認這個法律是應當執行的，儘管它有改善的空間。但如果一個法律根本不是來自人民的民主程序，那我不認為這個法律我們有執行的任何可能性。我們實際上都是這種法律的受害者，我們不應該去遵守這樣的法律，如果它不是民主的產物的話。不過，這樣又怎麼辦呢？是否就意味着一會兒我們大家都上街去算了。

也許我們都處在這樣一個無奈的狀態下，更重要的問題是我們下一步去做甚麼的問題，而不應該過分去追究問題的源頭。下一步我們應該努力建設民主政治，努力建設一個憲政的政府模式，努力地去改善法律、把法律中的矛盾衝突想方設法去減少，努力建設一個違憲審查制度，以便使法律更能保障我們的自由和權利。我覺得我更願意把自己放在這樣一個行動者的立場去看待，而不願意過分在形而上的角度去想惡法或善法的問題，很抱歉。

問： 一個一直反對納粹的老人說，二戰時他16歲，那時他就開始反對納粹，他說：「其實我並不了解納粹的思想和精神，只是因為他們總是告訴我應該怎麼走路、怎麼說

話、怎麼做事，只是因為他們違背了我的意志我才反對。」由此我想，和諧社會是不是可以建立？因為我認為和諧是一種自然狀態，沒有人不願意和諧。如果我們提和諧社會，等於又是在告訴人們甚麼是和諧，你應該應該怎麼做才是和諧。這是真正的和諧嗎？和諧是不是可以建立的？

答： 你舉的例子再形象不過地展現出一個真正和諧社會其實是特別尊重個性尊重差異的，其實你不需要有意去建設和諧社會。相反一個和諧社會經常看上去一點也不和諧，比如一個真正的和諧社會的報紙上天天在罵政府。過去人們說，英國的報紙不能看，一看就會覺得第二天一定要爆發革命，但他這個地方就老是不革命；一個和諧的社會一定是議會裏充滿了反對意見，執政黨跟反對黨打得不亦樂乎；一個和諧社會即使是局部的小社區會議也一定要有不同意見，不可能全票通過。比方，一個村子裏要修一條路，大家表決，最後大家都同意，只有老約翰說不同意。村長問為甚麼不同意。老約翰說：「我也沒有甚麼理由不同意，只不過我不喜歡全體一致通過」。其實遊行示威一點都不可怕。人們通過遊行示威能以和平的方式經常表達出他們的不滿，這個國家就很少會發生戰爭。一個國家議員們經常打架的地方，人民不會發生戰爭；但是，一個國家議員都是舉手、鼓掌、三呼萬歲，這個國家周期性會爆發自己人民之間的戰爭。

其實我覺得這不是個簡單的問題，這涉及意識形態的基礎會不容忍反對派和不同意見。我們過去儒家思想講家父國家。君主是最偉大的家長，是家長對子民的關係。當年金庸調解香港法院關於香港《基本法》條文含義的解

釋與全國人大發生衝突。金庸是在東吳學過法律的，他出來調解時居然把家庭關係放在這裏了。他說香港法院這樣的做法應該嚴厲批評。這是我們古典的傳統，喜歡父母官意識。現代的政府不可以這樣去想像。另外一個意識形態的困難在於，傳統社會主義學說把政府的基礎建立在政府對真理的壟斷上。

問： 法律人是否有比專業化更高的價值需要去追求？

答： 說到專業化，我們會想到"profession"，這個詞來自拉丁文。從古羅馬開始這個詞就用來特指超越一般飯碗意義上的職業，早期大學的發展都與這幾個職業有關。我們要培養這些職業人士。甚麼是職業人士？比如說僧侶階層，他們必須要受過大學的教育才能成為professional，比如說律師、法律人，必須要受過專業訓練。波斯納法官（Richard Posner，也是一名教授）曾說，他對於那些必須要發執照才能工作的職業特別感興趣，包括醫生。他必須經過醫學院的嚴格訓練才可以去做醫生。這說明了你剛提到非常重要的一點，所謂的profession，我們不叫一個理髮師、磚瓦匠、修鞋匠叫profession。Profession意味着既包括基本的技能方面的獨特性，這種獨特性是外行人不可以染指的。我沒有受過醫學訓練就不敢說「我看看你這個是甚麼病我給你開個藥方」。這是技能方面的。在技能之上有你所說的理念性的東西。理念性的東西是甚麼？是從古希臘開始所有醫學訓練的人都必須要有《希波克拉底誓言》（*Hippocratic Oath*）。它根本不包含技能，它包含的是我們行業、這樣的一個職業所必須崇尚的、必須要高揚的一些理念。比如醫生在任何時候都不能協助別人去死亡。現在安樂死遇到最大的障礙可能是醫生

的職業倫理。法律人也有他的一套職業倫理。有些職業倫理可能一般公眾認為怪，比如律師永遠要為自己的客戶保密，律師不可以揭發自己的客戶。一個刑事被告人因搶劫被抓起來了，他跟你說：「劉律師，其實他們不知道，其實我前幾天還在西城區殺了兩個人。」這就把一個律師置於非常痛苦的境地：如果律師去揭露客戶私下裏透露給他的這樣的信息，這個律師面臨的後果，在任何講求法治的國家都是一樣的，就是要吊銷律師執照，不允許他繼續執業。但這彷彿是與公正衝突的。不，它與公正不衝突：我們可以容忍個別案件破不了案，犯罪沒被懲罰，但我們不容許一個國家的法律人去損壞法治的大廈。如果這個國家的人民對自己的律師都不信任了，律師隨時都可以去告發他的客戶（當然現在客戶也經常告發他的律師了），那這個國家法治大廈所得以維繫的倫理規則就會被破壞掉。喪失了委託人信任的法律人無從良好地維護法治，所以我們寧願犧牲局部的公正，而去贏得更加廣泛的公正，這就是我們法律人的職業倫理。我認為你所說的更高的價值觀念，包括這種職業倫理，法律、醫生、神學，這些職業都不僅僅是一個飯碗，它關係到我們建構一個更加美好社會的目標。與其說你提的是一個問題，不如說你補充了我本來應該在這次演講中應該特別強調的，即專業化一定意味着一種更加崇高的價值追求。所以我要特別感謝你。

問： 談談您對李莊案的看法。

答： 我聽到這個案件非常震驚，客戶揭露自己的律師，以後做律師的怎麼做？所謂的偽造證據或唆使證人偽造證據一定要有非常確切的證據來證明。在中國法律裏龔剛模

不屬證人，他是被告人。如果李莊唆使其他證人的話，那有問題，但李莊找的醫生並不是檢方圈定的證人，它與法律規定的要件不符合。在押的龔先生說「他問我是不是被刑訊迫供了，我看他眨了眨眼睛，我就認為他讓我說我被刑訊迫供了，我就說我被吊了八天八夜」。居然眨眼都可以作為證據，而且重慶方面似乎連這樣的證據也拿不出，在北京抓人時說他們手中有錄像，後來沒有錄像。這些非常具體的問題還是讓我們拭目以待。

重慶江北區法院是我當年讀大學時實習的法院，去年還專門到那個法院去拜訪了當年實習時的師傅們，但大多退休了。院長很熱情說：「我們現在特別自豪賀老師當年是在這實習的。」這當然是誇獎我的話。我特別希望這個法院能把這個案件辦成里程碑式的案件：不是昭示中國法律倒退的里程碑，而是昭示法律人真正獨立的里程碑。但是，綜合目前的情況，結果恐怕很不樂觀。

說到唱紅打黑，甚麼叫打黑？這個人到底是不是黑？黑社會犯罪是一種犯罪。我們國家的刑訴法明確規定，一個人沒有被法院判決有罪之前不應作為罪犯來看待。我們的媒體尤其是中央電視台，有一段時間幾乎天天在為重慶這個事造勢。一個人被抓起來了，晚上衝到房間裏面，面目暴露在公眾面前，他就是黑社會，就是這麼回事。法院最後的判決還有辦法說他不是黑社會，說他無罪？我大學的老師趙長青先生，他是我們多麼好的一位大學刑法老師，在法庭上據理力爭，在網上被一些人污衊為「黑社會的狗頭軍師」。一個人沒有被判決有罪之前要真正地讓社會公眾覺得他不是罪犯，否則沒辦法保障人權。說老實話，中國人的社會交往，哥幾個，你有

事我來幫你，吼兩嗓子，嚇唬嚇唬人，這種東西輕易地搞成黑社會，是非常危險的。假如政府以非法手段進行所謂「打黑」，那必然是一種「以黑打黑」。政府踐踏法治，那是比起任何百姓的犯罪更可怕的犯罪。

問： 請談談您對《刑法》306條的看法。

答： 《刑法》306條為甚麼單單地規定律師偽證罪？為甚麼不把法官、檢察官、警察、黨政幹部也放在裏面一塊規定？他們都有可能涉及偽證。我認為這是非常可怕的一個條款，這完全是這個國家對律師這個職業歧視的標誌。

我自己觀察人類的社會歷史經驗——這也是托克維爾過去也做過並反覆強調的——在英國每一次社會事件中都會發現，律師總是分裂為兩部分。我個人感覺這多多少少與他們有時候代理原告、有時代理被告有關係。他們立場永遠不會完全一致。但英國永遠給律師非常高的社會地位，人民依賴律師，政府總是尊重律師的獨立性。律師的獨立性是多麼的重要，因為當人民遭到政府的壓制尋求法律的幫助時，他們會去尋找律師的幫助，律師有了獨立性就可以把人民的不滿引導到法庭之上，運用理性的方式對這樣的社會衝突加以解決。到法庭之上去解決糾紛的機制永遠是有利於和平的與社會安定的。而當律師被剝奪了這種優越的社會地位和任何獨立性的時候，你可以發現人民已經告狀無門了，人民到哪去？到梁山上去。而且法國的經驗表明，律師如果得到尊重，他們可以成為對社會秩序特別有利的中間人。他們是一個橋樑，總是調解政府與人民之間的矛盾；但如果律師這個職業被排斥到社會的邊緣，甚至遭到迫害，他們也

可以用他們的三寸不爛之舌去成為革命領袖，成為丹東（Georges Jacques Danton）、成為羅伯斯庇爾（Maximilien Robespierre），成為推翻舊制度的領袖人物。

我非常痛心的看到過去這幾年，我們的政府對律師似乎愈來愈不信任。對於群體事件，為甚麼不可以放開讓律師去代理？無論是三聚氰胺事件，或是石首事件，有律師去幫助實在太好了，因為律師去幫助比那些不知道法律是怎麼回事的農民去辦要好得多。放開讓律師去代理，尊重他們的獨立性，這個社會才讓老百姓有希望。這不是有利於我們黨所追求的安定團結、穩定壓倒一切嗎？我們為甚麼會想方設法禁止、限制律師做這些事？重慶的一個現任司法局局長要求律師要顧全大局，說了一些非常可笑的話。我認為這些官員可以說是最不為黨的事業負責任，最不為國家的穩定負責任，這簡直可以說是我們這個社會中間的害群之馬。我自己特別擔心這一點，我強烈反對《刑法》繼續保留這個306條。我也特別願意利用各種場合，呼籲我們尊重律師這個職業，因為一個社會律師遭到凌辱塗炭的時候，就是這個社會的人民以及這個政府所有的人都得不到安全的時候。

問： 您認為中國的民主還有多遠？您心中是否有個時間表？

答： 時間的問題最不容易回答，到底還有多少年？唐德剛先生所謂的「歷史三峽」，他提出到2040年就差不多了。他說，中國第一次社會轉型，從井田制向郡縣制轉型用了兩百到三百年時間。我們今天的時代，兩百年的時間也得從1840到2040年，用兩百年時間過歷史的三峽，那時就過了宜昌開始轉好的狀態。但唐德剛也有限制：中間

不能走火入魔，不能亂來，一會兒搞場文化大革命，一下又耽誤了好長時間。所以現在還搞不清到底會有多長時間。

可能80後、90後他們有着更加特立獨行的某種傾向，不喜歡被別人所左右。我們在家裏教育孩子就常常面臨一個問題，他們真的是特別獨立，特別不願意聽你的、哪怕你說的是對的，但正因為你老強迫他做，他就偏不去做。這對中國未來民主制度而言是一定的基礎。但民主也是合作的作業，是個team work。如果我們簡單地認為每個人都桀驁不馴就可以建設一個良好的社會秩序，這也不現實。

我今天在講座裏談到了，其實支撐一個國家的法治大廈，更重要的往往是法律之外的因素：社會結構的演變、政教分離。也就是說，把統治者頭上的神聖光環給去掉，也包括整個民族文化的潛移默化的演變。所有這些都還有很遙遠的距離，我也不敢去推斷到底有多長時間。但好在民主建設、法治建設也和談戀愛一樣：過程最重要，結果一點都不重要。不，結果當然也很重要，但過程特別重要。其實，你說，美國現在就完美了嗎？它的法律中缺陷也很多，它的民主政治也有一些問題，我覺得這是一個無休無止的過程。

在某種意義上我們應該慶幸我們生活在一個民主和法治還沒有建設成的社會之中。在座的各位願意利用假期來聽這樣一個跟我們現實沒啥關係的講座。如果說這是一個怎麼應對股票市場的講座大家來聽可以理解，而我這樣的演講根本跟生計沒關係，不起反作用就已不錯，但你們還是願意來，這是非常可貴的一種精神。其實我們

應該慶幸我們生活在這樣一個時代：我們有那麼多的事情可做，每天一睜開眼睛就是最大的事。我跟美國的教授說：「你們做法學教授很無聊，因為大事都解決了，而我們這兒都是大事：民主制度、人大制度的改革、司法獨立……一睜開眼最大最大的事擺在你的面前」。所以我們也應該為生活在這樣的一個時代而感到慶幸。

問： 中國現在教育資源和信息資源不均衡，中國是否具有推廣民主和法治的土壤？中國如何加強法律的執行力度？

答： 第一個問題涉及我們整個教育。李慎之先生生前一直在倡導進行公民教育。我們從中小學的課堂直到大學的課堂，最缺乏的正是公民精神的教育。甚麼是公民精神？美國的小孩從小就要理解甚麼是政府，應如何限制政府的權力，司法為甚麼應該獨立。一個小學生都要去理解它，證明這是多麼重要的知識。我們的教育總是告訴大家每一個問題有一個唯一正確的答案，我們教育的目標就是讓學生熟練地掌握這個答案並且在考試時回答出來，高考制度不是也存在這樣的問題。我們整個大學教育過程中間也經常面臨這樣的問題，如何培養一些具有批判精神的頭腦，讓孩子們能夠真正知道我們作為一個公民的責任是甚麼，這方面情況非常不好。

現在就要努力去追求改變。據說我們的國家林業局的一個代表團到美國訪問，看到美國到處是森林羨慕得不得了，問怎麼保護得這麼好。美國東道主回答說：「這是因為我們沒有林業局。」教育部的功能是甚麼？我們如何在整個社會層面上改變？我們需要倡導更多的私立教育、包括私立大學教育，我們需要在整個意識形態環

境中間做一些改變，而不只是教材，因為教材不過是意識形態的折射而已。這又涉及大的問題和小的問題、整體與局部之間的關係，公民教育這方面我暫時認為不樂觀。

法律的執行力是一個困難問題。香港的法律僅僅是英國法律的移植，它就可以在這獲得七百萬香港人內心的贊許。與此同時，香港的法律人基本都是在英美國家受到法律訓練。它有這樣一個法律人群體作為支撐，可以使法律執行無礙。但在中國大陸這樣一個十幾億人口的國家裏，我們因為甚麼要執行法律？在神啟時代，不可以違反《聖經》是法律執行力的源泉，到了人定法時代我們都知道這是全國人大制定的，人制定的法律我們為甚麼要執行？在人口眾多的國家裏必須要通過立法過程本身的民主化來說服公眾相信這個法律是我的意志的體現，在立法過程中我聽見他們在辯論：「你看，這哥們把我想說的話都說出來了，我願意去遵守這樣的法律。」所以最根本的執行力恰好不來自暴力，一個國家不可能長期靠暴力維持。人的服從有極限，到了一定程度，極端暴力本身會自我否定、分裂。這需要的是通過民主的過程讓法律實實在在地成為我們意志的體現。我們每個人都彷彿參與了這個法律的制定，這樣才能形成心悅誠服的尊重法律本身。我們之所以遵守法律並不是我們對法律懲罰的恐懼，而是因為我們對違法本身的道德評價。民主也可能強化這個機制。

另外，還要有一個合理的執行體制。現在有相當多的法院判決難以執行，最高峰的時候60%的經濟案件判了等於白判。你們聽說過拍賣判決書嗎？判了執行不了是甚麼

緣故？這是個複雜但有意思的大問題。司法的過程本身有一個說服的過程，讓百姓感覺到你是公正的，不是偏私的司法、黨派性的司法，不是公然地違反最基本的證據準則，比方說涉及的八個證人一個都不出庭，居然是法院說證人不願意來，有些人在押怎麼可以不到法庭作證。這樣的司法做出的判決不可能讓人信服。如果整個司法都是這樣子的話，這個國家面臨的將是整體性的危機，而不僅僅是個案的不公正。

第10講　歷史深處的憂思

從「唐宋變革論」反思中國的古典治理

題記：這是2016年12月10日在西安知無知空間的演講。

　　今天的演講，我面對的是社會各方面的一些高人。大家不僅僅是有良好的教育背景，還有豐富的社會閱歷、職業的經驗，所以比我去學校做講座更緊張。下午我們有一個小小的交流活動，我們談到了聶樹斌案。聶樹斌案最近平反，我覺得心裏很溫暖。儘管人已經死了，就像他母親痛心地說的那樣：「平反，我當然也覺得很好，但是我兒子永遠沒有了。」這一點是這樣一個老人所受到的損害。我想大家可能做為人父母都可以體會得到。不過，今天晚上的話題就比較輕鬆了。

　　這兩年我有不少機會去走一走，看一看國內的、國外的。我經常在遊走，參加了一些特殊的旅行項目，是學術旅遊，叫大家報名。有一個主題，比如說「日本開國之旅」，去看看日本是怎麼打開國門的。1853年7月，著名的黑船事件發生，在美國的炮艦威脅之下，日本幕府向美國開放了兩個口岸，結束了長達二百餘年的鎖國歷史。我們專門去看開國過程中的重要景點，比如黑船事件發生時美國軍艦的停靠地，還有日本人為紀念黑船事件設立的佩里紀念館和佩里（Matthew Perry）的塑像。我

到兩個開放口岸之一的函館去看一看，佩里當年也到過那兒考察。我們會思考一下，為什麼中日這兩個國家的開放以及現代化過程會如此不同。

那次開國之旅還包括到大津回顧著名的「大津事件」。日本在1891年發生了一個很重大的事情。當時俄國皇太子尼古拉（Nicholas Alexandrovich）去日本旅行的時候，在離京都很近的一個叫大津的地方，走在街上差點被保衛他的日本警察刺死。這個日本警察刺殺皇太子的案件成為一個大事件，引起了全世界的關注。這案件應當怎麼去審判？我們一行人到大津事件發生地，那兒還豎了一塊石碑，上面刻着一行漢字：「此附近露國皇太子遭難之地」，日本人翻譯俄國為露國，德國為獨國。日俄戰爭之前，大家對勝負都難以判斷，到底能不能打勝俄國？後來他們覺得根據國家的名字，日本肯定能打敗俄國，因為它叫露國，是露水；日本的國名是日出之地──太陽一出來就把露水給曬乾了。我們看了大津事件發生地，看了後來日本的司法制度是如何審判這個案件的，如何展現了司法獨立的精神。

當時日本上到總理大臣和外務和法務大臣，下到普通國民，都人心惶惶。這個傢伙刺傷了俄國皇太子，必須要嚴厲懲罰，就是要判死刑，否則激怒了俄國熊，怎麼得了。按照日本當時的刑法，就是《明治刑法》，規定侵犯皇室成員身體的人，也就是犯大逆罪的人，即便是未遂，也是要加重處罰的，必須判以死刑。所以日本舉國上下都普遍相信，按照刑法的規定，這個名為津田三藏的警察，法官必須判他死刑。當時跟事件毫無關係的山形縣的一個村莊甚至通過村民大會作出一項規定，禁止以後給孩子取名叫三藏，以表示對這個罪犯的義憤。

日本大審院，就是日本的最高法院，當時的院長名叫兒島惟謙，力主說刑法中這個條文針對的是「侵犯日本皇室成

員」，不包括「侵犯外國皇室成員」，外國皇室成員在日本就當作平民來對待，不允許把這個條文做擴張解釋。這種法律解釋的傾向，令朝野上下都極度不安，假如因此而惹惱了俄羅斯，必將危及日本的安全，當時日本人對俄國簡直是覺得恐怖的不得了。總理和幾位大臣都直接跟兒島惟謙院長施加壓力：你追求司法獨立，國家都亡了，司法獨立還有什麼價值？但是，兒島惟謙就是不為所動，斬釘截鐵地回答：「如果日本因此而亡國，那就讓它亡國吧，至少世人將記得日本曾是一個司法獨立的國家。」他甚至逐一跟審案的法官工作，力圖讓每一個法官都接受他的立場。結果法院最後堅持依照對「皇室成員」的狹義解釋，認為尼古拉不能作為皇室成員對待，判了津田三藏無期徒刑。

判決公佈，舉國大嘩，人們睜大驚恐的眼睛，擔心法院的這種一意孤行給國家帶來的可怕後果。然而，出乎意料的是，對於這樣的判決，俄國政府並沒有什麼不滿的表示，甚至一些西方國家給予了很高的評價，認為日本政府能夠尊重司法獨立，這說明日本已經進入到一個文明國家的行列。再者，日本國內從天皇到普通國民都對這個刺殺事件表達了那麼深切的歉意，再苛刻地要求一定要對這個人判處死刑，也沒有多大必要。日本人這時才知道，原來司法獨立是個好事，能夠讓其他國家尊重我們，是一個文明國家的標誌。

所以當我們這一行人走到那個碑前去，聽到這樣的故事，大家都覺得很欣慰，覺得這個國家在1891年的時候，就能夠這麼追求司法獨立。我們捫心自問，中國是不是也應該去追求這樣一種良好的制度？古人說「讀萬卷書，行萬里路」，我覺得這個境界特別好，而且，也是經常我們在旅行的時候，能夠意識到自己的無知，所以我們叫「知無知」。愈是旅行得多了，愈會感覺自己好奇，想去探究另外一種文明是怎樣的一種狀態。

在京都，有一個我們特別喜歡、一定要去的景點，是京都的東山腳下的一個寺廟，叫法然院。這是為紀念著名的僧侶法然而建的一個寺廟。法然院特別重要的一點，是它的墓地。在日本，許多的墓地都是隸屬於寺廟的，由寺廟來管理。法然院管理的墓地裏安葬着不少文化名人，例如日本早期馬克思主義者河上肇，文學家谷崎潤一郎，美學家九鬼周造等等。有一位跟中國有特殊關聯的人物也長眠在這裏，他就是日本著名的歷史學家，京都學派的扛鼎人物，叫內藤湖南。他生於1866年，死於1934年，他生卒年很好記，在世紀之交前後各生活了34年，活了68歲。他本名叫內藤虎次郎，屬虎，行二，他的家鄉在秋田縣十和田湖的南邊，所以他給自己取了一個號，叫湖南。後來，內藤湖南這個名字更為人所知。

我們站在內藤湖南的墓前，今年正好是他誕辰150周年，他作為歷史學家，他偉大在哪兒？為什麼他現在被許多的人所紀念？是因為他對於中國歷史與文化的卓越研究和不同凡響的觀點。在1910年前後，他提出了一個在許多人看來非常震驚的主張，一個見解，那就是他認為全世界範圍內第一個走上現代化的國家──他用的是「近世」那個詞，「近世」和「近代」在日語裏是一個詞──第一個走上了近代化的國家，是中國的宋朝。你們覺得奇怪嗎？我們一直覺得現代化是從西方開始的，他卻說在中國開始。中國怎麼會宋朝就開始了近代化？那是在公元九百多至一千多年多年的時候，中國的宋朝是全世界第一個現代化國家。這樣的觀點真是太具有挑戰性了。

這就是內藤湖南的一個非常重要的觀點，叫「唐宋變革論」，他認為中國的唐和唐以前的中國，從秦漢開始，一直到唐朝，這屬中世紀。從宋朝開始，中國就進入到了近代性社會（或者叫「近世國家」），這是一個特別有意思的觀點，因為它

嚴重地挑戰了我們過去慣見的那些說法。為什麼中國在宋代屬一個近代化的國家？他提出了若干衡量的標準，其中三點非常重要。第一點，中國廢除了貴族政治，貴族階層在中國被消滅了，貴族沒了。第二個方面是皇帝獨裁體制的確立。第三個特色是社會本身的流動性加劇了。社會本身是流動的，這個流動不是「湖廣填四川」水這樣的流動，而是說社會身份的流動，社會階層的流動。

可能很多朋友都讀過亨利・梅因（Henry James Summer Maine）的經典著作《古代法》（*Ancient Law*），它不只是一本法學著作，它是一部可以說是關於歷史的、人類學的都非常重要的著作。在《古代法》這本書裏，亨利・梅因所提出的一個非常重要的觀點──「從身份到契約」，就是說進步社會的歷史，迄今為止可以一言以蔽之，就是從身份社會走向契約社會。身份社會是什麼社會？身份社會是說，一個人出生下來就能決定自己一輩子的社會角色或地位，這是出生的血緣決定的。而契約社會則是我們後天可以改變的，我們可以選擇我們一輩子做什麼，不做什麼。

當代英國的一位著名學者，麥克法蘭（Alan Macfarlane），大前年在清華大學做了一個系列演講，他的演講最後結集成書，叫《現代世界的誕生》。他說在全世界範圍內，英國從1066年開始就進入到了現代化的歷程。他歷數各種各樣的條件，比如說貿易、人口、經濟增長、法律、政治制度等等，所有這些東西都是他關注的一些層面，他非常雄辯地論證了英國是怎樣進入到現代化社會。他已經把進入現代化的時間提早到1066年，這比我們一般人認為現代化起源於工業革命要早了許多。但是，內藤湖南比他還要早100年左右，內藤湖南認為中國是一個最早的現代化國家。所以，我們應該推薦麥克法蘭讀一下內藤湖

南，據說麥克法蘭先生也深入研究過日本，但是也許他不了解內藤湖南，後者的著作更加發人深省。

內藤湖南從小就生活在一個儒學淵源很深的一個家庭，他的父親就是一個特別喜歡研究漢學的人，所以他家裏中國的經典著作應有盡有，他從小就讀了很多中國經典。但是他沒有考到一個很好的大學，考到秋田師範學校，這個學校其實就是一個中專學校。畢業後他當了幾年小學教師，然後就開始做記者，在新聞界寫了許多文章，特別有影響，包括當時《大阪朝日新聞》等報紙，受到了很多人的關注。

後來，京都大學要發展東洋史學科，在校學者一致希望能夠聘任這位頭角崢嶸的學者作為本校東洋學教授。但是京都大學屬帝國大學系列，教授的任命必須得到文部省的批准。文部省的官員說再怎麼了不起，他沒有本科學歷，更沒有博士學位，秋田師範學校的畢業生怎麼能直接到京都大學做教授？文部省不同意。校長回應說：「如果不同意的話，我就辭職。」結果文部省說：「你別辭職，你可以聘他，但是不允許一下子聘到教授，你要聘他做講師。」京都大學就先聘請他做講師，第三年就給他教授了。

內藤湖南的水平太高，太了不起。他對中國文化的精湛研究，對中國歷史的精深思考，跟其他同行一起努力，就讓京都大學出現了京都學派這樣的一種學術流派。他讀中國書愈多，愈認為其實日本文化就是中國文化的一部分。他說日本文化沒有什麼過分獨特的，中國的先秦、秦漢以及隋唐文化，本身就是日本文化的一部分。而且他有一個理論，叫做「文化中心流轉說」，比如說文化的早期中心可能在齊魯一帶，後來又到了江南這邊，後來又到了日本。他認為中國文化到了他這個時代，或者他之前，他認為日本是中國文化的中心地帶之一。他認

為，如果從接受儒家思想的早晚來算哪個地方是文明的，日本比廣東更早成為中國文化的地域。所以他就不能夠理解為什麼中國人要反日——我們都在發揚光大中國文化，我們為中華文化做了這麼大貢獻，你們為何要反我們？日本研究中國歷史的各種人物、各種專題，對中國歷史的研究得非常細緻。他認為日本真正是在中國文化這個脈絡裏邊去理解，所以他一直不認為中國人應該反對日本，比如說兩國應親善、共榮。當然他明確地說，在戰爭開始，佔領滿洲的過程中，他一直反對繼續擴張。他認為適當地在滿洲這個地方保持日本的利益就可以了，不可以再擴張，說武力對中國是不應該的，日本不可能長久地征服中國。

1899年時，他第一次到中國來訪問，坐着一艘名為仙台丸的船，航行到了我的家鄉威海、煙台附近。船沿着海岸走，他手扶船舷，遠遠地看着沿岸的景色，看着那些山脈，村莊。他後來在自己的名為《燕山楚水》的日記裏說：「故國山體裸露」——「故國」？就是自己家的國家啊，真是不把自己當外人。「故國山體裸露，植被荒疏，一片凋蔽，這個歷史悠久的國家荒涼如此，皆兩千年郡縣制之餘弊也，實令人無限痛惜也！」說秦始皇廢封建置郡縣，導致了中國的這樣的衰敗。他一下子把矛頭指向了陝西人，這是什麼意思？他一方面說中國最早進入近代文明，從宋朝就開始了，但是另一方面，他又把秦始皇這個事拿出來說，認為郡縣制導致了國家治理上的失敗。箇中含義，很值得我們思考。

拿秦始皇說事的不只是內藤湖南，日本的一些學者，包括幕末的一些學者，也包括明治時代的那些政治家，都多多少少地意識到，其實中國為什麼會變成這樣的一個國家，比如說為什麼英國的區區幾千個士兵，到了中國所向披靡，輕而易舉拿

下廣州、南京，中國四萬萬人口的一個國家，怎麼就拿這麼一小支部隊無可奈何？中國的戰鬥力怎麼回事？為什麼這個國家沒有戰鬥力？有一些人分析說，這與中國的郡縣制實施所帶來的離心離德，國民人心渙散有關係。這個說法也是我們在此次旅行中經常願意思考的一個問題。

我近幾年愈來愈願意讀歷史的書，歷史，文明史。我們有時想想，憲政這些東西，中國古代是否存在這種限制皇帝權力的努力，皇權是否受到一個制度性的限制？包括我們過去讀一些歷史學家的書，我們發現中華文明確實跟其他文明有些不一樣，其他的文明都是隨着時間的推移，皇帝或國王的權力愈來愈受到制約，甚至後來制約到一個立憲君主制，君主完全沒有權力。像英國的女王今天還在，各國領導去英國能見到女王也很開心，但實際上女王擁有的只是榮譽性的權力。她在國會發表講話，稿子是首相起草，一個字她都不能改。她的權力只在於接受國書，接見來賓等等。他們怎麼能夠把君主的權力弄成這種樣子？把一個君主從威震四方、威風八面的統治者，最後變成了一種只是儀式化的一個角色。英國之外，其他國家也都是君主權力愈來愈式微。

反觀中國君主的權力，是隨着時間推移愈來愈強大。比如君主和臣子們在一起時的姿態，先秦時大家都是席地而坐；一塊聊天，到後來君主坐着，大臣站着；後來君主坐着，大臣跪着；到了明朝時，大臣可能當廷被脫下褲子打板子，叫「廷杖」，甚至能夠當場打死。宰相在早期還是有相當的權力，可以制約一下君權，但是後來朱元璋說把宰相廢了就廢了，這到底是為什麼？

我們都知道在先秦時代有許多思想家，也思考這樣的問題。比如說孔子提出來的「君臣父子」——君君臣臣，父父子

子。「君臣父子」意味着君要像個君的樣子，臣要像個臣的樣子。到了孟子的時候，孟子其實比孔子進了一大步，因為他提出了一個非常了得的事情，就是説他已經目睹了許多的君臣關係的混亂，於是他提出臣對君的態度要取決於君對臣的態度，「君之視臣如手足，則臣視君如腹心；君之視臣如犬馬，則臣視君如國人；君之視臣如土芥，則臣視君如寇仇」，這是非常有意思的，他説我們雖然不是平等的，但是我們是對等的，你對我怎麼樣，我會加倍地回報你。

孟子曾多次觸及到這個問題，比方説他的「民為貴，社稷次之，君為輕」。孟子倡言人權高於主權，社稷就是國家，就是主權，你看「民為貴，社稷次之，君為輕」，那就社稷和君這兩者其實比不上民更重要，所以人權就高於主權。孟子還提出來了，對湯武革命的歌頌，他跟齊宣王兩個人聊天，齊宣王説，聽説桀、紂他們兩個在位的時候，湯和武推翻了他們的君主，這種事有嗎？孟子説好像歷史書上記的有。齊宣王這個君主其實也蠻可愛的，因為他是從前領導人中間特別坦率的一個人。什麼「寡人有疾」、「寡人好貨」、「寡人好色」，我覺得這一點比較坦率。齊宣王當然不會允許這樣的挑戰君主權威的行為，他説：「臣弒其君，可乎」，明顯地帶有相當嚴厲的否定意味。

孟子接下來説的一段話擲地有聲，「賊仁者謂之賊，賊義者謂之殘，殘賊之人謂之一夫，聞誅一夫紂矣，未聞弒君也。」他説，如果君主淪為獨夫民賊，殘害自己的人民，踐踏基本的道義準則，那麼這樣的人就已經不是君主了，我們人人可以誅殺他，討伐他，這是一個特別了不起的觀點。

齊宣王當時的表情怎麼樣，我不清楚。後來又有一段他們對所謂的貴族和君主的關係的討論，孟子曾經説同姓之君和異姓之君有所分別。同姓之君，君主跟我們是同姓的、同族的，

如果是反覆告誡他，他還不聽的話，人民就可以把他廢了，齊宣王勃然作色。最後孟子説，還有一種選擇，就是異姓之親的話，異姓的貴族的話，反覆告誡他，他還不聽的話，我就走人，就是用腳投票。

孟子這樣的思想，其實當然受制於其他的一些限制，我一直覺得儒家思想裏面有些東西，它的內在矛盾一直沒有解決。比如説一方面強調君為臣綱——當然君為臣綱這個説法是稍微晚一些才出現的，但是仍然是儒家思想中很重要的——另外一方面又強調湯武革命。這個君為臣綱和湯武革命之間到底怎麼協調？君為臣綱的意思是説，「君叫臣死，臣不得不死」。那就是説臣對君主的服從是無限的，要有看齊意識，必須要服從。另外一方面你又要看他是否是個殘賊之人，是否是個獨夫民賊，判斷標準也不是特別清楚。中國的這個歷史就有意思，君權就變得特別不穩定，隨時可能被推翻。

公元984年，日本有一個和尚，法號奝然的，渡海來到北宋訪問，先是到了浙江的天台，去看了一下寺廟，拜訪了一下高僧，接着就到了開封，當時宋朝的首都。當時的皇帝是宋太宗。太宗在崇聖殿裏親切接見了來訪的日本和尚一行。奝然有良好的漢學修養，賓主之間交流不需要翻譯，可以筆談，日本受到良好教育的人，跟中國古人交流都是筆談。筆談還有個好處，直接留下歷史記錄。交談中，太宗問奝然：「你們國家的君主傳了多少代了？」然説已傳六十四代。六十四代！六十四代那得多少年！當然奝然把那個神話時代也給算上去了，但是，不算神話時代也傳了幾十代，當時就把太宗給震撼了，怎麼可能這麼長！奝然還補充説：「我們國家不僅僅是君主傳承這麼多代，而且我們的臣屬也是世臣。」他指的可能是地方的那些大名或藩主，也都是一代一代地傳，也是世臣，世世代代相傳的。

送走了客人，太宗跟大臣們說，日本這樣的做法正是中國三代（指夏商周三代）的時候期盼的最美好的統治模式，而我們傳不了幾代就分崩離析，宇縣分裂。這個國家為什麼是這個樣子？我們為什麼不能夠做到長久傳承（世祚遐久）？他說：「我道德配不上歷史上偉大的君主，但是我願意跟各位一起好好努力，把這個國家能夠傳承下去，朝代永固，能夠千秋萬代。」後來的情況我們都知道了，太宗的期盼仍然只是一個夢想，中國還是不斷地改朝換代。這到底是為什麼？好像文明會有這麼大的差別，我們的皇權會那麼不穩固，湯武革命這種學說提供了一個特別好的造反藉口。君主的車馬路過，有個人遠遠地看了一眼說，望之不似人君，旁邊有人說，彼可取而代之；在河裏釣上一條魚，把肚子一割，裏面有個黃布條，上面寫着「蒼天已死，皇天當立」。造反吧，然後就造反。中國這個天下到底是誰的？

幕末日本有一位思想家，叫本居宣長，本居宣長說中國這個社會最難治理。為什麼難治理？因為沒有固定的主子，誰做皇帝誰也搞不清楚，所以隨時可以把皇帝拿下來，自己去做皇帝。當皇帝的人天天想着如何防範下邊的人篡位奪權，下邊的人天天想着什麼時候把他推翻。所以這個國家永遠沒個好，不可能維護持久的君臣秩序。我覺得這個說法很有意思。比方說日本人很少有想當天皇的，日本人沒有這個想法。一方面是天皇是神話傳下來的，許多人都相信日本的天皇是天照大神的後裔，是太陽的孩子，這個神話固化了這樣一種君臣關係。另外一方面，他們好像舉國上下後來都有了姓名，但是只有天皇沒有姓。天皇姓什麼，不知道。他沒姓讓許多想篡位的人沒辦法篡。天皇是一個特別特殊的存在。

讓這個江山如此傳承久遠的還有一個重要的原因，就是日本從很早的時候開始就形成了一種天皇不親政的歷史。當然歷

史上也有幾個想有作為的天皇，後來將軍們一生氣把他們發配到小島上去，結果天皇知道這個不好玩。因為你是神的後裔，所以你就不應該幹人事，你就老老實實就做個天皇，我們天天歌頌你，天天山呼萬歲，你就不要幹實際的事，實際的事都交托給將軍、關白、老中、大名，這些人去履行實際政務。這有一個好處，不做事就不犯錯誤，不承擔責任，天皇反正什麼事也不用幹，不幹事就不惹麻煩，就不出錯誤，所以國家發生了什麼錯誤都跟天皇沒關係。天皇只是一個榮耀，只是一個偉大的象徵。

明治的時候，由於廢除了將軍，天皇走上了政治舞台的中心，這隱含着巨大的風險。此前的體制是，做事的人沒有榮耀，不享有道德的光環，不享有宗教的光芒，那麼就有個好處，就是糾正錯誤比較容易。如果做事的人做錯了事，因為他沒有那麼多的光環，所以就容易糾正，免了就可以，就像日本的首相，走馬燈一樣的，我覺得現在的安倍也太長了點吧，因為基本上戰後的首相都是一年多就下了，有時一年好幾個。大家不覺得這有什麼特殊，因為天皇是一個特別長久的、穩定的存在。

這是一個極其特殊的體制，日本人描述他們自己的體制叫「地位不一貫」，也就是說你有你最高的宗教性的權威、道德的權威，跟實際的權力之間是分離的。而中國的體制，這個東西是不分離的。中國的體制，最高的行政首腦就是最高的立法長官，同時也是最高的司法官員，同時也是最高的道德領袖，同時也是最偉大的思想家，什麼東西都由一個人來承擔的。中國秦漢以降的皇帝都是這個樣子，一直沒有辦法把君主的權力分流，讓君主不再是什麼權力都操縱在他的手裏邊。我們的君主都特別操心，非常辛苦。當然後宮裏的人多也是一個因素，

這不容易。皇帝晝夜不睡覺，批各處的奏摺——各個官員來的奏摺，對任何事情，比如說所有的死刑案件都是皇帝來勾決，所有的權力都集中在皇帝一個人的手中。過去文字獄為什麼那麼嚴重？因為思想方面，一經聖人口，議論安敢到。思想方面最有深度的是聖人，但是聖人早死了，孔子早死了。誰來權威性的界定什麼樣的解讀是符合孔子原意的解讀？由皇帝來決定，皇帝的思想是最有深度的。

這種傳統一直保留到現在，我們沒有辦法把幾種權能加以分離，使它地位不一貫。我們相反是地位高度一貫。這種高度一貫的地位使得皇帝既是一個權力無遠弗屆的權威，同時也經常可以讓皇帝承受着最大的壓力，因為所有的過錯都是皇帝的過錯，因為所有的權力都集中在皇帝的手裏邊。這樣的一種體制狀態，是中國的君權限制方面所面臨的一個極其嚴重的挑戰，就是很難去限制君主的權力。

我們回過頭來再想想內藤湖南提出來的秦始皇的功業，你們知道公元前221年，就在離我們不遠的咸陽，機場那個地方，開了一次重要的會議，天下統一了。設計什麼樣的體制，用什麼樣的方式去治理這麼一個龐大而統一的帝國，這是以前根本沒辦法想像的。這麼一個幅員遼闊的帝國，東北方向一直到遼東半島，當然也包括我們膠東半島，南邊到廣東已經是變成了秦帝國的疆域，桂林附近的靈渠那都是秦帝國的權威到了那個地方的標誌，西邊到甘肅，西南邊直達四川，這麼大的一個帝國，怎麼去治理它？

當時大多數人還是主張我們仍然要按照周天子的那個統治模式，來進行分封，分封治理。但是李斯力排眾議，他認為不可以再沿用周代模式。周天子之所以被推翻，後及這樣分崩離

析的狀態，就是因為封建制度其實對國家並不好，不利於一個良好的治理模式。此前更早的時候，在一些地方出現了「縣」這樣的概念，是在當時的諸侯國新征服的一個區域。他們來不及或者不願意用分封制這樣的方式去封一個王，他們臨時任命一個官員，在這個地方治理，這個官員可以由諸侯王隨時進行任免。縣這個字，古代那個繁體字「縣」字，作為邊旁的「縣」，那是「首」字的顛倒寫法，表示被砍下的腦袋；旁邊的「系」是一根繩子的意思，那是把一個人腦袋用繩子拴着吊起來的形象，是很可怕的場景。後來引申為懸掛的懸，任命一個官員，不是分封意義上的官員，他不是紮根在地方，彷彿是懸在老百姓的頭頂上，隨時可以把他拽上來。而另外一種模式，封建制的模式。一個所謂的地方官員是紮根的，因為是分封的，封了他在這個地方做王，他就世世代代地傳承權力，因為官位是用血緣來傳承的。血緣傳承這樣的權力最大的威脅在哪兒？就是開始的時候，你的血緣看上去很近，因為你都是把子弟兄弟分封到這裏來，分封到那裏去。大哥做皇帝，親兄弟分封到一堆地方。他是親兄弟，但是到了下一代就開始慢慢疏遠，再往後可能出了五服，就沒有什麼大家相親相愛，所以開始的時候眾星拱月般護衛天子的權威。但是到了後來就不行了，就一定走向分裂。李斯抓住了這樣的一種論證方式，讓秦始皇頻頻點頭。秦始皇嬴政最後說：「天下剛統一，我們現在就搞分封，那就是樹兵，也是在我們周圍樹立敵對的軍隊。」

當時於是在全國範圍內實行郡縣制，官員都是由皇帝任命，對國家的各個地方進行治理，劃多少郡、多少縣。但是特別諷刺的是，本來想傳承千秋萬代，沒想到是中國歷史最短命的王朝，二世而亡。為什麼亡了？你們知道，對於漢初的統治者來說，這個是一個特別嚴峻的事情，到底經驗教訓在哪兒？後來他們有一些人去論證說，跟廢除了封建有關係，封建制有

它的好處。但是他們也沒有辦法完全實行封建制，於是在漢朝初年的時候實行一國兩制。秦國和楚國故地，基本上是郡縣制，到了東邊，包括沿海地方，一會兒這個王，那個王。你看在徐州，還有河南最東邊那個永城縣，挖掘了好多漢王墓，都是姓劉的，那就是分封的結果。但是很快發生了「七王之亂」，統治模式選擇是一件非常不容易的事情。

大家如果有興趣，可以讀一下楊聯陞先生一篇文章，題目叫做〈明代的地方政府〉。在那篇文章裏面，前面有半篇在歷數中國歷朝歷代關於封建制和郡縣制之間優劣的論爭，到底有什麼好處，有什麼壞處。一直到顧炎武、黃宗羲這些人終於還是強烈地感受到郡縣制弊端多多，但是恢復封建制又很難。顧炎武的說法是，我們是否可以寓封建於郡縣之中，這就是表明他們想把這兩種因素進行結合。但是形勢比人強，中國的社會結構已經無可避免的走上一條郡縣制的道路。你們知道這裏面跟貴族政治的廢除有關係，因為按照孟子的觀點，所謂的君主不過是貴族中間的那個大個的而已，所以貴族集團可以對一個君主進行強有力的制約。一直到唐代的時候，貴族階層對皇帝的制約還是清晰可見的。有很多的事例可以表明當時有許多的豪門大戶——姓崔的、姓盧的，尤其是有幾家很厲害，但是宋朝以後，這個貴族階層就徹底消失了。為什麼消失？你們知道科舉考試給社會帶來的流動性是巨大的。

我們因為實行郡縣制，不可避免的，任官的時候，你不可以再使用血緣政治了，九品中正之類逐漸喪失了它們的合法性。聘任官員必須要考察一個人是否在道德上是良好的，「又紅又專」，政治、業務都非常好，那就可以做官，但是茫茫人海，怎麼選擇？開頭的時候舉薦，但是，舉秀才，不知書；舉孝廉，父別居，很快就腐敗了。我小的時候就經歷過推薦上大

學，開頭我們想當然地以為，那些下層人民都有機會讀大學了，但不久就發現，舉薦上去的都是有頭有臉有門路人家的孩子。科舉之前的種種制度也難逃這種命運，於是科舉考試就成為必然，我覺得這也是一個無可奈何的事情，用考試的方式去選官。

我們假定一個人熟讀四書五經，熟讀中國經典，就可以有良好的道德薰陶，就腹有詩書氣自華，有良好的行政才能。這個假定可能也是有問題，但是沒有別的辦法，只好考試。考試開放給所有人，所有的男人，全國上下，那真的是舉國考試。我們到一些貢院去看，西安也有貢院，還是挺重要的貢院。30年代日本東京有一個學者來西安看了看貢院，他覺得空間太小了。選拔人才的聖殿，居然讓每個人在那麼一個小小的空間裏邊局促在那兒，被拘在那個地方寫作，有點地獄一樣的感覺。但是這種舉國考試的體制使得中國社會的結構發生了深刻的變化。你想想一個官職能不能長久地傳承在一個家族裏邊，你自己做官，但是你兒子能不能還繼續科舉考試成功，偶然因素太大。有時候取決於你孩子是不是紈絝子弟，官宦家庭的子弟很少有傑出豪邁之士，再加上你娶的妻子也很重要。我們老家的話叫「爹差差一個，娘差差一窩」，娘差一窩全瞎了，這個太不保險了。

最好的辦法是血緣，只要是你的孩子就可以傳承你的地位，這是最保險的，最不保險的辦法就是考試，於是考試帶來的人們的感歎，富不過三代。「君子之澤，五世而斬」、「朝為田舍郎，暮登天子堂」、「舊時王謝堂前燕，飛入尋常百姓家」、「眼看他家起高樓，眼看他家宴賓客，眼看他家樓塌了」。已故的旅美歷史學家何炳棣先生對於明清兩代科舉考試帶來的人的流動——不是人口流動，是社會身份的流動——做過深入的

研究，全方位地搜集各種樣本，尤其是像進士提名錄、家譜之類。他發現明清兩代搜集的所有樣本統計下來，因為都必須要登記已經中了進士的人，祖宗三代都是做什麼的，往上追溯三代，最後他發現三代之中沒有一個做官的人佔了50%以上，你們想想，這帶來了怎樣的一種社會流動，也就是說你不可能世代傳承，而且官場保持着吸納新鮮血液，新人不斷的進來。黃河岸邊陳家莊那個叫陳世美的小男孩。從小真是學習優秀，又刻苦，後來又娶了一個叫秦香蓮的賢妻，相夫教子，一路過關斬將，全國高考第一名，這真的是社會身份的大流動。而且皇帝居然要把女兒嫁給他，問他結婚沒有。這小子千不該萬不該，他說他沒結婚，就演了這麼一出。你說西方人怎麼能夠理解中國人的這種實踐？皇帝女兒即便長的醜，那也必須要找個門當戶對，當然跟皇帝門當戶對不容易，但至少應該是顯赫家族裏的千金吧。

1930年代的英國國王愛德華八世，你們都記得他的經典故事，那個凄美的愛情故事。愛德華八世在火車上坐着，對面坐了一位女士，兩個人四個眼睛一對，就擦出火花了。兩個人談得投機，馬上就開始談婚論嫁，對面這個人叫辛普森夫人。我看過辛普森夫人的照片，不覺得多麼漂亮，不過情人眼裏出西施。愛德華八世就一定要娶她，結果在朝野上下引起了巨大的危機，簡直是英國當時最嚴重的憲法危機，愛德華八世說：「你們憑什麼不讓我娶她？首相、大法官、上議院議員、下議院議員、王室其他的成員全部勸阻，有什麼根據嗎？」「陛下，我們國家還有一種東西叫憲法慣例。」國王問憲法慣例是什麼東西。憲法慣例就是不成文的，平常誰也看不見，但是一旦違反它就出來的規則。那憲法慣例是什麼——我娶妻，我看好的女人，我想跟她結婚，要遵守什麼規則？回答者說：「依據我

國的憲法慣例，關於國王能娶的女人，有三個標準。第一，她必須是一個貴族家的千金。第二，她必須是一個英國國教的信奉者。第三，她必須是一個處女。」可憐的辛普森夫人，三條全不符合，她出身平民，她不信奉英國國教，要跟國王結婚的話，國王是他的第三任丈夫，按照我們在西南政法學院讀書的時候，我們那個婚姻法老師說一口四川話，叫「婚都結了好幾道咯」。國王說：「不行，你們這個慣例早已經過時了，我們今天已經是20世紀30年代，民主潮流滾滾向前，國王要娶的人，不應該有任何限制，憑什麼我不能娶她？」結果最後還是不成。抗爭了好幾天的國王，最後說算了不幹了。「陛下，你不娶她了嗎？」「不，我不幹國王了！」不愛江山愛美人，這真是讓人覺得特別感動。大臣們一下子都釋懷了——那就好，陛下，那就沒問題了。你不幹國王你就可以娶她了，因為你不是國王，不受那個憲法慣例約束。愛德華八世就由國王變成了溫莎公爵，辛普森夫人變成了溫莎公爵夫人，國王的弟弟繼位。將要離任的國王向全國發表演講，那時候沒有電視，是廣播時代。BBC向全國直播國王的講話，各大影劇院都開放，大家都來一起聽國王的告別演說。聽着國王沙啞的嗓音，大家想像着這些天來他辛苦的抗爭，都覺得他太值得同情了。國王說：「我要請求大家諒解我，我不做國王不是因為我沒有責任心，我實在是離不開那個女人。」聽到這樣的話，所有的女人都在流眼淚，散場之後電影院就像下了一場雨一樣，地上都是淚水。

英國20世紀還這個樣子的，你看看陳世美就可以和皇帝的女兒結婚。當然這是虛構的，其實中國文化從宋朝開始沒有了貴族階層，還講究什麼門當戶對？大家看最近講談社的那套關於中國歷史的書，寫宋代的那卷裏邊討論過當時為什麼許多人在研究家族制度，什麼「修身齊家」，齊家就是要構築穩定的家族體制。當時的那些學者們，感受到了這社會已經變成了一個

沒有貴族的社會。我們是否能在沒有貴族存在的情況下，仍然通過家族的培育去形成社會特殊的一個階層，但是很難。這樣的一種情況下，我覺得已經是沒有辦法去想像能夠建構一個足以約束皇權的穩定的貴族階層，而這樣的階層制約君權，在世界其他文明都可以說是歷久不衰的驗證，比方說，《大憲章》。1215年6月15日，那天在離溫莎城堡不遠的泰晤士河邊，約翰王看到貴族們呈送給他們一張巨大的羊皮紙，上面用拉丁文寫着密密麻麻的，六十多條的叫《大憲章》。二十多個英國男爵在下面署着名字，並且要求國王署名來遵守這個大憲章，你們知道貴族的存在使得國王必須要禮讓三分，因為貴族不僅僅是一種特殊的階層，而且他們擁有軍隊，他們自己可以跟國王打一仗，國王最後沒有辦法只好屈服。他們也不是說國王被打敗了就把國王給廢了，我來做國王。不，國王還是國王，尊重國王血統的傳承，但是必須遵守規則。

你們看這《大憲章》，1215年，整整801年前，英國的貴族們做了這麼大的一件事，你怎麼能想像在沒有貴族的社會裏面，這樣的事件能夠發生。胡適先生曾經說，唐以前中國打仗，都是那些高貴出身的人衝鋒陷陣，帶領着這些平民的孩子打仗，他們都是衝在第一線的，這是貴族的一個傳統。你們想想現在英國王室的國王的家庭成員，那些孩子都要到軍隊裏面去，這是一個古老的傳統。

胡適先生說宋以後再也看不到這種情況，因為宋以後連貴族都沒了。我想貴族階層的消失對於我們的文明影響很大，許多社會現象都跟這個有關係。例如，西方那些偉大的藝術經典，比方說音樂、繪畫、建築這些特別了不起的東西，每每讓我們煥發起一種特別高貴、特別神聖的感覺，一方面是因為有基督教的存在，另一方面，跟貴族階層的存在也大有關係。對

於民間的藝術慢慢培育，慢慢提煉、昇華，於是就有了許多高雅藝術。甚至包括餐飲。中國以前是分餐制的，像西方人現在吃飯一樣，每人前面一個盤子，自己吃自己的，但是後來變成了合餐制。合餐制對於一個從小習慣分餐制的人來說是特別具有冒犯性的。大家就一個鍋、一個盆，然後都用筷子你一口我一口，口水都留在一起。林語堂還告訴西方人，說中國人筷子很長，有些筷子一米多長。西方人問那怎麼吃，他回答說：「那就我給你夾，你給我夾，互相往對方嘴裏送菜。」西方人跟中國人同桌吃法，比如火鍋，口水長流，唉，怎麼會是這個樣子。分餐制又衛生，又節省，大家吃多少盛多少，合餐制又浪費，又不衛生，這到底是怎樣形成的風俗？我認為可能跟這個社會階層有關。大家都降低了，有貴族階層存在的社會是大家都慢慢往上升，而沒有貴族階層大家都往下降。你到故宮看看皇帝如何上廁所。中國農村這個廁所沒法上，你會想像皇帝如廁方式不同麼？皇帝怎麼解決那個問題，幾個太監抬個大桶來，底下鋪上草木灰，皇帝蹲在上面「咣咣咣」這麼解決，場景也很不堪。我們整個的文化都被拉低了。

郡縣制使得封建制壽終正寢之後，封建制度所能夠帶來的某種地方自治的因素也就消失了。郡縣制是什麼？郡縣制是真正實現了率土之濱莫非王臣，也就是說所有的人都是君主任命的官員。他只需要向任命他的人效忠，他跟當地沒有什麼真正深切的關係。封建制度則不同，在日本明治維新之前的幕藩體制下，藩國是長期存續的。這個地方統治因為是世代傳承的，統治者就生活在被統治者之間，大家就在一個不大的範圍內。你們記得日本在明治維新之前有多少國嗎？在這樣一個葳爾島國裏，居然有兩百六七十個藩國，有些大的，有些小的，但是無論大小都是長久的傳承下來的地方單位。你知道繼承的權力

的來源，第一代是天子分封的，到了後邊那就是「我是藩主是因為我爸爸是藩主，我爸爸是藩主因為我爺爺是藩主，所以我的權力跟中央沒什麼關係」。於是他就具有一種天然的自治傾向。世世代代，藩主和自己的藩民們生活在一起，這是一種非常近距離的朝夕相處。其實也是一種制約，大家相互承擔着權利義務關係。比方說，一個好的藩主必須要維護良好的社會治安，提供公正的司法制度，並且確保當本藩遭到外敵入侵的時候，能夠徵調起武士來對外作戰，另外還有慈善事業，經常是藩裏面出現了一些災害的時候，藩主要負責賑災。這是世世代代大家生活在一起的地方，這樣的狀態使得藩的這種自我意識非常強烈，使得藩對於中央權力的那種獨立性變得非常強烈，這是封建制度的一個重要特點。

這個特點搞不好會分裂，因為它不受中央鉗制。歐洲大陸那些封建制度下，法國的國王哀歎說：「封臣的封臣不是我的封臣。」也就是說他只能夠跟自己的直接封臣形成權利義務上的直接約束，但是，超越這個直接封臣再往下分封的，他沒有辦法去延伸權力，實施直接的統治。所以法國就顯得四分五裂。維持長久封建制度往往依賴於地理環境，日本這個國家之所以能夠維繫長久的封建制度，國家不分裂，除了有天皇的象徵作用和「參觀交代」這類將軍對大名的約束制度外，還因為這就是一個島國，你跑也跑不了哪兒去，外部的力量也沒有辦法侵略它。日本這個國家歷史上總共受過兩次外敵入侵，一次是元朝的時候，我們曾經想征服日本。蒙古人不擅長海戰，但是部分已經登陸了，結果來了一陣神風或颶風，把整個艦隊吹得七零八落，上來的人也被殺完了，這是他們歷史上遭受的一次侵略。第二次就是二戰期間美軍的轟炸和佔領。他們總共有這麼兩次外敵入侵。

我們國家不是這樣的一個島國，大陸國家都比較難於維繫長久的封建制度，因為很容易分崩離析，現在的法國、德國、意大利，不就是封建國家最後維持不住了，只好三分天下，大家變成這樣的一種狀態。所以封建制度有時候有分裂主義的傾向，但是沒有封建制度，比方說郡縣制這樣的狀態，基本上很難分裂，因為不是一個地方勢力很大的狀態，官員都由中央任命，但是事情的另一面是沒有了真正意義上的地方政府。當我們說 local government 地方政府，究竟是什麼樣的一個狀態？我們跟美國人在一塊開會，說中美地方與中央關係比較研討會，美國人也說他們的地方，我們也說我們的地方，但是他們不知道，其實我們說的這個地方，根本沒有美國人那個地方的概念，雖然我們都叫 local。王立軍跑到美國領事館之後，中共中央決定免去王立軍重慶市副市長職務，我一看嚇了一跳，重慶市市副市長是重慶市人大選舉產生的，怎麼中央就能直接免職呢？中共中央不僅僅是可以免去直轄市副市長，還可以任命村長！天津大邱莊禹作敏事件發生之後，中共中央決定由大邱莊所在鎮黨委書記兼任大邱莊村村長。村長你都管，你還有沒有一點點對地方權力的尊重？

這是我們的老傳統了。因為中國古代就沒有真正意義上的地方政府，所有的地方官員其實都是皇帝權威的直接延伸，都是皇權的一部分。而且大家都知道，到了明清時代，為了進一步削弱地方官員跟本地的關聯，規定了任官迴避制度。也就是說你不能在自己本籍做官，比如說鄭板橋要到山東濰縣做縣令，到濰縣做縣令還好，鄭板橋大概還聽得懂本地方言，如果一下子去到番禺縣做縣令，你廣東話都聽不懂，怎麼去治理這個地方？另一個措施是縮短任期，原來任期比較長，後來是兩三年就必須調換。這帶來了非常嚴重的問題，地方官員根本沒

有辦法真正在地方勤政為民，變相搜刮當地民脂民膏成了家常便飯。三年清知府，十萬雪花銀，說的就是這種情況。

我們怎麼能想像，秦始皇當年設想在咸陽宮殿裏面，直接任命全國官員，能夠很好的控制他們的行為，能夠讓他們既忠於朝廷又很好的治理當地。想想當年那個技術，通訊和交通條件，你怎麼能夠了解地方到底怎麼回事。今天通訊和交通這麼發達了，地方發生的事情我們能知道嗎？比方說在薄熙來主政時的重慶，大規模的無法無天的所謂「打黑除惡」，對民營企業的殘酷剝奪。稍有不服就是黑社會，官員稍有一點不同意見就是黑社會保護傘，他們甚至可以把一個根本不夠死刑標準的人給判死刑立即執行。文強，他本來已經是公安局的常務副局長。他以為薄熙來到來後，很自然就會扶正。結果沒想到，薄熙來一定要從遼寧找那個叫王立軍的人來做他的公安局長，因為公安局長必須是自己的心腹。文強調到司法局去做局長，司法局當然也是一個正局級，但公安局長卻因為職權特殊經常可以升任副市長，的確，王立軍不久就變成副市長兼公安局局長。文強心裏邊當然發牢騷，對薄熙來自然就有些怨恨。薄熙來就授意王立軍調查，查也查不出多少東西，家裏邊搜，挖地三尺也沒搜足夠死刑的財產。結果有一天電視告訴我們說，公安機關從他家一個別墅門前的池塘底下，挖出兩千萬元人民幣的現金，在水底下藏着。那個鏡頭畫面震撼。我都覺得這太有想像力了，往水底下藏錢。馬上就把兩千萬人民幣現金放到了打黑除惡成果展。整個的司法過程還沒有啟動，沒有判他有罪，但是把他的罪證放到了打黑除惡成果展，叫官員和老百姓看。有多少人親眼看到過兩千萬元人民幣？那個規模之大，包括中央的高級領導、政治局常委去重慶也都看過這個。大家說，這樣的腐敗官員，不打還了得，很快就匆匆忙忙把文強給

判了死刑立即執行。但是後來我們知道這個錢是王立軍他們放到水底下的，完全是栽贓！這就是重慶的「打黑」，打來打去，最後我們才知道誰最黑。中央對此知道不知道？也許真的不知道，政治局常委握着王立軍的手，讚揚他打得好，要保持高壓態勢，對於黑社會絕對不能手軟。其實他們打得許多都是無辜的人。

今天這個時代尚且如此，你想想兩千年前是什麼時代，我們居然可以想像在這樣廣袤的帝國裏面，能夠說通過郡縣這樣的一種制度，得到良好的治理，能夠有效的控制官僚。我認為這真是太浪漫主義的想像。實際效果當然是非常糟糕，按照蘇轍的話說，皇帝有一絲一毫的索取，到了下邊把你的山都能挖走；皇帝有磅礴的恩澤，到了下邊就成了涓滴之施，這就是我們歷史的一個寫照。自古來說治吏是非常重要的，但是吏怎麼去治，從結構的角度看，這是一個不可能完成的任務。我們的政治過於浪漫的想像，想像能在這樣大的一個帝國裏面，實行郡縣制能夠得到有效的治理。我們的皇權，於是既得不到貴族階層的約束，也得不到真正的地方政府的約束，官僚權力也無法受到民間力量的制衡，就無從避免周期性的動盪了。

另外，從憲政史的角度看，一個國家在治理過程中，是否能夠從君主權力中分化出一支專業性的權力，也是值得思考的問題。英國專業化的司法基本上都是從御前會議慢慢的分化，並且逐漸地成為專業人士運用其獨特的專業知識與技術控制的司法機關。早期的時候，國王還可以到王座法院去審理案件。但是從17世紀初開始，國王逐漸喪失了親自審理案件的特權，因為司法的專業化興起了。英國的律師獲得了一個歷史性的偉大勝利。那就是有一天這個國家所有的法官都必須從律師中選任，而律師是一種民間的力量，最後居然成為進入國家司法部

門的惟一通道。雖然司法是國家權力的一部分，但司法更像是人民與政府之間一個中立的裁判者。那些法官們出身律師，他們深深的懂得如何在人民和政府之間做中立的裁判者。司法的這樣一種功能，使得英國人不再想像革命，因為英國不需要革命，你所有需要爭取的權利都可以通過這樣一種公正專業的司法而和平地獲得。在英國，無論你的起訴對象是多麼的權高位重，無論你個人是多麼微不足道的一個小人物，你都可以相信英國的司法能夠給你公正，這使得英國變成一個不需要革命的國度，其中這種專業化的力量是至為關鍵的。

我們想想，中國社會是否能夠分化出這種司法？能夠的話為什麼沒有分化出一種專業化的司法？州縣官員他就一個官，中國古代這種政府模式真是獨特。治理三十萬人的一個社區叫縣，就一個人是朝廷命官，這就意味着權力沒有辦法分化。這個官員他至少有半個月或者十天的時間來審理案件，其他的時間各種職能滾打包收，就他一個人來行使。他當然有秘書有助手，師爺就是他非常重要的輔助人員，錢糧師爺是輔佐稅收的，刑名師爺是輔佐司法的，師爺的工資是由知縣從自己的收入裏支付的，他們並不獨立地行使權力。這真正叫一個人的政府。中國古代這種一個人的政府也有它的好處，因為你找政府比較容易，你知道政府在哪，不像中國現在，要到縣城裏找政府辦點事，你都不知道哪個門是對的。一會是説打架了，找公安局，公安局説是在院子打的還是在外面打的，在屋裏面打的不算我們管轄。我們老百姓在政府面前有點像是一隻皮球，而且像中國國家隊的足球，被踢來踢去，卻總是進不了門。古代不是這樣，那時一個縣裏就一個縣衙，縣衙裏面的大老爺就是這個縣裏面唯一的官，老百姓跟政府的交往成本還説是比較低的，政府能夠擴張權力的空間也不大，因為他就一個人。一個人的政府它最大的弊端是什麼？比方説它怎麼能夠專業化？不

可能。你會說中央層面上是不是有點專業化？我要承認中央層面上相對來說是比較專業化，例如刑部、大理寺，好像有一點點專業化。但是姑且不論其間權力交叉帶來的混亂，在汪洋大海的反專業化的下面政府之上，這種頂層的專業化有多大的輻射力能讓下面專業化，也是難以想像的。

我們古典的語言也有關聯。我一直覺得我們應該重視中國漢字以及文言文與現代的法治，還有科學之間的隱秘關聯。我們的語言是一種特別有趣的語言，這全世界很少有的。我們是方塊字，方塊字有一個最大的天然特點就是大小都一樣，每個字都一樣。我們到歐洲，發現他們沒有寫對聯的，他們的語言沒辦法寫，對不上，我們就能對得上，「五百里滇池，奔來眼底……數千年往事，注到心頭」。這樣的一種對對子的傳統，使得我們出現了駢儷文、四六駢，然後語言本身形成了一種特別詩化和特別格式化的傾向。而且中國古代科舉制度極大地推動了官員文人化的傾向。官員本身是文人，天天寫詩作畫，而且要用毛筆字書寫。書法有其風格的追求——我常想，毛筆字也挺害人的，有些人一輩子在那寫毛筆字，臨摹不同字體，逐漸形成自家風格，感覺好像氣象萬千，其實一輩子也沒寫多少字，耽誤了好多讀書和研究的時間。因為寫毛筆字，秀才人情紙半張，一個扇面經常交換來交換去的。這個文化，你想想明朝西洋來的傳教士，他們感覺中國特別不能讓人理解的是，中國遍地都是詩人，他們自己國家寫詩的人也就那麼三兩個，頭髮留的長長的，寫點長短不齊的句子，很有意象的表達。中國不是，中國是所有的人都寫詩。我個人也經常寫點這個打油詩，你要是真的追求詩的境界，那個詩人的想像真是不一樣。我們法學院的前院長朱蘇力教授，我就覺得他是一個文學家走錯了路。男怕入錯行，女怕嫁錯郎。他年輕時候——十幾歲的時候——就在詩刊上發表過詩，那很了得，他在學生畢業時的

演講説:「早晨，我從未名湖畔來到這裏，走在未名湖畔，看着被雨水打濕了的湖面……」我覺得他真的不應該學法律。他是一個詩人，詩人的想像力簡直是天生的。詩人最大的特點是什麼？就是不講邏輯。詩人不講邏輯，詩人在那詩情畫意的説，「春江水暖鴨先知」。邏輯學家煞風景地問：「鵝怎麼不知？」「一片青光照姑蘇」，邏輯學家説怎麼不照武漢、西安呢？怎麼只照姑蘇？毛澤東説他喜歡唐人的詩不喜歡宋人的詩，因為宋人的詩乾巴巴地講道理，唐人的詩是形象思維。形象思維是什麼？是説什麼偏不説什麼。「松下問童子，言師採藥去，身在此山中，雲深不知處。」這寫的什麼？真是寫什麼搞不清楚，搞不清楚就對了。

　　但是説要搞法律，法院判決案件，一個案件事實到底是什麼，法律條文怎麼去解讀，這裏面需要的不是詩，而是語言本身需要一點柔韌性。這個語言可以很靈便地去描述一個案件的事實，事實到底是怎麼樣的，一個事實和另一個事實差別是什麼，跟去年我們判的一個案子的情況是怎樣的。我們的語言不行，我們的正式語言有太多的格式化，沒有辦法富於柔韌性地描述一個案件事實的原委，因為官員作判決的時候老在想着運用什麼樣的典故，這個地方還要對仗一下子。他老想別的，你看一個好的判決，最後發現什麼對仗、什麼音韻、什麼用典、什麼節奏——除了法律沒有以外，什麼都有！你想想現代司法需要進行很複雜的法律推理、法律解釋、法律的條文涵義到底是什麼。像成都的孫偉銘醉酒駕車撞死了四個人，重傷一個人。這種到底算不算是交通肇事，還是算是以危險方法危害公共安全？許霆先生用自己的信用卡取錢，他取100元，ATM機硬給人家1,000元，而且只扣1元，導致許霆取了十七萬五千元出來逃走。刑法規定説盜竊金融機構數額特別巨大的判處無期徒刑或死刑，法院判無期徒刑對不對？許霆先生這種行為到底算

不算是盜竊，數額到底怎麼去判斷？你知道法律這個東西，特別容不得這種格式化的東西，特別容不得你一定是四個字再加六個字這樣的寫法。這種文體之下，沒有法律的生存空間，所以，胡適為什麼特別偉大？因為胡適領導的新文化運動用白話文解放了我們的語言，讓我們知道公文可以用白話文。白話文柔韌性大了許多，他根本不用去追求那種對仗、用典之類。當然好的白話文寫作往往也有那種對仗的感覺，讓你讀起來很愉快的那種節奏，但是絕不像古人的寫作那麼痛苦和缺乏邏輯。

我想我們國家這個歷史，我們走世界，我們到處去觀察，去想一想內藤湖南對中國歷史的概括。我今年第二次站在內藤湖南的墓前，認為內藤湖南先生的觀點還是有些問題，也就是說他對中國的歷史判斷，說中國走上了近代性，其實存在着很大的缺陷。走上了近代性是一個全方位的東西，但是中國恰好是因為某些方面過早的走上了近代性，而使得其他的方面居然很難走上近代，很難走上全面的現代化。比方說，你會發現許多國家其實是因為貴族制度長久的延續，才能夠真正的建立起一個現代的政府，因為權力制約的關係能夠確立起來，皇權不至於擴張到一個無邊無際的狀態，許多國家正是因為封建制度長期的延續，而郡縣制度沒有採納。

日本明治維新之後，1871年，突然宣佈一項措施，叫做「廢藩置縣」。我一看這個詞不就是廢封建置郡縣！可是他們採納以現代官僚制度為目標的郡縣制比我們晚了整整2092年。這2092年中發生的故事大可值得我們仔細去玩味，去思考——為什麼我們有些地方走的那麼早，那麼早熟？而那麼早熟恰好導致我們整體的現代化變的更加艱難。

我覺得今天我們建立一個民主體制、憲政體制，仍然還要背負着歷史留下來的沉重的包袱，並不是說只是現在某種特定

的意識形態給我們帶來了障礙。我們可以說，秦始皇給我們留下這份遺產，這是一筆巨大的債務，毛澤東在文革期間寫了一首詩給郭沫若，「勸君莫罵秦始皇，焚坑事業要商量」。其中有一句叫「百代都行秦政治」。百代就是兩千年，百代都行秦的政治。這個秦的政治最大的特色正如我上面所說的這些特色，使得中國一直就走不出來這樣一種強大的歷史慣性，比方說科舉考試瓦解了階級社會可能產生的空間。日本人引進了中國的東西引進了好多，但是有兩樣東西它不引，太監制度它不引，科舉考試它不引，因為科舉考試就使得日本這個社會結構就瓦解掉了，因為它的士農工商是不流通的，而我們的科舉考試帶來的所有社會階層都是相互流動的。

如今想來，我們這樣的國家要走向真正全方位的近代性，尤其是在政治法律領域走上近代性，其實需要去好好反思我們的傳統，反思我們這個國家兩千年是怎麼過來的，反思為什麼我們的皇權沒有辦法得到有效的限制，思考我們今天應當往哪些方向去着力。這些都需要我們對自家歷史以及其他文明的經驗的關注。當然，這種對歷史和文明的反思離不開對於前輩學人成就的借鑒。京都學派第三代傳人、著名歷史學家穀川道雄曾說：每當在學術研究中發生某些困惑的時候，他總是要回頭再回歸到傑出的先驅內藤湖南那裏尋求啟發，如同在山中迷路的人要回到原來起點以確定自己的方位一樣。所以，內藤湖南的學說可謂博大精深，許多方面非常高明，他對郡縣制弊端的揭示頗有洞若觀火的指引效果，「唐宋變革論」是有大格局的論斷，但是對於現代性的判斷和反思方面，包括憲政的動力學分析方面，他的理論還是有着需要進一步檢討的地方。

第三輯

司法改革的困境與出路

第11講 中國司法傳統的再解釋

題記： 應南京大學法學院張中秋教授和王超教授的邀請，我於
2000年10月15日在該院作了一場學術講座。承當時作為
聽眾之一的研究生魏昌東同學細心記錄，我又在此基礎上
作了較多的文字修改，便有了這樣一篇文字。遺憾的是，
後半場的討論沒有記錄，記得當時有不少富於見地的評
論，王超教授更有精彩的總結。張千帆教授提議將它發表
在《南京大學法律評論》上，我很感謝他的好意，同時鳴
謝王超教授、張中秋教授以及魏昌東同學。

　　能夠到南京大學法學院作一場學術講座是一件幸事，不過
也是一個挑戰。貴校在中國的高等教育格局裏佔據着重要的地
位。我聽說在科研成果的統計方面，南大一直是名列前茅的。
你們也有非常好的法學院，例如今天的主持人張中秋教授，以
及在座的前輩學者王超教授，都是學養深厚、見解獨到的優秀
學者。我有幸與他們二位以及南大法學院另外一些學者有較多
的學術與私人交往，並從這種交往中獲得很大的教益。今天不
是特別正式的講座，聽眾裏又以研究生居多，所以我希望是一
個雙向交流的機會，在簡要地談談我要講的內容之後，有更多
的時間聽取大家的批評和評論。

　　張中秋教授給我的命題是《司法改革與法理》。這個題目太
大，我只想向大家報告一下我近年來對中國傳統治理方式，及
其與今天的司法改革之間關聯的一些思考。這些年來，我一直

關注和研究時下中國的司法制度和司法改革。中秋教授説我是這方面的名人，這是過譽的説法。當然，我可能是近年來法學界願意在大眾傳媒上發表看法的一個人。有時文章寫得過於鋒芒畢露，不免引起一些爭論，所以一些人便知道法學界有這麼一個愛說三道四的人。在思考中國今天的法律制度及其運作中的缺陷的時候，我常常要追問：這些缺陷的根源在哪裏？我們該怎樣對症下藥，對它們加以矯正？我發現今天許多的問題，可能跟我們的歷史有密切的關聯。不僅如此，要對現實問題加以解決，我們有時還要利用某些傳統資源，甚至像林毓生所主張的那樣，要實現傳統的創造性轉化。

大家知道，我們現在的制度建設從總體上來說是學習西方的結果，而且是從不同國家的法律文化中東拼西湊的結果。大體上說來，我們總體上的制度因素是由三個方面的內容所組成的。第一個因素是歐洲大陸的，以及日文版的歐洲大陸的法律傳統。第二個因素是社會主義的，尤其是俄文版的社會主義學説和社會主義制度，直到今天我都很希望有人來做一做這方面的研究，就是我們是怎樣借鑒蘇俄司法制度的，它們又是如何進入我們的語境中，而成為我們制度的一部分。我們是怎樣修正的，這是很有意思的問題。說句老實話，直到今天，法院的地位低微，檢察院對法院的監督權，以及司法權行使方式過程中的所謂的群眾路線，這些東西都跟蘇聯的制度很有關係；對具體審案法官的司法解釋權的剝奪，都跟蘇聯的司法制度有很密切的關係。第三個因素就是我們中國的傳統，我們中國人做事情所喜歡的方法。我們的政治文化、我們的法律文化，這些東西也許在我們的表層制度上看不到多少——我們的表層制度都是西方化的——但在我們骨子裏的運作過程，我們所遵循的一些準則，我們自覺或不自覺所採取的一些方法，都還是我們兩千年來所一直採取的方法。

所謂傳統，正是今天仍然活在我們心中，影響我們的行為，卻常常不為我們所意識的那些觀念和價值。你會發現，這種東西會使我們處於目標定位跟手段定位南轅北轍的一種狀態。比如說，我們建立人民代表大會制度，我們想建立一個立法機關，它享有最高的權力，以使它對政府有監督的功能，這都是西方設想的制度。但我們在具體的運作過程中就不太習慣於議會中的爭論。在西方議會裏，爭論是正常的，一致通過倒是反常的。可是我們就不喜歡這種激烈的爭論，而且不僅僅是領導人不喜歡，老百姓也不見得能夠適應這種爭論。他們會覺得官員們之間怎麼會有那麼多的爭論，怎麼會有那麼大的衝突。我們受皇權意識影響，覺得只能有一個最高的領導人。我們希望這個領導人能夠說了算、定了幹，希望他很有權力。這種潛在的影響使得我們的議會跟政府之間的關係，變成了以西方的模式操作中國的內容，以及用中國的手段操作西方的模式，這是我們今天看到的一種非常明顯的狀態。即使到基層政府，你也可以發現縣長就是一縣之長，為官一任，造福一方，他就覺得他是這個地方的最高長官，他是至高無上的，他在這裏可以一手遮天。法院院長很少有人會覺得自己是獨立於地方政府的法官。他覺得自己只是一個下屬，他只是地方權力格局中的一個棋子，下棋的人把他搬到哪兒就是哪兒。集權的傳統沒有因為我們建立了一個分權式的政府而改變，這樣帶來一個很嚴重的問題就是，人們發現這個國家的制度總是衝突的、矛盾的——他覺得你是分權的，怎麼最後又不分權了？實際上是不分權的，而制度上為什麼又是分權的？我們的代價，就是建立了無數的政府機關。各種部委、黨的系統、政協、民主黨派，這些東西都是西方來的。政府體系建立了，政府官員大大增加，最後導致的結果卻是它沒有實現建立這麼複雜的一個分權式政府所必須要承擔的職責。本來，它應當通過相互制約與

平衡來保證權力不被濫用和決策的合理，但它沒有帶來這樣的結果。這種大一統的觀念深刻地或者從根本上使得我們引進的這套制度難以起到應有的作用，在某些時候甚至完全失靈。

出於這樣的考慮，前段時間我花了一定的精力來考察中國古典的治理制度，反思其中的一些合理地方和不合理的地方，以此來觀照我們今天制度中不合理因素的來源。我重點地考察州縣制度，以前瞿同祖先生就做過這方面的考察。

傳統之一：集權體制

中國的古典制度形式在全世界是獨一無二的，我認為有四個方面的特色。當然，這些特色跟我考慮今天的司法改革都有關聯。第一個是這種制度的權力形態是集權式而非分權式的，是高度單一的權力。每一個政府管理的社會裏都只有一個首長，這個首長對整個社會的管理起到全方位的作用。用瞿同祖先生的話來說就是，他既是立法者，同時也是當地的首席行政官，同時他還是法官，還是首席檢察官、稅務官、警官，所有的職務集於一身。大家也許記得，韋伯曾對我們的傳統治理模式表現出濃厚的興趣。他感到不可思議的是，在一個三四十萬人口的社區裏只有一個行政長官，而這樣的制度在中國卻延續了那麼長的時間！政府權力的這種單一性，當然給人們一種恐懼。它可能是專橫的、恣意的。這種恣意在傳統社會裏可以說是肯定存在的。在同一級政府裏，權力之間制約和制衡不可能存在，像我們今天這樣的通過行政訴訟法對政府的制約就不可能出現。但是這樣也有一個好處，即人民為支撐這樣的政府所付出的就會少多了。縣官只有一個，國家只要給他一份報酬就可以了。當然，官俸很低是中國的一個弊端，它會加劇官員對百姓的搜刮，例如各種陋規。不過，稅收長期以來都很低，這

從百姓負擔的角度來講可能是一件好事，因為百姓用於支撐政府的正式負擔較輕。

在這種高度單一和集權式的官僚體制下，官員數量的少、政府規模的小，導致政府權力的行使範圍受到很大的限制，因此，政府不得不尊重社會的自組組織能力。社會秩序本身有它自己的建構，我們古代的政府權力只能到達州縣一級。這跟我們今天的制度很不一樣。今天，我們的政府機構設置到了鄉鎮一級，政府緊貼在自然村落的邊上。過去一個人要見政府，要走上幾十里甚至上百里路，但是，今天卻是一抬頭就是政府，遍地都是政府官員。日前看一篇報導，禹作敏案件發生後，大邱莊的權力索性被鎮政府接管了，整個村莊被政府化了。這種政府權力不斷地向社會滲透，是現代中國國家與社會關係上最值得注意的一個現象。它對地方自治以及個人權利空間的影響是巨大的。古代社會政府設置止於州縣，因而政府跟民間有一個緩衝的地帶，地方的秩序由士紳或地方精英組成的勢力來調整，這樣就避免了國家無所不在、所有的事情都要通過政府的權力來調整的可能性。我想，這是一個很重要的特色。

此外，這樣的政府模式還有一個好處，就是人民與政府打交道時的交易成本會維持在一個較低的水平上。在每個州縣裏，只有一個衙門，官員數量太少，所以官府有一種本能，盡可能地讓百姓自己處理自己的事務。這樣，一般情況下人們不會找衙門來處理他們之間的糾紛。但是一旦訴求這個衙門的時候，由於州縣官是這個地方的唯一官員，他就不能推諉。當然，責任無可推諉，也就意味着榮譽無可推諉，他在管理這個社會的時候也是唯一的榮譽獲得者。如果治理得好，皇帝的嘉獎也就只能由一個人來獲得，而不可能還有另外的機構或他人來分享，不會是「軍功章上，有你的一半，也有我的一半」（編按：80年代歌曲《十五的月亮》的歌詞）。從某種意義上說，

這樣也能激發州縣官很好地行使他們的權力。我們比較現在的情況就很不相同，每個地方都有那麼多的政府機構，每個機構看上去都有權力，但我們的分權沒有很好地去劃分，造成權力邊界不清。而且所有機構的背後還存在着某種超國家權力，使得分權原則的實施愈發困難。最後每個機關都有一定的權力，但每個機構都缺乏一定的排他性管轄權，結果是你中有我，我中有你。現在人大搞個案監督，這就意味着碰到案件除了找法院，還要找人大，各個機關的權力都是交叉的，不是獨立的，即便是各機構的內部人員也不見得搞得清楚，更何況是不了解國家機構運行的普通老百姓。這樣，裏面的人搞不清，外面的人搞不清，月朦朧，鳥朦朧。最後老百姓都變足球了，被踢來踢去，而且還是中國國家隊的足球，怎麼踢也踢不進門裏去。這是一個很大的弊端。

當然，我們今天不可能建立一個一人政府，但我們能做的是盡量地精簡政府架構，把權力劃分得更清楚。然後，讓人民非常清楚地知道，「我」的這個事情，就是要在「這裏」辦的，法院就是要獨立審判的。既然憲法規定，法院獨立行使審判權，不受行政部門干預，那麼我們就要堅決做到。

傳統之二：科舉制度

古代社會統治的第二個特點是政府官員的選拔特色，這就是科舉考試制度。科舉制度現在名聲不太好，從1905年廢除後，一直被認為是應當為中國的落後和積弱負責的一種制度。科舉考試制度當然有很多的弊端，但是它也有制度設計方面的優點，所有的官員都必須要經過考試才能擔任。這說明了中國古典社會在官職分配上，並不是依據血緣或者家族等其他的身

份因素，而是要依據一定的聰明才智，這是一種強調「勞心者治人，勞力者治於人」的社會，也就是由有知識的人對社會進行統治，說明統治者在考慮選拔官員的時候，首先要考慮被選拔者的智力狀況，這比起血緣標準而言是一種更合理的選拔方式。我們現在所稱讚與嚮往的民主制度，是根據相關人士受人民擁戴的程度差異來分配官職的。它並不考慮血緣、身份，也不考慮是否是知識方面的精英。

由於社會制度的差異，就會有種種不同的制度安排上的差異。科舉考試的一個很大的好處，就是它是平等的。它是向每個人——當然是每一個男人——開放的，除了乞丐的孩子沒有資格參加科舉考試，其他人都可以參加。這樣的方式，是最有利於讓社會上所有人去競爭的一種方式。中國的官僚階層可以不斷增添新血，而不是由一個固定的階級去統治這個社會。就像中世紀的教皇一般都由底層教士來擔任，這是羅馬教廷的民主因素，因底層教士能夠體會下層教徒與人民的疾苦，這樣就不至於使得他們成為一個過分封閉和缺乏活力的階層。我們的社會把官職向每一個人開放，使得社會的流動性增大。一些有活力的因素不斷加入，有助於吐故納新。另一方面，科舉破壞了中國的階級結構，使得階級處於不穩定之中。或許我們根本就沒有階級，我們今天耳熟能詳的階級概念可能是一個虛構的東西。高度的流動性，使得經常會有一些底層的人進入高層的統治圈，所以中國古人常常感慨——「人生無常，富貴無常」、「君子之澤，五世而斬」、「舊時王謝堂前燕，飛入尋常百姓家」。貴族制度在我國歷史上早早地就被摧毀了，跟科舉考試得以興起的主流意識形態有密切的關係。

各個階層之間流動性很大，帶來的另一個重要後果就是難以產生憲法。流動性導致利益的不穩定，不同階層之間難以

形成持久的緊張關係，這跟西方就很不一樣。西方的階級鬥爭很激烈，最後誰也鬥不過誰。既難以相互吃掉對方，又無法相互融合，所以只好妥協，大家坐下來談判，就產生了憲法。由此而產生的憲法，也就有憲政得以出現的背景，利益的差別使得憲法的含義經常受到爭議。在這種爭議與解釋的過程中，憲法獲得了真實的生命。人們注意到，日本在吸收中國文化的時候，並沒有接受中國的科舉制度，這大概不是一個疏忽或偶然現象，而是很有深謀遠慮的。因為日本是一個階級社會，如果他們引進了科舉制度，就會破壞他們的階級。他們的等級制度是非常森嚴的，直到今天他們的階級結構都還是很明顯的。

另外，由於官員選拔上的平等，就導致了官民不平等的合法基礎得以建立。由於官員在智力「認證」上超過一般的民眾，所以他們能夠使百姓服氣，「治人者」與「治於人者」之間的等級服從關係就順理成章了。我看過一些古代官員所寫的一些書判，文字都很美。這樣的東西因為有百姓的服從，所以也就沒有執行難的問題，而它有還居高臨下的合法性基礎。當然，以我們的現代眼光來看待這些判決，會覺得它們缺乏法律上的合理性。對這樣的制度，我們有時是很難作出一個簡單的利弊得失判斷。據現在神戶大學任教的季衛東博士的看法，日本的法官選拔制度就借鑒了我們的科舉制度。一個人要當法官，他必須要能夠過五關斬六將，必須要顯示他具有人中之龍的那種能力。法官的職業之所以受人尊重，並不僅僅因為他們握有權力，同時也還有他們本身的素質，使他們當法官能夠服眾。這種權威性對於制度的形成和秩序的維繫起了很大的作用。在我們今天這個制度下，之所以人們不尊重法官，並不僅僅是因為法律制度本身的原因，而更重要的在於，我們的制度沒有能夠讓優秀的人進入司法體制。

傳統之三：非專業化

第三個特點是非專業化知識的統治。科舉考試的一個最大弊病，就是它使得人文藝術方面的知識統攝了社會的所有領域，只有讀過歷史以及儒家思想的人才能做官，而且做了官以後還不斷地依賴這些知識。韋伯就說中國古代的官員一半是官僚，一半是詩人。在西方，寫詩是一件非常專業化的事情，但是在中國，一個官員如果不會寫詩，那才是一件讓人驚訝的事情。這就是我們科舉考試所帶來的一個重要的副產品。中國古代官員從小就受經史子集、唐詩宋詞的耳濡目染，許多人甚至對這些知識爛熟於胸。然而，對於應試所需之外的其他知識，他們可以說既無興趣，也不了解。傳統中國這樣的知識結構，會導致整個社會缺乏真正的知識分工，我們中國古代就沒有嚴格意義上的專業科學家、醫學家、天文學家、哲學家等分工不同的知識群體，甚至也沒有職業的文學家，雖然每個人都寫得幾首詩詞。而在西方，早在古希臘時代就已經有了知識門類的細緻劃分。

由於缺乏社會分工，人們所倡導的道德倫常就很難產生具體的職業倫理道德。儘管也有「盜亦有道」這樣的話，但是在社會分工的意義上，並沒有出現職業倫理。這樣導致的結果就是，科舉考試成功以後的官僚在處理案件過程中無法成為法律領域的專家。儘管有刑名師爺給他們出謀劃策，但這只是一些輔助性的工作，幕僚們很難有我們今天法律家意義上的專業法律知識。他們不僅僅沒有這些專業知識，同時他們還要受到身份的限制——他們是為東家服務的，他們這個行業裏的一些準則是反法律的。

另外，在古代官員的知識結構方面，值得我們注意的還有一個特色，就是他們決策過程中的非邏輯化。這一點在中國傳

統中是源遠流長的，從先秦時代，我們就排斥邏輯思考方式，像鄧析、公孫龍這些人，都被認為是擾亂視聽、顛倒黑白的害群之馬。儒家從道統上排斥他們，道家從本體論上排斥他們，認為他們搞這些東西有什麼意義？而且這跟中國語言的運用也有關係。你看中國的語言是非常藝術化的、情感化的，很模糊。它表述人的情緒具有極好的表現力，寫詩歌很美，寫散文也很美，可就是很難作為說理性的文字表述。

　　這種非邏輯化的思維方式，在司法領域裏面就表現為外行知識的統治，外行領導內行也是古已有之。這種非專業知識的統治，還相應地產生了一個後果，就是在具體的案件審理過程中，決定一個案件勝負的，不是理由的充足與否，而往往是力量或勢力的強弱。官員在處理案件時不大注重前後左右的統一性，不惜以今日之我非昨日之我，以此地之我非彼地之他，造成同樣的案件在不同的時間、不同的地點得不到類似的對待。於是，人們便想方設法地通過各種手段對司法官員施加影響。我們讀從前的公案小說，讀《紅樓夢》、《水滸傳》裏描寫的官員處理案件的過程，很難看到公正的司法表現。小民獻賄，惡霸咆哮，無不對判決結果產生影響。直到今天，我們中國人還習慣於到京城來告狀。老百姓希望自己的案件上達天聽，這意味着在地方上他難以獲得正義，所以小民百姓就只能求助於比地方官員能量更大的人來壓制地方官，以此產生對他有利的後果。我曾經與兩位同行編過一本書——《美國學者論中國法律傳統》，其中收有北卡羅來納州立大學歐中坦（Jonathan Ocko）教授的一篇論文，題為〈千方百計上京城〉，它就是揭示了這樣一個道理。這是古代社會司法制度的第三個特點。

傳統之四：非對抗性

第四個特點比較簡單，就是非對抗性的司法過程。古代社會是一個沒有律師的社會，鄉土社會是不需要律師的。我們現在有很多的律師，他們在社會生活中很重要，在民事案件中律師作為當事人的代理人；在刑事案件中，律師能夠起到制約國家權力的作用。這樣經過各方的對抗，能夠使得案件得到公正的處理。我們古代社會沒有律師，只有常被貶斥為「訟棍」的訟師。一些小知識分子，利用自己的粗通文墨來包攬詞訟，幫助要打官司的人書寫訴狀，同時還跟官員溝通。有人認為，官員們也很依賴這些訟師，但這種重要性並沒有使他們受到尊重。相反，他們被認為是社會的渣滓。他們在官方的話語中永遠是道德品行低下的人，因為老百姓打官司需要依靠他們，這樣在經濟上就要付出。老百姓也因而不喜歡他們——付出很多，結果不確定，充滿了「投資」風險，經常是「贏了貓兒賠了牛」。沒有律師職業的結果是，我們在官員和百姓之間形成了非常獨特的關係，官家與發生爭訟的當事人之間是直線的結構，而不是三角形的結構，導致的結果就是官方的力量直接作用於百姓。這種非對抗性的司法模式，妨礙了我們秩序的正常建構，民眾之間的糾紛沒有在合法基礎上衝突，而直接演化為官民矛盾。儘管古代社會的制度中有制約地方官的制度安排，但卻沒有產生像檢察官這樣的制度。現代檢察制度的所有內容在古代都沒能形成，這對我們當代的司法制度都有着深刻的影響。有人說我們今天的司法制度，是一種超職權主義模式。也就是說，在審理案件過程中，法院、檢察院所代表的國家權力依然非常強大，一方面民間的力量顯得非常弱小，另一方面檢察官和法官之間的衝突又被認為是很犯忌的事情，而難以建立真正的官方內部競爭機制。在英美國家能夠形成這種健康的競爭機制，跟他們的文化多元主義有很大的關係。他們允許甚至倡導

一定程度的衝突，一定程度的競爭，而我們的傳統文化強調以和為貴，講究統一。比方說，日本人也有違憲審查制度，但他們用得很少，幾十年來日本人幾乎沒有用過這個制度。這似乎很奇怪，但它實際上根子還在東方文化之中。這是我講的中國古代社會的四個制度特點。

今天，我們這個社會已經發生了巨大的變化。百年來我們接受了太多西方的政治制度安排、經濟的安排、法律制度的安排，包括教育制度都是從西方來的——我們古人沒有這樣一種構想。儘管我們所引進的這套東西總是被本土的文化所改變，不斷地被變得非驢非馬，但是它們畢竟進來了，現在沒有人會希望我們再回到古代社會的制度中去，所以這些東西改變了我們的生活，改變了我們的制度，這可以說是一個比較明顯的過程。

另一方面，我們也應該看到，我們固有的一些東西還在束縛着我們的手腳。我們埋葬了非專業化的司法模式，可是它們還在墳墓裏面統治我們。許多人還認為法官算是什麼東西，法官不就是什麼人都可以做的一種職業嗎？法院到今天，仍然是外行人最容易進入的領地。有人說中國人很奇怪，到醫院去當大夫，大家覺得必須要有專門的訓練，到幼兒園去當阿姨也需要一個幼師畢業的學歷，但中國就是有這麼一個機關，幾乎什麼訓練都不需要，就可以進去做，這就是法院。這不是一個單純的社會主義影響的問題，這是我們兩千年來非職業的司法對我們今天行為與制度運作的潛在制約。它使得一種專業司法的社會意識難以樹立，由此帶來的許多不正常的做法，並且對這類做法人們似乎習以為常，也可以說是習非為是，對倡導司法的專業化的主張反而覺得很怪異。另外，我們在近代反傳統的思想潮流下，又把一些好的東西給反掉了，通過科舉制度而形

成的民眾對政府的服從、尊重反而被反掉了。沒有哪個國家的
選官制度會像我們今天這樣。有時候想想，我們還不如100年
前、200年前的人們的生活狀況，因為他們還有一些最基本的制
度，可我們現在都沒有了。我們建立了一個分權的制度形式，
卻沒有實質的分權，而且我們長期以來批判三權分立，把它當
成資產階級的一個專利，但我們沒有好好分析三權分立的社會
學意義、它的分工意義、它的技術性意義。這樣帶來的一個後
果是，我們只有形式而沒有實質，成本很大，但受益極少。

「以史為鑒，可以知興替」。從歷史的視角觀察和分析我
們今天體制和制度上的特色，有時可能會給人一種文化或歷史
命定論的感覺，或者過多的類型研究的色彩。不過，我個人不
贊成任何命定論學說，並且相信大家都看得清楚，百年來我們
的社會結構、社會心理以及文化的各個方面所發生劇烈而深刻
的變化。更重要的是，我們的法律教育以及法律職業化都有了
長足的發展，並且這種發展將會對今後的社會走勢產生無可估
量的影響。這是我們能夠對中國法治建設抱樂觀態度的重要依
據。當然，樂觀的前景離不開我們每一個人的知識、智慧以及
勤勉的努力。我願意與各位共勉。

答問錄

問： 我（張中秋教授）利用權力先提個問題。我以為你對古典
制度的描述，比如抵制外來文化，非對抗性，我是贊成
的。但是，我認為你對古典制度是不是太理想化了。州
縣的官是少的，但吏是非常大的。對古典案件，大多是
用情理審案，我同意，但是對刑事案件，還是很重的，
很嚴格的。

你認為中國的社會是流動的，有本書就談流動的中華帝國。日本是個等級社會，推動了社會文明，印度也是等級社會，為什麼就不一樣？

我們的司法有很多嚴格的問題，和歷史是有聯繫的。台灣也有聯繫，台灣傳統的接受比我們更多，我們的問題的出現，和體制有沒有關係，你也要講講體制問題。

答： 黃宗智教授到北大去，我就對他提出這麼個問題：「你是個歷史學者，不是研究法律的，我提這個問題，就是想說明法律人怎麼思考的」。他們也提出過刑事案件，特別是死刑案件，在古典是很嚴格的，但民事案件還是講情理的。

為什麼印度的種性結構，發展不出後來的制度？我看這個問題就像人們說的那樣，「春江花暖鴨先知」，那麼「鵝」怎麼不知呢？為什麼德國、日本、瑞士製造的手錶那麼小，俄羅斯製造出來的就那麼大？這和民族性很有關係。印度文化是向後看的，印度人認為在這個世界上人只是匆匆過客，人對城市的態度就不像其他地方那樣，宗教也是其文化的原因。

第三個問題是與台灣的比較問題，台灣是高度法治的社會，台灣繼承的更多的是傳統，人想要中斷歷史，反而壞的東西會更多。當然，台灣的經驗也有其局限性。

問： 如果法官不按程序辦怎麼辦？你對電影《流浪者》的辯詞怎麼看？

答： 這個問題不是能夠馬上改變的。比如刑訊逼供的問題，實事求是，這需要時間。《流浪者》是文革後看的，還有《追捕》。至於《流浪者》裏的辯詞，我記不清了。

問： （補充辯詞）「法官的兒子永遠是法官，賊的兒子永遠是賊。」

還有一句，「法官不相信良心，良心不相信法官」。

答： 這要看在什麼語境下使用的，法律能遵從道德嗎？對這個電影，我記不太清了。

問： 社會上多數犯罪的人都不是不知道法律，「普法」（編按：普及法律常識的簡稱）在這方面有用嗎？

答： 社會上多數知道法律，但是他們仍舊在犯罪，「普法」解決不了這個問題。官員腐敗如何解決，我幾年前就在考慮司法獨立的文章。我寫善待官員。為什麼美國的官吏不腐敗？不是因為他們的薪水高，是因為他們的制度嚴。陳希同對照美國的制度，也會思考一下我們的制度嚴不嚴。美國的制度不惜動用幾千萬元，來調查總統的花邊新聞。

問： 理想狀態的檢察制度應當是怎麼樣的？

答： 我對檢察院的運作不是很清楚了。如果要我談法院，我就精神來了，因為我對法院比較了解。中國的檢察制度來自前蘇聯，像這樣的檢察制度是獨一無二的。像這樣的設置，我擔心如果不制約它的權力怎麼行。民行（編按：民政行事的簡稱）檢察插得太深了。檢警一體化，檢察院當然歡迎，我認為短時間不可能實現，因為我們國家太看重警察了。

第12講　正義的行頭

從法官換袍談司法理念

題記：這是2000年冬天，我在北京大學的講座記錄。

今天是應北大團委和法學院學生會的邀請，來給大家搞這樣一個講座。講座的內容涉及中國的司法改革。這是一個嚴肅的題目，應當選擇一個好一點的視角：在這麼一個冬季裏的周末晚上，我想選一個暖和點的話題，就講衣服吧，讓大家能夠感覺到一些溫暖。

儀式的重要

在座的各位都知道，衣服實在不是個簡單的問題。人為什麼要穿衣服是值得討論和思考的。仔細想想，衣服又是非穿不可的。比如在最熱的夏天，大家還是要穿一點衣服，不能一絲不掛地在大街上走。從人類學的角度來看，衣服有好多有用的功能：首先，是保暖的功能。其次，是遮羞的功能。人類和其他動物不同，需要有衣服遮一遮自己，從亞當、夏娃開始就用樹葉遮。第三，是美化的功能。曾經有一個法國的服裝設計師設計了一套非常適合人類穿的衣服，但大家都不去穿，主要

是因為穿上了感覺不美。我們今天穿的衣服，有很多部件從實用的角度看是多餘的，比方説西裝裏面的領帶，那個東西除了方便別人把你一下子勒死之外，好像沒有別的有用的功能，功能只在於看上去很美，有美化的功能。衣服的第四個功能，在於有的衣服是身份的象徵。比如從前古代老百姓不能隨便穿黃色的衣服，黃色的衣服是專屬皇家的，一般的説法是這樣。今天當我們在街上看見穿藍色制服的人站在那兒，我們知道那是警察。我們看見穿一身袍子的人，在大學裏他可能是教師或者要畢業的學生，但更多情況下，我們看到穿袍子的人可能是法官。

大約五年前開始，我多次在報紙和電視等傳媒上鼓吹，我們法官的服飾應當改變，由大蓋帽、軍警式制服變為法袍。所以，當1999年最高法院決定要換法袍時，一家媒體在採訪我的報導裏稱我是在中國第一個倡導換法官服的人。我還説，我自己都沒有想到會這麼快就改變了服飾。所以，中國的有些事情要改變也容易，一推動就改變了。應當説，真正促使我們換服的動力來自司法機關內部。隨着司法界對外交往的日趨頻繁，那身軍警式制服讓我們的院長們以及法官們愈來愈不自在。法官應當穿什麼樣的衣服，也就愈來愈成為一個不小的問題。現在，總算改了過來，實在值得慶賀。當然有的人批評説，你不要洋洋得意，真正的袍子裏面的東西要改是很難的，換一下袍子並不難。但是你們知道，魯迅講在中國動一動桌子就要付出流血的代價，服飾的改變，並不是一件非常小的事情。

大家可能有不少不是學法律的。你們對法庭、對司法制度，可能並不比像我們搞法律的人那麼熟悉。通常人們會覺得，在法庭上發生的種種事情只和打官司的當事人有關，但實際上，研究法律的人都知道，法庭中發生的種種真是和我們密切關聯的。比方説，去年恒升電腦公司訴王洪以及兩家媒體的

案件，由北京市海淀區法院審理判決，按說這樣的判決只和王洪以及恒升筆記本電腦公司有關係，但實際上和我們大家都有關係。王洪買了該公司的筆記本電腦之後發現質量存在嚴重問題，返修過程中對方接待態度很不好，還說因為王某對電腦進行了升級，所以要收他7,000塊錢。王洪非常憤怒，於是在網上開了個主頁，上面貼上了他的一張大字報，題目彷彿是《請看我買恒升筆記本電腦上大當的經過》。文章裏說，恒升筆記本電腦嬌氣得像豆腐渣，這樣的垃圾產品我希望大家都不要買。許多網友也上去幫腔，罵這個電腦公司。恒升公司覺得它的名譽受到極大傷害，到海淀區法院提起訴訟。法院作出判決，侵犯名譽權的行為成立，王洪要賠償該電腦公司50萬元人民幣，其他兩家轉載媒體各賠償近25萬元。這樣該電腦公司有將近100萬元的進賬。後來，我在《南方週末》上發表一篇文章，叫〈不智的訴訟，含糊的判決〉，對判決書進行了對我來說很少見的批評。這樣的事情發生以後，你會發現，法院一旦判決一個人不能在網上發表批評一間公司的言論的時候，我們每個人的言論都受到了一定限制，每個人在網上的自由都受到了制約。因為其他人如果也像王洪那樣，在網上發表批評某個企業產品或服務的文章，按照同樣事情同樣對待的法律原則，其他公司照樣可以提起訴訟，照樣能夠得到賠償。法院作出判決的時候，會影響到我們每個人的生活，會影響到我們將來怎麼去對估計自己的行為的法律效果。這樣一種司法的過程就和每個人發生了千絲萬縷的聯繫。法院是一個非常重要的機關，尤其當我們要建立市場化經濟的時候，法院的重要性在明顯擴大。

與此同時，法院又是特別講究禮儀的地方，是現代社會中最講究儀式的地方。我們常常說中國是個禮儀之邦，現在總說一個人很有禮貌，待人接物很誠懇。美國人很不理解，為什麼中國人遞一個名片要用兩隻手——這麼輕的東西，一隻手就行

了。對中國人來說，這是有禮貌的表現。但我們常常忽略在中國古代社會裏，所謂禮，不僅僅指對人要有禮貌，更重要的是儀式。儀式在古代社會有「五禮」，比如婚禮。結婚是人生大事，要有儀式化的東西，我們今天有時候兩張單人床往中間一湊，這在古代是絕不允許的。比如葬禮。今天我們還能看到，一個國家領導人去世了，要由四個士兵抬着棺材走下來，士兵的胳膊都甩得很大，表示一種禮儀。此外，還有軍禮、嘉禮等。你可以發現，古代社會中儀式總被強調。

英國有個憲法學家白芝浩（Walter Bagehot），他寫過一本很有名的著作，叫《英國憲法》（*The English Constitution*）。他說，英國的憲法分為兩個層面。第一個是非常實用的層面，另一個是非常儀式化的層面，這兩個層面在英國憲法中結合得非常好。華麗的層面，比如英國王室的尊榮、王室門口的士兵換崗，是遊客必看的節目。士兵戴的帽子幾乎都看不見眼睛了，幾百年來士兵穿的衣服，裝飾得非常漂亮。換崗本身是一個儀式。英國國會開會的時候，不少儀式給人的印象非常深。比如上下議院要開一個聯席會議的時候，通常是下議院的議員到上議院去開會。開會的時候並不是像我們這樣，代表人三三兩兩走向人民大會堂，邊走邊聊，臉上洋溢着喜悅的光芒。不是這樣的，一定是下議院的議員們在下議院集齊，然後上議院派一個人過來叫他們。來的人穿着非常正式的禮服，手裏拿着一個黑色的權杖，走到門口以後，敲門三聲。門上有個小門洞，裏面的人要把門洞打開，往外看一下，問：「來者何人？」外面的人回答：「黑杖典儀官到此，引領下議院議員開會。」裏面那個人一定要朝典儀官身後看一看，確認後面不是跟着士兵來抓議員，然後門洞合上，大門開開，下議院議員們魚貫而出，到上議院開會。直到今天，這樣的禮儀還得到嚴格的遵守。過去某個時期，國王曾派出軍隊跟黑杖典儀官把下議院的議員都抓起

來，後來就發展出這樣的禮儀，一定要先把門關得緊緊的，敲三下門，要看看有沒有軍隊。白芝浩講，這套禮儀簡直是美輪美奐，定能喚起每一個英國人的自豪。

另一方面，英國制度中有實用的那部分，比如文官制度。英國的文官體系高度簡樸、實用，並不追求奢華。大家想想看電視的時候，英國首相在唐寧街10號會見外國來賓，你不可能想像堂堂英國首相的官邸為什麼會是那麼小的一個門，那麼平常的房子。一些遊客如果沒有注意門口站着士兵的話，絕不可能意識到這是個極特殊的地方。白芝浩認為，在英國的憲法中，這兩者結合得非常好，有一種反差，華麗的非常華麗，而樸實的極其樸實。這是英國制度的一個重要特點。

今天，我們中國的制度也有一些講求華麗的地方。比如天安門廣場的升旗儀式，每天早晨一定要在太陽升起的時刻響起樂聲，然後由一武警方隊護衛旗幟出來，在國歌聲中升旗。當你看到有些人手撫着胸膛看着升旗，當你看到有些人眼含着淚花的時候，你可以感覺到周圍這些人為生活在這個國家感到自豪。如果說要講求實用的話，根本不需要花這麼多錢養這些人來護送這麼輕的一面旗。找一個退了休的老頭，每天早晨太陽升起的時候，夾着旗幟到天安門廣場，把它升起來就行了，那能節約好多開支。但是，國家寧可花那麼多錢養這麼個儀仗隊伍，因為對於國家來說，這禮儀是非常重要的。

在英國和其他的西方國家，法庭之上的儀式都是非常發達的。進入法庭之後，你會發現自己到了一個非常奇怪的地方，你看到法庭之上的法官穿的服飾，半夜撞見的話你肯定會嚇死。英國的法官以及從前英聯邦國家和地區，包括香港的法官，頭上戴着一個披肩假髮，律師戴着小假髮，法官和律師都穿法袍，通常是黑色的。這種裝飾下的開庭，給人一種非常有

禮儀的感覺。法官手中握一根錘子——這也成為法官的一個標誌——要說話之前會先敲三下，說完話以後再敲三下，然後就休庭了。所有這些儀式化的場面給人以深刻的印象，好像和我們常人想像的很不一樣。如果我帶大家到我們的法庭之上，尤其是到我們過去的法庭之上——當然現在絕大多數的基層法庭可能仍然還是這樣——你看到法官之後，會突然覺得像是到了軍事法庭。法官穿的是很軍事化的服飾，當然不是完全的軍服，比如戴着大蓋帽，穿着一身制服，但制服本身又缺少一根武裝帶，不像警察和軍人，有肩章，有帽徽。為什麼中國的法官會穿這樣一套服裝，而西方的法官會穿和中國法官那麼不一樣的服飾？不同的服飾背後，揭示了什麼樣的道理？我們今天就來討論一下。

法官的責任

我們看法官的不同服飾，背後揭示的第一個道理非常有意思。西方所有國家的法袍都是黑色的，只是有些國家的法官戴假髮，而有些不戴。歐洲中世紀和近代早期許多國家都戴假髮，但到近代資產階級革命以後，由於民主主義思潮的興起，假髮在許多地方都被廢除，只有英國還恪守自己幾百年來的傳統。大家記得，美國第三任總統傑佛遜批評假髮說，他最恨的就是英國式的法官的假髮，陰森恐怖的小眼睛從假髮後面閃着藍光的場景，簡直受不了。美國也廢除了假髮和法袍，但後來法袍恢復了。假髮、法袍這樣的服飾所營造的氣氛突顯法官這種角色、這種職位極為重要。假髮這個東西，和我們平常商店裏賣的假髮不同。我們有些髮源稀缺的朋友，為了掩飾頭髮稀少，去商店買了一個假髮戴。那樣的假髮可以叫做美容式假髮，它追求的效果就是以假亂真，假的和真的一樣。法官戴的

假髮屬官職式假髮，表示自己的官職，它要營造的是生怕你看不出來這是假髮。所以這種假髮戴上去以後，給人一種特別非人化的感覺。也就是説，戴上假髮的人看上去就不是個人了。法官戴的要把法官當作非人非神，半人半神。我想，這種營造有它特別的深意。

另外，法院和法官在社會中承擔三個層面的事情。

第一個層面是處理案件，解決糾紛。這是法官承擔的使命和最基本的角色。

第二個層面是要為社會提供統一的法律準則。也就是説，社會的法律準則需要法官在司法過程中逐漸加以統一。許多人想，一個國家統一的法律主要靠的是國家的立法機關，制定法律的人制定出一部法律，全國上下都遵守，那就有統一的法律了。但其實稍微了解一點法律的人都知道，這一點是很難做到的。法律是由語言構成的，而事實早就已告訴我們，對同樣的文本，仁者見仁智者見智的情況是很可能發生的。語言讓我們理解，語言也讓我們誤解。錢鍾書先生曾用水來比方語言在人際交往中的作用。他引古詩「君家門前水，我家門前流」，説是人們通過語言而相互溝通；但是，「盈盈一水間，脈脈不得語」，這又形象地顯示正是語言讓人們誤解。

法律條文裏充滿了可以作多方面解釋的可能性。我曾經舉過這樣一個例子，《中華人民共和國憲法》裏規定：「中華人民共和國公民有勞動的權利和義務。」請問在座各位，什麼叫勞動的權利和義務？什麼時候我的勞動權利被違反了？什麼時候我沒有履行勞動的義務？誰也説不清楚。我們法學院院長説，現在定崗定編了，15%的下崗名額裏給我一個，我能不能説這違反了我的勞動權？或者説違反了我為北大勞動的義務？

我想義務為北大勞動勞動。這是不容易搞清楚的問題。憲法裏規定，全國人大常委會的組成人員中應當有適當比例的少數民族代表。請問什麼叫適當比例？是按人口比，還是按所佔的疆域比？或者按《公司法》的基本原理，漢民族佔51%，少數民族佔49%，把全國人大常委會辦成一個控股的公司？還有，什麼叫少數民族？各位想，不就是56個民族中除了漢民族的55個嗎？請問抗戰和解放戰爭時有一些猶太人或外國人到中國來幫助中國人的解放事業，像馬海德（Ma Haide）、愛潑斯坦（Israel Epstein），他們當上了全國人大常委會委員，他們算是少數民族還是漢族？所以我們可以發現，法律裏充滿了這樣模糊不清的問題，需要我們加以解釋。解釋的必要性使我們感到法官是非常重要的。如果法官的解釋七零八落，深一腳淺一腳，翻手為雲覆手為雨，這個國家就不可能有統一的法律準則。不同地方的人表面上可能生活在同樣一套法律體系之下，實際上，可能生活在很不一樣的或者非常隨意的法律之下。所以，我們需要有一個法官群體來保障法律解釋的統一性，這是法官能起到的第二個作用。

第三個作用，在任何社會中，司法都是一種正義的符號。它不僅是實用的，還是符號化的。一個國家、一個社會、一般人民如何去理解什麼是正義，什麼是法律上的正義，什麼是國家倡導的東西，在很大程度上並不是靠上面的某領導人怎麼說，或議會制定什麼法律。實際上，人民感受法律感受正義的準則，最重要的是他自己或者他的親朋好友遇上案件時，法官的舉手投足之間是否真正體現了這種正義的風範。對正義的展現，使我們認為法官是社會上非常重要的角色。

不僅如此，最近美國發生的事讓我們看到了，司法制度在一個民主社會中的另一個角色。那就是說，司法經常能夠有

效地裁判民主制度在操作過程中所發生的衝突。我今天在網上看到一篇文章，叫〈妥協還是契機——從本次大選中的爭端看美國司法在民主中的地位〉，它引了托克維爾的話。我們知道約170年前這位法國著名的思想家、美國民主制度最偉大的理解者托克維爾，到美國去以後，發現美國社會的一個非常重要的現象，幾乎所有的政治問題或早或晚都會轉變為法律問題，而由司法加以解決，這是美國的特色。所以文章的作者說，他一看到美國大選發生爭端以後，就感覺這件事肯定要由法院來加以解決。果不其然，過了幾天，法院作出裁決，判決三縣有爭議的票應納入到總體票數中。小布殊非常憤怒，馬上提起上訴，聯邦最高法院將於12月1日舉行長達90分鐘的聽證會。你們知道，聯邦最高法院九個大法官都是老年人，七個老男人，加兩個老女人。這九個人給一個案件90分鐘時間可是一件不得了的事。最高法院的那座法庭很特殊，一般人到那裏之後會非常緊張，上面端坐着九位大法官，氣氛莊嚴，大法官們不怒而威。有一次，一個女律師慌亂之中稱呼法官稱呼錯了。現在的首席大法官叫William Rehnquist，所以稱呼他應當是"Chief Justice Rehnquist"，也就是「倫奎斯特首席大法官」。女律師一緊張，說成了"Judge Rehnquist"。美國的法官名號有兩種，最高法院所有法官都叫"Justice"，其他法官稱為"Judge"。結果大法官非常不高興說，說"I'm not Judge Rehnquist. I'm Justice Rehnquist. I'm Chief Justice Rehnquist. I'm Chief Justice of the United States!"把那個女律師慌得恨不得鑽到地洞裏去。後來，哈佛法學院的教授德蕭維奇非常憤怒，挖苦了Rehnquist大法官的這種行為。這是題外話了。我們看到，在民主國家裏，司法可以解決政黨爭議，過去由戰爭解決的問題，現在由法院加以解決。

前年我有機會到台灣訪問，我發現台灣的司法也開始承擔這樣的角色了。那裏的司法院大法官會議，便是由一些非常重

要的學者和法官組成的。現在台灣的政黨爭議，經常發生的一些政治性爭議，也被交送到法院來由司法加以解決。司法解決政治衝突，是一個非常有趣、非常值得研究的問題。

司法是以什麼樣的邏輯來解決政治問題的呢？我們看到什麼東西到了法院會變得不那麼激烈，不那麼情緒化。法官法袍一穿，加上年齡比較老，處理問題總是一板一眼的，諸如給雙方多長時間舉證、多長時間辯論、怎樣的證據必須排除、如何避免煽動陪審團等等，都有嚴格而平等的程序規則加以規範。律師、檢察官以及法官之間，操着非常理智的語言，用所謂法言法語加以溝通。法官的判決要有好的說理。台灣的大法官會議作出的判決，經常是旁徵博引，引用德國聯邦憲法法院的法官指出如何如何，美國最高法院的法官如何如何。判決書下有好多外文註釋。法律改造社會的力量，就是通過這樣一種把人們訴諸情緒的、在過去需要付諸戰爭解決的問題納入到司法途徑，按照法律程序，用一套法言法語，披着一身法袍，最後獲得一個理性的解決。

法官承擔着如此重大的社會責任，是現代社會中唯一一個言出法隨的職業。法官說的話是法律，正像美國有一派學者公然宣稱的那樣：「什麼是法律？法官說什麼，什麼就是法律。」在美國，這樣的說法相當合理。如果我們仔細觀察在任何一個國家法律究竟是怎麼回事，總要觀察具體的案件處理過程，而這一過程中法官起到了最重要的作用。怎麼使用法律，怎麼解釋法律，最終還是由法官來言說法理。法官可以決定巨額財產的歸屬，可以決定一對夫婦是否離婚，可以決定祖宗傳下的房產是不是作為「釘子戶」而淪為推土機下的廢墟。在現代社會中，司法的法院愈來愈成為政府與人民之間的一個中立的裁判者。人們和政府之間的利益衝突要到法院去解決的一個基本前

提，是法院要在政府與人民之間保持嚴格的中立。如果法院和政府穿一條褲子，人民還有什麼指望？

政府徵用土地的問題可能是一個好例子。你們知道，現在城市建設，經常發生政府徵用土地和房屋的事情。政府要將老百姓的房子拆遷，需要給住戶合理的補償。但是，有時住戶會覺得補償額太低，因此，就拒絕搬遷，形成所謂「釘子戶現象」。我們的媒體常報導法院評價釘子戶必須搬遷，拒絕搬遷者，法院就出動推土機將房屋推倒。在中國的釘子戶，就沒有德國的釘子戶運氣好。上世紀德國有個皇帝威廉一世（William I），他雄才大略，也富於侵略性。在國內他有和毛主席同樣的習慣，喜歡走遍祖國大地，喜歡到處巡視。他派人在波茨坦（Potsdam）蓋了個行宮。蓋完之後，他發現前面有個房子特別礙眼，正好把朝前看的視線擋住了。皇帝很不高興，馬上找來他的內務大臣問話。皇帝知道那是個磨坊，就說：「問問磨坊主的意見，看他願不願意把房子賣給我，咱們買下來拆掉。」內務大臣聽令去交涉，想不到老磨坊主脖子一硬，堅決不賣：「那是祖宗傳下來的財產。我的任務就是維護下來，一代一代傳下去。皇帝要買我也不賣，那是無價之寶。」皇帝說給他提高補償標準，給他高額補償，但他還是不賣。皇帝一生氣，派宮廷衛隊把房子給拆了。

拆房子的時候，老磨坊主站在旁邊，袖手旁觀，搖頭晃腦說了下面幾句話：「你做皇帝的當然權高勢重，你可為此事。但我德國尚有法院在，此不公平之事我必訴之於法庭解決。」第二天，一紙控狀送到德國地方法院。法院作出判決，皇帝必須「恢復原狀」，賠償由於拆毀房子造成的損失，皇帝敗訴。皇帝拿著這個判決書，只好乾笑幾聲，說：「我做皇帝的有時候也會利令智昏，權令智昏，認為自己可以無所不為，幸虧我們國

家還有這樣的法官在，這種情況下判我敗訴，這是多麼可喜的事情。趕快恢復原狀。」又給蓋起來了。當然這故事還沒完，過了幾年，老威廉死了，威廉二世（William II）登基；老磨坊主也死了，小磨坊主「登基」。小磨坊主想進城，想把房子賣了，他自己手頭也特別拮据。突然想起他爸爸以前說過，這房子老皇帝曾經想要，小皇帝會不會還想要呢？他就寫了封信給威廉二世，想把房子賣給他。威廉二世給他回了信：「我親愛的鄰居，你的來信我已收到。聽說你現在手頭緊，身為鄰居我深表同情。你說你要把磨坊賣掉，朕以為切切不可。畢竟這間磨坊已經成為我德國司法獨立之象徵，理當世世代代保留在你磨坊主家的名下。至於你的經濟困難，請務必理解我身為一個鄰居的心態，我派人送去3,000馬克，請務必收下。如果你不好意思收的話，就算是我借給你的，解決你一時燃眉之急。你的鄰居威廉二世。」到現在那個磨坊，德國司法獨立的象徵還巍然屹立在德國的土地上，這是件非常感人的事。

法袍的寓意

司法現在經常在政府與人民之間充當中立的裁判，所以它承擔着更大的使命，而且這個使命不大容易承擔。司法操縱着生殺予奪的大權，這樣巨大的權力承受在一個常人的肩膀上，人們往往覺得心裏不踏實，所以需要把這個常人加以包裝，包裝得和人不一樣。頭髮一定要怪怪的，衣服要不同，這樣給無論衣服之內的人還是衣服之外的人都有強烈的警醒。那就是說我所做的工作不是一個平常的工作，我所做的工作涉及人命關天的事情，我所做的工作涉及法律準則的統一，這麼重要的工作我一定要認真地做。穿上這套衣服以後，其他的人對他也會

有強烈的期望。我想，這是把法官營造得非常奇特非常不一樣的作用。

軍警式的制服所營造的氣氛，就比較簡單了，那是一種工具化的氣氛。穿這身衣服的人其實沒什麼了不起，他不過是個服務的角色，他是完成我們另外某種價值的輔助角色。中國的法院一直處在權力的邊緣，在長期的計劃經濟時代，司法機關是無產階級專政的工具。我是1978年開始學法律的，進學校前還是作為絕秘專業招生，一定是苦大仇深出身的人才可以學法律。進去以後，就教育我們要做無產階級專政的「刀把子」，法律教育的目的就是把一個人磨得鋒利。我們看得到，長期以來司法機關的角色，法律人的角色，就是服務者。1952年我們為土地改革服務，1956年為「反胡風」服務，1957年為「反右」服務，1958年為「大躍進」服務，「三馬齊出動，擰成一股繩，下去一把抓，回來再分家。」我們現在看當時的報紙很好笑，但那都是實實在在的歷史事實。1966年為偉大的無產階級文化大革命服務，服務不長時間，法院就被軍管了。我還曾接到過一個當事人寄來的當時的判決書，判處他反革命罪。這個判決是由山東煙台軍分區中國人民解放軍政法委員會作出的。當然，文革後期法院恢復了。後來終於結束了文化大革命，法院馬上為改革開放服務，後來為商品經濟服務，為市場經濟保駕護航，現在又為西部大開發服務。總之，法院永遠是一個次要的角色，並不是個神聖化的角色。如此次要的角色當然不需要那樣奇特的包裝，所以就穿了一身軍警服。這是我們說的第一個層面的含義，法官是一個特殊的神聖的角色還是一個工具化的角色的問題。

第二個方面的含義，穿着法袍的人有一種獨立感。他是獨立的職業、獨立的人。司法的角色象徵着獨立性，法官最重要

的品質是獨立。為什麼司法要獨立？其實每一個法官要獨立因為法官處理案件，行使權力只在法庭之中。在法庭中行使權力的過程，需要有一種對人的觀察。比如在司法過程中，我們為了查清案件的事實，離不開當面鑼對面鼓地觀察。證人在作證之前要宣誓，宣誓之後法官會向他反覆強調，「你已經向上帝宣誓了，現在你說的話如果有假的話，你不只是對我撒謊，你是對上帝撒謊。」這對人心理上有所警醒，這是非常重要的。我們現在是辯證唯物主義，天不怕地不怕，所以我們現在偽證特別多。當偽證率很高的時候，說明一個民族道德、倫理層次的下降。

證人在作證時，法官要觀察他有沒有作偽證，神色怎麼樣。我們古代有句話「以五聲聽獄訟」。為什麼他臉紅？為什麼突然口吃？為什麼發抖？這時法官必須當面觀察，當面判斷，這樣的職業需要長期以來在法庭上積累的經驗。在西方國家，尤其在英國和美國，對法官的選擇是非常講究的。有一個古老的諺語，叫「法官老的好，律師少的俏」。法官愈老愈好。老的才有經驗，老了才能對人情世故作出一些判斷。我曾經說過，我人生中最大的災難就是在大學畢業實習期間讓我去處理婚姻案子，我怎麼去處理？還勸大家，「一日夫妻百日恩」？像我這樣一個嘴上無毛、從沒結婚的人，怎麼跟人家說「一日夫妻百日恩」？在英美國家，包括香港，通常不會出現40歲以下的法官，通常從執業十年以上的律師或者檢察官隊伍裏選任。一個法官最不好的是容易被迷惑，經常心裏拿不準。從前有個法官，聽完原告的陳述後，對原告說：「你說得對。太有道理了。」再聽被告說，說完了，對被告說：「你說得對，你說得真有道理。」旁邊的書記員說：「法官大人，不可能兩方面都對的，因為他們是對立的。」法官說：「哦，搞了半天原來是你說得最對。」法官需要良好的判斷力，法官這個角色不需要

搞年輕化。當然,年老的需要有一個補償。這個補償是法官基本上是沒有退休年齡限制的,不能強制退休。美國的霍姆斯大法官62歲擔任最高法院大法官,一直幹到91歲。他一坐在法庭上,白鬍子、白頭髮、黑法袍,真正給人一種司法的威嚴。這能帶來一種重要的效果。有時候司法處理的問題,不一定有很明確的是與非,沒什麼真理不真理的問題。司法所解決的問題,不過是一種平衡術,這就是為什麼古羅馬人給法律下的定義是「一種公正善良的藝術」,這樣的藝術需要有偉大的藝術家來表演。

說明這個道理的一個經典案例,是婦女有沒有權力墮胎的問題。女權主義者們的口號是「我的身體我的自由」——老娘要把肚子裏的東西做了,你管得着嗎?法律,什麼法律!都是「臭男人們」制定出來限制我們女人的。兩千年來的法律歷史都是一部男人欺壓女人的歷史。那天我給我們2000級新生開迎新講座。我一看不得了,這屆女生佔六成多,相當可怕——我身為一個男教師,我深感憂慮,將來恐怕法律要變成女人的聲音了。現在法律基本上還是男人主導的聲音。女同胞認為,不允許墮胎的法律對她們是一種不合理的限制。有道理,這種要求一點也不過分。另一方面,保守人士看來這是非常嚴重的問題。這不是殺人嗎?當然是殺人。搞法律的人在那裏搞了個虛偽的說法,認為人的生命從出生之時開始。這是虛構的東西,真是這樣嗎?不,人的生命是從受孕開始,沒有上半場哪有下半場?沒有十月懷胎,哪有一朝分娩?那不是生命是什麼?你為什麼要懲罰在大街上殺人的人,為什麼不懲罰在醫院殺人的人?有區別嗎?我看有區別。區別就是在大街上殺人時對方可以反抗,可以正當防衛,而在醫院殺人這個小生命從來不跟你交涉,從來不搞正當防衛。選擇更殘忍的方式殺人者,難道不更應該受到懲罰嗎?我想問問大家,這裏面有真理嗎?不。其

實法官很難判決這樣的案件，這是一個所謂的「艱難案件」。但法官又不能不判，這時唯一可以求助的就是法官的崇高威望。實際上，這樣的判決無法獲得人民普遍的真正的擁護。現在我最不喜歡的法院系統流行的一句口號是：「做人民滿意的好法官，做人民滿意的好法院」。現在法院正在開展這樣的所謂的「雙滿意」的活動，還要評「雙滿意」標兵（編按：「標兵」是指可以作為榜樣的人或機構），怎麼可能是「雙滿意」。叫人民都滿意，最多只有一半的人滿意，那就是勝訴的當事人滿意，敗訴一方的人絕對不滿意。有時甚至勝訴的一方也不見得都滿意，因為許多人都覺得勝得還不夠，勝得不過癮。可見司法常常在一條艱難的路途上跋涉，作出判斷，在這種情況下，法官、法院必須要有崇高和獨立的地位。

我們國家還不具備這種獨立。我們講司法獨立，講法院獨立，基本上講的是整個法院系統獨立於外部，而基本上不講法院個人的獨立。有一種說法：現在的法官，你控制他還這麼差，搞司法腐敗。什麼「大蓋帽，兩頭翹，吃了原告吃被告」，原告被告都吃完，還說法制不健全。我自己正在做個論證，希望人們意識到這種思路可能會導致惡性循環，會使我們的法官素質愈來愈低而不是愈來愈高。大家想想，我們的最高人民法院在1998年下半年的時候對外招考十名高級法官。我知道那個高級是什麼意思，就是處級法官，處級審判員。當然從外面招進去就是處級，那對最高法院來說也是破例的。報紙、電視都來宣傳，最高法院招十名高級法官，條件是大學從事法律教學的正教授、研究所裏從事法律工作的正研究員、一級律師、國家機關從事法律工作的正處級以上幹部，最後一條：北京戶口。《南方週末》上有一篇文章對最後一條提出批評，題目是〈北京是誰的首都〉，認為最高法院的這種做法有一種地域歧視。這樣的招法官的做法，受到社會普遍冷落。到報名那

一天，最高法院的工作人員一大早就非常興奮地擺桌子，擺椅子，新聞媒體的「大炮」都架在門口了。幾天下來卻只有幾個人報名。這是為什麼？為什麼中國最神聖的司法殿堂對這些學者、律師毫無吸引力？而在西方國家，被任命為最高法院的法官那簡直是全國甚至全世界矚目的事情，是多麼光榮而神聖的選擇。可是在中國，沒有人報。我曾經問過我的幾個同事為什麼不去報。他們說：「去那兒幹嘛？」真的是這樣。我跟同學們講過，全國最好的一個位置就是北大法學院的教授，比那些高官們好得多，收入都比他們高，而且還自由。到最高法院幹嘛？到最高法院，我可以發表我的文章嗎？不，你發表文章要謹慎，因為人家會以為你代表最高法院，所以最好不要寫文章了。到最高法院做個審判員，我能夠寫體現我的個性的判決書嗎？我有點語言的追求，引證一點國外的判決，註釋裏有點外文。不行。能不能要求庭長別審查我的判決書了？我的判決是我的判決書，不是庭長的。不行。現行的官僚體系不允許有這樣個性化的行為存在，那我去幹嘛？我在這兒挺好的，從來不會發表文章還要院長審查通過。在最高法院那個毫無個性的機器裏做一個毫無個性的螺絲釘，我不去！

法官的獨立性，是法官得以公正、得以在社會中展現正義力量的非常重要的保障，而我們現行的法官制度是官僚化的、等級化的法官制度，不可能做到這一點的。《法官法》的修改過程中，草案中有一條「中國人民共和國法官實行法衛制度」。當時我問「法衛制」是什麼意思，回答是：「因為現在法官外表上看不出什麼級別，體現不出等級，所以，我們要借鑒軍隊的做法，在外表上加以區別，比如一級大法官一個大星，二級大法官兩個星。」我說：「你們現在這套服飾夠彆扭的了，還要搞一個法衛制。」軍隊為什麼要搞軍衛制？因為軍隊最重要的是服從。軍人應該很清楚地知道應該服從誰，應該指揮誰。那不

需要兩個人認識，只要用軍銜來區分級別，以便確立軍隊裏的等級，這是保證軍隊勝利的前提條件。三大紀律八項注意第一條：「一切行動聽指揮，步調一致才能得勝利」。但法官需要這個特色嗎？我們現在實行四等十二級的制度，不斷暗示法官級別，暗示高級法官可以支配低級法官，低級法官要服從高級法官。司法的行政化非常嚴重，最重要的表現就是等級化。科舉制的長期實行，使我們今天建立一個新制度的想像力受到了極大的局限，我們沒法想像除了官這套評價體系以外還有什麼別的評價體系。比如醫院有處級、局級、副部級；和尚，杭州靈隱寺的住持是局級和尚，是政協常委；大學也是。前一段時間我們的報紙上登着，教育部決定北京大學是副部級大學，我校校長、黨委書記享受副部級待遇。我說北大真是紆尊降貴，多麼有尊貴的學校，歷史比國家的歷史還長，校長地位絕不比國家元首低，何必搞個副部級來當。哈佛大學校長從不把國家總統放在眼裏，他也是個「總統」，他的名號和總統的名號是一樣的。唯一不同的是他指揮下的「小國家」歷史比美國歷史要悠久的多，那才是一個大學的尊嚴！

法袍的第三個寓意是，在法袍這一古老的服裝樣式下，法官必須要維護一個職業的完整，維護行業的悠久傳統。它提醒着我們這種角色的特色。這就涉及法治問題。在許多國家裏你會發現，不同的行業對社會變革的特性不盡相同。有的行業喜歡變革，喜歡進步。比如年輕人喜歡社會進步、社會變革；文學家很喜歡社會動盪，詩人很少有人寫歌舞昇平的詩寫出千古名詩的，偉大的詩人都是寫人類的痛苦、社會的動盪，所謂「國家不幸詩人幸」；當然職業革命家喜歡革命；歷史學家喜歡革命。現在社會平和了，我想寫當代史的人簡直無聊透頂，只能年復一年地寫：「國民生產總值增長了……」誰看啊！但是法律這個行業，偏偏培養一個人保守、穩定、不那麼激進，千方

百計維護既定價值的習性。可以說，今天所說的「法治」，之所以得到人們愈來愈多的嚮往，是因為它最大的好處讓我們受到某種過去的規則的制約。法治有幾條黃金定律，一條是法無明文規定不為罪。法律沒有規定的，你即管去做，沒有人會懲罰你。法不溯及既往。從前我們審判林彪、「四人幫」，覺得那是國家法制民主的里程碑；今天回過頭一看，好像還是存在某些問題。因為審判時用的是1979年制定的法律，而他們犯那些有罪的事都是文革期間。這就違反了法治原則，開了一個相當不好的先例。規則一定是提前存在的，行為是後來發生的，這樣的法律才可以遵循。法官每遇到一個案件，他不由自主地就回頭看，看過去發生的種種，看有沒有法律規定。這個法律在有些國家能延伸到200年前，在英國有些法官，現在還在引用14世紀的法律或判例。托克維爾說：「英國人喜歡他們的法律，並不是因為他們的法律好，而是因為他們的法律老。」老的才是好的。《封神演義》裏的申公豹，腦袋被人砍下來了，後來發現砍錯了又給安上去。結果安倒了，臉到後面去了。申公豹走路的時候，往前走就是往後走，往後走才是往前走。我們今天的語言裏也有，說未來的時候我們說「今後」，說過去的時候我們說「以前」，我們的文化到底朝後走還是朝前走，搞不清楚。我們的紀年方式和西方人不一樣——西方公曆永遠朝前走，我們六十年一甲子，是繞着圈子走。

法律家就是不停地朝後看，總是用過去的規則來限制今天的行為。當政治家頭腦發熱的時候，法律學家總是拽拽他的衣袖，或者給他當頭棒喝。這種穩健的保守主義，在許多社會裏創造了重要的價值。加上法官年齡老的特徵，就使得法律家保守的特性更加顯露無遺。另外，又加上法官不受民意制約，更使得法官可以深謀遠慮。在美國這個民主的國家裏，三權之中的司法權，老百姓拿它沒辦法。總統任命法官，全國聯邦法院

的法官八百多人全部由總統任命，這本身就不是個民主程序。而且總統一旦任命，法官就變成了斷線的風箏。總統沒辦法控制他，每個法官都保持嚴格的中立。人民沒辦法控制他，法官在他的正當行為期間終生任職。我們發現，三權分立的制度是民主政體與貴族政體兩種因素相互妥協的產物，尤其妥協在司法領域中。總統這邊，老百姓不高興他就當不了，當上了老百姓不高興，過四年他就要下來；議會所有成員都是民選產生的。但司法，老百姓就是無可奈何。而且，憲法中明確規定，國會不得制定減少法官工資的法令，這是憲法裏唯一規定的一個行業工資問題。林達有一本書，叫《總統是靠不住的》。美國設置的總統制度讓人們強烈地意識到總統是靠不住的，國會議員是靠不住的，但有一個行業大家都認為是靠得住的，那就是法官。為什麼法官不是民主產生的，不受民意制約，反而是靠得住的？這是我們研究美國民主制度應該特別注意的問題。

我們現在的法官穿的服飾是新派服飾，不能提醒我們注意這是個古老的行業，它談不上提醒法官決策是保持連續性，要注意與傳統的契合。

總而言之，我們上面從三個角度，稍微揭示了一下不同法官服飾背後的理念。我想，中國社會結構、經濟管理模式的演變，以及中國政治統治模式的轉變，都使得中國已經走上了一條法治的不歸路，也就是「依法治國」。如何使中國的司法制度走上良性循環，得到人民真正的擁戴，這是我們今天面臨的一個很大的問題。

前不久，我在法學院的一次演講中提到，我們現在司法制度的建設有四個大的矛盾。第一個大的矛盾，是這個社會長期以來沿襲下來的中央動員型的治理傳統與司法獨立之間的衝突。我們喜歡最上面有核心，中間有一把手，都團結在核心周

圍，服從中心工作。這種情況下，司法的中立、獨立等得不到理解。第二個大的矛盾，是依法治國要求的法院要居於權力的真正核心和現在實際上法院等司法機關處於邊緣化的矛盾。最高人民法院院長和最高人民檢察院檢察長在黨內，政治局委員都不是權力的真正核心。這種實際的邊緣化造成了法院現在的矛盾。一方面想討好真正的權力核心，但結果是自己愈來愈卑下，愈來愈低賤；另一方面為了向社會顯示他有力量，在社會中窮兵黷武，搞什麼執行會戰，結果愈發邊緣化。第三個矛盾，是依法治國要求的法律的單極化和實際上法律的多極化的矛盾。依法治國要求法律規定要自成體系，是由人民代表大會制定的一套規則，由最高法院作為最終極的裁判機關來加以解釋。而實際上，有法律效應的東西多極化，我們經常看到，法外有法，法上有法。比如現在流行的「雙規」，黨的紀檢部門可以讓一個人在規定時間，規定地點交待問題。這涉及人身權利，這樣的權力本來只有司法機關以及公安機關在嚴格地遵循法律程序的前提下才能夠行使。法律之外，分明有許多規範超越了法律。最後一個矛盾是巨大的改革熱情和相關知識積累不足之間的矛盾。我們改革熱情很大，不斷推出改革新舉措，個案監督、錯案必糾、對外招考法官、電視直播庭審，但是這些措施相互矛盾相互衝突，這就證明了在相關決策者的心目中，什麼叫法院、什麼叫法官，並沒有一個清晰的了解，所以我們的目標並不清楚。

中國是個古老的具有悠久文明傳統的國家。在追求一個更加合理的社會的過程中，離不開一個良好的法律制度。我相信，司法改革可能會成為政治體制改革的一個重要的突破口，也可能風險會成為最小、收益最大的突破口。所以我想，在座無論是不是學法律的，都應該背負起一個義務。那就是以各自的方式推進國家的相關制度——無論是政治制度還是法律制

度——朝向一個民主、自由、開放、多元的方向發展。我總是想，我們國家在奧運會上可以獲得金牌的第三名，為什麼不能在民主和法制的建設上排名世界第三呢？我相信，我們中國人是有這個智慧和能力的。

第13講 確定性的追求
司法改革如何保持獨立性

題記：這是2002年12月20日，我在山東省東營市中級人民法院所作的演講，以及隨後討論的文字整理稿。感謝該院荊丁丁的整理。

有機會到東營法院講學，在三個方面感覺非常好。第一個方面，就是回到自己的家鄉，感覺非常親切。我的家鄉，離這裏也不算太遠，在煙台市的牟平縣。我從18歲考到西南政法大學去讀書，離開家鄉，到現在已經25年了，在外面的時間比在家鄉的時間還要長一些。不過，對家鄉的情感卻是與年俱增的。我感到特別高興的是，每年都有一些機會回到家鄉，能對家鄉的法律事業做一些貢獻，感到特別愉快。第二個特別高興的是，作為從事司法制度研究的學者，最近十多年來，我一直從事司法改革方面的研究，為推進我們國家的制度建設和改革，不斷地奔走呼號。一年時間裏，有半年在外面奔波。我也寫一些文章，在《法院報》上有專欄文章，強化了與法院之間的交流。過去，我對東營法院的改革有所了解，感覺東營法院的許多措施、經驗都是很先進、很有理論意義和實踐價值的。今年上半年在泰安會議上，我結識了王少南院長。王院長給我一種強烈的感覺，就是他身上透着一種改革的精神。這次到東營來，在中院的辦公樓、審判法庭和法官學院走一走，發現東

營法院的建設和理念，在全國真正是非常突出的，尤其是作為一個中級法院，能夠具有這樣的開拓精神是很難得的。第三個感到特別高興的是，東營法院與我所在的北京大學法學院，有特別好的合作關係。我的不少同事都來過，像朱蘇力院長、劉守芬書記、張建武副院長，還有其他一些同事，都到這裏講過課。他們也一直提醒我要到東營來。身為一名教師，又是司法研究中心的負責人，我自己也認為應當到東營來走一走——在這些誘惑下，今天，我終於來到了東營。

政治文明

這些年來的司法改革，可以說是如火如荼地在全國進行。司法改革走到今天這一步，我們發現，其實有許多方面，大家都在大張旗鼓地做。實際上，在轟轟烈烈的背後，也隱含着一些改革方向、改革資源的配置問題——怎樣把改革推進下去？比如說，司法改革所涉及的不僅僅是司法，我們面臨着一種政治體制方面的困境。如果一個國家的政治體制是不大符合法治要求的那種類型，它就會制約司法改革，因為司法制度的合理化需要一種有助於司法獨立的政治環境，甚至需要一些意識形態上的根本改變。沒有這樣的環境，司法改革往往會流於形式化，換湯不換藥，或者乾脆演化成為一種只是部門利益間的一場爭奪戰。我們都知道，司法體制像法院體制都面臨着相當大的困難，比方說司法的地方化問題，比方說人事財政受地方控制的問題，比方說某些黨政官員干預司法帶來的一些司法不公的後果等。這些問題，我認為不經過一種更加宏大的改革，不通過某種憲政層面上的改革，是很難真正奏效的。

司法改革還存在着一些其他方面的阻力和障礙。這些阻力和障礙可能與我們這種職業有密切關聯。法官這樣一種獨特的

職業，到底是一種什麼樣的職業？法院這樣的機構，到底是怎樣的一種機構？我有的時候到一些法院去看，可能覺得新樓蓋得非常豪華，但你總覺得它蓋得像一個賓館，或者只是一個行政化的機構，而不像法院。所以這些司法制度建構——比方說如何在法院的機構設置方面更加尊重法官的獨立性？——所有這些細緻入微的司法建構方面的東西，我覺得整體而言，我們還缺乏一種非常深入的研究和思考。

百多年來，我們在不斷地引進西方政治模式，我們試圖引進這樣的政治，但你會發現這種制度正在變形。一種外來的事物進入到另外一個國家，我們常常叫「移植」。比如把國外的法律制度引進來，叫法律移植。移植過來的東西會發生雙向的某種變化，一種變化是我們引進來的東西，在改造着我們本國的文化，使我們原來的制度發生變化。我們今天有了法院，對於那些向政府求助的人，政府就說那些事情你們到法院去解決。在歷史上我們沒有這樣的傳統，這是外來事物改變我們的一個結果。另一方面，外來事物引進來以後，又會發生一種變化，就是說由於受本土文化的影響，使得外來事物不得不變化。比方說莎士比亞戲劇被引進到中國來，我們中國舞台上也開始演莎士比亞戲劇，但內在的許許多多的道德觀念，因為受到我們傳統戲劇觀的影響，在我們的舞台上往往難以呈現出來。我們傳統的戲劇觀是什麼？傳統的戲劇觀，我們都知道，舞台上有兩種人，好人、壞人是有區別的，好人和壞人的化妝化得都不一樣。只要演員一上台，大家一看就知道誰是好人、誰是壞人，「以貌取人」得很。從前的樣板戲，最典型地體現了我們的戲劇觀。西方的戲劇觀不是這樣的。比如《威尼斯商人》（*The Merchant of Venice*）裏面有一個猶太人叫夏洛克（Shylock），另外一個基督徒商人叫安東尼奧（Antonio）。他們訂了一個合同——安東尼奧向夏洛克借錢，約定如果到時候不還的話，就從安東

尼奧胸口挖下一磅肉來。清朝有一個叫林紓的人，把這個翻譯了下來，名字就叫《一磅肉》。大家知道，夏洛克看起來很殘忍，而基督徒安東尼奧看上去很無辜。但在莎士比亞戲劇裏面，你要了解猶太人在歷史上受盡屈辱的一段歷史的話，你眼中的夏洛克就不是那麼醜陋、那麼醜惡的一個人。但是我們選演員時，就不由自主地選一個長得很難看的演夏洛克，然後找一個長得像濮存昕那樣的人演安東尼奧。選角只看外表，與西方的感覺不大一樣——這就是外來事物受到本土文化影響，使得它發生了變化。

議會是西方創立的制度。西方國家都設立了議會，我們也有，那就是人民代表大會。但西方議會一般是500人，我們達3,000人。議員要表達自己的意見，每一個議員口才都是非常好的。美國議會裏的歷屆議員，律師出身的人通常都在一半左右。為什麼這麼多的律師能夠被選為議員？律師對法律的概念非常了解，於是他懂得怎麼去制定法律。培養律師，要保證律師個個都能言善辯，因為他在法庭上要出庭。英美國家的法庭上，由於有陪審團的存在，使得律師的言語變得非常重要。他要有很好的論證能力，他要能感召人。當律師面對着專業法官時，表述的東西會非常專業化；當律師面對的是12個外行人組成的陪審團時，因為陪審團的12個人是沒有學過法律的人，律師就要講得相當煽情，以至於把陪審團的成員們說得眼含熱淚，或滿腔怒火。西方國家的律師們在法庭上辯論時是走動的，一會兒站到被告人面前，一會兒站到原告人面前，一會兒又站到證人面前，到處搖唇鼓舌；不像我們的庭審，無論原告，還是被告，或者是律師，都是坐在那裏。律師這樣一種職業使人善於表達；議會裏面的辯論也特別需要這樣的能力。經常辯論和演說是議會存在的應有之義，沒有辯論和演說的議會不是議會。

最近，政治文明的口號變得流行起來，但是什麼是政治文明似乎也沒有一個權威說法。我個人認為，政治文明首先意味着政府以及政黨的權力受到嚴格約束。也就是説，憲法必須是至高無上的。下一步，中國改革非常重要的方面，就是憲政改革，把憲法落到實處，把憲法變成活生生的法律，而不是一種口號、旗幟。

政治文明的第二個方面就是法治，也就是建立一個法治的政府，而不是人治的政府，這是政治文明的一個非常重要的內涵。文明的政治，一定是任何權力都被納入到法律的框架當中的政治，是嚴格受到法律約束，沒有哪個人的權力可以高於法律之上的政治。我們今天也許要用比較多的時間來討論這個問題。如何把最高權力納入到法律的軌道之中是人類歷史發展中非常艱難的事業。觀察古今中外的歷史，我們經常看到在許多國家裏總有一種權力高於法律之上。比如説皇帝，言出法隨——他説什麼，什麼就是法律。法國路易十四（Louis XIV）講的「朕即國家」就是他要高於法律。怎麼去約束他？怎麼去限制他？這是法治要解決的重大問題。

第三個方面是我們需要有一種現代化的政治文化。現代化是一個非常綜合性的命題，我們過去談得非常窄，以為工業現代化、農業現代化、國防現代化、科技現代化就可以實現現代化。現代化不僅僅包括這些，而且更重要的是政治現代化、法律現代化、權力運行現代化，以及人們的思想觀念、政治文化現代化。政治文化最重要的方面包括我們跟政府之間的關係。比如説，你對政府的觀念是什麼？你對政府的期望是什麼？什麼樣的政府是一個好的政府，包括政府內部的人、政府外部的人？大家怎麼去理解政府與人民之間的合理關係？這些方面的問題要解決，必須建設現代化的政治文化。我認為所謂的政治文明，就應該從這三個角度去理解。

司法獨立

我們今天主要討論的是確定性的追求。在我看來，法律決策中間對法律確定性的一種追求是法治事業最為核心的內涵。從歷史上看，人治和法治概念不斷被提出來，法治被認為是非常簡單。兩千多年前，亞里士多德提出法治這個概念有兩個含義，一個是所有的人都必須服從法律的統治，都必須在法律的範圍內活動；第二個含義，就是所有的法律制度都是良好的，即要有善法。問題在於沒有辦法追求一種規則的自動統治。規則自動實現統治，這是不可能的。古人講「徒法不足以自行」。有了好的人，自然有好的統治。人治的觀念有時是非常有意思的，也可能非常有道理，在一定程度上人治的觀點是想彌補法治的缺陷。法治有什麼缺陷？在一個法治國家裏面，再良好的法治缺陷在哪裏？代價在哪裏？我認為，第一個代價是人與人之間所謂的「法律面前人人平等」不容易真正實現。法律是一種普遍化的規則，跟別的規則不一樣，有一些規則不大普遍。我們山東舉行宴會時有一個規則，主人坐在中間，主要客人在右手，次要的在左手，這個規則到了北京去就不見得流行，到了南方去更不見得流行。民法講究契約自由。契約自由、合同自由是假定每一個人都是自由的、平等的，所謂平等主體訂立的法律關係，這就叫契約。但是，我們知道，這個說法顯然有假定的成分，實際上每個人都不平等。我們不妨想想，在大城市和偏遠的山區裏生活的人，他們有平等的就業機會嗎？有平等的上學機會嗎？山東三個學生到北京去起訴教育部，認為山東省各個錄取分數線的規則違反了「公民有平等地接受教育的權利」的要求。的確很怪異，北京這樣一個大都市是國家首都，教育非常發達，而山東作為一個以農業為主的省份，有些地方非常貧窮，教育沒有北京那麼發達，但北京地方高考錄取分數線比山東卻要低100分左右，這本身就是不平等的。所以這三個

學生要起訴。他們認為北京作為一個發達的地區，高考的錄取分數線應該比較高才對，其他地方應該低一點。但可怕的是，法律只能假定一個規則，那就是我們假定在深圳的大老闆和湖南去的一個打工妹之間的關係是平等的，打工妹跟老闆說：「你必須給我5,000元工資，三室兩廳的房子，否則就不到你的廠子裏打工。」這當然是壓根兒不想要工作的奇談怪論。所以，法律面前不可能人人平等。馬克思講資本主義平等的法律就是以表面的平等掩蓋着事實上的不平等，我覺得是非常有道理的。但如果不這樣假定的話，我們就可能去找一個非常偉大的領導人、一群偉大的領導人來給我們做主。比方說像古希臘講的哲學王，我們選一個人為王，他本身要是一個哲學家，是一個偉人；他能明察秋毫，能夠看到我們每個人的真實需求，根據每個人的真實需求，分配相關財富、榮譽和權利，這才能實現實質上的平等，而不是形式上的平等。實際上，所有人治論者，都是這樣一種思路。我們的孔老夫子不正是這樣的人嗎？使賢明之士成為領導人，能夠實現真正意義上的平等。孟子講「唯仁者宜在高位。不仁而在高位，是播其惡於眾也」。如果在高位的人是個不仁不義的傢伙，勢必會把不良的道德散播到全體人民中間，使社會彌漫着不好的東西。所以，在中國古典時代裏，所謂的統治過程本身也是教化的過程。

一輩子從事刑事審判工作的法官，我覺得會養成一種職業病，就是看什麼人都不是什麼好人，正如《庖丁解牛》中的庖丁一樣，目無完牛。許多年前，我在重慶市一家法院實習時，刑庭有一位李庭長。李庭長是個女法官，長得慈眉善目的樣子。但你跟她聊天時，她笑着笑着，眼睛裏會突然顯現出一種異樣的有些兇狠的眼神。她幹了一輩子刑事審判，認為天下無完人，說不定你什麼時候就成了她審判的罪犯。搞民事審判，特別是婚姻糾紛，幹久了，會覺得天下的婚姻都是很不幸的。人

沒有辦法完全被教化，沒有辦法成為堯、舜、禹那樣的明主，所以法律職業才會變得很繁榮，這都是人性惡的體現。儘管如此，古時的人們，還是企盼着一個偉大領導人、一批偉大的領導人，他們能夠了解我們每一個人的需求，有針對性地分配和有針對性地懲罰。這時候統治的過程真正變成了一個教化的過程，逐漸變成了孔子追求的無訟社會。許多年以後，我們的歷史又有了偉大的回聲，就是馬克思提出的，社會沒有法律，法律將來會消亡的，那就是最美好的社會，那就是共產主義社會。從孔子到馬克思都追求最美好的社會，人治論者並不是不想追求好的社會，也是要追求美好的社會的。而法治社會的特點在於不再按照一個尺度衡量人，而是看到了人與人的不同，然後再根據這種不同，設定規則，設定不同的規則。

法治還有一個缺陷，法治都是以過去的規則來約束今天的行為。法治因而具有內在的保守傾向，具有向後看的傾向。法律有許多規則，我們也認為是黃金定律的規則，比如說法律不追溯既往，法無明文規定不為罪、不受處罰等等。我們法官在判斷眼前任何行為時，都必須根據從前的法律做出裁判。我們必須根據既有法律來判決案件，使得法官成為一種非常獨特的職業。這種獨特的職業是法官都變成一種朝後看的職業。法官接到案件以後就要朝後看，看看過去的法律條文是怎麼制定的，他引用法律條文的過程就是向後看的過程。《封神演義》裏面有一個人物叫申公豹，被南極仙翁把腦袋割下來了，後來發現砍錯了，又給他安上去，但只能安一次。結果安的過程中，一不小心安錯了，把臉安倒了，把臉朝後面了。申公豹走路時，朝前走就是朝後走，朝後走就是朝前走，這是一個挺有意思的人物。我們發現中國人到現在好像有一點申公豹的觀念。比如我們說未來的事情，卻說今後要怎麼去做；明明已經過去的事情，我們卻說以前怎麼樣怎麼樣。「從前」，這是從前

還是從後呢？法官這個職業是朝後看的職業，要依據過去制定的法律，維護既有的社會秩序。法官可以根據今天的裁判，來確定明天同類情況的裁判。我們需要限制立法者的權力，使得立法者不能夠隨意修改法律。比如一個投資人要來東營投資，想大規模開發投資。但規模投資掙錢回收比較慢，他就要諮詢一下，問一下30年的時間裏政策會不會變、法律會不會變，原因就在於他對法律政策的穩定性不放心。這種情況下，統治者和立法者的權力如果不受限制，我們就又回到了從前的時代叫「言出法隨」，也就是說對統治者而言，無所謂合法與非法，他自己就是法。如此一來，怎麼才能實現依法治國？

　　法官這種職業，應當說需要一種保守精神。這個職業，的確很難「與時俱進」。有人說英國人喜歡他們的法律，並不是因為他們的法律好，而是因為他們的法律老。法治國家的法律以變化慢而著稱。美國憲法頒佈二百多年，只有26條修正案。德國人現在還用着他們102年前生效的《德國民法典》。法國人現在還用着他們198年前生效的《法國民法典》，也可以叫《拿破崙法典》。拿破崙認為他所主持制定的這部民法典可以給他帶來莫大的身後榮耀，他說：「我的光榮不在於打了三十多次勝仗，使我永垂不朽的是我的民法典。」實際上，一個立法者的不朽是跟法律的長久地不被修改、長久地不被大規模地廢除更改有密切關係的。英美國家實行判例法，他們的法官會引用16世紀某位法官創造的學說來審理現在發生的案件。律師、檢察官、法官的職業都是一樣的，都是向後看。困難在於，法治的代價在於法律的相對穩定性，法律的持久不變和社會生活的日新月異之間會形成巨大矛盾；社會總在變化，法律老不調整，法律會不會在社會中愈來愈跟社會生活脫節，使得法律變得形同虛設，一紙空文？這樣一個問題靠什麼解決？我覺得，法律可以修改，適度修改不會損害法律的權威，但是過度修改，就使得

這樣的效果沒有了。既要適應社會的變化，又要保持法律的尊嚴，我覺得這很難。另一方面，與立法者的智慧、立法者的才華有關。因為立法者要會立法、制法。我在一篇文章裏面說立法者要像先知一樣，能預測未來，提前對人性的弱點有一個預知，以便在法律裏面設置防範這種弱點的機制，要有一個崇高的追求，使得憲法成為自由生長的溫床；要學會用簡潔的語言表達深邃的思想。美利堅合眾國的憲法是律師領導革命的結果，一個非常重要的結果。美國是律師領導的革命，律師領導的革命重視的是建章立制；而我們領導的革命，對制度建設不是很重視。

我們說法治必須付出代價。我們必須認清，我們也不可想像，我們在法治社會裏面只獲得好處，而不需要付出任何代價。簡單地說，就司法獨立而言，我們追求法院的獨立性，追求每個法官的獨立性。司法的獨立性要付出一定的代價，就是使得法院主動推動社會發展變得非常困難，因為法院的審判權是一個消極、中立的權力，法院不可以過分張揚自己的權力，比方說別人沒有起訴的案件，我們就不可過分主動地去動員人家來起訴。

我們說現在的司法改革——從專業的視角說——如何保持一種獨立性？如何保持司法獨立性？這種獨立性體現在法院不受外部權力干擾，體現在上、下級法院之間是相互獨立的決策這樣的一種關係，而不是上級法院要經常指導下級法院，下級法院要經常請示上級法院。它要體現在每一個法官都是獨立的，每一個法官都要獨立於他的同事。法官這個職業是沒有上司的職業。法院作為一個機構，與行政機關相比較，在於行政機構是首長負責制，而法院的法官是自己為自己所作的決策負責任。法官除了法律以外，沒有別的上司，這是這種職業的特色。更根本上的獨立是知識上的獨立，法官是運用一種專業知識，運用專業的邏輯來

裁判糾紛。也就是說，他在行使權力時，不是僅僅因為自己是一個法官就必須強令當事人聽自己的話，而如果當事人不聽話就法警伺候、大刑伺候，不是以這樣的方式行使權力。更重要的是權力的基礎在於他背後的知識，他運用了一種非常不同於一般大眾所了解的知識。在現代社會中間，法官所運用的知識是不同的。正是有了這種差異性，使得法官成為這個社會中一個獨特職業，使得法治秩序能夠形成。

100年來，我們非常努力才建立起現代型的法院。這段時間恰好是100年的歷史。100年以前，根本沒有現代型的法院。1902年，慈禧太后進行法制變革，任命沈家本、伍廷芳修訂法律大全，對我國的法律進行修改，逐漸建設一個西方性質的法院。經過了100年的演變，我們走到任何一個地方都可以看到法院，這是古人所想像不到的。法院的院長不是由縣長兼任，而是獨立的院長。我們沒有多少時間來進行嚴格的制度建設。百多年來，我們的社會充滿了動盪、戰爭、運動，佔用了我們太多的時間，以至於我們只有不到三分之一的時間真正進行制度建設。國民黨時期有十年時間，抗日戰爭爆發之前，國民黨在進行制度建設，《民法典》就是在那個時候制定的。抗戰把這個過程打斷了。1949年，中華人民共和國建立，我們迎來了和平時代，同時我們不斷發動各種各樣的運動。我們不喜歡建立嚴格意義上的法治，那時的法院就是打擊敵人，保護人民。甚至到了文革時期，我們的法院停辦了，砸爛公、檢、法（編按：即公安局、檢察院和法院），被軍管了。也就是改革開放以來，我們才有了廿多年的制度建設時間。

我們對於法律這樣一套專業知識了解不夠，甚至從事法學教育的人，這種知識也不是特別鞏固。到底什麼知識才是我們應該教給學生的知識？什麼知識使得我們不同於社會上的其他人？我們需要思考的一個問題是法律人做決策的時候是如何不

同於其他人的？我們不得不回顧法律知識的歷史，特別是在民庭的法官。我們在判決民事糾紛的時候，我們可以猛然發現，我們的民法規則、概念具有源遠流長的歷史，其歷史源於兩千多年前的古羅馬。古羅馬創造了燦爛輝煌的法律文明。有一個偉大的德國法學家說，羅馬人曾經三次征服過世界，一次以戰爭，一次以宗教，一次以法律，而我們今天看到的法律，是持久的、漫長的，使得全世界都受到了《羅馬法》的一種影響。我們不妨想想，在今天的法律生活之中，法律人的概念非常多的是從兩千年前古羅馬起源的。古羅馬人與古代中國人相比簡直可以說是完全不同的。任何事情到了孔子那裏都是倫理關係，比方說君臣、父子、夫妻、朋友、兄弟，這些概念是倫常關係，我們願意把這些倫理都納入到框架當中，使得社會獲得秩序。而古羅馬人天生是法律人，他們逐漸發明出一套法律概念，財產是怎麼取得的、什麼東西能產生一種債、什麼東西是無因管理等等。

舉個例子：朋友外出叫我們看看房子。他的房子的院子裏有一棵樹，上面長着一些蘋果。到了收穫的時候，朋友還沒有回來。朋友只是叫他看管房子，沒有委託他做別的事情。這個時候他為了減少朋友的損失，把蘋果摘下來了，並且拿到市場上去賣了，在西方社會裏面這是一個法律問題，而在東方社會裏面這是朋友之間的關係、朋友之間的道義，這不是法律問題。再比如，我帶着一壺酒，用羊皮裝着，到朋友家裏去借了一匹馬，說我要出去再辦點事，把酒放在他家地毯上邊就騎着馬出去了。我說要到東營去一趟。結果我放在朋友家裏的酒瓶破了，灑了一地，把朋友的地毯給弄污了。我騎着馬到東營之後，突然想起來，要到淄博去辦點事，我又騎着馬到淄博走了一趟。回到濟南之後，發現我的酒灑了，朋友的地毯也弄染了。如果是古羅馬人，會在這裏面發現許許多多的法律關係，

比方說寄存關係、寄存合同、損失——寄存物破滅導致寄存人的財產受到了損失，被寄存人的財產也有所損失。我租賃人家的馬，本來只說到東營去，後來又超越了租賃時所約定的條件，又去了淄博，這是違約。所有的這些東西，古羅馬人給你分析起來頭頭是道，說了不少法律關係和法律概念。這就是古羅馬人，他們天生是一個法律民族；而我們中國人天生是一個倫理的民族。我們在近代以來，一直在不斷地接受西方法律體系。現在正在制定的《中華人民共和國民法典》，就大量地吸收、借鑒西方的東西。《民法典》制定過程中，有不少有意思的爭論。給大家講過課的梁慧星教授是德日派。他比較喜歡日本的法律，也比較喜歡我們台灣的民法典。你們知道日本法律受德國法律影響到什麼程度嗎？簡直是一面德國法的鏡子。江平老師給我的感覺是喜歡借鑒不同國家的法律，比如美國有些制度不錯，我們也可以借鑒來。因此關於《民法典》的制定有不同的爭論。這說明兩千年前創造的東西仍然有作用。

我們法官在作決策時，一定要受到非常嚴格的制約，以便使人們對案件的裁判結果具有可預見性，使人們通過對法律本身研究知道相關案件怎麼判決。現在訴到法院的案件愈來愈多，但實際上，有許多糾紛並沒有訴到法院。是什麼東西使得糾紛得以解決？是法律本身和法院判決本身。一個案子當法院這麼判了以後，我們都知道你再到法院打官司也贏不了，因為法院一直這樣判，你就不需要再去打官司，問題就可以私下解決了。法院在行使審判權時受到法律的嚴格約束，使得法官的權力變得不那麼自由。在英國，一個法院的法官在判決書裏面公然寫道：「如果按照我自己對正義準則的理解，我絕對不會這麼判，本案不可以這樣判。但我是一個法官，我必須受到從前判決的嚴格約束，我不可以按照我自己的觀念去判決案件。」這種約束是一種法律規範的約束，也是一種知識的約

束。如果沒有約束，法官就像脫了韁繩的野馬，沒有辦法預期他將來會怎麼樣判案子，這種職業就不是法官了，而是變成一種行政官。為了達到這樣一種約束的條件，我們要想方設法使得法官在做決策時，必須進行知識上的論證。他不能說我認為這樣做合理就這樣做。他需要進行嚴格的論證，他需要遵循一種嚴格的邏輯，他不能夠擺脫知識思想的要求，他要有一種管束感和意識感。從傳統的中國歷史看，法學是一門沒有歷史的知識、外來的知識，導致我們經常看到現實社會中間，我們還不能夠按照法律來做決策，或者在某個問題的論證過程中，論證得非常簡略。甚至我們官方的某些說法，本身就給我們帶來了許多可質疑的機會。我們看到，我們雖然生活在當今世界，古典模式已經不存在，但是兩千年的傳統思想已經滲透到我們的血液之中，使得我們的行為模式經常受到一種影響。這種影響由於外部社會對於法治社會必要建構的不理解，加劇了司法決策的隨意性、任意性和不確定性。

權力制約

我們剛才宏觀地談到中國在建設法治社會時需要做很多很多的努力。我們感到在當今社會司法權力受到合理的制約，包括專業知識的制約。我們在判決任何一個案件時，我們作決策必須是非常理性化的、非常嚴格的。只有這樣，我們才能真正讓人們感覺到司法權力是規範的權力，是法治社會的權力。從更廣泛的背景來說，可以看到對最高權力進行制約，這方面中國社會沒有太多的經驗或者說歷史文化遺產被我們所借鑒或繼承。我們對權力進行制約的經驗，更多的是來源於西方。如果大家對西方社會的歷史有比較多的了解，你會知道有幾種力量和因素在制約着政府的權力、政治的權力。那大致有三種力

量，一種是教會的力量。西方社會一直是基督教社會，基督教不僅僅是一個學說、一套理論，而且是一個組織，基督教在社會中形成了一個有形的存在。它獨立於世俗的力量，它本身有着自己完整的政府式的體系，比方說在基督教教會裏面有皇帝，也有法院，由法院判決案件。在中世紀教會分割了人們的生活，「把凱撒的東西給凱撒，把上帝的東西給上帝。」什麼是凱撒的東西？什麼是上帝的東西？我們知道我們的生活當中有許多屬純粹的世俗行為——我們去做一筆生意，我們去勞動，我們在市場跟別人打交道，這些行為是世俗的行為。世俗的行為都受到了王法的制約，制約着我們這樣一種世俗的行為。但我們還有別的方面的生活，比如精神的生活——我們信仰什麼？不信仰什麼？觀念上的東西、我們的思考——這些問題，國王沒有權力制約我們，直到今天這個傳統都得到延續。直到今天，西方國家的領導人，不會發表講話讓人們學習，因為精神生活的東西是人民自己的事情，是教會的事情，而不是國家領導人的事情。精神的生活還包括做生意。我們做生意本身是世俗的行為，但是我們做生意時為了保證交易的安全，相互約定發誓履行協議，就都舉起手來說我一定不會違約，一旦違約就如何如何。這一發誓就壞了，合同管轄權就歸到教會去了。因為你發誓是對上帝發誓，你對上帝發誓的事情都歸上帝管，都歸教會那邊去了。婚姻這種事是很世俗化的事，哪有什麼精神領域的東西？但西方人在歷史發展過程中通過演進把婚姻這種東西解釋成為一種聖禮，是神聖的禮儀，象徵着與上帝和教會的關係，並不是世俗的東西，需要由教會管轄。同時西方把婚姻解釋成基督和教會之間的關係，於是帶來了非常嚴重的後果。在歐洲中世紀的歷史上是不允許離婚的。這樣的一種解釋過程使得歐洲歷史上教會的影響變得愈來愈強大。所以，西方人都到教堂去結婚，接受神父的祝福，神父讓男女雙方都

發誓相互敬愛和忠誠；在上帝面前發誓的行為非常重要，西方的家庭暴力問題不像中國這樣嚴重，我覺得與結婚場景有關係。你想，你已經在上帝面前發誓要愛對方一輩子，卻對對方大打出手，這不是對上帝的背叛嗎？背叛上帝在西方國家是個非常嚴重的問題，是要下地獄的一種罪惡（而我們在對待婚姻問題上是比較世俗化的）。這樣的精神生活，使世俗的權力受嚴格的制約，使得世俗的權力不能越界，國王也不可以為所欲為。國王在羅馬教會面前，在上帝面前，也不過是一個普通的教徒。國王和其他所有教徒一樣，本來就是有罪的。

大家知道，在西方發展史上，約束西方社會的是階層結構。西方社會是階級之間不流動的社會。不同的階級之間互不通婚，不能交流，各自保持自己利益的獨立性，互相之間沒有辦法混在一塊。在西方，貴族的力量非常強大。1215年，貴族們硬是要起來對國王的權力進行制約。當時的國王叫約翰王，他是一個好大喜功、愛打仗的國王，經常對外發動戰爭，但是屢戰屢敗，屢敗屢戰，最後國庫的銀子花完了，但他還想打仗，他說：「各位貴族們，你們再給我一些錢吧，讓我們再繼續進行偉大的戰爭」。貴族們說：「我們不能再給了，你得給我們一個說法。我們必須派代表到你身邊組成一個叫議會的機構來限制你的權力。對外打不打仗，你要跟我們這些代表商量，由我們這些代表決定；拿多少稅，也要由我們的代表來研究，並不是你想收稅就收稅，要收多少就收多少。」所以，在英國歷史上，有一個口號是「無代表不納稅」——如果在中央權力機構裏面，沒有我的代表來制約國王的權力，來規定稅收的標準，來進行財政方面的審查，我就沒有義務納稅。

這是一個值得我們重視的開端，它對於議會限制國王的權力提供了一個世俗化的基礎。在英國以及後來的西方國家，國

王的權力就不再是可以隨意行使的權力。國王形同大臣，變成了大臣中的重要大臣。也就是說事先設定一個程序，把國王的權力納入到法律程序軌道中來。在這裏，階級鬥爭、階級妥協起了重要的作用。

我們可以說中國是一個反階級的社會。中國社會缺乏的是不同階級穩定的構造以及階級利益的衝突和妥協這樣一個過程。比如說，中國有沒有貴族？中國當然沒有貴族。德國人名字裏如果有"von"你就知道他是貴族；法國戴高樂（Charles de Gaulle）的「戴」(de) 就是法國貴族的名字中是貴族標誌。我們中國什麼姓是貴族？在魏晉以後，就已經開始消滅豪門大戶了，因而中國歷史上豪門大戶從來沒有世代相傳，流傳至今。朝廷通過科舉考試的方式來選拔官員，使得這個社會層級之間更為流動。科舉考試是選官制度，一個人只有通過科舉考試才能做官，這是 1,000 年以上的歷史寫照。科舉考試使得一些社會地位比較低的人，通過自己的智慧、努力來成為統治階級中的一員。陳家莊裏的陳世美出身貧寒，通過自己的努力，加上妻子秦香蓮的相夫教子，最後過五關斬六將，在全國「高考」中獲得第一名的好成績。接下來，皇帝把自己的女兒嫁給他。這在西方國家是不可思議的，他再聰明，他的血統不對，就不能與貴族聯姻，更不用說跟皇家聯姻了。在中國古代，如果孩子不能坐官，達官貴人的家道就要敗落，就會慢慢地朝社會底層走。所以，古代的官員想方設法讓孩子跟自己一樣聰明、勤奮，以便保證自己的家業興旺。我們知道，血液是最牢固的，而智力則是比較不牢固的。中國古人老是感歎，感歎人生無常，富貴無常。這種感歎來源於科舉考試，使得社會形成不了穩定的統治階級、穩定的被統治階級。這樣一種流動性使階級結構總是在一個很鬆散的狀態，沒有辦法出現穩定的統治階層對皇權進

行制約；因而導致長期以來沒有辦法按馬克思解釋的那樣，以階級鬥爭推動歷史的發展。

以上我們談到了兩種制約，一個是宗教力量的制約，一個是階級力量的制約。下面我們簡要分析一下第三種制約力量，那就是專業力量的制約。也就是說，社會要逐漸走向分工，逐漸使行使某種權力的人必須要有相關的訓練，以便擁有相關的知識，這是西方社會最先發展起來的模式。1608年，英國著名的法官愛德華‧科克理直氣壯地跟國王說：「陛下天縱之才，上帝賦予陛下無與倫比的才智，但你所有的智慧，都是一種天然的智慧、天然的理性，而我們法律所要講求的是學習法律固然需要才智，但更重要的是你要受到嚴格的法律訓練和長期的經驗積累。」司法動輒涉及人們的生命財產安全，如果一個沒有受到法律知識訓練，又如何保護人們的生命和財產安全呢？在西方社會，由於羅馬人創造的法律文明，又由於階級鬥爭、宗教力量，使得國王的權力受到了極其嚴格的限制，逐漸出現了立憲君主制，通過制定憲法，來限制君主的權力。而在中國的歷史上，我們看不到這樣的發展過程。

回過頭來看，專業化的力量對權力的制約有多大？我們強調更多的是受到知識傳統的限制。與此同時，我們回顧一下，中國歷史上為什麼沒有發展出專業化的力量？為什麼沒有發展出司法權力和司法權力本身受到嚴格的限制？同時，為什麼國家政府的權力沒有受到司法權力的限制？法院作為一個經常處在人民、政府中間的裁判人，他要嚴格按照法律的邏輯來裁判案件，為什麼我們不能夠很好地形成這樣一種制度？我們簡要地分析，從科舉考試說起。我們這樣的科舉考試的選官制度使得中國古代所有處理糾紛的官員本身都沒有受到法律的培訓，考試時也不會讓你寫一個判決書，只是看你的文筆好不好。這

樣不足以使一個人學習法律，他們甚至沒有一般的法律專業知識。我們看中國古代的官員做判決的時候，有幾個問題特色非常突出。

第一個特色，他們經常不依據法律來裁判案件。我們都知道，中國古典的體系裏所謂天理、人情、國法，天理人情在一定程度上高於國法。現在法官穿的法袍的紅補綴上有四顆紐扣，最高法院解釋得非常有意思。第一顆，象徵着忠於黨；第二顆，象徵着忠於人民；第三顆，象徵着忠於法律；第四顆，象徵着忠於事實。這樣一種解釋是有歷史淵源的。在中國古代，官員審案子時的依據是天理、人情、國法，國法排在第三位。古代官員判決案件時，不是嚴格依照法律辦，而是用滿腦子的歷史典故去辦。一判決一個案件，就有相關的歷史故事，用歷史故事來說話。民族英雄文天祥做官時，他判決案件時引用孟子語錄，而不引用法律。如果不嚴格依照法律，司法過程的確定性就沒有了。我們說法官怎麼判案，人們是能夠預期的。

第二個特色，不依照邏輯。大家知道，司法的過程是三段論推理的過程——考慮大前提、按法律規範作推論、依照法律的規則作結。比方說怎樣的合同是無效的合同。簽訂的合同，比方說是販賣毒品的合同，依據法律是無效的合同，因為它違反了法律。結論是這個合同必須是無效的，我們必須按照法律來裁判甚至判處當事人刑罰。任何一個案件的裁判過程都是這樣一個三段論的推理過程。法律的規範存在於邏輯的框架之中，我們必須遵循邏輯的要求，才能夠使同樣的事情得到同樣的對待，這是法治社會非常重要的要求。同樣事情同樣對待，我們不允許同樣的事情有不同樣的對待。我們老說法律面前一律平等，我們過去的理解過分簡單化——一個有權有勢的人和

一個貧窮的人，他們在法律面前，應該得到同等的對待。另外一方面，我們必須注意到法律面前一律平等更深層次的含義是有空間的要求和時間的要求。空間的要求是比如說東營的當事人和青島的當事人，在法律面前是平等的。也就是說東營法官做事情的邏輯是這樣的，到了昆明，當地法官也必須按照同樣的邏輯來裁判，才能使得這個國家不同地方的人們生活在同樣的法律之下。我們還必須要求法律面前人人平等有時間上的要求。今天我們裁判一個案件的時候我們是這麼做的，明天裁判一個案件時也要考慮今天的裁判是怎麼判的。我們不可以說昨天的行為判刑五年，今天同樣一個行為，我們判刑15年，就是因為要嚴打，不能顧及昨天我們是怎麼裁判的。我曾經跟打假英雄王海一起做過《實話實說》的節目。王海曾經很不解地說他有一個問題很困惑，為什麼他一會兒是消費者，一會兒又不是消費者？到了一個地方，法院說他有權利要求雙倍返還貨款，而到了另外一個地方，法院又說他沒有這個權利；甚至在某個城市同一個法院的兩個案子，這個法官說他是消費者，應該雙倍返還貨款，另外一個法官卻說他不是消費者，不應該雙倍返還。這到底是怎麼回事？在這樣的情況下，就是法律面前不平等，就是法律的適用在時間和空間上的不統一。可以說，社會主義市場經濟發展的最大制約因素，就是不同地方的法官把握法律的標準不統一。不同地方的法官如果不統一把握法律的標準，全國就沒有辦法形成足以保障社會主義市場經濟發展的統一的準則。交易的安全得不到保障，誰還敢跟外地人做生意？誰還敢跟陌生人做生意？現在打官司甚至有一種主客場意識。為什麼管轄爭議這麼多？我覺得這跟法律面前不平等有切實關係。怎麼做到同樣的事情同樣對待，非常重要的一點是大家都要嚴格遵循邏輯。你不遵循邏輯，你就不知道法官會怎麼判決案件。

中國古代的官員判決案件，就不遵循邏輯。我看到許多推理是要走到那一步的，但最後卻筆鋒一轉，變了，轉到別的地方去了。有一個案件涉及土地糾紛，原告是個老太太，很貧窮。她要起訴的是她本家的一個侄子。她的侄子合法地獲得了老太太早年賣出的一塊土地，享有所有權。按照法律規定，老太太怎麼也不能再獲得這塊土地了。另外她的侄子有的是土地，這個老太太家裏沒有土地了，因此要求侄子把土地歸還她。這個官員一開始說按照時效的規定，老太太不可以再獲得土地了。但最後又對她的侄子說：「你做侄子的，你就忍心看到你的姑姑死後連塊墳地都沒有嗎？」最後又說服老太太的侄子把地還給了老太太。邏輯規則不受遵循，使得中國古典時代的法律是深一腳淺一腳，你沒有辦法預測官員怎麼做決策。

第三個特色，官員由於科舉考試出身，他們不僅僅是官員，而且也是文人和詩人，寫詩寫慣了，寫判決書也用詩家筆法。這都是科舉考試留下來的毛病。西方人到中國傳教，發現中國人都是詩人，幾乎是人人寫詩。「秀才人情紙半張」就是這個意思。寫詩寫慣了的人，最大的問題就是把所有東西都當詩來寫。我們都知道司法審判，要作一個判決，案件與案件的事實之間是有區別的，沒有哪兩個案件的事實是完全相同的。你要仔細分析這個案件的事實是什麼，你要解釋什麼是消費者、什麼不是消費者、消費者的概念是什麼。這必須是非常細緻的非格式化的理論。也許不少法官讀過「三言兩拍」（編按：即《喻世明言》、《警世通言》、《醒世恒言》、《拍案驚奇》和《二刻拍案驚奇》），裏面有一個〈喬太守亂點鴛鴦譜〉的故事（編按：出自《醒世恒言》）。〈喬太守亂點鴛鴦譜〉是典型的詩人判案子的故事。詩人作的判決是講究對仗的，它的缺陷在於不精細、不嚴格。也許你會覺得「三言兩拍」中的〈喬太守亂點鴛鴦譜〉是文學家的虛構，實際上司法判決是不是這樣？我給大家

講一個清代的故事來説明。清代有一個叫于成龍的人。他當縣令時遇到一個案件，是婚姻方面的。在這個案子中，馮家有一個女兒叫馮婉姑，他的父親馮汝堂非常重視女兒的學習，從小就讓女兒接受教育，並給她請了一個教師叫錢萬青。這師生之間一來二往，就發生了情感上的事情。兩個人就好了，於是私訂終身。馮汝堂覺察到這一點後，覺得錢萬青家裏窮，自己的女兒怎麼能嫁給他？而街對面姓呂的那一家更好一些，那一家還不斷差媒人來說親，結果馮汝堂這個老頭子就答應把女兒嫁給他們家了。出嫁這天，馮婉姑非常不高興，就在袖子裏裝了一把剪刀，一下轎子，就拿起剪刀往自己脖子上捅了一刀，血一下子就流了出來。眾人趕緊救她，她一下推開眾人，跑到于成龍縣長那裏，請他給自己做主。于大人接過這個案件後，經過審理，寫下了一篇金光閃閃的判決書，文字非常優美，真是像詩歌一樣優美。這篇文章作為法律的判決，嚴重在它沒有細緻的法律推理，是文學家的東西，而不是司法官的東西。我們中國古代社會不缺乏文學家，缺乏的是法學家。中國古代社會的官員做決策時，都是這樣進行的，導致的後果是不存在確定性，沒有辦法預測一個案件怎麼判決。

《水滸傳》裏描寫的案件，沒有一件是公平解決的。宋江是一個有身份的人，遇到案件後他也沒有信心依法處理。武松訴潘金蓮、西門慶的案件，雙方在進行賄賂的比賽，誰給的錢多誰就贏；高俅訴林衝案更是荒唐。我曾專門為此寫了一篇文章，通過這些案子，我們看到古代的司法黑暗。為什麼老百姓說「衙門口八字開，有理無錢莫進來」？這樣一種普遍的司法不公正原因在哪裏？我覺得這並不能完全歸咎於人的道德意識低下，而是說在決策過程中，我們沒有形成一種能夠保證司法獨立的內在機制和外在機制。沒有獨立的機制保障，司法權力就會不斷受到各種來自金錢的、權力的干擾。

一位日本法學家曾經創造了一種「高度擁擠的公共汽車」理論。你想像我們中國古代社會就是一輛高度擁擠的公共汽車，你權利範圍的大小，取決於你力量的大小。如果你是一個地方豪強的話，你在公共汽車裏的空間會非常大，你的權利也會非常大；但是，如果你是一個弱小的人，一個貧苦無告的人，最後的結果可能你就會被擠成一張照片，這種情況在中國傳統社會中是一個難以解決的問題。我們社會裏有許多惡棍、惡霸。1998年，《南方週報》曾刊載過一個惡霸的報導，說昆明有一個人叫陳小果，因為他父親是一個公安部門的首長，這個人居然使得整個昆明市在發抖。他要打人就打人，要砍人就砍人，誰也管不了他。後來，一家報紙又刊登了一篇反映山東某地方一個豪強惡霸的事。在當地，哪個縣長、縣委書記到任之後，都要到那個豪強惡霸家裏去拜拜地頭，如果不拜他的地頭，想幹久是不可能的事情。為什麼中國社會有那麼多的惡霸？我也寫過一篇文章，主要觀點就是在中國，人人都想成為地方上誰也不敢招惹的主兒，充當地方老大。我們知道，不是人人都有可能成為惡霸的，於是我們希望有個青天大老爺來主持公道。如果歷史上有很多青天的話，包公戲就不會那麼受歡迎，這說明歷史上沒有那麼多的青天。況且青天做決策就有依據嗎？我們看包公判案，他審理疑難案件，有時居然是靠晚上做夢解決的。這種解決方式，我們看不出公正在哪兒，確定性在哪兒。青天太少，老百姓就盼望另外一種人出現，那就是俠客。俠客本身能使我們小民百姓獲得暫時的解脫。但俠客實際上是另一種惡霸，他是不講什麼法律的。在青天很少、俠客又不大容易出現的社會裏，小老百姓如果受到不公正的待遇，他怎麼獲得公正呢？唯一的一條路就是到北京上訪、告狀。全世界沒有一個民族像中華民族這樣，喜歡到首都告御狀。我們中國社會有多少人經年累月，到處呼號，要求中央領導關注他們的案件。他們為什麼會這樣？他們想獲得最高權力的關注，為自己伸張

正義。為什麼告狀的人要在天安門廣場自焚？誰願意自焚？誰不知道「好死不如賴活着」的道理？小民百姓受到冤屈，求告無門，感到絕望，不得不採取消滅自己肉體的極端方式來表達自己對這個社會的絕望，希望引起中央領導的關注，以便對橫行不法的地方官和其他惡勢力進行制裁。

我經常到外地講課，跟一些法官的交流。我思考的一些問題，實際上都是以古今中外的比照來觀察我們今天的走勢。我強調我們生活在一個與過去完全不同的時代，我們所處的時代是開放的時代，不再是關起門來不了解外界的時代。現在，幾乎家家都有電視機，讓我們知道美國的總統不是由上一任總統指定的，而是由人民選舉的。當參選雙方僵持不下時，由法院作出裁判，決定誰勝誰負。老百姓會產生疑問，他們的法院怎麼這麼厲害，有這麼大的權力，我們怎麼從來沒有出現過？老百姓在觀察外部世界時，不免要對中國社會制度怎麼去建立有着自己的思考。我相信，我們的時代由於改革開放，正在走向一個更加多元化的社會。我們的憲法已經明確規定要保護各種不同經濟成分的存在。與此同時，社會的結構也在發生着深深的變化——我們的社會正在走向都市化、商業化。這樣的層次，工業、商業發展起來，我們的城市成為一道亮麗的風景。而古代社會的中國人，到城市裏面的生活是他們暫時的一段生活，他們做完官後又回到自己的祖籍；我們今天漸漸生活在一個陌生的環境裏面，一個由陌生人組成的社會，自然地、本能地需要一種法治，需要法律的規範。我們不再是長期的鄰居，我們只是臨時組織在一起的人。這種陌生化的社會，一定愈來愈需要法律、法官和律師，這是社會發展的必然趨勢。市場經濟對於保障陌生人之間進行安全交易的要求變得愈來愈強烈。如果沒有一種全國統一的遊戲規則程序來保證交易安全，任何一個國家不可能有個良好的社會經濟秩序。

我們知道市場經濟會對法制建設產生强而有力的推動作用，我們還要看到政治統治模式在發生變化。治理國家，要靠什麼？靠法治。要遵循法律，要把權力納入法律的軌道之中，同時也要靠民主。

　　你可以發現，民主不僅僅是對人民有好處的民主，對國家領導人也格外有好處。在一個民主國家，比如在美國，克林頓做總統時遇到一個麻煩，也就是跟萊溫斯基小姐那點事，但在他們那裏卻興師動衆，斯塔爾（Ken Starr）獨立檢察官不惜動用聯邦經費5,000萬美元來調查這樣一件浪漫的事情。報紙上更是沸沸揚揚，全美國的報紙都在報導美國總統克林頓面臨着這樣的困難。這樣的尷尬，你可以想像一下在其他國家可以這樣嗎？受到輿論一致譴責的人，受到司法追查的人，居然還那麼心安理得地坐在總統寶座上行使管理國家的權力，所有人都服從他的指揮，都不敢反對他，因為你反對他，就是跟千千萬萬的選民作對。我們看到民主選舉的領導人，他不需要用很大的心力去維護自己的權力。他的權力是人民賦予的，所以沒有人敢去剝奪他的權力，沒有人敢輕易發動政變去剝奪他的權力。他可以很輕鬆，他可以很自由，克林頓下台了，這是規則制度要他下來。他下來以後，就一點權力都沒有了，還原為一個平民。他可以全世界走，不需要擔心自己的安全問題。民主這樣的制度對國家的領導階層是多麼好的制度！

　　我這些年來，一直想方設法做的一些事情，就是論證民主對國家各個方面的好處，對社會穩定的好處，對社會經濟的好處，對官場清廉的好處。要從這些方面去論證，也就是說，想方設法勸說領導人要知道法治的好處，司法獨立並不是一件壞的事情。我這樣的論證並不是孤軍奮戰，我看到愈來愈多的學者和法官認識到獨立的司法的重要性，我們在東營法院也可

以真切地感受到。有了這麼一批批的法律人，包括法官、律師等等，這都是歷史上不可想像的新類型的職業。有了這樣一群不同的人，有了大家百折不撓的努力，我相信中國的前途是光明的，中國的未來會更加美好。讓我引用毛澤東的一段話作為結束語：「我們的同志在困難的時候，要看到成績，要看到光明，要提高我們的勇氣。」

答問錄

問： 你是怎麼看待法院「執行難」的問題？有些學者主張「執行難」，難就難在執行權在法院。你認為這個權力應該歸誰？

答： 執行問題是一個比較複雜的問題。最近這些年來，許多法院也作了艱巨的努力，甚至歷史上破天荒地中共中央居然發佈文件，要求全社會都要重視「執行難」的問題。這些問題是從哪裏來的？我覺得體制上的因素的確值得注意。我認為，執行權不是一個司法權，是一個行政權。如果法院的判決由法院自己來執行的話，這是不合理的一種做法。「執行難」問題是一個綜合性的工程。比方說一個社會的法制意識問題，人民是否有一個意識非常尊重法院的判決。這樣的問題到西方國家去提問的時候，經常使西方的法官不理解。我跟兩個省的高級法院院長和法官在美國考查司法制度的時候，我們的院長就問：「你們怎麼解決『執行難』的問題？」被問的法官一臉的疑惑，反問什麼叫「執行難」？院長就說：「比方說不少經濟案件的判決得不到執行。」美國法官聽了之後，臉上表現出非常憂慮的神色，說：「如果這樣的

話，司法的尊嚴怎麼維持？」我們去德州考察時，一位老法官非常熱情地給我們介紹、回答這個問題。實際上在法治傳統悠久的國家，比如像美國這樣的國家，法院的判決絕大多數都會得到履行，當事人不會不履行判決。連競選總統時，戈爾先生（Al Gore）說：「我堅決反對，我不滿意法院的判決。」但是還不能不執行判決，他不得不尊重判決，這是一個法治傳統問題。當然，美國歷史上也曾經有過幾次「執行難」，比方說涉及總統的案件總是「執行難」，但最後也都得到了執行，並沒有像我們這樣，難到不好解決甚至沒法解決的程度。第二次世界大戰的時候，美國中部有一個鋼鐵公司老是罷工。一罷工，前方的需求就滿足不了。杜魯門總統（Harry S. Truman）心急如焚，做了多次工作也不管用，最後總統下令接管這個企業，組織生產。企業的老闆不服，一紙訴狀把總統訴到法院去了。法院作出裁判，認為總統不可以有這樣的權力來接管一個私人企業，哪怕是臨時接管，所以必須把企業歸還給企業的所有者。杜魯門總統的鼻子簡直都快氣歪了，怎麼可以判總統敗訴！但到最後，他還必須尊重法院的判決。另外，法院判決在引起地方民眾普遍抵制的時候，也容易出現「執行難」。美國在20世紀50年代的時候，南方諸州小城發生過白人民眾和白人官員大規模抵制法院判決的事情。因為南方諸州實行種族隔離制度，法院判決要求所有的學校必須同時接收黑人學生和白人學生，以消除種族隔離制度。法院的判決怎麼執行？地方武裝都堵在學校門口，不讓黑人進去。這時，美國聯邦法院的大法官給總統寫了一封信，請求總統協助執行。總統怎麼協助執行的？一聲令下，調動聯邦軍隊全都荷槍實彈，坐着飛機、坦克轟隆

轟隆地去了南方，驅散了當地的武裝。然後，黑人學生昂首挺胸進入了昔日只有白人學生才能進入的學校，使司法判決得到完整的執行。

另外，經濟制度是一個問題。一個企業如果不執行法院的判決，它勢必要在股票市場上付出比執行法院判決更大的代價。你這個企業居然敢藐視法院的權威，消費者就不敢再相信你，大家都不買你的東西，都不向你投資的話，那你付出的代價就太大了。

還有一個重要的方面，就是我們如何通過更加公正來消除老百姓對司法公正懷疑的問題，提高司法的公信力。人們覺得司法不公正的時候，對司法的抵觸情緒會加大，司法判決並不是說我這麼判了，你就必須執行；而是我要告訴你，我為什麼要作這樣的判決，要強化司法過程的說理性。司法過程中間，對當事人平等地對待，不能讓當事人感覺到你跟那邊親，跟這邊就疏。這方面，潛移默化讓當事人覺得法官的公正性不可懷疑，法官並不是人為捏出來的判決，而是說我應該敗訴。總之，我認為「執行難」的問題，必須視為一個非常重大的問題。西方有一句諺語：「法院不受尊重，國家走向滅亡。」所以，法院必須受到非常強而有力的尊重，非常心悅誠服的尊重。這對我們來說，還是一個比較艱難的問題。這個問題解決不了，「執行難」問題不可能得到切實解決。

問：　前一段時間我國各地都出現過一些憲法訴訟案件，但最後都不了了之。退一步講，即使真的成行，也產生不了美國式的違憲審查制度，其中的原因是制度問題，還是政治文化問題，抑或是缺少馬歇爾式的法官？

答： 我自己對前面這個判斷有一點點不同的看法。其實任何
一個國家的制度，都不是一蹴而就的，它都是要有一個
過程。回顧歷史就可以看出，國家在建設法治，不僅僅
是跟現行的體制在作抗爭，而且是在跟我們2,000年的悠
久歷史在作抗爭，所以我們不能寄希望於一朝一夕之間
就能夠形成於一個法治社會。另外一方面，星星之火，
可以燎原。在制度這方面也可以這樣說，也就是說你不
要忽視一點一滴的進步。比方說山東省法院審理的齊玉
苓案件，大家都非常重視，都去解讀它。大家就會有一
種憲法意識，原來這也是一種憲法的權利，接下來就開
始漸漸喚醒這樣的一個權利。我自己覺得我們要建立一
個非常良好的司法審查制度，可能加入WTO也是一個
非常重要的推動。我們中國政府莊嚴承諾，要建立一個
獨立的司法體系來對政府的行為進行合法性審查。在履
行WTO義務的過程之中，今天發生的糾紛也許就會發生
這樣的問題。如果我們的法院體現不出應有的獨立性的
時候，也許就會損害我們的經濟利益，也許就會使得外
商不敢來中國投資。我自己倒是希望有愈來愈多的憲法
訴訟，但是現在，有悲觀情緒也不是一點道理都沒有。
比方說山東學生狀告教育部的案件，就被拒絕受理，還
有其他類型的一些案件。我覺得在一定程度上，我們去
想方設法地使人意識到獨立司法的價值、獨立法院的價
值。在觀察美國170年前的制度時，法國思想家托克維爾
說一個君主只有當他昏了頭的時候，他才會去削弱法官
的權力，因為法官的權力不僅僅制約了政府的權力，而
且要制約人民表達不滿的方式；它把人民充滿了情緒化
的不滿納入法律的軌道，使得它們能夠在法院裏面獲得
解決。所以，在一個國家裏面，人民往往不信任政府，

但往往會信任法院，法院給人民解決矛盾提供了一個非常獨立的、非常理性的平台，讓糾紛能夠得到公正的解決，最終獲得的是人民對國家的信心。有了這樣的一個機構，人民就不會上梁山，人民就不需要造反，人民再有冤屈，就到法院去解決，法院會解決。這個時候，儘管政府會敗訴，政府的工作效率也許有的時候會受到影響，但總的來說，社會穩定的最終前提條件正是通過司法所帶來的社會正義。

問： 一位西方學者曾說美國與中國分別是民主與專制的兩極，世界上其他國家的法制都不過是各取所需而已。我個人認為司法獨立與西方制度相適應，而與中國數年的封建歷史相結合會出現怎樣的結果呢？請評論。朱蘇力教授倡導充分利用本土上的法制資源，你對此如何評議？

答： 我跟朱蘇力教授的觀點不太一樣。我自己不太倡導目前所謂的本土資源，但你們也知道，蘇力教授提出「本土資源」這樣的一個口號，本身也被標籤化了，也就是說也被非常簡單化地理解。許多人認為蘇力教授好像是一個很保守的人，很抵制西方的人。實際上，蘇力教授不是這樣的人。你看他的文章，他對西方資源的運用非常之多。運用西方的資源，解決本土的問題，我認為這也是一種本土資源。常常有人說中國的國情不一樣，中國人不是西方人。但是我可以說，現在中國也不是古代的中國，還有，即便處在同一個時代，不同地方的人，不同行業的人，差別也非常大；比如說農村的人和城市的人，比方說法院裏的人和市場中的人，比方說大學裏的人和其他的一些人，比方說我這樣的人，你們聽

我的觀點可能有些全盤西化的感覺。但我也是中國人，我也是本土資源的一部分。蘇力教授提出在《秋菊打官司》那部電影中，秋菊最後的眼神流露出對現代法律制度的困惑、一種不滿。我不這樣看。我認為，秋菊其實是鞏俐，秋菊不是農民本身，秋菊是鞏俐演出來的。鞏俐是一個城市裏的人，秋菊打官司是導演的一種再現，是導演讓她眼神裏透露這種困惑，真正的作為農民的秋菊不會有這種困惑。農民本身是什麼？中國農民到底是什麼？他們對中國現行制度真實態度是什麼？我認為不能夠根據這樣一個文學作品，就下這樣一個結論，而應該由真正的農民來表達。我跟蘇力教授的差別是，我在農村生活了好多年，而蘇力教授沒有一天的農民經歷。但是，他天天在說中國農民如何如何，我就不認為他說的都是對的。我就認為有時候對村裏惡霸進行處罰，村裏面老百姓都會特別高興，會認為這傢伙應該遭到懲罰了，簡直無法無天了。那種人受到懲罰，秋菊會感到很困惑？我覺得很不可思議，這是我對他的觀點的一種不滿意。但蘇力教授這個人是一個非常誠懇的學者，有非常深刻的家國之憂。我經常感覺蘇力像小孩一樣的，那種童心未泯，他對國家真的是情感非常深。他也是一個詩人，是一個真正的詩人。每個人都是一個非常具體的個人，人與人之間真的是很不一樣。但一個人的人品和一個人的學術主張，是要分開來看的。他的學問到底產生怎樣的一種社會影響，人們怎麼去理解他？蘇力老是說沒有人真正理解他的理論，但是人們在用他的理論。他的本土資源一出來，人家說：你看他在美國生活了七年，人家回來才發現中國本土資源的價值，我們還有什麼可說的？還學西方麼？他的理論起到了這樣一種複雜的作用。我認為，這是非常值得我們注意的。

問： 凡是有權力的地方就會滋生腐敗。司法權力也是一種權力，你認為監督在司法改革中間的地位是什麼？中國社會是否十分需要對司法權力進行監督？

答： 我認為司法權的確有可能走向腐敗，但它又是最不容易腐敗的權力，因為司法權本身是一個消極的權力，沒有人起訴，它就不能夠行使。同時，司法權又是一個公開的權力。它必須在法庭上當面行使，它受到了雙方當事人和律師的嚴格制約。司法權本身沒有一兵一卒。我們今天的法警是由法院來管理的，但在西方國家，法警與法院是毫無關係的，法警由司法行政部門來管理。法院也不需要操心房子的問題，因為法院的房子、經費都由國家來負責。法院不需要自己建房子。如果法院自己建房子的話，法院就要跟建築部門簽訂合同。法院如果跟當事人簽訂合同，最大的麻煩就是發生了糾紛怎麼辦？一旦發現質量不合格，法院跟建築部門打官司。誰來審理？法院來審理，那建築部門不可能相信你法院是公正的，因為受理法院肯定傾向於自己內部。天下法院是一家，所以法院是不能做任何與自己利益相關的商務上的事情的機構。

法官就是天天坐在台上審案子，他沒有辦法做別的任何事情。所以，司法權是一個最不容易腐敗的權力。它若腐敗，往往是來自外部的控制。司法權受到內部制約，它不可能胡亂行使。但外部的權力如果不尊重法院的權力，比如我們看到的司法的地方保護主義，這就是一種腐敗。這種腐敗來自哪裏？因為法院不獨立，所以我認為，首先必須確立獨立的體制，然後才能真正使得我們司法行為愈來愈走向良好狀態。我們這個社會有一個情結，叫監督情結。我們相信通過監督能夠帶來更好的

一種結果。但是，我們從來不去論證一下，監督會帶來什麼樣的結果？比方說，我們去論證一下監督者是否比被監督者素質更高？如果以素質低一些的人去監督素質高一些的人的時候，那不是以髒水洗衫衣嗎？以髒水洗衫衣能洗乾淨嗎？那不是愈洗愈髒嗎？本來做的決策是正確的，但是你監督錯了，而且愈監督愈歪。另外，監督是需要成本的。我們都知道，設一道監督機制，你就要有成本。成本來自誰來監督監督者，監督別人的人也有可能腐敗，他可以用自己的監督權力去謀私、獲取私利。於是，需要再設一個監督者監督這個監督者。但是那個人也可能腐敗，你就再設一個監督機制。螳螂捕蟬黃雀在後，黃雀後面還有一隻狗，狗後面還有一隻老虎，老虎後面還有一個武松⋯⋯這個社會承受不了如此巨大的監督成本。所以，我們必須考慮是什麼樣的因素使司法走向公正。

我自己曾寫了一篇文章，其中的一個小標題是「尋求無須監督的司法界」。林達寫過一本書叫《總統是靠不住的》，但是沒有人寫一本書叫《法官是靠不住的》。美國人天生對法官信賴，但法官的行為就那麼良好嗎？也不盡然，但美國二百多年的聯邦司法史上，也出現過腐敗的法官，不過數量極少。英國自1873年到現在，沒有出現一起司法腐敗案件。為什麼法官不貪污？為什麼法官不受賄？我覺得這是一個特別值得深究的問題。比方說法官的門檻設得非常高，你當了法官之後，非常不易，簡直是三生有幸，八輩子積的德才能當法官。你進了法院，就是鯉魚跳龍門，你就有優厚的待遇，你能得到最嚴格的職業保障。美國作為一個民主國家，廢除了任何封建的東西，但有一個封建的東西得到了保留，那就是

對法官的稱呼。美國人稱法官為"Your Honor"，意思就是「我尊貴的法官先生」，或者說「法官大人」。獲得這樣地位的人，他會珍惜自己的地位，他不會輕易腐敗。為三兩萬元錢，我就給你枉法裁判，不可能的。我這個榮譽、地位來之不易。再者就是人手也要少。大家同樣地分享知識，遵守同樣的倫理準則。什麼樣的行為是良好的，什麼樣的行為是糟糕的，法官們之間有一種嚴格的共識。大家都覺得吃當事人的飯是不可想像的、匪夷所思的。如果有人跟當事人吃飯，大家看他的眼神就不太一樣，一旦傳出去，就是巨大的醜聞。這個時候，每個人都受到了來自同事的嚴格約束，我們知道這種同事的約束比任何約束都厲害。你不可能在每個法官的家門口裝一個監視儀在那裏天天監督法官，我們需要同事之間形成一種共同的職業倫理，共同的價值準則。這個時候，相互之間的監督特別重要。

現在有人說我們的法官素質不高，所以需要監督。我們想想看，我們法官跟西方國家、法制發達國家法官相比較素質不高，但跟其他政府部門比較，我們法院、檢察院可能是素質非常高的兩個群體。沒有哪個群體，像法院這樣在廿年前就非常重視各種各樣的培訓，有着學歷教育、職業教育、任職前的教育，哪個行業像我們這樣重視？沒有。這樣的群體，我想要讓他表現良好，得先讓他獨立，也就是說讓一個法官完整地握有他所處理案件的權力。握有完整的權力意思是什麼？那就是承擔完整的責任，你承攬了所有的責任，也就是說你沒有辦法推諉了，沒有辦法說這個案件判得不好，最後說是別人的責任。審委會研究的案子，那就是集體負責。我們現在要建立一個制度，讓每一個法官明白，這個案件就

是你們三個人審的，或者就是你一個人審的，你走到天邊，你就是死了，下一輩子你恐怕也難以推卸這個案件不是你判的。大家知道，責任一旦這麼明確的時候，就能夠激發出一個人的榮譽感，一個人就要追求卓越。我研究法律十多年，沒有遇到一個法官說他願意成為腐敗分子，也沒有遇到一個院長願意看到法院中腐敗分子層出不窮。現在人們簡直認為社會上沒有好人了，法院裏的人好像都不是什麼好人。法官們、院長們感到很委屈，他們都想追求卓越。人生在世，人過留名，雁過留聲。誰不願意讓別人讚賞，什麼樣的機制促使他讓別人讚賞？我相信把權力、責任、榮譽歸屬到一個特定的人身上，能夠激發一個人追求卓越的努力。我覺得這是使司法獨立非常有道理的辯護，愈獨立愈優秀，愈監督這個群體就愈不好。你說現在素質不好，於是你就監督他，本身監督的人不見得素質更高。現在我們監督得太多了——黨的紀檢部門監督，院長、庭長的監督，審委會的監督，檢察院的監督，人民代表大會的個案監督，媒體的監督。所有的監督下來，你知道監督來監督去，監督成什麼樣子了？監督得讓法官覺得自己太無關緊要，我這種人算什麼！現在對法官處處提防，可謂防火防盜防法官，你說法官還有尊嚴感嗎？如果人們有尊嚴感，一定不需要監督。我覺得我身為大學教授，非常有尊嚴，因為我不服從任何人的領導。我覺得我當教授特別有尊嚴，你卻叫我去考法官。最高法院招考名法官，沒有一個教授報名。為什麼？我看還是因為在官僚機構裏面，每個人只能做一個毫無個性的螺絲釘，思想受到的約束太大，簡直令人窒息。我認為這是最重要的一個方面。

問： 我欽佩你在法學界裏的實力，追求心中理想的法律信仰。有許多話，並不是許多人可以沒有顧慮地去説。請問是什麼給了你勇氣，講了那些為主流所禁忌的妙語？

答： 謝謝你對我的過譽。實際上，這是一個良心問題。我們在國立大學裏任教的老師，工資是從哪裏來的？不錯，我們的智力勞動能夠創造財富。但另外一方面，從非常直觀的角度來講，是中國老百姓支撐着我們這些國立大學的教師們，使我們能夠有一份優厚的收入。現在我們的一些工人在下崗，不少農民正在過着連溫飽都沒有解決的生活。但我們大學的教授，月收入都是幾千元錢。如果大學裏的教授說的都是官方允許講的話，那我們老百姓要這樣的學者幹嘛？支撐這樣的大學幹嘛？所以，我認為這是一個良心活。我們有自己的良知，我們要説出一些不同的話來，讓國家在做決策時能夠聽到不同的看法和意見，以保證決策的科學性和合理性；能夠使老百姓不白白付出他們的勞動、財富。我相信這是我必須做的事情。

問： 如果不改革現階段的政治體制，你覺得司法體制不像空中樓閣嗎？

答： 我覺得大的政治體制是個方面。你要看到大的政治體制，實際上它由一點一滴的政治結構、習慣和觀念等因素構成的。社會的改革、政治的改革，牽一髮而動全身。也就是每一個局部的變化，都有可能導致整體的變化。如果我們只考慮大的變化，不去積累小的變化，那麼我們的任何事情都做不成。集腋成裘，積少成多，我們都知道這個道理。比方説庭審方式的改革。我認為尤其是司法方式的改革，庭審方式的改革和當事人、被告

人權利的平衡，這本身是政治制度的一部分，這本身對中國政治體制是有影響的。證據開示制度、證據庭前交換制度，當事人和他的律師、被告人和他的律師也有權利獲得國家司法機關所獲得的證據，這對於制約國家的權力是非常重要的。所以，我們的眼睛裏不能只有那些所謂最大的問題，而沒有這些具體的問題。如果我們一天到晚老關注那個最大的問題的話，那你除了「鬧革命」，你就沒有別的辦法了。所以我認為，搞法律的人，都是「反革命分子」，應該想方設法地避免這個社會發生動盪，避免發生有人說的那樣「必須要徹底改變現行制度才能建立一個好的社會」，這對社會，特別是對老百姓來說都不是什麼好事情。我不相信社會會突然變得好起來，歷史上那麼多革命的例子，不是已經充分證明了這一點嗎？我相信的是我們一點一滴的積累比起什麼來都重要。社會動盪不安本身是對法律秩序的否定。秩序，有條不紊的秩序，對這個社會裏的任何人都是有益的、非常重要的。而我覺得像我們東營法院的這些改革，正是這樣的一種積累的結果，正是在做這樣的一個積累的工作。

問：　我們的司法改革最重要的是什麼？管理的改革還是制度的改革？你有什麼建議？

答：　司法改革的關鍵是互動，也就是司法界和學術界之間的互動。我們這樣的人做的是觀念化的事情，而東營法官是在觀念的基礎上做一個非常艱苦的、非常富有成效的探索。我認為最近這些年司法改革，最讓我感到欣慰的是法院和學術界的互動變得愈來愈頻繁，大家感覺非常好。過去學術界呼籲半天，法院基本上沒有理睬的。而

最近這些年來，我們開一些學術研討會，實務界與學術界之間的對話愈來愈沒有障礙。大家看看最高法院幾位年輕的副院長，你可以看到，他們不僅僅是個法官，還是一個好的學者。雖然他們中的個別人可能比較缺乏基層法院的經驗，但你可以發現，他們具有相當合理的司法理念，跟學者之間對話的時候是沒有太多障礙的。現在最高法院的許多決策非常好，在我看來，就是最高法院的領導層的構造比較合理，是令人滿意的領導層。

問： 無論中國政界還是中國法學界，部分人都以中國國情為藉口，來推遲中國司法改革的進程。我在想如果我們始終以國情為藉口，我們的司法改革還能夠前進嗎？你對這個問題有沒有看法？

答： 剛才在回答前面的問題時，我曾經說我也是本土資源的一部分，也是國情的一部分。我相信國情是會改變的，國情不是一個死的東西。我們往往以過去借鑒西方的一些制度來說新的制度不符合國情，我認為國情是處在一種變化之中的。

問： 請問單從服裝、道具方面的改革，如法官穿袍、使用法槌、明年開始律師出庭要穿律師服，究竟能從多大程度上增強民眾對法律的信心？

答： 我認為和剛才說的制度和觀念一樣，它也是互動的。我是從1996年開始倡導法官穿法袍的，不過這樣的主張一直受到批評。例如法官換袍後，有人在網上指摘說：「這種換袍，只是外面換了，裏面沒有換，有什麼意義？」這是非常極端的說法，我不同意這種說法，因為一個人的服飾不是一件簡單的事情。我們發現中國人愈來愈重

視服飾，在什麼場合穿什麼衣服。有一次在一個研討會上，一個學者上去，穿一了套非常糟糕的衣服上去，大家都覺得這種人簡直太不像樣子了。在國際學術研討會上，你尊重別人，也是尊重你自己，服飾不是一件小事情。我自己有一個演講的名稱叫《正義的行頭》，就曾談到袍子的重要性，因為它對於穿的人是一種暗示，對於法庭上不穿法袍的當事人以及旁聽者也是一種暗示。它在不斷地提醒你，你從事的到底是一個什麼樣的職業。穿上袍子，能夠帶來許許多多的暗示，給審判工作帶來神聖。法官的擔子重，裁判人世糾紛，這是神的事情，不是人能夠做的事情。所以，為了讓當事人感覺到法官不是常人就要穿一個袍子。袍子是反等級性的，法官這個職業也是反等級性的。所以，它是一個獨立的職業，它是一個反等級化的職業。而軍人制服、警察的制服，它是倡導等級的，外表一看就能看出來；而法袍的服飾是比較一致的。所以我們應該體會到法官應該追求獨立，而不是追求服從。法袍是一種非常古老的服飾，它也提醒我們法官是一種向後看的職業，我們需要對過程規則表示最高的尊重。法袍是在外面不能穿的衣服，是在室內穿的衣服。在街上，你沒有看到穿着法袍搞執行的人。搞執行的人為什麼不穿法袍？因為法官這種職業本身就是在屋裏面行使權力的職業。也就是提醒我們，法官這個職業具有消極性。司法權必須是消極的和中立的。要保持中立、公正，就必須坐在中間去作裁判，而不是到街上去行使權力，到企業去行使權力。

第14講 中國律師的困境及其根源

題記：這是2010年1月30日，浦志強律師在三味書屋做了題為《酸甜苦辣做律師》的講座，我向東道主毛遂自薦擔任點評人。講座結束後，網友藍無憂根據周曙光（佐拉）和wejjjjj兩位網友的錄音整理出全文，「歷時四天，反覆校核」，備極辛勞。在此，謹向藍君和另兩位朋友表達衷心的謝意。這裏是我評論的內容，在藍君整理稿的基礎上，我又作了一些修訂，並加了小標題。

我想站起來休息一會兒。中國的法庭有一個特別大的缺陷，律師在法庭上是必須坐着的。不像英美法系的律師，可以站起來，可以踱蹀着，可以走到陪審團的女士先生面前，非常生動地說話。可能因為在中國做律師久了，坐慣了，浦律師已經多多少少忘記了他做老師時站在課堂上的感覺了。

的確，給浦律師做點評是我自告奮勇來的，而且自己還為能夠給這位老朋友的演講做點評而頗感興奮。當然，還有一個重要的原因是今年1月2日，我來三味書屋做一個《讀孟子，講法治》的講座，當時感覺特別開心，那麼多的朋友濟濟一堂，覺得特別溫馨。店裏的主人劉老師、李老師也一直說「希望以後有這樣的機會，現在你難得回北京一趟，如果回來的話，正好趕到禮拜六，我們書店有這樣交流的機會。你過來，除了精神上有個交流外，大家還可以吃吃飯、喝喝酒」——李先生和我有同好，愛喝點酒，好點杯中物。

浦律師和他的煩惱

今天當然是個非常豐盛的精品大餐。給我們作報告的浦志強先生，在我看來是這個時代非常難得的具有理想主義追求的律師。如果按照美國的說法——在座的也有國外來的朋友——浦志強這樣的人，叫做 "The First Amendment Lawyer"，就是第一修正案律師。我們知道美國憲法第一修正案講的是美國國會不得制定任何減損言論自由的法律。這是保障言論自由、出版自由、表達自由非常重要的憲法條文。多少年來，這個憲法條文催生了對民權愈來愈廣泛的保障，尤其在1960年代之後，了解美國憲法史的人都非常熟悉這方面的發展。這個過程離不開在美國非常優秀的一批律師，他們幾乎終其一生都在做言論自由方面的案件。我們知道，美國律師愈來愈趨向於更加專業化。一招鮮吃遍天，只要這個方面他拿下，從基層到最高法院他都可以包圓、通吃。至於浦律師，我記得包括剛才他已經提到的春桃、陳桂棣的《中國農民調查》，到《中國改革》雜誌社，到余秋雨訴《北京文學》及肖夏林先生的案件，到周葉中案件，還有譚作人案件，所有他代理的最著名案件幾乎都和言論自由有關係。他擅長的地方是——當你的報紙受到別人指控，說你侵犯了他的名譽權，這個時候你趕快找華一律師事務所浦志強律師。當然如果你是鄧玉嬌的話，你就找夏霖律師。他們已經在這個國家的這個時代，顯示了在言論自由方面的一種卓爾不群的追求。當然這是非常艱難的一個領域。它不僅僅是一個民事問題，雖然經常圍繞着《民法通則》規定的名譽權進行辯論。大家分明可以看見這方面經常處理着，走着走着就走出問題來了，就偏離法律軌道了，就走到拖了六年，根本不給你一個結果的地步。為什麼不給你一個結果？並不是因為法律上的困難，而是這個案件涉及別的一些因素——「我們院長出事」的事就別說了——所以這是一條非常艱難的道路。浦律師反覆提到

的張思之先生，今年82歲，仍然從事一些法律上的事務。但他有一個特點，一輩子就幾乎沒有打贏過幾場官司。他是從來不打贏官司的著名律師。他之所以受大家尊重，是因為他從來打不贏官司。當然，浦律師還不至於這樣，但他慢慢地在向這個方向走……這是我有點擔心或者警覺的。

浦律師在剛才的演講中提到一個非常耐人尋味的問題，就是說退回30年前，比如說1980年前後的時候，我們會發現我們的國家處在一種朝氣蓬勃的狀態，對未來大家有一種特別美好的想像。十年浩劫終於過去，80年代初期胡耀邦主持平反昭雪，第十一屆三中全會已經確立了改革開放的新路線，經濟方面在不斷開放，思想也在不斷解放。那時的《人民日報》是我們要讀的，而且是喜歡讀的，上面經常發表一些讓我們非常興奮的文章，不像現在的《人民日報》。比方說「解凍」，比方說「傷痕文學」，比方說盧新華、劉心武，比方說其他的一些著名作家，《於無聲處》那些話劇在北京上映。雖然我當時在今天正鬧打黑的那座城市讀書，但我們還是不斷關注政治方面的變化。1980年還審判林彪「四人幫」，在東交民巷27號（編按：最高法院的現址）。不，當時最高法院特別審判庭開在北京正義路1號。正義路1號，那時學習法律的人我們真的感到一種美好的期待，再過20年，我們來相會，那時我們的國家將有多麼美好。最大的美好在於我們的法治可能大致能夠健全。我們再也不人人自危，法律條文非常不明確，動輒得咎，罪與非罪的界限根本搞不清楚，你說一句話，批評政府一句話，你就變成有罪的，那些東西一去不復返了，誰能想到它的現在。

浦律師說知易行難，我們現在到了一個知易行難的境地。那就是說，什麼是好的、什麼是壞的，我們有非常清楚非常明確的判斷，但我們卻走壞的道路。我們各行各業都在腐敗，而

且我們公然置法律規則於不顧。昨天看到一篇《貓眼看人》上的文章，作者好像是一位北京的律師，〈強權對司法的公然操縱〉，大概是這樣的題目，分析李莊案件。大家都在思考這是怎麼回事，我們今天怎麼到了這一步？播下龍種，收穫跳蚤。我們當時想像今後會愈來愈好，突然發現我們出問題了。當然浦律師分析了半天，講了兩個小時，我也沒聽出來，他對這個問題究竟出在哪裏、怎麼解決、怎麼對症下藥，給出個具體的分析。可能這個問題是太大了，也許需要所有人思考一下癥結在哪裏。我願意在他的這樣一個場合，稍微梳理一下他今天在演講過程中，告訴大家制約律師發揮那種正義之師的作用。制約律師保護他的客戶的合法權益，在制度上到底是哪些因素使我們做不了一個合格的律師。想做好事做不了，我們不得不跟自己的客戶賠不是——他剛才說他的頭髮一下子白了那麼多，主要是他覺得無法面對客戶。客戶覺得你不是我們的律師嗎？你是搞法律的，連這個事都論證不好，明明符合法律的訴求卻被拒絕，從中級法院到高級法院一直拒絕到最高法院。你這個法律是怎麼回事？——我覺得他無顏見自己的客戶。你拿不拿錢我當然不知道，拿了錢尤其見不得你的客戶。我想，這些制度上的根源到底是什麼，梳理一下也許有助於理解我們的困境。

判案不依法，律師將何求

第一個因素，現在的法院的司法決策是沒準的，是誰也搞不清楚的。過去我喜歡說是月朦朧鳥朦朧的，是深一腳淺一腳的，它是不遵守規則的。一個案件按什麼判是高度不確定的。過去王海打假的時候他就非常困惑。有一次開一個會，王海說：「賀老師，你們法律到底是怎麼回事？同樣是《消費者權益保護法》49條，明確的規定買到假冒偽劣時你可以獲得雙倍

返還。」他説就這麼一個事,「我在全國各地做的都是一樣的,但在全國各個地方都是參差不齊的,都是沒有辦法預期的,甚至在天津同一個法院居然判決是一個合議庭這麼判,另一個合議庭那麼判,完全是相反的」。他就問,問題到底出在哪兒?我們這個司法決策根本沒法去嚴格地規範,具有一個可預期性。你們知道,沒有可預期性導致了多少社會成本的支出?比方説老百姓去法院打官司,就像我們到醫院去一樣,你要動手術,你不給醫生點兒紅包,你還要先做手術。有一個人説:「手術動完了我再給」。結果手術倒是動完了,人死了,錢沒有提前給——醫院當然是另外一個問題,但是司法這個東西,老百姓着急。官司一進門,雙方都托人。本來法院嚴格按照法律判案件是具有確定性的。上次我舉過孫偉銘先生的案件,成都那個開車醉酒駕車,被抓起來了,法院要開庭了。他問他的律師:「浦律師,這個案件……我是無證駕駛,確實我沒有辦證。我那天也喝了不少酒,喝完了酒我送我爸爸媽媽到火車站去。結果我爸爸媽媽下來以後,我就開車,腦子就失去知覺了,就一下子撞死了四個,重傷了一個,你説我這個事到底怎麼判?」浦律師説:「這是典型的交通肇事罪,按刑法133條交通肇事罪最高7年。」他聽罷就很高興,沒問題了。浦律師説:「你小子別高興,案子怎麼判還不一定。搞不好還會判死刑!因為一個被告人判不判死刑不只是看法律的規定,還要看別的因素。」還看別的因素,那這就麻煩了。別的因素,現在甚至還得到中國最高法院官方的倡導,因為提倡「三個至上」。政法工作者處理案件時要堅持「黨的事業至上,人民利益至上,憲法法律至上」。你們知道「至上」是什麼?至上是最高的那個。我在我的博客上説,這三個至上誰至上?咱家裏面遇到事情有爭議的時候,公公説話最後決定,但婆婆説話也可以最後決定,媳婦兒説話也是至高無上的,這叫什麼?這是司法決策中間非常麻煩的事情。

當然你可以說從立法角度，我們制定的法律本身有一些是模糊的，是可以作兩可之解釋的，比方說交通肇事罪和以危險方法危害公共安全罪，比方說經常發生爭議的所謂「故意犯罪」和「過失犯罪」。「故意犯罪」中有一個「間接故意」，它跟「過失犯罪」之間非常的微妙，現在經常被用來混淆視聽。不過，就孫偉銘案而言，稍微了解一下相關條文的解釋和過去的判例，結果還是十分清楚的。但是，成都中院的一審生生地判了死刑，而且是立即執行。上訴到四川高院，維持原定罪名，刑罰改為無期徒刑。無論如何，兩次審判都是顯而易見的錯判。

司法的不確定性還來自剛才浦律師所謂的官哨和黑哨。我覺得你說官哨，我們都理解，有些案件驚動了最高層。其實有些案件驚動最高層看起來很容易的。比方說鄧玉嬌，問題的關鍵在於影響很大，那便驚動了最高層。最高層也樂於解決這樣的問題。我們從秦始皇時代開始一個傳統，最高領導人都要關注許多具體案件。最高領導人一施壓，這個案件就是官哨了。的確，官哨不是通常意義上的腐敗，只不過司法沒有了獨立性。黑哨涉及的便是腐敗因素。

你剛才講的這個武漢大學周葉中教授的案件，你說肯定不是官哨，而是黑哨，我覺得這個分類學上缺一個品種——黑哨和官哨之外還有一種叫紅哨的。紅哨是什麼？當一個案件出現了某種程度的意識形態化，出現了政治上的問題，如果法院判決的結果是讓「國內外敵對勢力」感覺到很開心，這不需要你所謂的最高領導人還親自跟你說一說，不需要有關部門給你打電話問「你的無產階級革命立場哪兒去了？」所以周葉中的案件我也不大相信有人直接跟法院打招呼，不是官哨，也難說是黑哨，但紅哨的特徵是明顯的。

案件的原告，即浦律師提到的研究共和政體的王天成先生，被抄襲的那個人，是北京大學法學院的前講師。他參與了一個民間組織，結果就被抓進去了，在監獄裏呆了五年。在監獄裏閑着沒事，就天天想：我們這個國家叫中華人民共和國，什麼叫共和？共和和民主是什麼關係⋯⋯他在監獄裏老想這些事，出來以後就做了大量的研究，寫了一些有分量的文章，講共和主義——這是政治學非常重要的東西。結果有天他在書店裏看到另外一本叫《共和主義的憲政解讀》，署名周葉中、戴激濤——不是戴季陶，是戴激濤。戴季陶當然更有名，名氣很大。他一看，自己研究的領域有人專門寫書了，馬上買了一本，拿回去看一看。你們聽說過帕格尼尼嗎？有一個年輕的作曲家請他看自己的習作，帕格尼尼看的時候，一會兒把帽子摘下來一會兒戴上。年輕人問：「帕老師你這是什麼習慣？」他說：「我在這裏面不斷地遇到熟人。」王天成回去就做了一回帕格尼尼，看到太多他自己的東西被抄進來。一看作者是誰——武漢大學的教授、憲法學的教師。這個人可不得了，他不僅僅是一個普通的教師喔，官家的稱號不少。胡錦濤總書記這一屆領導人剛剛換屆，就進行了一次講座，請了這位周葉中教授和人民大學一位老輩的教授許崇德先生兩個人到中南海講課。你們可以看到某個官方媒體上一篇挺煽情的報導：一輛黑色的轎車駛進了中南海，如何如何。年輕人看上去還有點緊張，那個老者說：「不要緊張，黨和國家領導人都非常和藹。」到中南海講過課似乎是一種特別的待遇。我接觸過幾個講過課的人，他們也是相當自豪。當然有的人對我說：「老賀你千萬不要再提這件事⋯⋯」但是有些人就很炫耀很風光了，你知道和中央領導人講過課的就可以再給各省和其他地方的領導人講。一些人會非常自覺地利用這樣的背景，像西藏自治區的黨委請周教授為他們的中心組學習會講一次，講完以後，自治區的書記說：

「今天我們聆聽了周教授的報告，我們每個人都要回去認真地學習他的報告。」「要學習」，這是個普通的學者嗎？這個是紅黑之間，你說你這吹哨的人你怎麼吹？所以這裏面有政治和司法的關係。「講政治」就意味着法官對於這類案件要有一種政治上的敏感。不需要上峰指令，自己主動吹「紅哨」。我們現在過分怪罪法官品行的問題，也許很難進行這方面的指摘。正如浦律師已經說過，要是叫他成為1966年的余秋雨的話，他也就是「浦秋雨」，也不會比他好多少。所以可以看出這更多是一個有關制度的問題。

還有一個特別重大的問題，就是關於特定的法律條文、專門的法律概念，它的含義是什麼。我們需要一個非常明確的、得到法律職業共同體認可的一個專業化解釋。它不能夠亂解釋。如果一個概念、一個案件的判決，法官在作出判決時他的解釋是不符合職業認可的一種——什麼叫故意、什麼叫過失、什麼叫善意買受、什麼叫惡意買受、什麼叫交通肇事——必須排除是哪些方面的東西。這些東西我覺得如果不在法律教育和法律實踐中不斷被強化的話，那司法的隨意性也仍然是沒法去避免的。然而中國這樣一個國家，司法的隨意性是一個歷史悠久的問題，絕不是最近61年的一個問題，而是一個兩千多年的問題。這使我們對這個問題的解決變得非常非常的困難。

阻礙律師施展「拳腳」的司法程序

另外我覺得是，現在整個司法決策中間，我們的律師現在在法學上的程序中是特別僵硬的，特別缺乏一種讓律師表現的司法程序模式。我們過去把這種模式叫職權主義模式，它基本上是法官在主導整個的審判過程。律師能不能說話、說多長時間的話，受到了法官的嚴格控制。非常重要的一點是說在程序

過程中間，律師能否有相當強而有力的主導色彩？律師能夠對整個審判的辯論過程進行自己的安排？律師能否發揮自己語言的特色，能夠在法庭上進行一種非常富於力量的辯論？在這個國家這方面是非常缺乏的。

有一段時間，官方對電視直播法庭的庭審倡導得很。1999年7月11日，最高人民法院與中央電視台合作，向全國現場直播北京市一中院的一場庭審，是關於知識產權糾紛的。我早上9點多打開電視看這個庭審，看了一會兒，我都差一點睡着了，這個案件毫無趣味可言，庭審風格也呆板僵硬。但相對而說，英美國家的司法它就生動得多。庭審過程必須貫徹所謂的言詞原則、直接原則。所謂直接原則，即所有提出證詞的人必須到法庭上接受律師面對面的一種質詢。這樣一種質證過程是不可以被一張紙所替代的。龔剛模先生說：「那次他向我眨了一下眼睛，我就覺得他肯定是在示意我一定要說我被吊被打了。然後我就說我被吊了八天八夜。」這需要當面鑼對面鼓，這需要對質的。謊言都是在對質中被揭穿的。你知道好律師的一個看家本領就是如何揭露作偽證的人，同時好律師另一個看家本領是如何把對方一個誠實的證人給搞得像一個騙子。這正是人們詬病美國司法的一個地方。美國的律師，有時也進行這樣的批評：太過了。人家本來是很誠實的說話，他上去一同質問，最後在陪審團的眼中，那個證人就變成了騙子。陪審團由12個外行人來作出對事實問題的判斷。所以美國司法中戲劇性的東西太多了，以至於有一個比較法學家說：「你到底選擇法國的程序還是選擇美國的程序，取決於你是否真犯罪了。」如果你沒犯罪，你被抓起來了——李莊這樣——你應該選擇法國——法國有太多的前置程序，使得一個無罪的人不需要經過最終的公開法庭就被放了；如果你有罪，一定要選擇在美國審，它有太多的機會讓你逃脫法網，逃脫法律的制裁。當然這

是兩種程序的一種差異。不管怎麼說，在司法過程中，言辭原則和直接原則對律師把他的才智和職能發揮得淋漓盡致是非常重要的。我們可以看到李莊案的審判過程中間一個難得一見的場景：從早上9點鐘審到第二天凌晨的1點10分，看上去好像很認真。兩位律師——前幾天我還有幸跟那個陳有西律師見了個面——他們有才華也很努力，但是法庭卻拒絕讓任何一名證人出庭作證，出現在法庭上的只是一張又一張書面證詞。面對這些紙，律師本領再大，那也是「老虎吃天，無從下口」。一審法院連我國的那部簡陋的刑事訴訟法都不遵守，涉及定罪與否的關鍵證人有能力和條件出庭接受質證的，依照法律必須出庭，否則就算不上是得到質證的證據，但法院硬是依據這些根本沒有得到質證的所謂證據判決李莊犯罪成立。有關人士傳遞的信息說，二審時希望我到重慶去出庭。我說：「我從來沒做過律師，同時我也怕我去了回不來⋯⋯」打黑把我也打了⋯⋯目前這樣一種司法程序，證人不出庭作證，極抑制了我們律師在法庭之上發揮自己的作用。我覺得這是第二個非常大的問題。

律師獨立與職業倫理

第三個問題，我覺得是律師和公權力之間的交涉能力非常的低。現在，我愈來愈強烈地感覺到我們律師在中國是太邊緣化了。在東方國家傳統上是官家的地位高於民。嚴復先生當年翻譯《法意》的時候，曾經有一個註釋說我們這個國家「尺權寸柄，悉歸國家」。所有的權力都歸政府，都歸國家。老百姓是沒有什麼機會分享公權力的，律師也是老百姓中的一員。在日本，法律人叫「法曹」，分在野法曹和在朝法曹。法官檢察官是在朝的，而律師是在野的。他們律師也一直在為提升自己的地位做抗爭。但是所有這些地方，台灣也好、香港也好，其

他的像日本也好、韓國也好，我們想想中國的律師地位還是太低——是更低的，是最低的，沒有過這麼低的律師。所謂低，低在哪兒？你想，所有的程序中間，律師都要乞求於把握公權力的那些人的恩准：我要去會見被告人，我要去取證。像美國的律師要去取證，一下子跑到國防部門口喊：「把那個秘密文件給交出來！」國防部說：「這是什麼人啊？」「律師！」律師？那不交。國防部的秘密文件、五角大樓的文件哪能隨便給你。不交可以，律師轉身到法院申請法院命令交出。法院一命令，國防部不得不把文件交出來。律師行使的是社會非常重大的權力，因為他是人民的代言人。但我們的律師低聲下氣，低三下四，遮遮掩掩，躲躲閃閃，鬼鬼祟祟。我總覺得，一代一代的能否有效地解決這些問題，看起來還非常的艱難。現在還看不出來好的前景。

除了交涉地位的低下和跟公權力之間地位高下的區別外，還有一些特別的原因，使得人們必須對律師進行控制，你必須要防火防盜防律師，這涉及我們的職業倫理問題。今天浦律師也多多少少談到這些，如何做一個公正的、正直的律師。當然律師這個職業天生存在的一個問題——任何國家，一個法治社會裏面離不開律師；另一個方面，沒有一個國家的老百姓說起律師來會說多少好話，一般民間流傳的故事對律師都沒有好的感覺。我們曾去美國考察他們的刑事司法制度。那個開車的司機說：「你們走錯地方了，你們到這裏考察什麼？在這個國家，所有的制度都是為了讓被告人能夠逃脫懲罰，那幫子律師沒有誰是好人。」這個說法是民間的一種評價。比方說律師的房子建在傻瓜的腦袋上；一個街上住了律師，一個律師肯定會餓死，兩個律師肯定會很開心，兩個會過得很好；出了車禍後，急救車後面追趕的一定是律師的車。如此種種，還有個小故事。一個律師死了到了天堂裏面去，上帝給他安排了一個很大

的套間——總統套間給他住下來。旁邊住了一個高中校長。校長一輩子都是一個偉大的教育家。校長到隔壁一看：「天哪，你的房間怎麼這麼大，總統套房都給你住。你是幹什麼的？」「我是個律師。」他跑去對上帝抱怨：「憑什麼給一個律師那麼大的房子？我們做教育工作的多辛苦啊！」上帝說：「你要原諒他。他是從這個賓館建成500年來第一個上天堂的律師。」律師不大可能上天堂。

律師職業倫理中間有不少東西是和社會工作一般道德觀念相背離的。比如說律師為客戶保密的這樣一種規則。客戶給他交代的任何信息他都需要保密，政府不得去取這樣的證據。你們知道還有這樣一些倫理關係，比方說親屬之間不能做有害的證人。你不能說讓親屬去揭露犯罪嫌疑人，比如說我丈夫怎麼回事，我要去揭發，這是絕對不容許的。學生和他的教師之間不能互相揭發的，醫生和他的病人之間不能互相揭發，甚至秘書和他服務的首長之間也不應該相互揭發。我覺得這些都是人倫關係中非常重大的問題，但我們的社會不是特別容易被理解。「律師是為壞人說話的人，為壞人說話的人就是壞人」，這樣一種等同關係很容易成為公眾的認知。

重建職業倫理也許需要我們建立職業倫理中一些根基性的規則，包括律師的社會責任，包括律師是否有責任去推動國家政治制度的演變，還有律師是否應當非常關注我們的刑事被告人權益的保障，律師應不應該有一些公益心。比方說每個律師每年必須拿出相當長的時間為那些貧苦人免費打官司，這樣的話，庶幾有助於挽回我們律師的社會形象。

我覺得律師現在是個處處受限制的職業，主要因為他們還沒有構造成為一個真正意義上的行業。說起來是一個行業，律師是一行，是法律職業群體的重要組成部分，但律師這一行現

在看起來，官方對他們的控制愈來愈嚴厲。比方說重慶他們新任的司法局長明確要求律師必須識大體、顧大局、講紀律、講政治。我們的司法部也在不斷發佈一些相關的規範。我們的律師協會還不是律師真正的自治組織或者是自治的協會。律師協會的會長在過去基本上都是由司法局的一位副局長來擔任，現在愈來愈多人倡導執業律師來擔任會長，但是選人，也是選那種過去當過官兒的、獨立性較低的來當會長。

有一個問題值得提出來，律師這種行業為什麼建立黨組織？私人企業也搞黨組織，律師協會也搞黨組，律師事務所也有黨支部，大的律師事務所還有黨委，還要組織政治學習，這種做法究竟意味着什麼？我覺得你總要讓社會有些行業不被這種東西所控制。什麼事務都受到黨的直接控制，按鄧小平批評的說法，那叫「黨政不分」；按照嚴復的說法，這就叫「尺權寸柄，悉歸國家」。這對黨有什麼好處？黨天天操這個心，操那個心，幹什麼事黨都管，結果把所有的責任也都攬在自己肩上。這個社會出了任何問題，大家也自然怪罪搞得不好。鄧小平時代倡導黨政是要分離的，後鄧小平時代兩者卻愈來愈結合在一塊兒。為什麼不能夠讓私人企業就搞私人企業？為什麼不能夠讓律師協會就不設置黨組織？什麼叫黨？黨的英文不就叫"party"嘛。"Party"是什麼意思？從"part"而來，它是一部分的，它是社會一部分人利益的構造體，它叫政黨。黨不可能是所有的，全國人我都代表了，這不叫黨，或者至少不是一個現代政黨。你只要是個黨，它就是個局部。你既為局部為什麼一定要說我把所有的東西都涵蓋掉？我們為什麼不能讓律師職業真正獨立，讓法官獨立？人民信賴律師，該是多麼好的事情。因為人們信任律師就會找浦律師、夏霖律師去打官司。他們總是把我們引導到法庭上去。浦律師從來不會說：「走，我們上梁山上去。」雖然他這個樣子長得是有點像梁山上下來的人。

我覺得這對我們黨和政府是一件多麼非常好的事情，就是發揮律師最大的功效，因為他們總要服從黨領導制定的法律，總要在法庭上見分曉見勝敗。這麼好的事情，為什麼總要防範我們的律師，對我們的律師這麼警惕？為什麼不能讓我們的法官變得更加獨立？我覺得這幾個方面確實值得我們廟堂上的大人先生們三思深思。我覺得他們真心對這個國家負責的話，一定要好好思考一下。

重建民族的信仰體系

最後——我已經說得不短了——我最簡短地說幾句話，就是回應一下浦律師開始時的那個提問：為什麼今天的中國會變成這個樣子？他說知易行難。我總覺得我們改革開放三十多年來是一個物質方面物欲追求愈來愈厲害的時代。大家嚮往物質，整個的改革過程中又以經濟建設為中心，這些都加劇了我們在這樣一個消費主義的時代中對物質財富的一種追求。在追求過程中，我覺得我們似乎愈來愈缺失了某些東西，那就是想像。我們是一個動物還是一個人，我們似乎有點忘卻了。而且我們特別迷信物質財富能夠決定一切，比方說GDP萬能論，比方說我們到國際舞台上，展示我們有錢，我們不差錢，我們厲害。我們到底有多少錢我搞不清楚，但政府手裏控制的財富的確是巨大的一個財富，的確讓他們感覺到這是一個很厲害的經濟體。但是我們的精神呢？現在我們變成了什麼？我覺得再明確不過標誌着，現在我們需要一種精神的東西。我們必須要說，我們一定要把憲法中所規定的宗教信仰自由這個規範給它樹立起來，我們需要有信仰。我們不能夠說建立一個世界，這個世界全是蠅營狗苟的人組成的一個世界。我們這個地方要有神。如果沒有了神，或許問題就會愈來愈嚴重——我不是傳教

士，我也不信仰基督教，伊斯蘭教我也不信，我也不知道⋯⋯剛才講到所謂的有恆產者有恆心，無恆產而有恆心者唯士為能——一個社會秩序的建立不能只看極少數人，極少數人他天天只看柏拉圖、亞里士多德也可以，孔子孟子都可以——但整個社會的治理，我總覺得宗教可能還是一個非常重要的構造因素，甚至在西方國家上帝的存在也是使得法庭有秩序、政治有秩序的一個非常重要的因素。在一個沒有神的地方，最終你會發現，人也沒有了，因為人都變成了魔鬼。

第15講　拷問死刑

我們為甚麼要廢除
這一野蠻的刑罰

題記：這是2015年12月15日，我在華東政法學院交誼樓講堂的講座記錄。主持人是華東政法學院的刑法專家游偉教授。

　　今天晚上，我想跟大家討論一個沉重的話題——死刑問題。大家知道，死刑可以說是全世界許多國家都關注的一個焦點問題。世界上有不少國家已經廢除了死刑，廢除死刑或者基本廢除死刑的國家已經達到了120個以上，但是另外有一些國家還在判決和執行死刑，比方說美國。美國是保留死刑的國家，這在世界發達國家中是很少見的。這個國家是在1976年恢復了死刑，不久前剛剛處決了1976年以來的第1,000個死刑犯。1976年到現在，已經是30年的時間，美國總共處決了1,000名死刑犯，這也就意味着在美國每年大概有30個人被執行死刑，在我們看來，美國這樣一個大的國家，死刑執行的並不多，每年才30個。我們國家在唐朝的時候也曾經有過一年判死刑僅僅29例這樣的歷史紀錄。唐朝的人口數量大概是在5,000萬，比起今天的美國來當然是少了許多。不過，我們不能忽略時代的差異。在那樣的一個時代，一年只判處這麼少的死刑，也算是人類文明史上的一個奇跡了。

最高人民法院最近正在進行一項改革，那就是收回死刑覆核權，進一步激發起人們對死刑問題的關注。許許多多的人都在期盼着死刑相關制度的改革能夠避免錯案的發生。我們都知道，去年曾經有過一些關於死刑案件的報導，這些報導引發了人們對死刑問題的憂慮，那就是一些不該被判處死刑的人被槍斃了，過了十年或是過了幾年以後，真凶落網，真相大白，司法機關鑄成大錯。因此，改革的一個最基本的動因也許就是如何通過更嚴格的覆核制度避免錯殺。

　　我們也關注如何減少死刑的數量問題。中國每年執行死刑的數量有多少？游偉老師是死刑問題的專家，可能你知道，我不知道，而且你也別告訴我，我不想知道。知道了沒有什麼好處，知道的機密太多，就容易洩漏國家機密，容易出現嚴重的問題。到底執行了多少死刑，我們的是一個保密的數字，而且千方百計地想方設法地不讓國際社會知道。有些國際組織，試圖了解我們到底執行了多少死刑。過去他們的方式，是通過對報紙的報導進行一些統計。我們過去非常炫耀自己的執行死刑，比方説，把一些執行死刑的情況在報紙或電視上報導。上海市第一中級人民法院昨天宣佈了17名罪犯被判處死刑，立即執行。南京市中院又判決了多少，還有成都中院又執行了多少。他們會把這報紙上的數字加一加，這數字讓他們感到很震驚。現在我們的報紙一律不允許報導被執行的數字。基本上是，上海市一中院宣佈，一批罪犯被執行死刑，然後成都中院又一批，南寧中院又一批。結果外國組織加一加，這一批一批這麼加，加不出個數來，不知道到底是多少人。總而言之，中國死刑執行的數字或許比世界上其他所有國家的總和還要多得多。大家知道，印度是一個可以和我們相比較的國家。印度的人口也很多，到底印度有多少人被執行死刑？據説他們從80年代開始，一直受到一個問題的困擾，那就是他們的劊子手數量

太少。不久前，我看到一則報導，印度全國只剩下五個人勝任執行死刑這工作，因為他們是絞刑，不是槍斃。槍斃比較簡單，「砰」的一槍就打死了。絞刑需要一定的技術，這是一個需要訓練的活兒，需要通過學徒一代代地傳下去的活兒。但是，他們現在全國只剩下很少幾個劊子手了。這幾個人還不太積極，有一個人一直鬧着要退休。在印度要執行一個死刑很難，只要這個被執行死刑的人說：「我冤枉啊！」法院就立即命令說不准執行，看一看是否冤枉。這樣一查可能五年、十年時間又過去了。所以，他們現在監獄裏邊有好多的人在等着執行死刑，有人已經等了十多年了，還在監獄裏邊等着、排隊，每年執行不了幾個。但是，我們國家情況非常不一樣。最高法院收回死刑的覆核權，大家知道，這被渲染成為最高人民法院的第二個五年改革綱要中間非常重要的一項內容。但是，實際上這樣的一個改革並不是體制上的一個多麼大的變化，或者說，它只不過是回歸了我們1980年就生效的《刑事訴訟法》所做的一個最基本的規定，那就是所有的死刑犯罪必須由最高人民法院來進行死刑的覆核。一審如果是中級法院的話，二審就是高級法院，高級法院之後，所有被二審維持原來死刑判決的案件還必須再提交最高法院覆核。在覆核時，最高法院應再審查原審判決是否建立在確鑿的證據基礎上、法官對於法律的解釋是否妥當等。當時有許多學者認為這是借鑑了我們中國古典制度的傳統，因為古典制度的運行過程中，皇帝對於死刑的判決享有一個終極性的審查權力。為了慎重對待死刑，1980年《刑事訴訟法》作出了這樣的一個規定。諷刺的是，這個規定墨汁未乾，馬上就開始了嚴打。很快的全國人大常委會就把一些經常發生的也很嚴重的犯罪，比方說殺人、放火、搶劫等等重大犯罪的死刑覆核權，下放到了各個省的高級法院。這樣一來，各個省的高級法院成了事實上的兩個機構的合一，那就是它既是一個

受理二審案件的上訴法院,同時也是一個行使死刑覆核職能的機關。現實中,有許多法院把這兩個職能乾脆交由同一撥人來行使,如此就導致了死刑覆核程序的形同虛設,導致了我們國家死刑數字不斷攀升。

你們知道,這裏邊暗含着一個立法上的問題。《中華人民共和國刑事訴訟法》是國家的基本法律之一,所謂基本法律是由全國人大全體會議來進行審議和通過的。但全國人大常委會這樣的一個全國人大常設的執行機關,卻可以修改我們的基本法律,把基本法律中所規定的死刑覆核程序加以修改。這從另外一個側面突顯出:在這個國家,法律是什麼實在是不必太當真的。

現在終於做出這樣的一個改革,我相信這樣的一個變革跟國外的壓力有着密切的關係。我們每年殺這麼多人,已經成為人權方面一個嚴重的問題。最高法院最近密鑼緊鼓地在研究如何設計一個合理的死刑覆核程序,我自己也參加了學術界的幾次相關的研討會。我知道最高法院馬上要招兵買馬了,至少在北京地區,學刑法和刑訴法的研究生和博士生獲得了一個特別好的機會可以進最高法院。有幾個這方面的同行都感到特別開心,因為他們的弟子就業的問題一下子就能夠得到解決,坐直通車到最高法院去。不久前我還跟一位朋友說:「你們這簡直完全是亂來嘛,我們《法官法》明確地規定,上級法院的法官應當從下級法院的優秀法官中遴選。」這樣的一個規則現在又一次被我們的最高法院自己給踐踏了。他說:「你也是站着說話不腰疼,最高法院只有通過這種辦法才能夠解決一下編制的問題。我們從下級法院進人,找一個資深的法官來,他們拖兒帶女的,我們最高法院沒有辦法給他們的家屬孩子解決就業或者上學等問題。」所以,選擇研究生是一種最簡單的辦法。我說:

「這是人命關天的大事，研究生剛剛畢業，你們知道他對死刑的嚴峻性有多少認識？他比較年輕，沒有豐富的司法經驗，他如何去敏銳地覺察出原審判決中存在着的證據缺陷？如何去細緻地發現法詮釋學上不易察覺的含糊？」他們說也顧不了這麼多了，反正先把人進來再說。這也是我們國家制度方面一直以來的一個缺陷。

另一方面，最高法院自己在死刑覆核上也沒有多少經驗，除了個別犯罪種類——比方說經濟犯罪或者說像間諜這一類的犯罪——判處死刑是由最高法院覆核。即使是最高法院原有的那些法官，他們當中有許多人本身也不知道怎麼進行死刑覆核。所以，我們就開始密切關注他們能否通過收回死刑覆核權來有效地減少中國執行死刑的數量，而且減少誤判？他們如何進行死刑覆核？覆核法官是否要到外地去，還是在北京？如果在北京進行死刑覆核的話，全國的死刑犯都要押解到北京去，那北京城裏就會有太多的死刑犯，這肯定是令我們黨中央國務院很不高興的一件事情。本來上訪的人已經鬧得很窩心了，又把那死刑犯都搞到北京來，所以看起來不能搞到北京去進行死刑覆核。到外地去最高法院的法官便天天坐着飛機在天上飛。你們知道有些死囚往往是囚禁在一些縣級的或者市級的看守所。最高法院有多少財政支持來做這樣一件事情？我們還關注是不是每一個死刑犯都要受到當面的訊問，如果仍然是書面審查的話，又如何能夠保證所有的錯案不會發生？所有的這些問題現在都在密鑼緊鼓地研究過程中，有關的制度現在還沒有出台。那麼下一步怎麼辦？溫家寶總理在回答記者是否會廢除死刑的提問的時候說：「我們的國情決定了我們不能夠廢除死刑，但我們一定要想方設法地保證死刑判決的慎重和公正。」這是溫總理表達的一個態度。看起來在中國目前的情況下，我們的

決策部門不準備廢除死刑。儘管如此，我想現在已經到了一個時刻，一個需要我們更徹底地思考這個問題的時刻：中國是不是有可能廢除死刑？

在座有法院的法官，有檢察院的檢察官，有不少實務部門的朋友，也包括我們在座的各位同學。我今天晚上在這裏談一下在這方面粗淺的、缺乏深入研究的、經常表達自己的一種感情的或者是感覺的看法。我要跟各位朋友各位同學說的是我真的不是一個刑法方面的專家，之所以今天選擇這樣一個題目在這裏做講座，是因為我覺得不僅僅是刑法學家、刑訴法學家，而且包括從事法理學、法律史研究，乃至從事社會學、倫理學、歷史學、心理學等等研究的人，大家實在是需要一塊兒來研究死刑的問題。我特別高興我的同事，北京大學哲學系的何懷宏教授最近正在北京的一家報紙《新京報》上發表系列文章對死刑的問題進行反思。我也很想發表這類文章，不過某些報紙似乎自我審查太過，設置了不少禁區，例如憲政，例如司法獨立。死刑問題可以談，但是只能談死刑覆核程序如何健全，我說那個我不擅長。我擅長談廢除死刑的問題，他們說那不行，那不可以。所以，我只好做一個「嘴力勞動者」，用自己的言說來表達自己對這樣一個問題的關注。

我想，我們可以簡要地分析一下死刑這樣的一種刑罰的性質到底是怎樣的。為什麼我們必須廢除死刑？我相信在我沒有講之前，在座的可能不會有多少人會贊成立即無條件徹底廢除死刑。你們會覺得很奇怪，中國現在的殺人犯罪這麼多，經濟犯罪愈演愈烈，現在要廢除死刑，這簡直是白日做夢，而且是完全地對這個國家不負責。我們今天晚上，想來簡要地討論一下這個問題，我希望在我講完後，游偉老師能做一個評論。

廢除死刑理由之一：很難遏制犯罪

為什麼要廢除死刑？第一個理由就像許多人已經指出的那樣，是死刑很難起到我們預期的遏制犯罪的效果。

我們經常把死刑視為一種工具化的意義，就是說判決死刑不僅僅是為了懲罰犯罪人本人，而且為了殺一儆百，殺雞儆猴。讓別的人從中汲取教訓。我們看到了研究死刑的專家或者國外的一些數據報告表明，在已經廢除了死刑的國家裏，廢除死刑以後嚴重犯罪的比例並沒有多少變化，也就是說廢除死刑並沒有導致嚴重犯罪的大規模上升，只是有時候有一點上下的小幅波動。在一些聯邦制國家，有些州廢除了死刑，有些州沒有廢除死刑，人們發現兩個州的犯罪比例也沒有太大變化。很有意思的是，有一個廢除死刑的國家——立陶宛——在廢除死刑後，像殺人這樣的嚴重犯罪的數字下降了。這是值得我們玩味和思考的問題。為什麼執行死刑並沒有起到我們所希望它起到的那種作用——遏制犯罪？

一位著名的法國文學家也是哲學家，許多朋友可能讀過他的書，卡繆（Albert Camus），他有一部小說《異鄉人》（*L'Étranger*），他還寫過另外一篇不短的文章〈關於斷頭台的思考〉（Reflections on the Guillotine）。《異鄉人》講的就是一個死刑犯的心路歷程。小說背景是法國的殖民地阿爾及利亞（Algeria），有一個年輕人早上接到他母親死去的噩耗後就趕快回去處理他母親的後事，在停放他母親屍體的房間裏邊還抽了一根煙，這被視為大逆不道。他還表現得很冷漠，他母親下葬的時候，他並沒有哭。辦完了喪事，他又回到了阿爾及利亞的市區，下班後又去游泳。就在當天的游泳過程中，他看到他從前的一個女朋友也在游泳，突然兩個人在水裏邊四隻眼睛一對又恢復了以

前的情感。然後兩個人又一起到電影院裏看了一部喜劇片。他媽媽當天剛下葬，他就看一個喜劇片。看完以後，兩個人就回去自己演了一點兒特殊的「喜劇」。後來周末的時候，他們幾個朋友一塊兒到一個地方去玩，玩的過程中跟別人發生了衝突，結果這個人用他朋友的手槍把另外一個人給一槍打死了。結果，他就進入法庭。「異鄉人」的意思彷彿是，在法庭的審理過程中間，他忽然發現法庭的程序之於他是如此陌生，他發現好像審判的對象不是他。他自己想說話的時候，他的律師說：「你不要說，你說會有問題的，我來說。」他說：「這是我的事，這不是你的事。」他說：「不、不、不，你別說。」整個的法庭程序提到的很多問題，比方說他在他母親旁邊抽了一根煙，都被視為他的冷漠，最後必然會走向殺人犯罪道路的一個象徵。這個人最後是被判處死刑了。當然這個過程中說了很多很值得我們反思的話。

在〈關於斷頭台的思考〉一文中，卡繆曾經提到過英國在20世紀初有關死刑犯的一個統計數字。過去的死刑執行情況大家都知道是一種節日化的執行——執行死刑是城市人的節日。大家在一個城市的廣場上，架起高高的行刑台，所有人裏三層外三層的，大家看着執行死刑的過程。英國有人做一個統計，問那些即將被執行死刑的人：「你以前看沒看過執行死刑的場面？」出人意料的結果是，超過七成的人都說看見過，其中不少人還看過多次。有人去看，看完了並沒有受到足夠的震懾，後來又殺人去了。殺人犯罪有怎樣的因素是可以遏制，怎樣的因素是不可能遏制的？就在今年，我們馬上要過去的這一年的年初，在浙江杭州市發生了一起殺人犯罪。有一個某大學的女大學生——據說長得還很漂亮的一個校花——出去考六級考試，這一出去就沒再回來，人們說六級考試害死人。她打個車

去到考試的地方，考完又打個車再回來。回來的路上，前面有個大卡車的運行軌跡忽然很不規則，於是司機為了躲避那個大卡車，狠打了一把方向盤，導致這位女大學生腦袋磕在玻璃上，很疼。女大學生馬上問：「你怎麼開車的！」司機說：「你看前面那輛大卡車，我這不是為了咱們的安全嗎？」大學生的優越感一下子顯示出來了，說：「你們這種人，就是素質最差的一些人。你什麼啊？為了躲車，你看你這車開的……」愈講愈難聽。司機小夥子忍氣吞聲。結果到了這個女生住所地，女生要下車之前看看錶上反映多少錢，發現是18塊錢。女生說：「我這不是第一次走這條路了，我每次都是16塊錢，你這憑什麼是18塊錢？」司機說這是錶的問題，錶就顯示的是18塊錢，那怎麼辦？女生說：「我就給你16塊錢，你剛才還磕了我一下，給你16塊錢就不錯了。」司機也來氣了：「少一分錢你也別想下去」。兩個人就爭爭爭。最後，這個女生居然一伸手，準備去抓這個司機的臉。司機這個時候一下子爆發了，回過頭，一把把這個女生的脖子給掐住了。等他意識到發生了問題的時候，悲劇已經發生了，掐死了。這個小夥子已經被判處死刑立即執行了。現在，我們就祈求他的靈魂安寧吧。

在北京，不久前又發生了一件事情。跟我住一個院的一個小姑娘，在公共汽車上被掐死了——是清華大學一位73歲的老教授的女兒，才13歲，不滿14歲。老兩口帶着女兒出去辦事，到了公共汽車上一看，都坐滿了人。73歲的老者，身體有點兒不好，他的老伴就問：「有沒有人幫幫忙，讓個座？讓我們家老頭子能夠坐下。」就在售票員的旁邊，有一個座位，特別有意思。這個位子上坐着一位穿着北京公交系統制服的四十多歲的女性。老太太就說：「你不能起來，讓我們家老頭坐？」這個女的眼睛一橫，說：「憑什麼？」北京人說話，真是損人。她說了一句很難聽的話。老太太說：「你憑什麼這麼說？」如

何如何，就吵了起來。結果這個售票員本人看到了她的同伴好像受到了某種委屈，就開始報復。這種報復方法很獨特，就叫他們每個人多花1塊錢買票。他們上車的那一站，只需要買1塊錢的票，但如果在前面那一站上，就要買2塊錢的票，差一站就差1塊錢。售票員硬說他們就是從前面那站上的，發生了很大的爭議。這個13歲的小女孩說：「你們這幫子人，都是社會素質最差的一批人。」這樣一說，四十多歲的這位女售票員忍無可忍，一下子把這個小女孩給掐住了。接着一看，這小女孩身體一軟就倒在了地上，這把掐得真是厲害。老頭老太太一看女兒成這個樣子，馬上就說：「趕快搶救我的女兒，趕快想辦法送醫院。」前邊那司機說：「還送醫院呢，咱們到總站去交了罰款再說吧。」最後的結果是，下一站的時候，門終於打開了，老頭老太太送女兒上醫院，結果醫生說其實已經死了。小女孩就這麼死了——現在掐死人這位婦女已經被抓起來了，還不知道怎麼判。

現實生活中，殺人犯罪到底發生在陌生人之間多，還是熟人之間多？即使在我們國家，有關的統計數據已經表明，六成甚至七成以上的犯罪是發生在熟人之間的。一個家庭內部，你們聽說過一個母親把孩子給打死，你們發現夫婦倆經常一個把另一個給處死。但在許多情況下，發生在熟人之間的殺人，甚至包括發生在陌生人之間的殺人，都是一種激情之下的殺人——殺人的時候，腦袋一片空白。沒有辦法通過死刑來遏制殺人犯罪。其他的罪案，死刑能不能遏制？我們可以說只要一個事實就可以有效地說明死刑的無效。那就是判了死刑以後，我們不得不判更多的死刑。當我們不斷地通過死刑去鎮壓那些犯罪的時候，你就會知道死刑是無效的。死刑如果是有效的話，我們判了死刑以後，就應該不再發生這樣的事情。比方說，成克傑先生被判處死刑，但官場上的貪污受賄情況卻愈演

愈烈。那真正給人的感覺是大家都變成了「革命烈士」，死怕什麼？砍頭只當風吹帽。為了錢，我怕什麼？這樣的一種情況是值得我們去關注的。

廢除死刑理由之二：反而激發犯罪

為什麼應當廢除死刑？第二個原因是死刑不僅僅不能夠遏止犯罪，反而會激發犯罪。

我在這裏邊引了孟德斯鳩的話：「在一個國家裏，如果盜竊十塊錢和謀殺國王都是死刑的話，人們都去謀殺國王。因為謀殺國王可以把國庫給盜竊了，自己就當國王了，這多好，那不僅僅是腰纏萬貫的事情了。」民間的說法是：「殺一個夠本，殺兩個賺一個。一不做，二不休。」

你們知道當一個人犯了一個必須用判處死刑的方式來加以處罰的罪行，他犯了第一次的話，他就完全沒有了一點點害怕，就開始不斷地犯第二次、第三次。為什麼會出現為數不少的那樣一種犯罪？比方說入室搶劫。過去的時候，人們到屋裏邊去就是搶點兒錢，偷點兒錢，但是現在，入室的盜竊或者是搶劫往往伴隨着殺人，因為這涉及死刑的問題。反正大不了就是一死，你把房子裏的人給殺掉，反而會把證人給殺了，沒有人看到過我犯罪。如果留着這樣的一個活口是很可怕的。於是這就激發了更多的犯罪。

我們可以讀意大利著名的法學家貝卡利亞（Cesare Beccaria）的《論犯罪與刑罰》（*On Crimes and Punishments*）。這位偉大哲人的著作就薄薄的一本小書，在今天一個人如果一輩子只寫這麼一本小書的話，連教授也評不上，但是貝卡利亞成

為我們人類歷史上，尤其是我們法律人的歷史上非常光輝燦爛的一個名字。他不斷地激發一代一代的後輩投身到廢除死刑的運動中。貝卡利亞說：「人的心靈就像液體一樣，總是順應着他周圍的事物，隨着刑場變得日益殘酷，這些心靈也變得麻木不仁了。嚴峻的刑罰造成這樣一種局面：罪犯所面臨的惡果愈大，也就愈敢於規避刑罰。為了擺脫一次犯罪的刑罰，人們會犯下更多的罪行。刑罰最殘酷的國家和年代，往往也是行為最血腥、最不人道的國家和年代。」這是為什麼死刑會更能激發別人犯罪。這是我們對人性的觀察能夠得出的一個結論。

廢除死刑理由之三：出現逼供冤案

河北省有一個農民，他叫聶樹斌，長得非常英俊，很燦爛的樣子。你們看到過《南方週末》和其他一些報紙的報導。聶樹斌先生的事情，是在今年的2月被發現的。在河南省鄭州那個地方發現了一起罪案，罪犯來自河北，到河南來作案。警方在審訊他的時候，他交代說，在十年前河北省石家莊市郊區的某一個農田裏邊強姦和殺害了一位女性。河南省警察很高興：「這個好，十年前的案子現在都破了。」於是河南省警察打電話給河北省警方。河北省警方的回答把他們嚇壞了：「十年前我們已經把那起犯罪的被告人判處死刑了。」河南省這邊趕快把罪犯押解到那兒去，然後兩邊警方同時讓罪犯做一個現場的指認，結果發現正是當年的那起犯罪發生的地方。這真是令人震驚。媒體把這樣的一個事件報導出來了，人們就想：這是怎麼回事？為什麼會發生這樣的情況？

聶樹斌的母親撲倒在她兒子的低矮的墳頭上。她的兒子不滿21歲就被執行死刑了。十年來，這個家庭蒙受了多少屈辱。她的兒子是以強姦殺人罪被判處死刑立即執行的。受害人家庭

當然會認為這就是他本人所犯的罪行。這個家庭11年來在人們面前抬不起頭來，而且誰會叫他死去的兒子再復生？一聲聲、一聲聲，來自母親的呼喚……有一篇文章叫〈青紗帳謎案〉，作者是一位警察，他也參與了偵破案件。文章裏邊說經過警察三天的連續工作，罪犯終於在公安機關的面前低下了他高傲的頭，交代了他殘忍的犯罪罪行。現在這個案件還有點兒不了了之。發生了這樣的事情，在我看來必須要由一個超然的機構來調查當年到底是怎麼回事，但是，我們現在是由河北省有關部門、政法委組織了一個由公安部門、法院、檢察院人員組成的一個調查組對這個事情進行調查。差不多是當年製造這宗冤案的人現在在調查這宗冤案。所以他們已經告訴大家說，這個案子是後邊這個人胡說八道，這個案子判得一點兒問題都沒有。所以，現在有關的問題還在爭執中。這位可憐的母親，仍然還沒有得到一個清楚的結論。

為什麼會出現冤案？為什麼會出現屈打成招的現象？我們這個國家有許多因素使得這種屈打成招變得很經常，刑訊逼供導致了太多的冤案發生。現在有一些人還為刑訊逼供辯護，說刑訊逼供有它可理解的地方。我們國家有關的經費緊張，沒有其他國家那麼先進的器材，於是我們就打，不打如何肯招？被刑訊的人手銬部位通常都斑斑血跡，因為他一定要使勁兒把自己的兩隻手緊緊地扣在一起，否則的話手銬就會直接變成連接他兩隻手的唯一途徑，這是很可怕的。刑訊逼供，這是人類歷史上的一個久治不愈的頑症。為什麼要刑訊逼供？我們都知道，有時候口供能夠使得我們了解有關的犯罪的事實，有些案件有疑難的時候，真的是沒有辦法去調查，沒有辦法去了解。於是，「打」就變成了很好的一種方式。法國著名作家，同時也是一個哲人的蒙田（Michel de Montaigne）曾經說過一句巧妙的話：「刑訊逼供不足以考察一個案件的事實，而只能夠考察一

個人的忍耐力。能忍耐的人不說實話，不能忍耐的人說的是假話。」好像得到的都是虛假的東西。但我們也都知道，刑訊逼供實際上對於執法部門來說的確能夠獲得案件的一些真實的情況。一般的罪犯都有一種僥倖的心理，都希望能夠逃脫有關的懲罰，那麼，「打」就變得無法忍受。這是蒙田引用羅馬人的說法：「嚴刑之下，能忍痛者不吐實，不能忍痛者吐不實。」這個巧妙的翻譯，我們要感謝錢鍾書先生。

佘祥林是今年湖北省震驚全國的另外一起冤案的主角。湖北省的有關部門還是法外開了點恩，他本來是被指控故意殺害了他的妻子。但最後湖北省高院、湖北省政法委員會用了一個巧妙的招數，說這個案件實在是有一些疑點，最後就把它放到了基層法院進行一審，佘祥林的律師就告訴他：「你死不了了。」佘祥林還很奇怪，這是怎麼回事？律師說：「一審如果是基層法院的話，就不會被判死刑。」結果，果然被判了15年有期徒刑，佘祥林先生是何等的好命！11年後，他的太太居然又回來了，那個被說成是他太太的那具屍體，不知道是誰人的屍體，這就意味着另外一起犯罪沒有被偵查。她的太太因為精神病出走，後來又回來，這才發現了這樣一起重大的冤案。在今年的11月11日，佘祥林先生到北京去了，因為他的這個案件在整個的報導過程中，《新京報》發揮了重大的作用。《新京報》是南方報業集團在北京辦的一份報紙，是現在在北京非常受關注的一份報紙，而且是真的想做一點兒事的報紙，儘管我現在在那裏發表不了文章。他們對這個案件進行了連篇累牘的報導，引發人們對於佘祥林冤案本身的關注。11月11日他參加了《新京報》兩周年的紀念活動。感謝《新京報》的一些朋友，第二天，我們在一起坐下來聊一聊天兒。我見到佘祥林，覺得這個人已經不是一個特別正常的人。你們看到他伸出的食指，實際上是一半的。他告訴我說：「賀老師，沒有辦法忍受。11天11夜

的時間，公安部門不讓我睡覺。」用個大燈照着他，毆打他，什麼辦法都能想得出來，他說實在是沒有辦法不說。最後的結果就是，你們要什麼？要什麼我說什麼。最後就交代，交代完了以後又翻供，你們知道不打了以後，感覺好一點了就開始說「那不是我，那不是我！」那就再打。手指頭都被打掉了，這不算是最嚴重的。我過去曾經接觸過一個上訪的材料，來自山東濟南的一個老工程師。他的兒子被公安部門抓去以後就沒有回來，後來他們看到自己的兒子已經是慘不忍睹——身體被各種火棍戳的都是洞，四個手指頭都被搞沒了，這樣的一種情況真的是讓人覺得震撼。

我們如何去避免刑訊逼供？現在不僅不能克服，而且刑訊逼供的手段又在不斷地得到改進。過去所有的那些方法我們現在都能夠用得到。刑訊逼供的各種方式大家可以去研究，是一門專門的學問。中國社會科學院法學所有一位我非常尊重的老輩學者，周葉謙教授，他已經去世了，是一位滿腹經綸的人，但他的肚子裏邊裝的學問最多的一個門類，就是刑訊的方法。他對中國古代各種各樣的刑訊方法如數家珍，跟你娓娓道來，當然聽得你毛骨悚然。我們現在在這個基礎上又有所發展有所創新。刑訊如何能叫別人看不出傷痕來，但叫你內部發生了很嚴重的問題。拿着大燈照這種事兒，在古代沒辦法，古代沒電。現在拿着個大燈，刺得你沒有辦法。佘祥林說他現在不敢到光線太強的地方去，他要躲避這種強光，因為他的眼睛一看到這種強光就受不了。他不願意去見人，他覺得自己已經是一個不完整的人。他在監獄期間，他的母親堅定地相信她的兒子是冤枉的，老太太不斷地去上訪告狀。最後的結果是他的母親被抓到看守所裏邊關了三個月，老太太被關了三個月以後放出來，不久就告別人世了。佘祥林說：「我把我的母親害了，我不知道怎麼去面對我的家人。」他說他現在一回到家就天天

待在家裏，不出門，不願意去見人。而且一出門，一見到陌生的人，就願意往牆角上溜。或者說一見到別人就願意蹲在那個地方，你們知道監獄裏邊只要一見到看守所的人馬上就要蹲下去。這真的是對人的心靈的一種摧殘，而且最可怕的是，這樣的一種方式，摧殘了整個民族的心靈。當我們看到這個國家的警察，甚至現在有所蔓延。我到一個縣去，遇到一個警察，這個警察跟我講，工商部門也把人抓起來打。那個警察非常憤怒地說：「怎麼能夠這樣？我們打人還行，他們怎麼也打？」你們知道，包括有些個別地方檢察部門，他們也利用對人羈押的這樣一種空間進行刑訊逼供，甚至紀委也一樣做這樣的事。過去有一位瀋陽檢察院的檢察長被指控犯罪，最後在南京這個地方指定管轄。南京檢察院的朋友跟我說，這會兒他才嘗到刑訊逼供的滋味，不讓睡覺的滋味。那真的是非常的殘酷。這種情況下，可以說是讓整個民族的心靈都變得非常的麻木。當我們想像着一個警察在殘酷地毆打自己的同類的時候，我們不免想起孟子的話——如果人沒有惻隱之心的話，他跟禽獸之間還有什麼差別？

毫無疑問，刑訊逼供導致了大量的冤假錯案。雲南省的杜培武案件，杜培武被指控殺害了他的妻子和妻子的同事。杜培武先生本人是個警察，他的妻子也是一個警察。他的妻子跟她的同事在車裏邊被人打死了，有人懷疑是杜培武幹的。法院判決的結果證明，這個案件的確有重大的疑問，但杜培武最後還是被判決死刑，不過是緩期兩年執行。當然杜培武比起佘祥林先生來說幸運多了，好像是一年左右的時間，真凶就落網了，杜培武就出來了。杜培武也一樣說他是如何遭受那麼嚴重的刑訊，他本人也是一個警察，真的是警察開始打警察了。所以，我們今天這樣的一個司法體制的運行情況，不可避免地導致相當比例的死刑判決是錯案。死刑如果是錯案，跟別的都不一

樣。我們的何勤華院長總結華東政法學院2005年的工作，何院長可以說，我們的工作，95%還是做得不錯的，但5%這個方面還是有一些缺陷，有一些問題，比方說松江校區離得太遠了，校車的安排還需要改進。這當然是比較正常的情況。就刑事判決而言，有期徒刑我們也可以容忍某些缺陷，例如其中有5%的徒刑判得過重，甚至不該判的都判了，我們都有機會在一定程度上來挽回損失。當然，對於佘祥林來說，有一些損失簡直是永遠不可挽回。現在佘祥林先生大概能夠得到90萬人民幣的撫慰。90萬是買不回來他的有些損失的，但好歹我們能夠安慰他一下，他所到之處大家都伸出溫暖的手向他表達一種同情心，同時也表達一種大難不死以後一種慶幸的心理。但是，死了的人呢？聶樹斌先生呢？這是永遠不可挽回的！我們的法院院長不能夠說我們今年判了百多起死刑案件，95%都是正確的，5%是錯誤的，所以成績還是主要的。人頭不比韭菜，割下來還可以重新生長。人頭落地，永遠不可以復原，這是我們之所以說死刑需要我們特別慎重對待的一個原因。

廢除死刑理由之四：鼓勵嗜血心態

上個世紀末期中國執行死刑的一個場景讓我心中很不安，一位西方人拍了來——犯人的腦袋已經被劊子手給砍掉了，後邊有人張着嘴，是正在等待着被行刑的人。那樣的場景真的……他的嘴張得就跟字母「O」一樣。他們是故意把先執行的那個人放在他前邊，然後再對他行刑，周邊的裏三層外三層高處站着的那麼多的人，大家都在看着這場屠殺的表演。我們在研究古羅馬史的時候，有許多人說因為角鬥這樣的一種方式而使得羅馬人的心靈愈來愈麻木，愈來愈不人道，愈來愈殘忍。我們說，這樣的死刑執行也是非常非常的殘忍，也是在鼓勵着嗜血的、殘忍的國民心態。

有時犯人上刑台不那麼恐怖，但也許給人一種更加慘淡的感覺。曾經有位女死刑犯在被處決前似乎在笑，卻看起來比哭還令人難過。這是發生在廣東的一個案件，這個女士來自河南省。她跟她的男朋友一塊兒謀殺了另外一個女士，這是個很奇怪的案件。這個女的跟她的男朋友已經吹掉了，接着跟另外一個有家庭的男士保持曖昧關係。那個男士的太太了解到這個情況以後怒不可遏，就威脅這個女的，如果不結束他們兩人的關係就如何如何。結果這個女的把她從前的男朋友叫來說：「咱們倆把那個黃臉婆給殺了吧。」他們倆果然把這個人給騙到賓館裏邊，由這個男的把這個女的給殺掉了。結果是這兩個人一塊兒被判處死刑立即執行。這個是執行前的一個場景。她脖子上還纏着一根繩。我們現在執行死刑，當然不是公開進行了。但在前不久的嚴打期間，還有許多地方通過公審大會來把死刑犯展現在更多的人面前，以便起到一種威懾的作用。但是這樣的做法，實際上在客觀上鼓勵着這個國家的一種殘忍的國民心態。貝卡利亞說當政府殘忍地對待國民的時候，國民也會殘忍地對待政府，或者說殘忍地相互對待。我認為這是我們所說的死刑鼓勵嗜血心態的問題。

廢除死刑理由之五：殺人並不正當

　　第五個理由，我們要想一下國家是否有殺人的正當性？政府或者國家的存在，對於我們來說是必要的。關於國家是如何起源的，我在這兒不需要說那些很理論性的東西。《社會契約論》（*Social Contract*）告訴我們，國家是為了我們本身的利益，為了我們的安全，為了我們的自由而設立的。政府的存在本身有着前提性的條件，人民各轉讓一部分權利給政府，但是人民在轉讓權利的時候，絕對沒有把自己的生命轉讓給政府。這是從社會契約論的角度出發得出的一個結論：政府沒有殺人的正當性。

另外一個，說政府殺人似乎是以惡治惡——你把別人給殺了，政府說：「我把你也給殺了，因為我要禁止殺人。」但禁止殺人的政府自己卻殺人，這不是一個悖論嗎？這點我不想展開來說，因為大家可以看有關的關於死刑廢除方面的一些論證。這個問題其實非常地有說服力，但是非常學理化。也許，對民眾來說，這是特別不具有說服力的。

廢除死刑理由之六：侵犯人性尊嚴

死刑侵犯人的尊嚴，這是死刑應當廢除的第六個理由。死刑的執行過程是相當的殘忍。我們知道它是對人的一種威脅和震懾。我們國家執行死刑跟西方國家執行死刑的時間，我發現有個差別。西方國家——我看有一些書——他們通常是早晨的時候跟你說一會兒走，大限就到了，是你早晨一覺醒來的時候他要告訴你一會兒執行死刑。但我們國家不是的，我們國家是頭天晚上就告訴你。德國存在主義哲學說：「對死亡的恐懼是一切創造的源泉。」我們因為怕死，所以我們在這個世界上要留下更多的痕跡。我們正常人都害怕死。因為死亡這個東西實在是太神秘了。人為什麼會生在這個世界上？人為什麼要死在這個世界上？我們死了以後到哪兒去了？英國BBC曾經做過一個專題節目，就是體驗死亡。採訪那些死過的人，就是那些從死神的邊上給撈回來的那種人。在醫院裏邊，眼看就要死了，又給搶救過來了，那時會有怎樣的一種感受？一般的人回答都是：「好像有一個漆黑的洞，身體就不斷地往下墜，速度愈來愈快，眼看着在遙遠的地方有一點點光亮出現了，一下子就活過來了。」還有人說在飛翔，但都有人說是有個黑洞。現在，還沒有任何實證的研究告訴我們死以後到底是怎麼回事。我們還會再以某種方式存在在這個世界上嗎？我們會不會變做一隻小

鳥，飛到蘇州河上空，看一看萬航渡路華東政法學院的校園，看着莘莘學子仍然在好好學習，感到很寬慰，在想：我過去在這兒做過講座。有人說是靈魂不滅，有人說人死如燈滅，死了就沒了。我總不相信人死了就沒了，我總相信他還會以某種方式繼續存在這個世界上。但不管怎麼說，死這個東西令人恐懼，讓人覺得害怕。正常的死亡我們都害怕。我看有一些老人怕死，天天嘴裏念叨，快死了，但天天想辦法搞點這個吃點那個，以延緩死亡的到來。還有人去追求長生不老之術，都是怕死。但是，自然死畢竟還是正常死亡。不久前，費孝通教授去世了，高壽，大家都覺得「仁者壽」。

另外一種死亡卻不一樣。那就是，頭天晚上跟你說：「今天晚上想吃點兒什麼？」抽煙的人便說抽吧。「要煙？中華？好，給你！辦一桌好飯，可以吃，隨便吃，但是不允許喝酒。」我聽說是不允許喝酒，在座的法院的法官告訴我是不是可以喝點酒。要是我的話，我就希望能喝點酒。但是，那一桌好飯，有許多人壓根吃不下。因為他知道這是最後一頓晚餐了，第二天就要死了。這是有計劃的死亡，一般人死亡都是無計劃的，在不知道的情況下就死了。這個是有計劃地告訴你，第二天要死，而且這種死法是多麼的殘忍，是被一顆子彈給打死。所以有許多人一下子精神全崩潰了，因為要死了。有些人就是什麼話也不說，眼睛呆呆地盯着前方，那個眼神令人恐懼，你不知道他到底在想什麼，有時候他腦子可能什麼也沒想。有些人就不停地哭啊哭，恨不得把這輩子的冤屈和下輩子的冤屈一塊哭完。有些人在哈哈大笑，怎麼會這麼笑法？有些人在不停地寫啊寫，好像要把所有的心裏話都給寫出來。那天晚上真的是⋯⋯你們知道有個歌劇的選段叫《今夜無人入睡》嗎？有幾個第二天要被執行死刑的人，還可以睡一晚上？第二天要被執行死刑了。朋友們請注意，行刑時犯人的膝蓋那裏繫着繩子。兩

條褲管那個地方都用一條紅色的繩子給繫住。為什麼要繫住？因為往往被執行死刑前，有許多人大小便已經失禁了，為了不至於搞得髒兮兮的，於是就把它紮起來，紮起來就沒事了，再把他拖到刑場上。有些人已經渾身都癱軟了，真的是被拖着去的。這樣的一種死刑執行，真的是對人的尊嚴的一種侵犯。這是死了幾回了？你在街上殺一個人，一刀子就把他給捅死了，他根本還來不及恐懼。但是我們的法院要殺一個人，這過程複雜得很。一審法院判決死刑立即執行，這不是說來幾個法警「砰」一槍就把你給打死了，那倒也痛快。不。他叫你等着。你還有權上訴。自己已經是半個人到了閻王殿那地方去了，但還抱一線希望，能否上訴成功？但最後還是不成功，這一段時間飽受心靈的折磨。最後，死去。我們不知道被子彈打死那是怎樣的一種滋味，沒有人能夠跟我們描述。那種殘忍，哪裏是殺一個人償一條命？這簡直是把一個人不知道殺了幾次。我相信這是對人的尊嚴的一種侵犯。

人，不管他多麼罪大惡極，不管他犯下了多麼嚴重的罪行，他仍然是人，他是我們的同類，我們的同胞。他們當然享有人所應當享有的尊嚴。我們看到古代還有過賜死，喝毒酒死去，但是現在這樣的一顆子彈，真的是讓人覺得沒有尊嚴。

廢除死刑理由之七：人命價值高於金錢

殺人償命，是的，殺人還可以說償命，但經濟罪犯為什麼要被判死刑？大名鼎鼎的成克傑先生因為收受不正當的金錢賄賂據說達到了3,000萬，但這個數字一直搞得不是特別清楚。跟他一塊兒犯罪的人，叫李平，是旁邊的這位相貌姣好的女士，是他的相好，相當於萊溫斯基之於克林頓。李平女士跟成克傑表示，將來他們要結婚，然後，成克傑就開始叫李平做許多的

事情。在成克傑做廣西壯族自治區政府主席期間，他們一塊兒做了不少事情，又分別做了不少事情。這個案件一審判處死刑之後，我曾經寫過一封信給最高法院審判委員會，希望最高法院能夠關注這個案件審理過程中的一種嚴重地違反司法本身應該遵循的程序的問題，比方說，他們兩個人為什麼不能在一起接受審判？他們的審判是互相封閉隔開的。他們屬共同犯罪。你們知道共同犯罪在許多情況下，幾位被告人之間，與其說他們在跟檢察官發生衝突，不如說他們經常是相互之間發生衝突。要搞清楚到底是誰犯了這項罪，如果要是跟成克傑毫無關係的話，李平必須要承擔責任。但是，這個案件的審理過程居然是完全分開。成克傑的律師想要見一下李平是見不到的。接下來，案件的判決幾乎都是依據李平女士的證詞。判決書的每個自然段開始的時候都幾乎是證人李平說如何如何；證人李平交代說如何如何。我自己覺得這個是太可怕了。因為李平很可能為了爭取自己的刑罰更輕，本能地願意把更多的罪行推到成克傑的身上。於是，我寫了這麼一封信寄給了最高法院。最高法院的一位領導說：「當時我們接到你的信，大家傳着看了一下子，然後笑了笑，也就過去了。」成克傑被判處死刑，這是我們中華人民共和國1949年成立以後獲判死刑立即執行的級別最高的人物。

你們知道，一個人貪圖的要是金錢，你給他的最大懲罰是把他罰得傾家蕩產，你給經濟罪犯判處死刑，到底有多大的必要和價值？我自己總覺得，人命價值遠遠高於任何金錢，不是金錢可以衡量的。他僅僅是因為貪污了一些錢，你就把他判處死刑，這還是輕的。過去上海曾經處決過一個女生，也是長得很漂亮的幼兒園的會計。她只是貪污了21萬塊錢，就被判處死刑立即執行了。人命啊！人的命，價值到底幾何？但是，我要告訴大家的是，這個問題如果要是在網上公開討論的話，

這條理由最容易引發民憤，老百姓會覺得你又站在貪官立場上了。過去我們有些刑法學家們在鼓吹這條的時候，都有在網上被口水給淹死了好幾條命的那種感覺，因為老百姓不能夠忍受對貪官污吏這樣的一種放縱。在他們看來是放縱，但實際上讓他們財產全部喪失，然後讓他們在監獄裏邊終日以淚洗面，我相信這樣的懲罰也許並不輕鬆，也許並不見得比死刑更輕。經濟罪犯不應該判決死刑，這是我們這裏說的第七個廢除死刑的主張。

廢除死刑理由之八：用於政治迫害

死刑之所以應該廢除的第八個原因是，死刑經常被用於實現刑法之外的一些目的。

有幅油畫畫過蘇格拉底臨刑前的一刻，他正在準備喝毒酒的，還在侃侃而談。這就是我們人類歷史上第一個殉道者，蘇格拉底先生。蘇格拉底當然是一位偉大的哲學家，同時他也是一個民主的敵人。他最不喜歡的制度就是民主政體，他認為正是因為這樣的民主政體才使雅典走向了衰落。所以老頭子終其一生，天天在街上就給人宣揚民主的壞處，攻擊他的國家。而且他那個攻擊法特別富有說服力。他往往在街上遇到一個人攔下來就問：「你能告訴我什麼是善嗎？」那個人就開始回答什麼是善。回答的過程中間又有破綻，他接着問那個破綻，到底為什麼是那樣的，那個人再接着告訴他。一直到最後，那個人說：「蘇格拉底，我不懂。」蘇格拉底到處跟人家說：「我什麼都不懂。」但實際上，人們最後的結論是他是一個最有知識的人。文化大革命期間流行的說法叫知識愈多愈反動。這種人的頭腦比較複雜，而且這種人相信精英政治。他相信一個國家的治理是需要專業人才的，是需要精英的。我們修鞋的時候找這

個城市最好的修鞋匠，我們理髮的時候找這個城市最好的理髮師，我們做衣服的時候找這個城市最好的裁縫。但是，我們治理國家的時候，修鞋的、理髮的、裁縫都來了，說：「我們都能治理國家！」這是什麼道理？所以蘇格拉底最不喜歡這樣的民主，不斷對其進行攻擊，於是他被指控犯有兩項罪名——一條是蠱惑年輕人，一條是瀆神。最後面臨着雅典法庭的審判。你們知道雅典的法庭是真正意義上的人民法院的法庭。老百姓在街上抽籤，誰抽到誰去參與案件的審理。所以審理蘇格拉底這個案件的是一個由五百多人組成的大法庭，有人把它翻譯成「陪審團」，其實是錯誤的，因為雅典那個審判團不是陪審。陪審是有主審法官，旁邊有個陪審團。蘇格拉底案件的五百多人就是審理案件的法官。對蘇格拉底來說，他面對着非常尷尬的一個選擇。你們知道，蘇格拉底在法庭上發現有許多人的眼神流露出對他的同情，有許多人覺得不應該判這樣的人死刑，因為這樣的人是雅典難得的一個牛虻式的角色，他不斷地讓我們對自己有所警醒，他讓我們了解到自己並沒有很多的知識。這樣的人不應該被判處死刑。但是蘇格拉底呢？如果雅典的人民法院最後判決的結果是他不被判死刑，他甚至是無罪的，對蘇格拉底來說，很麻煩的是這證明了雅典的人民法院以及雅典的民主是特別地富於寬容精神，是特別偉大的一種制度，而他一輩子的奮鬥目標就是論證民主是一件壞的東西，這個太矛盾了。他如果想不死的話，他就要最後證明雅典的民主是好的。最後的結果是，他毅然決然地選擇了死亡，用自己的死，來把雅典的城邦和雅典的民主永遠釘在歷史的恥辱柱上。他的目標實現了。判決經過兩次投票，在審理過程中間，他不斷發表一些讓人覺得非常富於冒犯性的言論。但是第一次的投票結果，仍然還是有大多數人認為不應該判他死刑。蘇格拉底一看，不好，又要求進行另外一輪辯論。這輪辯論他變得更加富於侵犯

性，更加惡意傷人，說是他們應該把他供奉起來，他是雅典最偉大的英雄，如何如何。結果，把更多的人給激怒了。最後，大概是約280票對約230票的結果。這個具體數字我記不清了，反正贊成判處死刑的人僅僅多不多的票數。最後，蘇格拉底被判處死刑。過了幾天，他的朋友克里托（Crito）到監獄裏邊去探望他，然後說：「蘇老師，我已經想了許多的辦法，已經買通了有關的人員，我們可以越獄逃出去，到美國避難去。」你們都知道那番對話也是人類歷史上的偉大經典對話。蘇格拉底雄辯論證了為什麼一個人不應該越獄，為什麼一個人應當遵守那些看來對他有害的法律。在我看來，這就是社會契約論比較早期的某種表達。

蘇格拉底的死，本身也是由於政見不同所帶來的一種迫害。一個從事思想的人，怎麼可能被判處死刑？同樣因為政見不同或是思想不同而判處死刑的，還有我們儒家的代表人物孔夫子所判處的那起死刑。孔子當了魯國司寇，七天，就誅殺少正卯。少正卯是什麼樣的人？少正卯本人跟孔子一樣也是一個知識分子。孔子是我們中國歷史上第一位民辦教師，少正卯也是另外一位民辦教師。他們兩個人都願意召集一幫年輕人，對他們進行教育。後來孔子教而優則仕了。在判處少正卯死刑的那個判決書裏邊，我發現孔子列舉的幾項罪名基本上沒有任何一條是殺人、越貨、搶劫這樣的罪名。少正卯的罪名是什麼？「心達而險」，這是說他這個心有點兒陰險。心陰險是什麼罪名？「行辟而堅」，行為有點兒怪癖，而且這個怪癖的習慣還很嚴重。「言偽而辯」，他論證一個不真實的命題搞得大家都相信是真的。「記醜而博」，這是什麼意思？我們現在手機偶爾會收到一些黃段子。不僅是黃段子，有些政治性的，挖苦領導人那種段子。少正卯就是對這種段子記得特別多，講演的時候經常能給學生們講一講，大家哈哈大笑一番。有一個細節還是很值

得我們關注的，在孔子做教師期間，少正卯在他附近也開了另外一所學校。讀《論語》你們都知道，孔子似乎很不喜歡口才好的人。「剛毅木訥，近於仁」，他喜歡這種人，意志堅定但是沒有話的人；「巧言令色，鮮矣仁」，他不喜歡這種人。他認為，仁者很少有口才很好的。你看，像鄧析、公孫龍這樣的人，說什麼「白馬非馬」，辯論白馬非馬。這個東西很有意思，這跟人的常識不一樣，白馬怎麼不是馬了？我們在街上看到一匹馬，你敢說這不是馬？不，它不是馬，它是白馬。白馬不是馬。你們這一輩子看到許多中國人、德國人、法國人、美國人。我問你：「你們看到過人嗎？」從來沒見過「人」，所以白馬非馬，中國人非「人」。當年鄧析這樣的人，他就是開了一個律師培訓班，然後辯論。今天你站在原告的立場上，明天你站在被告的立場上，同一個命題，大家辯來辯去。這裏訓練的人，每一個都伶牙俐齒的。但是，這卻讓一些人憂心忡忡。儒家這派的人物，覺得這簡直是壞心術的做法。於是，鄧析先生被判處死刑了，少正卯也被判處死刑了。這幾起大的死刑案件在一定程度上決定了我們中華民族後來的發展方向。例如，這個國家沒有任何公開辯論。你們看到法庭上有律師嗎？沒有，中國傳統的法庭上是不存在律師這個職業的，因為律師要辯論，我們最不喜歡辯論。古希臘人經常在廣場上跟大家發表演說，我們有過廣場演說嗎？沒有，我們國家的城市也沒什麼廣場。大家在一塊兒就喝酒，或者是就起義。大家在一塊兒，「反了吧」，然後就反了。整個歷史就是「這裏的黎明靜悄悄」──或者是忍氣吞聲，或者就是揭竿而起。這是中國的一個很大的問題，這甚至是我們政治的一種品質、一種風格。直到今天，你看到過我們的人大辯論嗎？我們人大沒有辯論，只有發言。發言是什麼？大家拿着稿子在那兒說，我們工作取得了怎樣的成績。你看到國家領導人之間會辯論嗎？沒有，我們的政治是完全排斥辯論和富

於生氣的言說的。我們的政治文化的一個重要特色就是不崇尚辯論。所以，少正卯、鄧析這樣的人，因為他們崇尚辯術，最後被判處死刑了。蘇格拉底的這宗死刑，會令我們永遠扼腕歎息。我們會覺得雅典的民主最後怎麼會犯這樣的錯誤？至於耶穌基督被吊在十字架上，屬宗教的迫害，也是人類很多死刑的一種根源。

羅伯斯庇爾是法國著名的政治家，也是一個法學家，他是個律師出身的人。羅伯斯庇爾不斷發動對貴族的殺戮，判處了許多人死刑，但是最後有一天，他本人也被判處死刑了。譚嗣同說過「我自橫刀向天笑，去留肝膽兩昆侖」，這也是一個根本不把死刑當回事兒的人，看着大刀朝他砍來，他說：「不亦快哉，快哉！快哉！」這也是一個典型的湖南人。在座的如果有來自湖南的朋友的話，你們完全可以引以自豪，他真的是一個仁人志士。但我前一段時間在《法制日報》上發表一小篇文章，最後一句話就是「假如清朝已經廢除了死刑，何至於33歲的譚嗣同就血灑菜市口？」我想間接地表達一下對廢除死刑的一種呼喚。結果，那個編輯眼光如炬，明察秋毫，把我最後一句話給刪掉。這個禮拜六又會發表一篇文章，這次我已經怒不可遏了。我寫文章經常會寫到凌晨兩點鐘左右。我說：「我點燈熬油寫這樣的文章，最後你們還給我砍來砍去的，這次你們要是給我砍掉一個字，今後我就再也不在你們那兒發表文章了！」結果他們說：「好，一個字都不刪。」

布哈林（Nikolai Bukharin）是蘇聯共產黨歷史上最偉大的思想家之一。大概在1938年，被斯太林（Joseph Stalin）判處死刑立即執行。布哈林臨死的時候，口授一份遺囑給他的太太，讓他太太一定要記住，其中有一句話：「同志們，告別了，永別了，在你們向共產主義前進時高舉的紅色旗幟上有我布哈林的一滴

鮮血。」布哈林是多麼受列寧賞識的一位理論家，但是列寧愈喜歡的人，斯太林愈嫉恨。因為對他形成了直接的威脅。所以，1938年的時候被作為人民公敵判處死刑。斯太林治下判處死刑的人遠遠超過沙皇期間所殺害的人的數量。簡直可以說是空前絕後，比希特拉殺的人都不少，真正是殺人如麻。

張志新烈士在1975年被處決，是一位非常端莊秀美的女士。張志新大學期間就非常喜歡拉小提琴，畢業以後分到了遼寧省委組織部。在遼寧省委組織部期間，文化大革命發生了。她自己對於打倒劉少奇提出了不同的看法，她認為劉少奇不應該被打倒，打倒劉少奇是錯誤的，文化大革命是不應該被發動的。結果她被人告發了，被判處無期徒刑。張志新在監獄裏邊接着發表了一些言論，一直到了1975年的時候就被處決。在張志新烈士行刑之前，當天的早晨有關的醫療部門被命令過來，首先把她的喉管給割開。因為把喉管割開，一個人就不能夠喊一些反動口號，或者喊一些令人尷尬的口號，比方説「打倒某某某」之類。張志新烈士不是第一個也不是最後一個在執行死刑前被割斷喉管的人。做醫療工作的人怎麼可以做這樣的事情？古希臘學醫學的人最後要宣誓──《希波克拉底誓言》，一個人永遠不能做殺人的事情，不能夠幫助別人去死亡。但是，我們看到了，文革期間是何等的一種殘忍？我剛才説死刑鼓勵人們的一種殺戮，人們的一種殘忍的心態、嗜血的心態。文革期間，這達到了登峰造極的程度。活活打死了多少人？有一個貧下中農的老大爺，他怎麼至於死亡？他到人民公社去請一尊毛主席的塑像。當時，毛主席的半身塑像很流行。在像現在這樣的一個數九隆冬，北風怒號，他把毛主席的塑像抱着回來。路太遠了，走着走着手就凍僵了，他就想，怎麼才能把手揣在袖口裏邊？一摸，兜裏有一根麻繩，這就把毛主席的脖子給拴起來了，背到後邊去，可以了，就把毛主席背着這麼走了。結

果，被貧下中農發現了。現行反革命，這不是要吊死毛主席嗎？判處死刑，立即執行。那個時候，紅衛兵最可怕了——高中生。高中生居然能夠把他們校長的太太給活活打死，還逼迫他們的校長抱着太太的屍體跳舞給學生看。北京郊區的一個村子裏邊，地富反壞右（編按：文革時期對地主、富農、反革命分子、壞分子和右派的統稱）被集中起來，也是大冬天，北京的大冬天，把他們脫光了衣服放到外面去凍，凍僵了以後再回來用火盆烤，烤完了以後再送出去凍，一直把他們全部折磨死。所以，我們這個民族，大家想想，我們日常生活中看到的有一些東西，讓人覺得怎麼會那麼殘忍？比方說四五個彪形大漢在街上毆打一位婦女，旁邊的人圍觀，不予干預。所以，我們不斷地看到了這樣的一種政治的悲劇：死刑用於政治的迫害。

廢除死刑理由之九：變態的劊子手

最後，我們看一看第九條廢除死刑的理由。如果有死刑的話，我們就必須保留一種特殊的職業，那就是劊子手。劊子手就是以殺害自己同類為生的那些人。有些人當然是業餘兼職。中國傳統社會有許多劊子手是業餘兼職，平常殺豬，需要的時候再殺人。殺人給的報酬比殺豬高一些而已。但有許多國家特別職業化，劊子手就是殺人的。現在殺人都是用警察來殺人。卡繆發現，殺人的人能夠形成一種獨特的文化，他們之間互相說話像黑話一樣的，你聽不懂。「你昨天那個包裹卸得真是很俐落！」「包裹」是什麼意思？就是腦袋。你們知道連一般人殺動物都是需要一些勇氣的。我們看到有許多人不殺生，他們連雞都不殺。有些農村要把一輩子一起幹活的那頭牛給殺掉的話，大家都不殺。牛尚如此，人何以堪？人殺人，殺自己的同類，這是怎樣的一種職業？因為這個執行的過程，會讓人有一

些恐懼。有的時候一槍打不死。有一個人被執行的時候，後邊開了一槍沒打死，這個被執行的人回過頭來說：「小子，準點兒哎！」結果，把那個打槍的人一下子癱倒在地上了。因為我們保留死刑，就必須保留這樣的一種職業？我們不需要再去做更多的展示。

請原諒，我今天晚上說得更多的是從一個人的角度去說死刑的問題，而不是從一個法律職業者的角度去說死刑問題。我想喚起人們對死刑問題的關注。我相信，像我們這樣的學校，如果大家將來從事法律工作，都能夠把廢除死刑作為追求的目標，我們這個國家廢除死刑就為期不遠了。當然我相信，這肯定是一項很艱難的事業。這個事業我覺得沒有20年左右的時間努力可能沒有辦法達到這個目標。然而，即使這樣還取決於我們許多人是否去關注它，是否去呼喚它。在國內，有一些研究死刑問題的專家，比方說湖南的邱興隆教授，湘潭大學法學院的院長，他在死刑研究方面非常有功力，發表了很好的文章，有一些很好的演講。還有西北政法學院的賈宇教授、最高法院的胡雲騰博士等，都為死刑問題作過很多呼籲。

我身為一個從事法律史和司法制度研究的學者，也願意加入到這兒來，是因為我每每看到那些被錯殺的案例，每每想到也許這個世界上，咱們的國家範圍之內，也許每天被殺的人中間都有不該被殺的人，這種不該殺有可能是他罪不至死——雖然有罪，但不應該被判處死刑。另外一種情況就是完全無辜，但被判處了死刑，我相信，今年被揭露出來的幾起事件也許只是冰山一角。

我們人類在這個世界上，離不開人與人之間的這種最基本的同情，我們固然應該同情那些受害者，但我們也應該同情那些犯罪人，我們應當同情人本身而不應該過多地去區分他們中

間到底是什麼人群。只有同情心愈來愈多，只有人的尊嚴愈來愈得到樹立，我們才能夠真正地構成一個和諧社會。

在這個世界，在某個角落，如果有一位兒子被冤殺掉其母親仍然在哭泣，我們每個人的心裏都不會得到安寧。

第四輯

短章五篇

第1篇　政治體制改革的謀篇佈局

題記：這是2006年3月4日，我在「中國宏觀經濟與改革走勢」（又稱「新西山會議」）座談會上的講座紀錄。杏林山莊會議之後，會議的原始記錄稿在一些網站上流傳，並引起了廣泛的討論，尤其是我的發言更是引起了很大的反響，甚至被稱之為「新西山會議事件」。從那些激烈的批評——更準確地說是大批判——來看，我的講話所提出的問題在當下的中國還是很難進行理性討論的。這種無從對於重大問題開展平實討論的狀況也未嘗不可以說是影響中國前進的最大障礙之一。

本文原始記錄稿由職業速錄人員完成，其中文字錯誤很多。另外，沒有講稿的口頭發言也有一些字句需要斟酌，以便更準確地表意。我糾正了一些訛誤，也修改了一些字句，形成了這個定稿。發言中所表達的基本觀點沒有任何改變。

　　我來自高（尚全）會長說的寫了一封公開信阻止物權法的那位教授所在的北大法學院，和那位是同事，而且我們倆是很獨特的搭配。在過去法理學專業學生答辯的時候，他經常坐在最左邊，我在最右邊。兩個人的觀念非常不同，這給學生帶來很大的麻煩，他們往往是左邊看看、右邊看看，不知道怎麼回答一些問題，因為兩個人的觀點往往是極端對立的。

剛才大家從宏觀角度談了很多不同的問題，包括李曙光教授談到的一些困難。我認為之所以改革遇到目前這樣的困難，還有背景上的因素。我自己理解有兩個背景，在這裏稍微補充一下。一個是剛才李曙光教授也談到的，經濟體制改革單邊突進帶來的必然性結果。托克維爾分析法國大革命的時候說，許多國家發生大革命，發生秩序的崩盤，不是因為不改革，恰恰是因為改革。不改革反而平靜，改革反而會出現混亂和暴力化的東西。如果沒有對於改革的通盤考量，理性運籌，結果必然是顧此失彼，甚至加劇固有的弊端，導致亂局。所以，改革過程中，如果不是全方位推進的話，這樣的改革會有非常大的問題。這正是我們今天需要反思的一點，包括「摸着石頭過河」、「不爭論」等，這類過去也許還有些合理性的口號，今天都需要反思。

第二方面的因素，我們可以看到，在涉及到對於改革大方向問題的討論中——我們姑且用左右這樣的分類法——左邊的朋友們往往旗幟鮮明，明火執仗，把一些理論亮出來，比如說社會主義，甚至說我們要堅持社會主義蘇聯所開創的立法傳統。他們可以這麼說，一點風險都沒有。他們可以尖銳地批評改革偏離了社會主義道路，這樣的批評對於高層而言是有些令人顧忌的，似乎打到了軟肋，嚇得要命。於是，在針對物權法的公開信發出後，馬上就要派人專門聽取意見，進行安撫。反觀站在右邊的人，卻只能遮遮掩掩、躲躲閃閃，個別的時候甚至畏畏縮縮，因為有些話亮不出來。老話說「圖窮匕首見」，我們的匕首包裹着一大堆地圖，把匕首包起來讓我們沒有力量——我們天機不可洩漏，不敢說。到底往哪方面走？我們都有目標，這個目標就是實際上現在說不得、將來一定要走那的條道路，比如說多黨制度，比如說新聞自由，比如說在這個國家實現真正的民主、真正的個人自由，整個國家的權力建立在保障每個人

自由的基礎之上，比如說台灣現在的模式。我們從內心裏想中國應該朝這個方向走，但是現在卻說不得。這樣說不得的結果就是，當我們跟別人打架時，就是右翼打不過極左，右邊的一打一個的死掉，都死在戰場上。即使左翼的東西在網上是多麼猖獗，但是這邊人也沒有辦法說透，說清楚，局勢上的確是一邊倒。所以，我們現在尤其是體制改革這些年一直在推動，包括在座的前輩或者同輩在內的許多人都付出了很大的努力，但是效果甚微，這個過程大家都是甘苦自知的。

因此，我贊成剛才張維迎教授他們提出的意見，就是要有健全的理性的聲音。我想我們能不能慢慢的形成小的群體，使大家有所分工。學者要做的是要把話說得更清楚和明確些。比如說我個人追求這樣的目標，我便要把話說透，不管別人喜不喜歡聽，我也必須明確地說。我的幾篇演講在網上傳播的比較多，當中我明確的說希望共產黨形成兩派，希望軍隊逐漸地走向國家化，希望解決這樣的大是大非的問題。我那些都是由衷的建議，希望新聞自由，包括十三個學者上書，我們清楚地提出自己的看法。我們認為有關部門侵犯了自由，踐踏了法律，而且是一些在法律上沒有任何資格的機構，不斷的行使對媒體的生殺與奪之大權，這樣的體制是什麼樣的體制？這種行為嚴重違反了憲政的原則和憲法的規則。任何組織、政黨和個人都必須遵守憲法，在憲法的範圍內活動。中宣部、團中央宣傳部，甚至我們整個黨都沒有註冊登記。在法治國家裏，對行使權力的機構有一個最基本的要求，該機構需要有法律上的一個人格，即必須是一個經過註冊登記的法人。只有這樣，才在法律上有被起訴和起訴的權利資格。可是，我們這個國家裏卻有這樣的政黨完全不符合這樣的要求。我們參加了這個組織，我在這個組織廿多年，但是它沒有註冊登記，這是很麻煩的事情。這樣的政黨所行使的是什麼權力？是法外權力。這是嚴重

的違憲和違法。依法治國怎麼說？胡錦濤同志說，全國人大和各級人大都要嚴格糾正各種違憲和違法的行為，但是如果一個組織本身行使的就是法律之外的權力，所謂糾正違憲云云簡直無從談起。

我們明確清晰地表達觀點，是否有助於形成一種合理的改革話語？有些人偏向於説改革錯了，當然這也不見得不正當。我同意(孫)立平所説的，批評改革的人要有其正當的起因。對於這些批評的話，不應該動輒上綱上線為反對改革，而是要認真分析這些批評之所以出現的原因何在。另外，我們也需要對於改革本身作出檢討，及時地糾正一些改革名義下的不當舉措。在這個過程中特別需要有些人在體制上忍辱負重的往前推進，慎言慎行。不過，還有需要另外一些人，他們不是體制的敵人，但是在體制之外清晰地表達了自己，明確地提出不同的意見，這樣就會形成更好的一種平衡。過去我們説的第三種人，往往變成敵對集團，現在有人還在強調敵我矛盾的存在，很多人喜歡説海外的敵對勢力和國內如何地結合起來一類的話語，這種階級鬥爭的思維是最可警惕的。所謂第三種力量，他們不是執政者的敵人，而是朋友。我們熱愛這個國家，憂慮社會中的一些弊病，才有話直説，不愛才不會説。所以，我特別希望能夠形成這樣的良性對話和多元的機制。

我接下來簡要的講一下法治方面的幾個大問題，時間有限，點到為止。第一方面是權力架構方面的嚴重的混亂，這不是法治的、憲政的模式，而是比如説黨和議會(人大)之間的關係、黨和司法之間的關係、黨和政府之間的關係，這些問題到了必須要解決的時候了。剛才楊東平教授説教育最大的問題是什麼？我認為就在這裏。黨和教育的問題，大學裏面有沒有必要成立黨組織的問題。這是第一個問題，整個權力架構的反憲政，這是最為嚴重的問題。

第二，人大本身的反議會性質。它不是一個議會，我們的人大是每年一度的全世界最大的party。每年大家都來，來參政議政，實際上不過是「表決」一下會議前已經決定的一些事項而已。剛才我接到一個短信，說這次人大時間短了，就開九天半，我認為一天不開更好。僅僅看看我們人大是如何履行它的財政監督職能的，就會發現現在這種模式的人大根本不能說是一個議會。

第三方面，嚴重的問題是憲法第35條規定的政治性權利普遍得不到實現。比如說結社自由，比如說遊行示威自由。另外還有宗教信仰自由，這些基本的權利都實現不了，只是列在憲法中，或者缺乏實施的具體機制，或者用一些更具體同時也更有效力的法律甚至法律之外的文件，將憲法規定的權利抽空。

第四方面，沒有獨立的司法體系。近年來，我們的司法體系的地位可以說正在「穩步下降」。不久前周永康到最高法院視察工作，媒體報導說蕭揚向周永康同志匯報工作。全世界講法治的國家沒有一個國家敢叫最高法院的首席大法官向公安部門的首長匯報工作！怎麼會出現這樣的情況？這種安排來自「十六大」。「十六大」在政治架構上留下了很嚴重的結果，特別突出的就是司法愈來愈不獨立，近年來黨對司法的干預正在不斷地強化，而不是弱化。

第五方面，我們的規則政出多門，愈來愈混亂。最高法院說涉及到拆遷的問題，法院一律不受理。法律受理不受理什麼案件是法律規定的，我們法院卻把依法必須受理的案件拒之門外。規則混亂不堪，紅頭文件高於法律。

第六是民法上的基礎就是私有制，尤其是農村的土地問題，下一步一定要推動私有化，土地真正的私有，而不是集體所有制這種不倫不類的方式，否則農民最受損害。

第七是交易安全方面的保障問題。沒有安全交易，就不會有健全而發達的市場經濟。這也涉及到司法獨立。沒有獨立的司法，法院受制於地方權力，它們就不可能以統一的規則判斷各種糾紛。當對於一個爭議合同條文的解釋必須考慮本地權勢者的態度時，我們如何保證交易的安全？

　　總而言之，經濟改革愈來愈和法治方面的東西密切地關聯在一塊。我們看到了這樣的趨勢，這樣的會議，使得大家意識到攜手共同做一些事情的必要性。

第2篇　法治與民主的關聯

題記：這是2010年11月5日，我得到「傑出民主人士獎」後的答
　　　謝辭。

　　我收到林牧晨會長的郵件，得知自己榮獲民主教育基金會
第二十四屆的傑出民主人士獎，心中激動異常。遺憾的是，恰
好由於民主匱乏帶來的顯而易見的原因，我無法親自到三藩市
參加頒獎典禮，並未能親歷我個人生命歷程中這一重要時刻，
只好煩請我尊敬的楊力宇先生代我宣讀這份致辭。這裏我在感
謝楊先生的同時，也要誠懇地請求各位多多原諒。

　　身為一個法律學者，能夠獲得傑出民主人士獎，也許在
某個角度看來多少有些突兀。實際上，從法學以及法律的專業
化角度觀察，法治與民主之間還存在着特殊的緊張關係。179
年前，托克維爾考察美國民主制度，曾斷言正是美國法律人的
精神構成了對於民主的某種約束和平衡。近年來在美國出現
的那種質疑司法界實際上是民主政體之敵的論調（Mark Levin那
本題為*Men in Black*的書，副標題正是*How the Supreme Court is
Destroying America*），也顯示了法治具有的某種非民主特質有時
會受到激烈的質疑。晚近的研究愈來愈多表明法治與民主之間
的不諧乃是歷史交響曲裏一個周期性響起的副部主題。

然而，就中國的現實而言，我們在民主制度與法治國家兩個方面都只是處在起步階段。民主尚在村莊一級推進，而且步伐遲緩，一步一徘徊。法治方面，雖然立法條文數量繁多，但還是難以擺脫法律與事實各歸各的困境。一些廣受關注的案件幾乎都得不到公平的審判。在文革已經過去三十多年的今天，竟然又出現以言獲罪、令世人震驚的司法判決。民眾與政府之間的衝突在法院裏經常是一邊倒地傾向政府取勝，甚至乾脆將那些敏感棘手但符合起訴要件的糾紛拒之門外，當事人只好求助於上訪，道路奔走，權門呼號，成為當下中國的獨特景觀。「維權律師」成為一個自身權利都得不到保障的群體，處境日趨艱難。

　　所有這些都清楚地昭示，沒有基本的民主體制，法治是難以在我們這樣的國家中立足的。首先是立法層面上，假如立法代表不是由民選產生並受到選民的制約，假如不同社會階層無法形成組織化的訴求，並通過議會辯論達成利益上的妥協，法律就難以獲得人定法時代所不可或缺的正當性基礎，人們的恪守法律就缺少心理的動因。與此同時，如果說法治的重要目標和保障條件是對公權力施加嚴格限制的話，這種限制的力量絕不僅僅來自於規範的約束，更來自於民主化的社會結構所內生的制約力。正好比沒有貴族的反抗，就沒有《大憲章》。此外，儘管近代以來的歷史已經表明，職業化是公正司法的前提條件，但是民主邏輯的約束也是維繫司法正義至關重要的因素。

　　因此，努力推進國家的民主事業，就成為這個時代法律人的神聖職責。今天，中國的民主建設正在遭遇空前的挑戰。在經歷過1980年代的上下契合、共同推進和1990年代市場經濟建設激發的活力之後，進入21世紀，民主卻出乎意外地進入到一個停滯期——政治體制改革愈來愈成為一種口惠而實不至的空

談；官方話語中充斥着無新意的教條，對於多黨制、權力分立以及新聞自由卻給予明確地排斥；民間和學界的民主呼籲和行動遭到不留情面的打壓。另外，利用民眾對腐敗以及貧富差異等的不滿情緒，一些人開始歌頌毛時代和極權體制，甚至某些號稱「新左派」的學者也在華麗或艱澀的學術話語下，稱頌毛時代對農民土地的剝奪（說這樣做讓農民擺脫了對土地的依附），稱頌對知識分子和官員的大規模迫害（官員們被「遣送到基層社會工作和生活，當他們在1970年代晚期回到權力位置時，國家對於基層社會的需求有了較強的回應能力」），甚至直接把中蘇論戰中更專制更愚昧的那種主張表彰為獨立性的體現，而這種獨立性居然成為後來中國改革開放得以依賴的路徑。

凡此種種，都顯示出中國向民主憲政轉型的極大困難。身為一個學者，較之那些行動派勇士們，自己所能作出的貢獻非常微薄。但是，在一個有限的空間裏，努力從學理上闡釋民主的原理和價值，總結不同國家和地區民主化進程的得失利弊，深入思考中國的出路，並且利用傳媒，尤其是網絡這種較自由的媒體，結合一些現實事例，給出富於建設性和說服力的解說，這些仍然是今天中國學人大可用武之地。畢竟，除了建設民主社會和憲政體制，除了通過法律保障每一個公民的自由和這種自由之上的幸福，我們已經別無選擇。我也相信，中國這個老大國度的民主化轉型將是人類文明史上最艱苦卓絕和光輝燦爛的篇章。

女士們，先生們，在距離中國民主教育基金會頒獎典禮尚有五天的時刻，在與三藩市大洋阻隔、萬里迢迢的故國一隅，我在寫這些文字的時候也想像着典禮現場的場景。在那個時刻，我們的心連在一起，共同為中國民主的未來而馨香以禱之。

第3篇 不朽的史學家

題記：這是2007年5月7日，我在北京大學歷史系舉行的「齊思和
先生百年誕辰紀念」研討會上的講話紀錄。

　　從人類的經驗上看，導致一個人名譽受損的往往不是因為
他做了一件壞事，而是他本來做的是一件好事，但是選擇的卻
是不適當的時間或場合。例如，我在這個研討會上的這個時間
講話。如果我在法學院的課堂上給學生們講一下齊先生的學術
成就，以及我自己的一些體會，當然是非常恰當的，但是今天
在座的都是歷史學界的前輩學者和知名專家，在大家發言結束
後，卻讓我在這個時候作一個「特邀發言」，想必你們和我一
樣都對此感到困惑——這個場合讓一個法學院的教師講，能
講什麼呢？況且在我們這所校園裏，一般文史界的學者在內
心也許對於像我們法學這樣的俗學都有些複雜的感覺。在北
大歷史上影響全國的學者也的確以文史哲這樣的學科為多。
現在，一個法學院的學者居然貿然闖入在歷史系召開的研討
會上，還要「特邀發言」，豈不是有「公牛闖進瓷器店」的嫌
疑？

　　我跟今天紀念的主人公倒是有一點聯繫。那就是剛才主持
人楊玉聖教授所說的，我跟齊老都是山東人。不過，這點聯繫

也很脆弱——寧津縣過去還曾經屬河北省。所以，這也不足以成為我講話正當性的藉口。如果往專業一點的角度說，我雖然一路都是學法律過來的，但是早在大學時代就讀過齊思和先生的著作。70年代末，法學剛剛恢復，其知識還是相當貧乏的，因此，我們那一代的法科學生中不少人都保持着對於文史的愛好。大三的時候，我曾經在圖書館裏借出一本厚厚的英文版著作，Sidney Painter的《中世紀史》(*A History of the Middle Ages*)，儘管讀起來十分困難，但是慢慢地也受到一些字裏行間知識的薰染，又把圖書館裏的一些世界史尤其是中世紀史的作品借來讀，於是自然地就讀到了齊思和先生的著作和譯作，例如《世界通史》、《中世紀早期的歐洲》、《中世紀晚期的西歐》等。這種閱讀逐漸把我帶向了法學與歐洲史的接合地帶，即外國法制史。自己的本科論文以及後來的碩士論文主題都是中世紀天主教教會法的歷史。直到今天，我教學的主要領域仍然是外國法制史。所以，齊思和先生等前輩學人對於我這個行外之人也是有引路之功的。

剛才馬克垚老師總結齊老學術思想，主要表彰了他對會通的追求，這種會通體現在中西歷史的會通，體現在古代、中世紀和近現代史的會通。我想他的會通還體現在另外一個方面。由於他的歷史寫作建立在許多專題研究的基礎上，所以那些成果就有了一種打通不同學科的特點。歷史學家在不同的知識領域裏開疆拓土、攻城拔寨，不僅僅擴展了歷史學本身的疆域，而且也為其他學科提供了有益的知識和思想基礎。馬老師有進行關於英國封建社會的研究，其中就包含着不少對於英國普通法歷史的探討，我從中就受到很多教益。實際上，同樣是研究中世紀史的梅特蘭(Frederic William Maitland)，法律問題的研究之於歐洲就比中國要重要得多，例如梅特蘭就直接說12世紀是歐洲的一個「法律的世紀」。所以，從齊老那一代開始，一直到

今天的許多作者，他們都十分注重研究歐洲史的法律制度和法律思想，那不是偶然的。

歷史學家研究法律也會有一些特殊的困難。這種困難也許部分是源於法律是一個專業化的學科，法律職業者所使用的一套所謂的法言法語對於行外人而言簡直可以說是拒人於千里之外。例如英國中世紀土地制度，其中那些複雜繁瑣、意義差異微妙的術語就已經令人頭疼不已。整體的行業話語更是如同一套密碼，而要學會這套密碼，非要經歷數年的法律專門訓練不可。另一個困難是法學和史學的方法論有巨大差異。歷史學注重特定對象與社會其他方面之間的關聯，而法學恰好為了維護體系內部邏輯的自恰而必須犧牲這種關聯。記得梅特蘭曾經有個著名演講，《為什麼英國法律史迄今沒有寫出》，就講過這個道理。近年來，在法律史學界，有關中國傳統司法制度的性質也有過頗多的激烈爭議。在我看來，其中就蘊含着兩種方法論之間分歧所導致的衝突。但是，無論如何，在前人成果的基礎上繼續努力，從歷史學和法學兩個領域之間更多的對話、更多的合作研究可能中所產生的知識創新還是值得期待的。

今天的不少發言者都提到，我們需要對於齊老所留下的史學遺產做更多的梳理和研究，有人還提出了一些具體的方案。我只想再補充一點大家沒有提到的一個也許是很細微的問題。我剛剛拿到了齊文穎老師題贈的《齊思和史學概論講義》，信手翻到附錄裏的〈論史學之價值〉一文。齊老在文章中主張歷史寫作的目的並非為了提供文章學的教材。他說一個史家如果考證工夫好，文采倒是次要的；反之，假如史家過多地追求文采，反而會因文害義，損害歷史本身的嚴謹。不過，值得注意的是，齊先生本人的寫作是有着特別的修辭學特點。他的文筆清澈而優雅，既有謹嚴的措辭又富於感染力。你看這一段，「既

是過去了，為什麼說他還活着？這就是因為Marvin看清楚了：過去從時間上講固然是已經過去了，過去的人物或者已經死掉了，但是他們的努力依然存在，我們還是不能完全擺脫他們的支配。慈禧和那班守舊黨已經死了，但是他們的罪惡、他們的昏庸，並沒有同他們俱死。因為他們的緣故，我們增加了無法償清的擔負；因為他們的緣故，中國鬧到不可救藥的地步。」仔細看，你會發現齊老的最後這幾句話既是排比，又有明顯的押韻傾向。這篇文章發表在1930年，在知識界的寫作方面，正是自文言向白話過渡的時期，齊老的這種白話文實在是達到了很高的境界。

其實，就個人粗淺的閱讀經驗看，偉大的歷史學家從來都是很好的文章家。中國的司馬遷、班固自不必說，西方的大史家也大多如此。記得汪榮祖教授專門分析過吉朋（Edward Gibbon）的《羅馬帝國衰亡史》（*The History of the Decline and Fall of the Roman Empire*）的文筆之美，甚至發現了其中的一些對仗句式，讀起來真正是琅琅上口。德國著名的羅馬史學家蒙森（Theodor Mommsen）以《羅馬史》（*History of Rome*）榮獲諾貝爾文學獎，更是史學家文史雙馨的典型例證。瑞典學院的頒獎辭說《羅馬史》「既有完整而廣泛的學術價值，又有生動有力的文學風格……他的直覺能力與創作能力，溝通了史學家與詩人之間的鴻溝。」（蒙森還說過這樣的話：史家乃是天生的，而非後天教育出來的。剛才一位學者發言回憶齊老曾說做歷史不需要天才，這或許只是他老人家面對學生時勉勵的話吧。）齊老的文章風格當然也可以說是對於這種歷史寫作傳統的延續。

今天，我們在這裏紀念齊思和先生，對於齊老本人而言，自然已經是沒有意義的了。不過，通過這樣的紀念會，我們愈發意識到「死而不亡者壽」的道理。通過今天在座的齊老的兒

女後人，通過各位發言人所告訴我們的一切，我們看得到齊老學術思想在今天依舊有着巨大的生命力，他分明還活在我們的心中。昔日雅典政治家伯里克利在陣亡將士墓前演講中說：「偉大人物的紀念物不是墓碑，是地球；他們的精神不是刻在石頭上，卻是銘刻在後人的心中。」雖然修昔底德（Thucydides）明言他書中的演講辭並非逐字照錄，但是今天我們在座的每一個人都可以見證演講裏的這個說法不是文章家的向壁虛構，而是洞察歷史經驗者的卓識遠見。

第4篇　大學的內涵

題記：這是2003年9月20日，我在西南政法大學五十周年校慶典禮上作為校友代表的致辭。

在一所大學的校慶典禮上，約請校友代表致詞當然是一項慣例。不過，當這項榮譽降臨到我的頭上的時候，自己還是感到不小的意外。我猜想這多多少少跟我是本校78級的畢業生有關。大家都知道，78級的學生是我校文革結束復辦之後招收的第一屆學生，不僅如此，在慶祝建校50周年的時候，我們更可以發現一個巧合——我們入學那年，正好是迄今為止我校50年歷史的中間點，是一個分水嶺式的年份。此前的25年歷盡磨難，淒風苦雨；此後的25年劫後重生，柳暗花明。

這真正是風雨蒼黃的50年啊！我們的母校可以說是生於憂患。通常人們願意把一個大學的建立視為一椿教育事業發展的起點，但是，作為1950年代初期高等教育界大規模院系調整的一部分，1953年我校的創辦實際上是對法律教育實施壓縮政策所導致的一個結果。根據《中國教育年鑑》的記載，1947年政法系科的學生佔在校學生總數的24.37%，而到了1957年，這個比例居然下降到了1.87%。此後更是一路下滑，直到文革期間的全

面停辦。更重要的是，若干所綜合大學的法律、政治學系被強制合併為一所政法學院，這本身就是對法律教育多樣化的一種壓制。同時，單科型政法學院設置的背後隱含着某種特定的教育理念：在一個已經不需要思想家的時代，綜合性大學所更易於培養出來的那種批判精神就完全是多餘和有害的。

在那樣一個不講法治的時代，我們該慶幸母校有如此傑出的教師群體和一代又一代自強不息的莘莘學子。直到我們這一屆學生入學之後，仍然聽到不少老師跟我們談起那個對於法律人而言真正是充滿壓抑和屈辱的年代裏所發生的種種悲劇。我們甚至在東山大樓的外牆上看到文革武鬥期間槍炮射擊留下的累累彈痕，望之令人不勝唏噓。除了培養了學生之外，在前25年那艱苦歲月裏，母校的老師和領導給這所大學作出的最大貢獻便是人未散掉，校園保存下來了——儘管半壁江山失手，但是比起中國政法大學的前身北京政法學院被「五馬分屍」來說，畢竟還是不幸中的大幸，況且復辦後老師們還曾經試圖發動學生想方設法收復失地。人馬未散，家園尚在，這種更好些的條件使得文革結束後我校能夠捷足先登，率先復辦，並成為全國重點院校。這是對於後來的發展至關重大的一個基礎條件。在這裏，我們應當向那些付出艱巨努力的老師和領導們表達崇高的敬意！

在後來的25年裏，我們的學校跟這個國家一樣趕上了一個空前的發展機遇，已經多年不上講台的老師們煥發出熾熱的教學和研究熱情。林向榮老師從輔導到講課都讓我們感受外國法制史的魅力；廖俊常老師鐵嘴鋼牙，雄辯滔滔，在法庭上盡情展現法律知識的力量，也展現重慶方言的幽默風趣；高紹先老師文采華茂，在課堂上引用某學生的打油詩「來到歌樂山，大作壁上觀」——不過，至今我仍然懷疑那詩是否就是高老師自

己編的；張警老先生一派隱士風範，治學嚴謹，只是那浙江方言常令學生如墜五里霧中；楊杜芳老師為矯正年齡已近三十才開始學ABC的同學的英語發音費盡移山心力——一位同學總是把London讀成"lang dang"；上邏輯學的陽作洲老師上課時常舉些我們習焉不察的表述裏的文字錯誤，彷彿他的提包裏裝的不是講義和書，而是滿滿的各種錯誤；圖書館出納部的蕭廷秀老師總不忘托人給同學們捎口信，告訴他們要借閱的某本書已經還回來了……我有限的視野和今天的時間限制都不允許我在這裏將母校各具特色的老師們的風采一一稱頌，我只能説，他們有着最明顯的共同點，就是對知識的一往情深和對學生的一片熾熱心腸！

女士們，先生們，在今天這個慶典的時刻，大家都在企盼和祝福着這所我國法律教育重鎮更加美好的未來。我們都看得出來，西南取得了輝煌的成就，但是未來的發展也要面臨着不少挑戰，要克服某些特殊的困難。作為校友，我個人很高興在過去的幾年裏有不少有機會向校領導建言獻策。走向真正的綜合性大學無疑是正確的目標，儘管法律之外科系的發展需要一個漫長的過程。大學的層次其實完全依賴於校園中學者的層次，正如教育家弗萊克斯納（Abraham Flexner）告誡我們的：「必須記住，大學靠的是思想，靠的是偉人。一個魏爾肖（Rudolf Virchow）、巴斯德（Louis Pasteur）或吉布斯（Josiah Gibbs）就可以改變其研究領域的整個知識秩序。」一個優秀學者的個性必須得到尊重，他需要不必依靠加官進爵便可以得到的尊榮。從本科生直到博士生之間各種層次學生們的互動是學生成長過程的重要環節，也是大學校園生活對人生最具影響力的內容之一，而相隔較遠的兩處校園無疑給這種互動帶來了巨大的困難。在招生規模不斷擴大的今天，如何對我們每一位學生細緻的培育，

讓他們能夠經常接觸老師並能夠充分利用圖書、網絡等設施，都是需要審慎地考慮和以有效的制度加以保障的。

最後，我要說，構成一間偉大大學的最重要的精神內涵永遠是求新和創造。在過去的50年間，母校的教師和她的畢業生已經顯示了這樣的精神。今天，中國的法治正在走向攻堅時期。雖然社會已經發生了滄海桑田般的變化，但是我們法律人還是承擔着在一個尚未實現法治的國度裏建設法治社會的使命。這使命神聖而艱巨，關山阻隔，困難重重，但是知識、智慧和鍥而不捨的毅力永遠是我們取得勝利的重要保障。對於探索者而言，面對着的前方也許仍然是漆黑一團，但是，他們能夠得到的最好獎賞是，當回首背後，他們看到的已經是一個燈火燦爛的世界！

第5篇 讓胡適校長的精神
活在我們心中

題記：這是我2008屆北大法學院畢業典禮上的致辭。

　　剛才蘇力院長說他的演說不是那種標準的畢業典禮致辭，也許他是想把標準的留給我，因為我提前起草了今天的講辭。在中國的法學界，也許我是演講最多的幾位學者之一了。以往很少寫出講稿，但這一次卻非同尋常。第一個原因，這是我十多年來第一次在我們學校典禮場合講話，按照常規，典禮致辭還是要體現一種莊嚴的特點的。第二個原因，剛才主持人已經告訴大家，我是剛剛從機場趕來。這幾天我在瑞士離日內瓦不遠的一個叫做納沙泰爾（Neuchatel）的城市開了一個會，會議紀念當地出生的著名國際法學家瓦泰爾（Emer de Vattel）的著作《萬國法》（*The Law of Nations*）出版250周年。1839年林則徐到廣州查禁鴉片貿易，曾經托人把這本書的幾個片段翻譯為中文，這是國際法在中國的第一次翻譯，也是瓦泰爾著作第一次傳播到東方。這也是為什麼我被邀請參加會議的原因。按照航班行程，飛機應該在今天上午八點半降落首都機場，我們的典禮也是上午舉辦。我很擔心航班延誤，趕不上參加，就提前寫好，以備「替身」代讀。不過，幸運的是，我趕到了這裏。

同學們，在經過了三、四年或者更長時間在這所校園中的學習生活之後，今天，你們到了要畢業的時刻。畢業典禮上師長們的講話不免要叮嚀囑託，離情別意，溢於言表。在納沙泰爾湖畔的這座瑞士小城，我遙想各位，我不知對你們說些什麼好。在北大的歲月一定給你們留下了深刻的印記，成為你們走不出的背景——不只是未名湖畔美麗的風景，不只是書本課堂裏的薰陶和訓誡，也不只是老師們各具特色的風範，更重要的是，我們這所大學的精神。這種精神已經成為諸位生命中的一個組成部分。

　　說到北大精神，我們每個人都不免產生一種不確定感。這所大學百多年的歷史內容是如此豐富，以致於對於什麼是北大精神，人們見仁見智，各說各話，一些解讀差異之大簡直讓你誤認為是在說風馬牛不相及的兩所學校！依我十三年作為本校教師的感受，我們學校最重要的傳統便是蔡元培、胡適以及馬寅初諸位校長所倡導並身體力行的大學獨立、學術自由、兼容並包的精神。獨立即不畏權勢，不媚流俗。自由便是在研究與學習中以學術與知識的本原為指向，不受任何非學術因素的干擾。至於兼容並包，在一定程度上正是獨立與自由的結果，它們內在地要求我們容納異見，心懷謙遜，因為在博大精深的知識海洋面前，沒有霸權，人人平等。

　　去年年初，借到東吳大學講學之際，我專程到台北南港拜謁了胡適校長之墓。看着墓前胡先生塑像那泰然自若的面龐，我不禁想起這位終其一生都在為學術自由和大學獨立而奮鬥的先賢的種種事蹟。他雖然早年就名滿天下，但卻總是把學術視為需要全身心投入的事業。他多次強調，凡成就大事業的人都是絕頂聰明同時又肯下笨工夫的人。他的治學視野極其廣闊，很少有人能夠像他那樣涉足文學、史學、哲學、語言學、宗教學、政治學等諸多領域，並且在每一個領域裏都取得卓越的成就。知識視野的

開闊不僅讓他在治學上觸類旁通，而且對於國家、社會的發展走勢有了更為健全的判斷。我們今天回過頭來讀他的政治評論，可以深深感受到他對現代中國政治、憲政乃至法治應選取路徑的論述是何等睿智、明辨，富於洞察力和想像力。可以說，胡適先生親身參與了中國的憲政建設，從早年的人權論集，到晚年為新聞自由和司法獨立所作出的堅毅而理性的抗爭，不僅在當時產生了重大影響，而且也為今人包括我們所有的法律人提供了有益的啟發，樹立了最值得效法的榜樣。

　　同學們，在這個場合我談這麼多關於胡適先生的話，是因為他正是我們的前校長。古人所謂「道非身外更何求」，我們要學習自由、憲政、法治的精髓，探索實現它們的途徑。一些外來學說與經驗固然重要，但是身邊的範例更是值得珍惜的本土資源，我們更應該就近取材、努力仿效。胡適校長那種對知識的不懈追求，對於家國以及整個人類命運的深切關懷和為人處事中體現的偉大人格都是我們雖不能至然心嚮往之的標尺與境界。在中國法治正處在攻堅時刻的今天，能夠將上述三者結合起來至關重要。李敖先生曾建議在我們這所校園中立一尊胡適塑像，我很贊成。不過，比塑像更要緊的是，我們要讓他的精神在每一個人的心中、在這座校園裏生生不息、發揚光大！

　　各位同學，各位同事，我在開始的時候說這次演說對我很特殊，也許應該加上一個理由：我也將和在座的各位畢業生一樣，在本學期結束的時候離開這所學校。我猶豫再三，是否在這個場合提及這個話題。當然，說起來離開也沒有什麼複雜的原因，只是人生旅途中的一次「驛站」的變換。「驛站」的說法或許有些消極，不過，「人生天地間，忽如遠行客」。從一個更高的視角看，人短暫的一生的確像是一個匆匆過客。認識到這種短暫，也許會讓我們及時行樂。我總懷疑那種在緊張心態的壓迫感之下的行樂是否會帶來真正的快樂，抑或不過是困獸之

鬥。其實，我們更應該反思，身為人，快樂的本源何在？我們如何將世俗的快樂與精神的歡愉相結合，並且產生出一種行動者的力量？這種哈姆雷特式的問題經常在我的耳邊響起，最終促使我作出了離開這一艱難的決定。

就像在座的畢業生一樣，我這個在北大學習了十三年的老「畢業生」也要在這裏表達自己由衷的感念之情。感謝北京大學，它讓我在這裏賓至如歸，找到了自己精神上的家園。感謝法學院，感謝各位同事，這裏的寬容氣息讓我這個多少有些異端色彩的教師如魚得水。我要請求沈宗靈老師、由嶸老師、魏振瀛老師、張文老師、李貴連老師原諒，自己所成太少，有負你們的殷切期望。吳志攀兄、張守文兄，你們的厚愛應該得到特別的銘記。蘇力兄，你作為人生的鼓勵者、觀點的商榷者以及我引以自豪的老朋友，請接受我的敬意和祝福——既祝福你，更祝福我們的法學院！

曾經有人調侃地說，假如沒有學生，大學教師這個職業就是完美的。這樣的玩笑也多少透露出大學教師職業壓力的一個來源。不過，壓力之源又何嘗不是榮譽和幸福之源？請允許我說，北大法學院的學生們給了我最高的獎賞、最大的鼓勵。多虧有了你們，自己才有如此豐富多彩的教師生涯，才會有桃李滿天下的自豪感。我願意再說一次，「北京大學十佳教師」和「北大法學院十佳教師」的榮譽將是我人生中永久的美好回憶！

說到這裏，同學們可以看出，今年法學院安排我作為教師代表發言，產生了一種特別的效果：我送別你們，你們也送別我。送人者亦復被人送。勞燕紛飛，天涯何處再相逢？好在世界已經變小，資訊傳遞迅捷，相見不難別才難。我期待着再相聚，願心中的快樂與幸福以及事業的豐收與你們永遠相伴！

附 録

司法改革兩岸談

與台灣蘇永欽教授的對話

題記：這篇對話稿根據2004年7月16日現場錄音所整理，後經蘇永欽教授和我作了文字修訂。活動在北京大學法學樓5127會議室舉行，主辦單位是北大法學院、《月旦民商法》雜誌社。由於現場討論時錄音效果不佳，嘉賓們精彩的評論未能收入其中，這是非常遺憾的。中國律師網曹斌先生，以及《中國律師》雜誌總編輯劉桂明先生，為這篇對話稿的整理費心很多，謹致謝意。

賀衛方——賀

蘇永欽——蘇

賀：　能夠邀請到台灣著名法學家、政治大學法學院的蘇永欽教授參加——應該説是主導——今天這樣一次學術活動，我們感到非常榮幸。我在網上發佈的信息，説今天的題目叫「司法改革兩岸談」，由蘇老師和我進行一次對話。我們兩岸的社會都面臨着或者都在進行着一場非常重大的變革，那就是司法改革。在過去的十多年間，中國大陸的司法改革也是如火如荼，幾乎可以説是最具活力的一個改革領域。最近這幾年，我對海峽對岸的司法改革也有一些了解，發現兩岸在司法改革的進度方面有所差異。有些問題，台灣解決要先於我們，但是，兩岸所面臨的困難和障礙許多都是非常類似或一致的。這種由於文化上同根帶來的問題類似是特別值得我們關注

的，同時也意味着兩邊可以在改革問題上相互借鑒的空間是很大的。蘇永欽老師是台灣司法改革方面的一個領軍人物——當然，我覺得不完全是在官方意義上的領軍人物——他永遠站在一個學者的立場上，對於司法改革中的問題坦率地發表自己的看法，其中一些見解在台灣，甚至在大陸，都產生了非常深遠的影響。他有好多著作都在我們這個圈子裏邊流傳，像我手邊這本《司法改革的再改革》——我還根據這個書名寫過一篇文章，叫《改革司法改革》。

我們今天想做一個兩岸對談，不是隔岸觀火意義上的對談。討論兩岸司法改革進展的情況如何，互相有怎樣的經驗和教訓可以吸取，主對話者是蘇老師和我。但是，今天到會的，有來自兩岸司法界和法學界的不少高人，例如台灣方面，還有研究大陸法（編按：即 Civil Law，又譯作歐陸法制）的非常重要的專家，王文傑教授。他是台灣交通大學負責大陸法的研究和教學的一位學者，也是中國政法大學的法學博士，加上政治大學的法學博士。王文傑教授的書房是全台灣島上大陸法資料最全的一個文獻中心；大陸方面，有《中國律師》雜誌的劉桂明總編輯、中國律師網的曹斌先生，還有最高人民法院的蔣惠嶺法官，他也是在大陸司法改革方面一位非常重要的參與者，有許多觀點在司法界以及學術界都有很大的影響。另外，吳為民先生是中國最高人民檢察院的一位官員，他現在負責宣傳工作。錢列陽律師是北京非常有影響力的律師，代理了一系列重大案件，這幾年不少涉及一些著名人物的案件都是他代理的，同時，他也是一個學者型的律師。這位是任強教授，任教於中山大學，同時也是北大的博士後研究員。李尚公先生，北京尚公

律師事務所的主任，是我的大學老同學，在業界也很有知名度。岳成律師，是岳成律師事務所的律師。另外兩位，分別是王軼教授和張谷教授，他們兩位都是北大法學院的民法專家。另外，還有中國政法大學的何兵教授，《工人日報》資深記者吳琛女士，以在名譽權案件中代理被告人著稱的蒲志強律師，還有中國社會科學院法學所的張紹彥教授。還有一些朋友，我就不一一介紹了。讓我代表北京大學法學院司法研究中心，向各位朋友的光臨表示感謝！

我們這樣一個對話有一點像華山論劍，但實際上並沒有那麼激烈。我首先想請蘇老師，對台灣現在司法改革的現狀和問題給予一個概要的介紹，然後，我們循着開始設定的一個問題表依次討論。按照提前擬定的問題表，我們將討論審判獨立、違憲審查、法院組織、司法管理、刑事訴訟、法律職業以及法律教育等問題。我們會非常隨意，也歡迎大家隨時插話，參與討論，因為這是一個完全自由的論壇。時間有限，估計未必每一個問題都得到深入的討論，我們也可以遇到甚麼討論甚麼，按照鄧小平的話，叫「摸着石頭過河」，我們邊摸邊走。首先，請蘇老師開始。

蘇：　各位在座的教授、同仁，大家好，我知道還有幾位是最高審級的法官、檢察官，以及執業的大律師，還有媒體界的朋友們，和北大的同學。我很高興，中間有幾位是老朋友再見面，還有新朋友，有機會大家一起來討論共同關心的問題。這個活動的緣起要感謝王文傑教授。他說不妨借旅遊的機會，安排這樣一場比較隨性的對話，輕鬆而不失嚴肅。所以，在我這次旅遊中，今天可以說

是最嚴肅的一刻，卻也是我最期待的一個半天。原諒我沒有做特別的準備，好在看到這麼多真正的專家，如果真的去做書面的、系統的準備，可能反而隔了一層，所以我很贊成剛才賀老師說的，用比較自由的方式來進行討論。賀老師點甚麼，我就談甚麼，希望待會兒，有較多的時間和大家交換意見。

我記得早年讀過一本 Friedman 和 Macaulay 合編的《法律與行為科學》（*Law and the Behavioral Sciences*），對裏面搜集有關人類法律發展的論文印象特別深刻，因為好幾篇都有一個共同的發現，就是當人類社會的法律制度成直線進化到一定階段以後——大約就是韋伯說的理性階段——法律交到一批專業者的手上操作，法官、檢察官、律師、警察等等的角色分工也都完備了以後，會開始出現某種循環——專業和非專業、形式和實質的循環。對於兩岸司法的發展，有時候我就有這種感覺——我們都需要改革，但改革的方向在好些地方好像剛好反過來。賀老師的大作，我是一定要拜讀的，裏面就提到了一些東西，讓我覺得非常有意思。比方有一篇文章，提到「法言法語」，和我在台灣鼓吹的少一點法言法語，某種程度正好對立。我們那裏專業化已經有點過度，到了有時會脫離社會的地步，但在這裏，好像就有迫切需要建立更多的形式主義、更多的格式化表達，也就是專業化。以這個例子來看，我想，兩岸進行這一類的對話，的確非常有意思。我們可以彼此看到自己的過去跟未來。

我們還是有非常多的共通點。比如說我們現在所建構的司法制度。整體而言，這制度跟我們老祖宗傳下來的社會治理或者文化觀念是有很大距離的。因此，在接受外

來觀念和制度時，雖然時間可能有先後，但還是會碰到相當共同的問題。要讓這套建立在專業分工和形式理性的司法制度在這個浸潤於儒家義理的古老社會生根，我們必然有很多共同的難題要克服。當然，歷史的因素也使兩岸取得了相當不同的發展。比方最近我讀到一些包括賀老師和此地其他坊間的文章，知道依法治國已經入憲，成為憲法上的基本原則，但至少就某些面向而言，仍然不是那麼理所當然。而對於司法獨立作為一個原則，甚至到今天也還不是那麼確定，總之還沒有成為一個憲法原則。這些基本的東西，對台灣來講，反而從來就是無可爭辯的，沒有任何替代的意識形態或制度會被嚴肅地討論。台灣的問題，更多的是怎麼樣去落實這些原則。所謂民主化的過程，其實只是把憲法寫的變成憲政做的，如此而已。就這樣的大前提問題，兩岸當然還是存在本質的差異。不過，賀老師同我大概都有一點對司法改革的狂熱，有點臭味相投。在台灣，有的時候我會感覺像我們那兒講的「狗吠火車」（編按：台灣俚語，意思是無能為力）。所以，今天賀老師竟能招來這麼多人參加，我覺得特別高興和光榮。

賀： 謝謝蘇老師！如果說台灣有時候是「狗吠火車」的話，我們這兒經常用的說法，叫做「螳臂擋車」。有許多問題對我們來說，還是面臨着挺大的困難。比如我們要討論的第一個問題，就是司法獨立，或者是審判獨立。我注意到文傑傳來的提綱前邊，用的是「審判獨立」，我也注意到您的文章，也經常用「審判獨立」這個字眼，但更寬泛的司法獨立是作為一個原則、一種體制，具有深刻的制度意義。在我們這邊，不說「司法獨立」，而是用「審判獨立」，其實是有深意的。現行憲法第123條規定「人民

法院依法獨立行使審判權，不受行政機關、社會團體以及個人的干預」（編按：2017年，中共十九大修改了憲法，增設了監察委員會，條文因而出現變動，原123條目前為131條）。與此同時，對於檢察院，也有一條類似的規定。這種將法院和檢察院合稱為司法機關的做法實際上揭示了中國法院獨特的地位。在某些西方國家說司法權就是指法院的權力，說司法獨立就是法官的獨立，我們的情況就不那麼單純。另外一個因素是我們的歷史，在相當長的時間，司法獨立這個詞聽起來有點讓人怕怕的，因為1957年的「反右運動」使得「司法獨立」這個詞一直具有一種政治上的負面色彩，通常人們馬上質疑是跟誰獨立，獨立於誰……這樣的問題很快就會提出來。

我覺得剛才蘇老師提到這樣一個概念非常重要，就是說，歷史的演進不同，我們面臨許許多多的問題其實是有差別的。正像我看您的《司法改革的再改革》，裏邊對於專業主義視角下如何去揭示司法改革所面臨問題的時候，您更多地站在一個社會科學的角度作出分析。比如說，您願意揭示民眾對於司法的評價，不僅僅是從供給方面來判斷問題，更重要是從需求方，從司法改革到底給人民帶來了甚麼，從人民的態度、人民的感受來分析司法制度和司法改革。我看裏邊有一些數據很有意思，比如說敗訴的當事人如何評價司法。當然不少負面的評價。一些人想當然地以為，訴訟總是有勝有敗，敗訴的當事人當然不會對司法有好的評價。可是，蘇老師的調查表明，勝訴的當事人也不認為司法更公正，評價也非常低。您也批評了判決文書那樣一種過分神秘主義的問題，充斥着法言法語的判決書讓老百姓一頭霧水。因為我個人這些年來一直在倡導一種專業化的司法制度，

所以我讀您著作的時候自己多多少少有點芒刺在背的感覺，總覺得蘇老師就在我的旁邊，正在批評我所追求的這樣一個方向。現在讓我們回到第一個問題，那就是，司法獨立在台灣的相關法律中的演變情況，這個原則在台灣的建構過程中間曾經遭遇過哪些困難？在今天我們是否可以說台灣的司法獨立已經能夠成為一個不僅僅是在法律文本上確立的原則，而是在現實生活中間，在解決糾紛的具體過程中間是已經實現了的一個目標？

蘇：　我想我就先談司法獨立。審判獨立和司法獨立作為不同的提法，在台灣也有過，特別是早期負責司法行政的人，喜歡強調審判獨立是一回事兒，司法則不一定要獨立。民主國家裏頭有司法和審判一樣獨立的，但司法部門不獨立存在的確實更普遍，英文文獻中也有人區分為「決定獨立」（decisional independence）和「制度獨立」（institutional independence）。我們的憲法直接規定的雖然只有審判獨立，但司法又單獨闢一章，司法院獨立設置，不在行政院或總統之下，而是和這些機關平行，因此若說司法獨立，也不能說沒有根據。不過正因為沒有明確規定司法獨立，制度上還是經歷了一些轉折。

「行憲」以後，我們大部分的法官和檢察官，也就是除了最高法院和只有一個審級的行政法院、公務員懲戒委員會以外，高等以下法院都歸行政院底下的司法行政部管轄。司法院雖然獨立，但只管兩個終審法院，並由大法官行使解釋權。這樣的體制符不符合憲法的精神，難免會有爭議。到了1960年終於變成憲法上的爭議，結果大法官做了第86號解釋，裏面講得很清楚，高等法院以下的法院也應該隸屬司法院，顯然大法官相信憲法不僅要求審判獨立，而且司法也要獨立，可惜這個解釋沒有

得到政治部門的正面響應。行政院不提案修改《司法院組織法》和《法院組織法》，立法院也不主動修改。司法院在當時沒有甚麼權威，可以說一點辦法也沒有，一直到20年以後台灣的社會運動興起，很多制度受到檢討，這才挑了這個政治上比較不那麼敏感的老問題，依照第86號解釋大幅改變了司法體制，所以一直到了進入80年代，全部法院和法官才回歸司法院，真正有了司法獨立。司法院的院長、副院長和大法官都是由總統提名，早期是經由監察院同意，後改為國民大會同意，現在又改成立法院同意。總之，它同行政部門在人事上已經完全分開。

司法獨立的另一個問題是預算，台灣在這方面有一個先天上的優勢，就是地方不大。就我了解連美國的法院也有預算的問題。它的地方法院相當多都是依賴地方的預算，沒有全國的預算來支撐整個司法體系，但按照我們的憲法，到相關的各種法律，法院同地方政府都是沒有關係的。它的預算來自國家，預算唯一的威脅就是行政部門，因為國家預算不可能由每一個機關自己提，必須由一個機關統一歲出歲入（編按：即每年的財政支出和收入），提出總預算。在台灣就是行政院，可是司法要想有所作為，比如要增加法官的人數、法庭的裝備，或者是要增加電子化的速度，每一毛錢他都要經過行政院那一關。行政院過了，當然還有立法院做最後的審查，要過這兩關。在過去十年的司法改革，預算獨立部分就在司法院巧妙的運用各種政治力的矛盾之下，居然通過了修憲，規定司法院提出的概算，行政院不可以刪減，只能加注意見，因此若說台灣在司法獨立方面已經超過大部分的國家，應該都不為過。

審判獨立的問題比較複雜，首先是對誰獨立。法官是依據法律獨立審判，所以對同樣適用法律的人無獨立問題，比如在合議庭裏法官不能對他的庭長、對他的同僚主張獨立。他們必須通過評議，如果有不同意見只有採取多數決。獨立的對象是同這個審判無關的人，不管有沒有法官的身份，審判內容一旦被這些未參加審理的人過問，裁判就是被干預的，而不是獨立的。這樣的干預最常見的是來自司法行政，但也可能來自政治部門，來自政黨或國會，甚至來自輿論。所以審判獨立的威脅在台灣一直到今天都不能說沒有，只是方式、程度不同而已。早期的時候，干預可以說是制度化的存在，當時可以給它一個合理的原因，就是獨任法官的專業能力和社會歷練不夠，所以他在做判斷的時候需要院長、庭長，或其他行政上的主管，在他判決宣告之前先做一番審閱，蓋了章才可以送出去。我們那裏管這個叫「送閱」，毫無疑問這是制度化干預的一個管道。因為當院長可以這樣做的時候，院長、庭長的升遷操之於當時的司法行政部部長，而司法行政部的部長可能是政黨黨員，而且一定是行政院的成員，難免會有政策的考慮，甚至政黨利益的考慮，那就可以通過對於院長人事的影響力，間接的影響個案。

賀： 我想插一句，蘇老師。這個送閱制度，好像一直到80年代的時候才廢止掉。我有一個疑問，當時或者是院長，或者是庭長，他們都是現任的法官嗎？還是像我們這裏的情況，有一些院長，實際上他們並沒有專業歷練，但他們也可以做法院的院長？

蘇： 在我們那裏，法院主管一定是法官，但他們的升遷過去是由司法行政部部長一個人決定。因此儘管送閱的管控

制度有一定的理由，干預之門也因而大開。到了後來法官的辦案能力普遍提高，審判體系也建制了多種方法，來回應社會的疑難雜症，這種管控的合理性就愈來愈低。所謂的干預，其實不一定是政治干預，因為畢竟政治案件不會很多。訴訟常常會涉及社會上的各種利益，在台灣社會經濟發展到一定程度，利益的糾葛自然變得很複雜，比如我們有一些立法委員、省市議員，和地方上各式各樣的利益結合在一起。他們碰到訴訟案件要關說，就會跟行政部門做利益交換，這時送閱制度就是現成的管道。因此審判獨立的改革，首先就要改掉裁判書的事前送閱。起初是變成事後送閱，到後來已完全廢除。

這是審判獨立比較大的威脅，但來自司法行政的威脅絕對不只是個案。其他比較迂回的，還有法官的遷調。在我們那裏不只有往上級法院調的問題，特別是早期大家都喜歡往台北跑，小孩兒讀書方便，家人工作發展條件也好。僧多粥少之下，這些人事決定也自然形成干預的誘因。因為評量的基礎不外乎辦案成績的考核和一般考績，多半還是操之於院長。所以後來司法改革的另一個方向，就是建立更透明、更多法官參與的人事審議制度，在司法院所屬的各級法院和行政院法務部所屬的檢察體系，都成立了人事審議委員會，讓法官、檢察官互選的代表佔了大約一半，使得大部分人事的調動，包括首長、法官、檢察官，都要根據一些比較客觀的評量資料，剛剛講的干預管道也就大致堵塞了。

至於政黨的干預，在政治民主化、多元化以後，基本上已經變得愈來愈不划算。就是如果政黨要有效影響司

法，必須事前在政治體系的所有環節都去布建，在從前政治一元化的情況下，或許還可以做得到，因為只有一個政黨控制了整個政府體系。即使法院再堅持獨立審判，法官受到再多的身份保障，但跑得了和尚跑不了廟，法院終究在甚麼地方會受到政治的牽制，所以政黨會購買正義，司法也會賣。可是在政治力量多元化以後，整個情勢就有了基本的轉變：第一，政黨有可能選輸而失掉主要的政治權力；第二，大概沒有一個政黨能控制政治體系的所有環節。這時候政黨會發現他要去投資司法體系是不划算的，法院也開始不太買賬。總之，基於政治目的建立對司法的干預管道是需要長期投資、長期影響的。一個美國學者 Mark Ramseyer 就以對日本司法的長期觀察來印證這個理論。日本事實上是到了自民黨一黨優勢終結以後，政府對司法的干預才徹底排除。雖然二戰後建立的審判獨立和司法部門獨立（即以最高裁判所為最高司法機關）在制度上已經很完整。同樣的情形也可以印證於台灣的司法。國會全面改選以後，尤其是政黨輪替以後，政黨對司法的干預，已經大大的減弱。任何個案干預都要冒相當高的風險。

現在對審判獨立最大的考驗，反而是輿論的干預。這需要承審法官自己自覺地去抗拒，有的時候非常困難，特別是社會在轉型的時候。社會運動高漲，很多法律已經落伍，但法官仍然要執行落伍的法律，如果法官都跟著社會的腳步走，往往變成選擇性的曲解法律，長期來看當然會挫傷法律的公信力，應該不是我們所樂見。可是一旦他堅持執行落伍的法律，又會受到強大輿論的責難。所以在社會轉型的時候，輿論的干預對法官構成特別大的挑戰，有時候要法官完全不迎合多數人的胃口，

還真不容易。德國在20世紀初期就是這樣的一個情況，當時就興起了所謂自由法的運動，台灣在80年代也碰到這樣的場景，還好已經漸漸過去。

在台灣司法改革的議題很多，司法獨立這個最大的問題應該說基本上已經解決，剩下個案的不獨立已經不是制度問題。但如果把刑事司法體系的檢察官也放進來看，則最近基層檢察官又提出了一個新的獨立問題。簡單說，就是檢察行政是不是也要從一般行政中獨立出來。前面已經提到，在1980年之前，高等以下法院的法官和配置在法院的檢察官，雖然在訴訟程序上的功能完全分離，甚至是對立的，但行政上都由行政院的司法行政部管轄，一如多數大陸法系國家的情形。1980年的體制改革，把高等以下法院的法官改由司法院來管，卻把配置法院的檢察官留給行政院管。行政院不再設司法行政部，改設法務部，其檢察司主管檢察業務。檢察官依刑事訴訟法採檢察一體原則，只有外部獨立，內部則為上令下從，一體辦案，因此檢察體系本身有個最高首長，叫做檢察總長。檢察總長由總統任命，行政上則受法務部長節制。總之，檢察官依大法官解釋雖為廣義的司法官，也受到高度的身份和職務獨立保障，但行政上在1980年以後卻和法官分道揚鑣。

檢察官的角色定位在大陸法國家始終有一些不確定，但大體上都同法官差不太多。大法官的相關解釋對檢察官的保障也還算有利，但在司法改革過程中一直存在兩股力量──一股力量是要把它弄成像美國的檢察官一樣，推到純粹的行政機關，另一股力量則要把它更推向獨立、中立的司法部門，遠離政治部門。最近基層檢察官的串連運動，就屬後者。主要是有感於這幾年碰到一

些重大的案件，特別是有政治性爭議的時候，不論他們怎樣努力，在一般民眾看來，總是瓜田李下，起訴會挨罵，不起訴也會挨罵，案子辦得慢會被懷疑，辦得快也有人說話。原因就在最高檢察首長是總統任命，檢察官又被法務部考核，所有檢察資源都掌握在法務部的手上，而法務部長又是內閣成員，有濃厚的政黨色彩。這樣的組織牽連，使檢察官怎麼說都說不清楚，產生強烈的挫折感。所以最近基層檢察官在原來的改革組織之外又成立新組織，以注入新的動力，主要目標就是把檢察行政從一般行政部門獨立出來。其實把整個檢察體系搬到司法院也未違反憲法與大法官的解釋，但事涉兩院權限，顯然不容易。因此他們希望，即使留在行政院，至少也要從法務部搬出來，所有檢察相關行政改由檢察總長主管，而檢察總長則由總統提名，經立法院同意，強化其民意基礎而能獨立於法務部。至於前面提到的人事審議委員會，當然也就改設在總長之下。這個新的體制改革有多少希望，還很難講，即使對以改革自詡的民進黨政府而言，有檢察體系這樣好用的一股力量，要他就這樣放棄，好像還是很難，所以這個改革的命運還不確定，但已經有立法委員提的三個法院組織法修正案在立法院裏面，修正的重點就在法院體系的調整。剛剛講的那兩點是最重要的部分。所以我們大體上回顧過去15年，台灣的司法獨立和審判獨立，乃至檢察獨立，可說是解決了一些問題，又會有新的出現。

賀： 我想應該説，當我們觀察海峽對岸，如果那裏的司法改革，或者是司法獨立取得一些成就的話，我們這邊也會感到非常欣慰。那畢竟是意味着中國人的社區得以擺脫過去的傳統，制度建設取得進展。實際上，百年來我們

引進西方法制，建立不同於衙門體制的分權制政府，但是，制約我們的社會文化因素每每使得我們有獨立法院之名，而無獨立司法之實。由於這種不獨立，也就使得法院難以公正地裁判糾紛，結果有時比衙門體制還糟糕，因為衙門體制下，至少治理方面的責任還是明確的。而西方政府軀殼的引進，導致的只是龐大的政府和各種不同機構相互推諉，權力與責任裹纏不清，給社會帶來了更大的危機，甚至最終不得不通過軍事衝突來飲鴆止渴式解決問題。現在，台灣的司法獨立能夠有這樣的進展，能夠展現出走出古老的一治一亂的循環，自然是一件可喜的事情。

當然，司法獨立展現的問題也非常複雜，比方說政黨政治與司法獨立之間的關係。我相信政黨政治對司法的影響一方面經常是人們詬病的事物，但是另一方面，政黨政治本身也是一個民主社會政治生活的重要內容，人民對特定政黨的選擇也就意味着民主邏輯對於國家權力的一種約束。所以大致上來說，不能夠想像司法跟政治能夠毫無關聯，例如我們分析美國的聯邦司法，聯邦最高法院法官那種黨見傾向，有時候可能不完全是一個負面因素。政治對司法的適度影響，意味着它受到民情的一種制約。不過，這種關係分析起來當然也是很複雜的。

如果我們將大陸司法獨立的命運與台灣的情況作一番比較的話，我們可能看出兩邊面臨着的政治環境並不一樣。國民政府在大陸時期，包括到台灣以後，相當長的時間被認為在政治方面是非常高壓的，具有威權政治的特色。這個政府對於來自人民的民主訴求、對於司法獨立、對於言論自由都抱有一種不大友善的態度，否則就不存在後來的開放黨禁和報禁的問題了。但大致上來

説，國民政府對於民主、法治以及憲政的一些基本價值還是趨向於肯定的，所謂軍政、訓政和憲政的步驟安排也表達了一種循序漸進、朝向那個最終目標邁進的承諾。這也是到 80 年代能夠走向憲政的條件之一。但是，1949 年之後的大陸情況就很不一樣了。這個以蘇聯為模本建立起來的國家具有完全不同於以往的政治哲學基礎。依照這種哲學，憲政所得以發生的某種利益以及權利緊張完全被消解掉了。因此，司法不應當也不可能獨立，它只是實現共產主義和政黨價值目標的工具。又由於在未來的美好社會裏，法律以及法院都將成為博物館裏的陳列品，因此，司法在發揮作用的過程中，不得不面臨着一個根本性的內在衝突：它之所以要存在就是為了自己將來不存在，彷彿古人講的「刑期去刑」，那是沒有辦法張揚自己的正面價值的。雖然改革開放廿多年間，這樣的政治哲學的色彩正逐漸地開始消褪，但是，因為社會變遷的複雜和艱難，我們可以想像這種觀念的徹底扭轉還是需要相當的時日。

我們不妨簡要梳理一下在司法獨立問題上大陸的規範和實踐。中華人民共和國第一部憲法是 1954 年的憲法，今天看來它對於審判獨立的規定要好於後來的，那個憲法規定法官只對法律負責，沒有講別的。但 1982 年憲法卻採取了列舉法，即規定人民法院依法行使審判權，不受行政機關、社會團體以及個人的干預。這個列舉法是一個很大的問題，就是說總要列舉不全的，比如說政黨的性質是甚麼、它是否可以被解釋社會團體、黨的書記對法院案件作出指示算不算是個人干預等就不清楚。

另外，立法機關是否可以干預司法的獨立，人民代表大會及其常委會與法院之間的關係並沒有清楚的規定，這

導致了實踐上的混亂。近年來在大陸頗為流行的人大對法院以及檢察院的所謂「個案監督」便是顯示這種混亂的典型例證。法院由人大產生並對人大負責，從邏輯上說，這是人民主權原則在司法和立法之間關係中的表現。但是，這種負責是甚麼意思？如何避免由於立法與司法兩種權力的結合而導致過度集權？這類權力設計上的重要問題沒有得到學術研究和制度操作實踐的關注？一些違反分權原則的做法難以及時糾正，這是我們在討論司法獨立時難以回避的問題。

我記得上一次訪問台灣的時候，蘇老師，還有已故的法治斌教授都曾經跟我說過，隨着社會的開放，黨禁報禁的逐漸開放，憲法學就會成為一個非常熱門的領域，許多優秀的人才願意去學習。我們現在還沒有完全開放，憲法已經開始熱門了，部分原因可能在於我們逐漸意識到如果沒有一個良好的憲政體系，所謂司法獨立和司法公正是根本談不上的。在十年前左右，我覺得有許多推動司法改革的人，他們的心中存在着一絲那樣的一種想法，就是說是否能夠通過技術性的改造，通過合理的司法技術的不斷引入來去逐漸推動中國的政治體制改革。因為政治體制是不好動的，我們不敢碰，不可說，一說就是錯，所以是不是可以繞道走？我們可以不斷推出一些技術化措施，例如提高法官的素質；改善證據制度，規定證人必須出庭作證，從而使得司法過程中人權能夠得到更妥帖的保護；強化司法的公開和透明，從前我們的判決書寫得過於簡單，以至於我們當事人和更廣泛的人民無從了解法官判決案件時真正考量的因素是甚麼，我們希望能夠在判決書中把法官所有的考量都給展

現出來，讓當事人和公眾知道你法官根據甚麼來判決案件……凡此種種，我們相信這些技術化的改造肯定有助於推動一個公正司法制度的出現，從而強化人民對於司法體系的依賴。我們相信一個國家所謂的政治也好，權力也好，可能說起來很抽象，其實也很具體，那就是人民的偏好——人民喜歡哪個權力，人民喜歡訴諸怎樣的一種機制去解決自己的問題，這個權力就是真正的核心。所以，政治的合法性基礎不是一成不變的，尤其是在今天這樣的轉型期社會中，昨是今非，某種過去具有天經地義正當性的權力結構可能就會由於情勢的改變而遭遇抵制。我們很希望能夠逐漸通過一種公正的司法體系的建立，能夠讓人民愈來愈依賴司法，依賴法院，法院就逐漸地成為法治社會中的權力樞紐，法官成為在政治層面上舉足輕重的群體。那麼，過去我們面臨著的那個難於解決的問題就解決了。

文化大革命期間大陸有一出樣板戲，叫《智取威虎山》。威虎山是坐山雕帶領的一群土匪盤踞的地方，共產黨的軍隊要攻上去剿滅他們，就派人去訪問當地的獵戶老常。那個獵戶老常很熟悉山裏邊的地形。他說：「你從正面打是打不進去的，這個地方守易攻難。」但老常告訴解放軍，山的後面有一條隱蔽的小路可以上去。我們設想的司法改革有點像是解決中國問題的後山小路，通過這條不易覺察、風險更小的小路上去以後，把整個問題給解決掉。

只是情況的發展卻跟人們的企盼不同。在近一兩年內，尤其是去年，大陸可謂多事之秋，發生了許多案件和事件，有一些案件的審理存在一些大家至今仍在質疑的問

題。就是說一些敏感的案件、重大的案件，只要一訴諸法院，我們看到的情形都是司法機構沒有辦法交出一份令人滿意的答卷。跟您考察台灣的體系有點不謀而合的是，人民心目中司法的地位通過十多年來的改革並不是提高了，反而是降低了。前年《新聞週刊》有一期封面文章，題目就叫〈中國法官面臨公信力危機〉。這是一篇根據一家民情調查公司調查結果寫的文章。調查測試社會各界的人，在人們心目中的地位，你最信賴的是甚麼人，法官不僅在檢察官之後，還可能在警察之後。近年來網絡活動愈來愈活躍，當發生一些案件的時候，網絡上的人們對法官的攻擊都是非常激烈的。還有，最近到北京來上訪告狀的人也愈來愈多，個別人還在這裏自焚身亡，起因往往都是一些糾紛難以在法院得到公正解決。

這樣一來，問題就會提出來：我們進行了這麼多的改革，為甚麼司法的公正並沒有得到應有的提升？我們這些年來推出的各種各樣的改革措施簡直是數以百計，花樣翻新，諸如統一的司法考試制度、審判長選任制、民事訴訟中的當事人主義、法院的立案制度改革、判決書的說理、人大監督的強化、錯案追究制，還有某個地方法院甚至借鑒了英美國家的判例法，推出了所謂「先例判決制」的改革措施。所有這些改革看起來很熱鬧，卻沒有有效使得司法制度很好地回應社會的需求。80年代初，曾經有一篇很有影響的文章，叫做〈人生的路怎麼愈走愈窄〉，我覺得我們現在司法的路怎麼好像也是愈走愈窄，好像有一點走不出來的感覺。現在可以說，走不出來的部分原因正是因為我們的政治體制，政黨政治也好，憲法體制也好，如果沒有一個符合司法獨立和司法

公正要求的外部環境的話，司法是不可能走向真正的獨立和公正的。我覺得獨立並不意味着一定會公正，但沒有獨立是斷不可能有司法的公正的。

現在我們的資源是不是已經窮盡了，我們還有哪些工作可以做？我覺得，或許我們一方面還可以在法官的職業化程度的提高方面做一些努力。您可能也看到一些數據，我們現在整個大陸的法院中，大致上有廿多萬法官。他們是中科班法律專業出身的，也就是說是在正規的大學學習過法律然後再進法院的人，大概的比例不足兩成。不少人是在進了法院之後才學法律——先結婚，後戀愛。這種情況是值得我們關注的。司法獨立是司法公正的保障條件之一。不過，如果司法官員的素質普遍低下，司法決策的品質難以保證，那麼也會反過來對於司法獨立的論證設置困難。一種經常聽到的說法是，就這樣的法官素質，不給他們獨立，還出現這麼嚴重的問題，如果讓他們獨立，那還了得！這樣的質疑當然不能夠說全對，但是，也不能說其中毫無道理。所以，為了能夠建立司法獨立的體制，今後相當長的時間裏，提升法官的素質和職業化程度還是一個重要的任務。

另外一方面就是蘇老師提到的人事體制以及財政體制方面的獨立，這方面我們也可以說它是一個國家憲政安排的中間比較偏向技術化層面的東西。法官由誰來任免，這個財政方面如何保障，這些我們現在基本屬分灶吃飯——地方法院要靠地方財政來維護，人事任免的權力也操縱在地方權力的手中，這就使得法院沒有辦法獨立於地方的影響，甚至完全受控於地方，這是沒有辦法的。前不久我到一個地方，那個地方的院長跟我說，前不久他剛

遇到一個案件，一個行政案件的審判。當地財政局是被告，然後財政局剛剛聽到一點法院可能判它敗訴的風聲，局長已經公然以停發法院的工資相威脅了，這個簡直可以說是釜底抽薪，你想追求獨立是不可能的。

不知道蘇老師和文傑是不是聽說一個新近的消息，網上已經登出來的一個新聞，我挺關注的，那就是大陸準備搞行政區劃改革。民政部已經有一個學者的方案，準備把現在的32個省級單位重新分割，使之變成50個省級行政單位。50個省，有的地方叫都，像我的家鄉將來可能叫青島都，就是現在的青島、煙臺以及威海那一帶。徐州那個地方成為淮北省的省會所在地。廣東北部和江西南部合成一個南嶺省。我覺得這是一件很大的事情。把省級單位縮小，對於防止地方做大是有好處的。另外，也可以順勢將省與縣之間的這一級政府裁減掉，從而減少政府官員的數量。與此同時，我覺得這也可能是我們推行一項重大的司法改革措施的一個好契機。我們是否可以利用這樣一個行政區劃的改革，我們順勢借力來去推出一個司法區劃。我設想，省縮小之後，原來跟省同級的高級法院的管轄範圍可以保持不變，這樣在絕大多數情況下司法區劃就跟行政區劃分別開來了。一旦這兩種權力管轄的地域範圍交錯起來，那麼財政以及人事就自然而然地獨立了。今後我們看中國地圖時，前面可以看到一個行政區劃圖，接下來就是一個司法區劃圖。50個省分別隸屬於32個司法管轄區，這將會對於司法獨立產生決定性的影響。

最近，我和張志銘教授受最高法院的委託，組織一個小型課題組，起草一個法院組織法的學者建議稿。最高法

院非常重視這次修改組織法的機會，同時我們也很希望能夠抓住這個機會盡可能地在法院組織設計的各個環節上體現司法獨立的精神。我們已經開始起草有關的條文，其間也遇到不少問題和麻煩，例如法官的任免權由哪個機構來行使，全國 20 萬以上的法官，讓全國人大常委會一塊來任免是否具有可行性？如果讓地方人大任免，司法區劃已經跟行政區劃不一樣了，地方人大任免的合法性也就不存在了。還有司法財政的問題，蘇老師提到非常重要的一點，就是台灣它的人口不多，2,300 萬人口，我們是約 13 億，這恐怕還是不完全統計。這麼大的一個國家，法院的財政都由國家級的立法機構來決定，對中央政府數字化管理的水平提出一個很高的要求，我們需要知道這個國家人口和法官的比例怎麼去設定，財政到底多少是合理的，在西部貧窮地區多少是合理的，在東部發達地區多少是合理的。儘管存在着相當多的困難，不過我覺得我們必須走出這一步才能夠真正維護一種良好的司法體系。

影響司法獨立的另外一個因素，是您提到的來自法院內部機構以及官員的干預。我覺得對大陸來說這是一個很尖銳的問題。最高人民法院院長肖揚先生前一段時間在人民大學法學院的大法官論壇作過一次演講，他分析得很深刻。現在中國的法院問題在於法官選任的非精英化、司法設置的地方化以及司法管理的行政化。所謂行政化很簡單，即是首長負責制，一個法院裏邊法院院長是一把手，人們可能難以想像我們的法院院長權力有多大。雖然一個法院往往改革搞得好也是幸虧有這麼一個院長，但着眼於今後的發展，法院院長對於法官的巨大影響力無論如何也是一個需要改變的因素。現在的院長

們可以對於具體案件的處理指手畫腳，可以決定法院裏的法官前途和福利的方方面面，他們是行政意義上真正的「一把手」。我們起草法院組織法的時候，很想徹底廢止院長的這類權力，例如明確地規定法官只對法律負責，明確地規定院長由法官兼任，也明確地規定院長以及副院長對於他們沒有參與審理的案件不得干預。但是，我們不知道這樣的規定是否能夠最終通過。

沒有把握的另外一個問題是審判委員會的廢除。現在，愈來愈多人意識到審委會是一個妨害司法獨立的制度安排。按照法律的規定和法院的慣例，所謂影響重大以及疑難案件、合議庭有分歧的案件、判決死刑的案件、行政訴訟案件等都需要提交審委會來作出法院的裁判，還有，如果檢察院提起抗訴的案件也需要審委會研究決定。我希望能夠把它徹底廢除掉，因為它嚴重違反司法制度的內在要求。比方說法官要親歷、法官「以五聲聽獄訟」、庭審中的直接原則和言詞原則、當事人要求回避的權利等等，這都由於這個審委會的存在而蕩然無存，所以理應廢止。

大家知道法學界有不少人反對廢除審委會，法院系統內更有不少人認為現在廢除步子邁得太大了。按照中國國情，審委會還是有存在的必要。所以還可以有某種妥協的改革方案。例如，如果一個案件需要審委會決定的話，審委會必須是全部委員在法庭上組成一個所謂大合議庭，這類似於英美國家的 "en banc"——我把它翻譯成為「滿席聽審」——我有一個學生跟我說這個譯名聽起來像滿漢全席，像法官吃飯的感覺，最好叫聯席審。所有

的審委會委員，你既然要做這個案件的判決者，你就不能不在法庭之上，這也可能解決上面所提出的審委會一系列讓人詬病的缺陷，可以説是一種建設性的改造。另外一種改造的方式是審委會仍然存在，但它不再管案件的判決，只是一個資深法官的俱樂部，每個禮拜六的下午大家一塊喝喝茶，一塊兒聊聊天，但不准研究任何具體案件的判決。當然這也是一個辦法。這種保留但改造的主張可能遭遇到的問題是——跟上面我們提出的司法區劃與行政區劃相分離的改革有關聯——審委會如何產生？現行法院組織法規定審委會委員由法院院長提名，由同級人大常委會任命。如果在某些級別壓根兒沒有了同級人大，如果相關法院仍然保留審委會的話，這委員又如何產生呢？所以我覺得起草一部法院組織法也是挺困難的。當然，與我們下面將要討論的違憲審查制度的建立相比，這裏的可能還只是小巫見大巫。

説到違憲審查制度，我們仍然可以看到政治性的困難與技術性的困難交織在一起的狀況，需要更多的智慧才能解決。在司法獨立問題上，我們上面所揭示的只不過是冰山的一角，千頭萬緒，簡直是談不完的。我們看得出，有時候我們面臨的是某種價值的衝突，有時候又不過是要求我們在不同的考量之間尋求平衡而已。在違憲審查這個論題上，蘇老師也發表過許多精湛的見解。大家看我這裏的這本書，這是蘇老師的《走入新世紀的憲政主義》，其中不少內容就涉及違憲審查制度。説起來，去年我們曾經經歷過一些事件，例如孫志剛事件，其中就顯示了中國缺乏違憲審查機制帶來的一些後果。如果許多法規、許多行政規章，實際上抽象肯定、具體否定，

這個國家的憲法就不可能獲得根本大法應有的權威和應有的地位。

我們也知道世界上存在着三種主要的違憲審查模式，即法國式的委員會制度，德國或者奧地利式的——德國人說那是首先奧地利人創造出來的——憲法法院的模式，還有美國式的由普通法院來承擔違憲審查的模式。三種模式都發揮了獨特的作用。台灣的模式是怎樣的呢？我們知道台灣的大法官會議已經演變為一種憲法法院，其中的運作又有怎樣的經驗和問題？對於大陸，這類經驗又有怎樣的參考價值？很希望聽聽蘇老師的高見。

蘇：　審判獨立的問題從剛才賀老師所談的就知道是談不完的。任何一個司法體制始終要面臨一個兩難。如果說獨立的目的是要讓審判者更能做出妥當而有公信力的決定的話，當審判體系還沒有達到足夠專業化的時候，做出來的決定素質可能很低。即使再獨立，恐怕也不能滿足司法存在的真正需要，甚至因為背離法理，獨立反而形成一種新的人治，仍然不是法治。所以剛剛賀老師提到的一些爭論，我倒非常可以理解，這些反對廢除審判委員會的人，所顧慮的未必全無道理。我要補充的是，在台灣司法體制的發展過程，這些顧慮都出現過，也有類似的想法。任何一個不夠成熟的審判體系，一定會自動出現一些「補強」的機制。

比如台灣早期引進西方法制的時候就有一個解釋制度。試想中國這麼大，訓練出來的法官律師非常有限，各地方案件又五花八門，法官常常不知道怎樣適用新法，只好寫信給最高法院的專家，給司法院，這時候司法院如

果強調獨立審判，實際上倒黴的是當事人，所以就發展出解釋制度，就是說不要提具體的人事時地物，只說某甲某乙，用抽象的問題來作成抽象的解釋。那時候司法院一共做了幾千號的《院解字》，憲法上的大法官解釋制度就是這樣來的。只不過後來法院漸漸在專業上有足夠的能力，解釋制度就走入歷史。在台灣，大法官原來的功能還偏向法律解釋，後來才轉型成為專做違憲審查的司法機關。送閱制度同審判委員會真的非常像，從好的一方面來看，就是可以控制裁判質量，但違反了直接審理原則，更嚴重侵害了審判獨立，當然不應該成為常態制度。台灣在提高裁判質量上，還有一些別的機制可以參考，一個是事後對於確定裁判的指正，一個是由各級法院定期開法律問題研討會，另外還有各種在職教育的課程，同樣都可以達到補強專業的效果，但對審判獨立的威脅就可以減少很多。

另外我想提的是一個更大的問題，也就是一開始賀老師提到的，如何從「後山」往上走的「後山策略」。我們似乎還沒有看到過這種情況發生——就是說透過司法改革成功達到體制改革的例子——但絕對可以肯定的一點，就是良善司法制度與政治改革的互補性。法治最終要建立在民主的體制上。司法的工具性雖有其局限，也就是下游的司法再清，也不能改變上游的水質，但這絕對不能作為不做司法改革的理由。我看到很多國家追求法治的經驗，大概都是和政治改革同時進行，這裏邊一定會有一種良性的互動。獨立而有效率的司法有利於人民權利意識的增長，司法實踐的法律價值和原則不只有消極穩定社會的功能，也隱含了一股向上提升的積極力量，

逐漸傳導到其他部門，可以讓政府學習到如何更妥適地響應社會的需要。剛才賀老師所描述的「法律帝國」，就代表這樣一個理想。

回到剛剛賀老師要談的第二個議題，就是違憲審查。違憲審查在我們那裏雖不像美國是由最高法院自己創造出來的權力，但也不像德國憲法那樣規定得很清楚。我們的憲法事實上只有非常簡略的規定，提到比如法律不可以違反憲法，省法規不可以違反憲法等等。有沒有違反憲法的事情，有疑義的時候由司法院來解釋。但另外又有一條，只說憲法的疑義由司法院來解釋，不涉及任何規範違憲，也不需要發生爭議，因此只要憲法運作過程中間有疑問的話，似乎就可交給司法院來解釋，而司法院設大法官，唯一的職掌就是解釋。我們整個司法違憲審查制度，一般歸類於奧地利或德國模式，也就是集中由一個司法機關來處理，其權限和功能都相當可觀，有的地方還超越德國。它的基礎就是憲法上簡單的幾個條文，可以說是大法官在這幾個條文的基礎上，以解釋來擴大解釋權，然後才有法律配合規定。

大法官早期的主要功能不是在憲法解釋上，因為我們憲法還賦予大法官一個統一解釋法令的權限，就是剛剛講到的，早期司法院還保有輔助法院解釋法律的功能。那個時候人權和政府體制的問題能不碰就不碰，大法官藉此也規避掉一些憲法的爭議。事實上，憲法爭議也很少浮上檯面，因為可以發動這個程序的只有政府或地方機關，不包括人民，而政府或地方機關即使有權限上的爭議，也都用黨政協調解決了，何必求之於司法？政治一元化之下，如方才賀老師描述的威權體制之下，機關

之間的問題沒有不可以透過政黨內部、黨政協調來解決的，所以憲法問題變成了一個政治問題，政治問題變成一個政黨內部的問題，不會演變成憲法上的程序。因此我們的違憲審查制，在 50 年代和 60 年代可以講非常微弱，少數一些憲法案件，多由監察院提出。剛剛提到的比方說高等以下法院是不是應該歸屬行政院，還是應該改隸司法院，便是由監察院提出來的。但以這個案件為例，大法官的解釋在憲政上具有突破性，卻完全不被執行，誰還作興聲請解釋呢？所以當時很少重要的憲法解釋。如果有重要解釋的話，大概都不是違憲審查，不是去處理法律跟憲法的爭議，而是處理憲法運作過程中間的問題，而且所謂的問題也還是要去維繫這個政治體制。以 1954 年為例，我們就碰到一個非常嚴重的問題，就是說大陸選出來的國會代表，他們任期已經到了，可是沒有辦法改選，整個政府就癱瘓掉了。第一次還用政治協商的方式處理，幾個機關說好延長一年，一年以後沒辦法了，只好請大法官說說看，憲法上這個問題怎麼解決。大法官就用情事變更的法理，肯定大陸選出的民意代表任期到了可以繼續行使職權，這就產生我們後來民主化過程所處理的所謂萬年國會。整體而言，在最初的 30 年，大法官的主要功能不在違憲審查，而在統一解釋法令和維護政權。

到了後來，隨着社會多元化，政治也走向多元化以後，大法官的解釋制度也跟着發生功能轉變。這當然是一個很長的故事，也許我沒有辦法很快地整理得很好。一個里程碑的改變，是發生在 80 年代初期。當時大法官通過第 177 號解釋（編按：即《院解字》第 177 號），它最重大的意義就是讓人民聲請造成的解釋，如果認定法令違

憲，聲請人的個案就可以得到特別救濟，再審或非常上訴。前面已經提到，原來司法院解釋憲法只有機關可以聲請，人民無權聲請，但自1958年以後，人民依法已經有聲請解釋權，聲請案件卻不多，原因在於我們的制度要求聲請解釋的人民先用盡審判程序才能就確定裁判適用的法律聲請解釋有無違憲。裁判既已確定，人民聲請解釋就算成功對自己也已沒有任何實益。比如說，大法官認定某一個法律或者行政命令侵害了人民的財產權，即使宣告法律無效，也只發生向後的效果，對聲請個案完全沒有幫助，等於是為人作嫁。很少人願意做這樣的事情，大家都寧可搭別人的便車。第177號解釋所以我們稱為里程碑的解釋，就在它明確的說法律或者命令若是違反憲法而無效，聲請的那個個案可以去聲請再審，從那以後，大法官的辦公桌，幾乎就給人民的聲請案淹沒了，違憲審查制度才算活了起來，機關因為有其他管道去處理法律解釋或憲法爭議，聲請解釋的愈來愈少，人民的愈來愈多，憲法的司法化，也就是從這個解釋開始。

後來又透過幾號重要的解釋，增加了聲請的途徑，包括法官可以在審判案子過程中間，碰到所要適用的法律有是否違憲的疑問，也可以停止審判聲請解釋。這當然也經過一番不小的爭議，就是剛才賀老師提到的美國分散審查的模式，台灣不是沒有這樣的主張。當案子到了法官的手上，為甚麼他不能審查法律有沒有抵觸憲法？因為法律是法律，憲法也是法律，憲法位階高於法律，就如法律位階高於命令，則如果法律抵觸憲法，為甚麼還要適用法律呢？一個獨立審判的法官當然可以決定排除法律，這就是美國式分散違憲審查的基本思考。在我們

的憲法之下好像也有朝這個方向去做的空間，但借鑒德國和奧地利的集中審查模式，倒不是否定法官對任何有效規範的審查權，唯獨對國會通過的法律必須不一樣。國會通過的法律只能夠停止審判，送請憲法法院去集中審查，這是德國和奧地利從國會優位的民主理念推出的結論，認為對於國會所產出的規範不能由普通的、沒有特殊民主正當性的法官就這樣輕率處理掉。這是非常典型的大陸法系的思考，也就是重視法律的體系性。如果每一個法院都可以獨立決定一個法律是否適用的話，法律會有相當長一段時間是混亂的，一直到終審法院統一為止。但兩種模式的主要差異還是在於法律，不在於其他的法規範。台灣在1990年以後，這樣的爭議愈來愈大。大法官在371號解釋（編按：即《院解字》第371號）——時間應該在1994年左右——肯定地說，法官如果在個案中形成法律違憲的確的話，可以停止裁判，聲請大法官來審查，大法官說它違憲以後，他就不能在該案件中適用。

簡單地說，經由大法官自己解釋創造出的一些程序，司法違憲審查漸漸就趨於完備，人民變成主要的推動者，而審查的對象則包括法律、命令、判例等，基本上很像德國、奧地利的所謂「憲法訴願」，但比較像奧地利而不像德國的，是我們沒有對單純裁判的合憲審查，最多只能審查裁判中選出有一定約束力的判例，這樣才能維持對抽象規範進行管控的制度精神，而且避免與最高法院、最高行政法院發生衝突，變成實質的第四審。德國憲法法院每年收到的案子大概五千件，中間大概九成以上是他們所謂的憲法訴願，絕大部分又是針對裁判，也就是說人民在終審法院得到了一個對他不利的判決，就

以這個判決的內容、實體或程序違反憲法為理由，再一狀告到憲法法院，這個程序他們叫做裁判的憲法訴願。這是非常高度的人權保障方式，但也是一種高度訴訟資源的浪費，因為憲法法院也怕造成第四審的印象，幾乎九成五都不會進入實體審查，只要顯無勝訴希望就打回票，反而造成人民期待的落空。實際上裁判不是法律，一般終審法院就可以也應該對下級法院裁判的合憲性加以注意，由憲法法院增加這個程序反而是製造問題，所以在德國也一直被檢討。我個人覺得台灣沒有必要在這裏學德國，只要掌握集中審查模式的精髓就好。不過最近新任的大法官好像不太能守住這一點，對個案救濟的興趣很濃厚，甚至寧可犧牲程序的合法合理性，表面上雖然更像法院，有比較大的個案救濟功能，但破壞了大法官與普通法院的基本分工，制度上其實變成選擇性正義，這可能是台灣司法違憲審查目前最大的問題。

另外一個值得一提的是，前面說過大法官不只可以做法律違憲審查，還可以解釋憲法疑義。所謂憲法疑義，就是可以把非屬抽象規範的其他憲政上的重大爭議納入解釋，讓大法官有機會介入政治，對愈來愈多元的民主政治，發揮排難解紛、打破僵局的功能。這幾年比較著名的案例，就是行政院長在立法院改選後是否應自動總辭、副總統可不可以兼任行政院長、行政院可不可以自己決定停止執行立法院通過的重大預算案等等。透過疑義解釋，大法官還取得了對還沒有通過的法律案預做審查的機會，假如說立法院通過了行政院提出了法律案，在總統公佈以前，行政院如果覺得這個法律案的內容違憲而不能執行，除了請立法院覆議，也可以聲請大法官解釋。這時因為只是草案還沒有變成法律，它的內容沒

有約束力，當然也沒有違憲的問題，但大法官把它當成一個抽象的問題而做成憲法疑義的解釋，實際上也就發揮了事前審查的相同效果。外國只有法國的憲法委員會是採取事前違憲審查。我們的大法官借疑義解釋的程序，等於也建立了事前違憲審查的制度，又是比德國還寬的地方。

總之，我們的違憲審查制度基本上定的歐陸式的、集中式的違憲審查，終審法院也有一部分違憲審查職能，但法律的違憲審查只能由大法官來做，重大憲法爭議也只有大法官能介入處理。至於實際的功能如何，倒是見仁見智。我個人認為我們的大法官最大的貢獻不在於解決憲法機關之間的爭議，憲法機關之間的爭議大部分都是高度政治性的。像我剛剛講的一些實例，大法官的解釋常常是模棱兩可，說和不說也差不多，因為怕炮火反射到他，所以能夠含糊就含糊，故雖不能說全無功能，但功能事實上是有限的。大法官的違憲審查制度是在80年代才漸漸發揮功能，主要的貢獻還是在人權方面，也就是大量的法律命令被大法官以違反人權的理由宣告違憲。我們不能只從案件的量來看，數量固然也已經不少，但更重要的還要看他宣告違憲的理由，這對整個法治的發展影響更大，人權的理念可以說是在這樣的一個過程才散播到整個法律秩序中。

比如在憲法沒有明文規定之下，大法官創造了所謂比例原則，因此法律雖然是立法院三讀通過，但如果內容有甚麼地方違反了比例原則，即人權的犧牲和公益的保護不成比例，還是可以宣告違憲。當大法官一而再、再而三的把這類憲法原則作為審查的基礎以後，對各憲

法機關的行為，包括行政機關和立法機關都有非常大的矯正作用，這些在我看來是大法官比較大的貢獻。我們也可以從社會轉型的角度來看，台灣的民主轉型，大法官到底有多大貢獻，大家的評價不太一樣。可以確定的是，大法官絕對不是主要的推動者——推動者應該是反對勢力、輿論以及執政黨自己的覺悟，這些東西加在一起——但大法官可以說是稱職的鞏固者，尤其通過人權的解釋，間接對於社會走向多元化，維持多元社會的價值，以及鞏固民主改革的成果，貢獻比較明顯。

違憲審查制度當然還有相當多的問題，其中比較大的，還是在於解釋的程序和形式太自由，有太多選擇和閃躲的空間，對於受理或不受理、解釋的範圍，乃至解釋的效力範圍，都不像民事訴訟、行政訴訟或刑事訴訟那樣明確，這也是目前修法的重點。以後的解釋可能會被改成判決的形式，程序可能也要修改得更嚴謹。至於大法官和普通法院分工的問題，本來已經漸漸釐清，這幾年卻因為司法院要給自己重新定位，把本來單純的獨立司法行政機關一變而成終審法院，使得司法院和原來三個終審法院，大法官和一百位左右的終審法院法官如何安排，都引起了一連串的制度問題，有點剪不斷理還亂的感覺。司法院原來改革的理由只是我們的體制有點特別，誰知道愈改反而愈奇特，說不上是歐陸模式還是英美模式，審判體系到底是不是要從多元走向一元，違憲審查到底是不是要從集中走向分散，參加改革的人雖有不少是以此為目標，但主持改革的司法院高層卻到今天都說不清楚。至於做這麼大的體制轉換，不僅世界少見，或者應該說還從未一見。究竟這要付出多大的成本，會有多大的好處，到今天也沒有任何清楚的計算。

在我看來，這部分的改革真的已經走到了死胡同，變成為改而改，很少人真的看懂了中間的奧妙，只是在改革的氛圍下，誰也不願意被戴上反改革的大帽子。台灣的違憲審查制度最大的陰影，竟然就是這場不清不楚、充滿詭譎的組織改造。

賀： 剛才蘇老師講違憲審查的歷史發展，實際上台灣已經積累了比較豐富的經驗，如何通過司法的途徑解決在過去看起來沒有辦法觸及的政治性問題，如何統一法律，如何解決專業化的法律職業和民主之間的緊張，這方面有許多我們可以借鑒的地方。我們半個世紀是有憲法的，但基本上是沒有憲政的。我們缺乏憲政的實踐和憲政的體驗——如何通過司法的訴訟解決憲法上的衝突？憲法權利是甚麼？當一個人的憲法權利受到侵犯的時候，如何通過合理的途徑獲得公正的救濟？就現狀而言，在普遍刑事民事案件的審理方面我們有了很大進展，但在憲法的層面上現在還沒有太大的起步。

2001年的時候，最高人民法院曾經就一起案件的審判發佈過一個法律解釋，規定法院可以在審理一般案件的時候引用憲法條文，當時我們的媒體和法學界都感到這是一個喜訊，但那個司法解釋所針對的案例並不是一個憲法糾紛，那是公民之間侵犯權利的問題。去年有兩個事件使得憲法違憲審查機制的問題擺到我們面前。一件事是李惠娟事件。河南省洛陽市中級法院的這位法官直接在她的判決書裏面宣佈，河南省人大所制定的種子條例違反了《中華人民共和國種子法》，依據《立法法》的規定當然是無效的。這種法官直接宣佈一個地方法規無效，簡直可以說是石破天驚，自然引起軒然大波。河

南省人大怒不可遏，拍案而起，斥責這樣的判決完全是違法審查，然後指令洛陽市人大常委會對於相關人員進行處理——這裏充滿了憲法問題。一個省級的人大是否可以指令市級人大做甚麼事情不做甚麼事情；對於民選機構，我們不可以說範圍更大者是範圍較小者的上級，否則人大之間的關係也就行政化了。河南省人大指令下來，洛陽市人大果然服從命令，結果李惠娟法官的法官職務被解除了，她就只好跑到北京來尋求幫助，最後媒體把這件事報導出來以後，大家討論得非常熱烈。這個事件提出一個問題，在這個國家裏面當下位法律和上位法律相衝突的時候，一個法官是否可以在他的判決書裏直接審查下位法律合憲性的問題，是否合乎上位法律，河南省人大說我們的立法沒有違反全國人民代表大會的立法，我認為這是不合理的說法，因為它不可以說我的立法沒有違反上位法，這意味着它在解釋上位法，它並非上位法律的制定者。這裏面涉及許許多多的問題值得我們挖掘。現在事情過去了，聽說李惠娟法官的職務也恢復了，但是其中蘊含的法治以及憲政問題卻是值得更深入的反思的。

另外一個事件是我們前面曾經提到的孫志剛事件。國務院在1982年，也就在是中華人民共和國現行憲法頒佈的年頭，頒佈了導致孫志剛先生失去了生命的這部《城市流浪乞討人員收容遣送辦法》。這個法規出臺之後，許多地方立法機構不斷地制定各種各樣的法規擴大它的適用範圍。不僅僅是流浪乞討人員，後來包括多種多樣的人，比如說北京要開兩會，就開始清退外地人員，流浪乞討人員收容遣送辦法很有效；對於法輪功的練習者、 向

政府申冤的上訪人員、一些來到城市尋找生計的農民，統統都可以納入收容遣送的範圍。許多大城市都建起了規模不小的收容站，被收容者在裏面失去了人身自由，「牢頭獄霸」對他們敲詐勒索，凌辱虐待，非正常死亡者又何止孫志剛一人！一些人的家人來接他們出去，但是收容站卻要收取一筆錢。這種種侵犯人權的情形由於孫志剛之死而受到了全社會的廣泛關注，網絡上的討伐聲浪此起彼伏，其中對於法規違憲的問題由於一些法律人的參與而突現出來。

北大畢業的三位法學博士，俞江、滕彪和許志永，勇敢地站出來向全國大人大常委會提出要求，希望常務會應該做憲法的守護神，建立違憲審查機制，對於涉嫌違憲的各種法律法規進行審查。憲法中規定中華人民共和國公民的人身自由不受任何非法的侵犯，這是非常明確的憲法權利。但最後的結果，無論是李惠娟事件也好，孫志剛事件也好，都沒有真正的引發憲法意義上的前進，也就是說違憲審查機制並沒有確立。前一段時間媒體突然一聲歡呼，嚇我一跳，以為發生了甚麼事兒，一看報紙，原來建立了一個全國人大常委會法規審查備案室，媒體的聲音那麼大我以為發生多大事兒了，結果發現它是全國人大常委會下面的法工委下面成立的辦公室，大概只是由正廳級單位，由這個辦公室審查全國人大或者國務院制定的法規的違憲問題，又如何可能？當然，樂觀一點說，這畢竟是邁向違憲審查制度的一步，雖然像是小腳老太的步子一樣小。

進一步分析，違憲審查制度的建立和運行更需要一種文化的環境，也就是說，需要有與違憲審查制度相適應的

政治文化。在這個方面，我們這裏存在着歷史傳統和引起制度之間的嚴重衝突。剛才蘇老師講的那種獨特的政黨政治，把一切憲法衝突都化為政治問題，再轉化為政黨內部加以協調的問題而不是變為憲法訴訟，當然有政黨類型上的問題。同時，從更遠一點的文化因素來講，我一直覺得要建立憲法訴訟體制必須有一個前提，那就是説老百姓能夠經常看到官方機構或人之間互相打架、公開的衝突——經常有位居廟堂之上的人受到公開指摘，並且也經常公開承認自己是錯的。立法機構舉行的聽證會也好，憲法訴訟也好，一定是涉及很重大的問題，而且結果不能總是判決政府勝訴，那就沒有憲法訴訟了。法院經常判決人民勝訴，政府在這個時候就顯得灰頭土臉。這就要求人們能夠將當權者犯錯誤視為平常事的心態。如果政府總是正確的，那麼憲政或法治就沒有必要存在了。因此，違憲審查制度要求政府以及民眾都保持某種低姿態，任何組織任何人都不要以為自己是真理的完全擁有者，都要尊重反對派——之所以有政黨競爭，之所以需要言論自由，就是因為真理並不是某個人或某個組織的專利。如果沒有這樣的開放心態，沒有一種對抗同時又有妥協的政治文化，就沒有辦法玩政治了，憲政也就不可能實現了。

觀察我們的歷史，最大的問題恰恰在這裏。我們從來就不喜歡將官方的衝突形諸表面。儘管孔子喜歡君子和而不同的境界，但是，他本人對於異端似乎就不大容忍。例如，擔任魯國司寇不久，他就把少正卯先生判處死刑了。罪名呢？我記得不過是甚麼「言偽而辯，記醜而博」之類。也就是説，不過是對於正統觀點或政府本身發表了一些批評意見或説了些怪話，而且還很雄辯。從

《論語》裏觀察，我發現孔子好像對於口才好的人一直沒有甚麼好印象。他講「君子欲訥于言而敏于行」、「剛毅木訥近仁」、「君子恥其言而過其行」；對於所謂「巧言令色」，他幾次直率地表示不屑。中國的歷史上，公共演講以及關於公共事務的辯論是很少的，法庭的辯論也不存在。在這樣的環境中，議會政治就不可能產生。我們沒有運用公開的言詞說理和論辯的方式解決政治爭議的傳統，相反我們特別喜歡桌下交易，大家甚麼事情不要擺在表面上，讓老百姓看到咱們打架多不好看，臉上掛不住。我們從這個背景觀察的時候，覺得中國憲政體制的建立所面臨的矛盾不僅僅是當今的某種政治勢力，而且可能還有更為久遠的文化傳統的因素。

涉及違憲審查的問題，我們還需要關注一種制度建構的可能，那就是，是否可以逐漸地將愈來愈多的政治糾紛轉化為法律糾紛，通過法院或者司法的模式解決政治衝突。這當然是從托克維爾那裏得到的啟發，同時，所謂司法權的全球化擴張，一個十分重要的表現正是司法權對於政治紛爭不斷擴大的介入。我們知道，權力分立格局下總需要對於三者權力的界限進行合理的劃分，司法權到底能夠在多大程度上可以介入到行政和立法權的運行過程中，這裏存在着一種最基本的緊張。如果司法除了解決糾紛、處理案件外，還在實際上制定規則，那麼就很可能導致權力分立原則的解體。在這裏，我們可能有必要提出憲法和法律的解釋問題，到底哪個機構有權作解釋？比如香港《基本法》的解釋問題，在一國兩制模式之下，如果法律解釋的基本模式發生的變化，實際上就意味着法律本身發生了變化，普通法的模式之下最終解釋者是法官，立法者只管提供法律規範，這是普通法

的傳統，我們已經許諾香港法律50年不變，但解釋方法發生了變化，我認為它的法律就要發生變化。總之，要建立違憲審查機制，我們就必須面臨一種選擇，如果沒有一個適格的機構在憲法糾紛產生的時候對於有爭議的憲法條文的含義作出權威解釋，那麼，即使是有了一個名義上的違憲審查機構，多半也是形同虛設而已。

還有一個問題是民主與司法之間的緊張。兩岸都號稱自己是民主。如果我們假定在民主體制下，憲法體現的是人民的意志，因此憲法就應當具有至高無上的地位，但是，當涉及憲法爭議的時候，憲法含義的解釋權卻屬非民選產生的司法階層，這種情況是否會帶來民主政制的困局？尤其是當法律和法律解釋愈來愈走向專業化，甚至有時候神秘化，彷彿是被法律專業人士玩弄於掌股之間，他們願意怎麼玩就怎麼玩，玩法律，也玩老百姓，就像您曾經引用的一個人的說法，法律人像是魔術師，有意識地將司法過程搞得神神秘秘，最後一刹那間從帽子裏掏出一隻兔子來，大家全部都驚呆了。法律人在這兒玩魔術，用魔術的方式讓人民感到法律的神秘和偉大，從而導致人民依賴司法，依賴法律人。但是，我的一個疑問是，法律如果沒有了專業化的特性，法律人的語言完全混同於大眾的日常語言，那麼是否會喪失法律表意和交流的精確性，而如果沒有了這種精確，司法的確定性也就蕩然無存了。如果是這樣，那麼最終也將無從保障人權和人民的各種合法利益。看來這也是一個兩難格局，我們需要注意不能讓鐘擺過於偏向一面。

在大陸，近些年法律教育以及法律的職業化的發展非常迅猛，在我看來甚至有點兒過於迅猛了。我個人1978年

上大學學法律的時候全國只有五所院校招收法律專業的學生，學生總數也就七百多人。廿多年的時間過去，現在的法律院校已經是於百所以上，學法的學生數量之大，可能已經不大能夠精確統計了。我很擔心這樣的超速發展會帶來某種不利於法治的後果。我覺得法律教育以及法律職業化都是跟司法改革有密切關聯的大問題，法律職業如何在民主國家裏正確地設定自己的地位，我知道蘇老師在這方面寫作很多，思考很深，想聽聽您的看法。照例您可以對我前面涉及違憲審查制度的粗淺看法加以指正。

蘇： 非常不敢當，還是先回頭補充一下違憲審查。從我們發展的經驗來看，憲法在一個不夠民主的體制之下，大概不太可能變成制衡統治集團的工具，相反它一定會變成統治集團的工具。美國有一個學者叫Karl Loewenstein，他用兩個概念來形容兩種非民主國家的憲政，一個叫語義的憲法，一個叫名目的憲法。名目的憲法是說，因為憲法實際上是擺在一邊的，供在那裏不用，社會上充滿了違反憲法的事實，沒有人理它，有憲法和沒有憲法一樣。另外一種情形則是在維權體制之下，把憲法語義化了，因此不但有憲法而且用憲法，也很少違憲的事實。問題是憲法變成了統治者的工具，在任何時候都只能配合政治的需要，你說要修改就修改，你說要怎麼解釋就怎麼解釋，違憲審查徒具其名，只是專制統治的「不在場證明」而已。這兩種情況當然都不是現代憲政主義所要的。

台灣經歷的情況其實比較接近語義憲法，在面臨非常大的政局困難時，比如沒有辦法改選「中央」民意代表，它

選擇的不是讓違憲事實繼續存在，而是由大法官做出第31號解釋（編按：即《院解字》第31號），給不改選的國會一個合憲的基礎，等到釋憲的空間都沒有了，就由國民大會修憲，事情就解決了。這時候老實說哪裏還需要違憲審查，即使有少數認定違憲的解釋，大家也可以非常有默契的，好像沒看到它一樣。剛剛舉的法院隸屬解釋，因為只是單純解釋，沒有指出甚麼法律無效，整整20年沒有做任何的調整。違憲審查會發生作用，也就是憲法開始被當成是一個制衡統治集團的工具，以憲法作為政治的基本遊戲規則，大概都是到了整個體制民主化以後，這個過程當中做任何制度上的努力或程序上的修改都無濟於事，但就如我在上一問題表達的看法一樣，不需要就此放棄努力，司法改革永遠可以和政治改革做良性的互動。

至於憲法在大陸實際運用的情形，我的了解太有限，不好多談。幾年前我在報上看到，有用在冒名入學的案件，認為冒名者侵害了被冒名者的受教育權，非常有趣。在台灣我們會把它歸類為人權的第三人效力問題。憲法是規範統治者的，不是規範被統治者。可是人權規定除了限制統治者以外，也代表一些基本價值。因此如果人權的規定在一般的民間社會完全被忽視，仍有可能產生價值的矛盾，所以讓憲法人權某種程度也適用在人民之間。久而久之，憲法就可能深入整個法律體系，整個法律體制都被憲法化了。但一般來說，憲法用在私人之間，總是要到憲法發展到一定程度以後，而且這會涉及比較複雜的技術問題，即所謂直接或間接效力的問題。上個禮拜我還在一個地方做了這方面的報告，談到人權的第三人效力問題。我們的法官現在也蠻喜歡在民

事案件裏談到憲法如何保障生存權或者工作權，用來解決單身條款或競業禁止條款的契約法爭議，這被認為是一種進步。可是在適用憲法的方法上還沒有把握，所以這剛好也是台灣違憲審查的新課題——怎麼樣讓普通法院法官適當地把憲法用在做民事案件。

回到新的話題，任何一個可以響應社會需要、有效率的司法，都需要有一些配套的東西，最重要就是法律職業。如我一開始提到的，韋伯所說現代法律的特徵就是走向形式理性，很重要的形式化工具就是法律職業。這些專業人員要和一般營業脫離，和一般公務員脫離，而有一套自己的職業倫理和自己管理的方式，這個專業是支撐獨立司法的必要手段。過了專業化這個階段以後也許就可以去談前面談到的循環，對過度專業化加以修正，比如加入一些陪審或參審的因素，增加更多非訟解決爭議的機制等等。等後者又發展過了頭，引起新的社會問題，再回頭增加專業化因素。無論如何，循環的基礎一定是已經先完備了一個司法基礎架構，包括穩定的法律職業。

法律職業當然每個國家的情況不太一樣，甚至有不同的傳統。比如在歐洲，特別是南歐，他們談到法官這個觀念的時候，檢察官和法官是不分的，都是一種客觀適用法律於個案的司法公務員，但在美國對檢察官和法官的看法就完全不一樣。又比如在法國和德國有一個法律職業是非常重要的，就是公證人。公證人是在司法之前預防訴訟的法律職業，在這些國家都很受民眾信賴，收入比律師還高。大陸法系的法律教授，必須對法律文本作有系統的詮釋，法院相當程度依賴教授們對法律所做的

系統詮釋。不同的司法傳統會表現在法律職業受到的待遇上面，但無論如何，最需要穩定、最不能替代的專業當然就是法官、檢察官和律師，他們可以說是現代司法最核心的職業。

就台灣來講，職業傳統有兩個淵源，一個來自大陸，包括法官檢察官和律師，另一個則是日本統治時代留下來的法律精英，在日據時代大約是1900年開始建置法院，回到中華民國以後，社會上對於各種法律職業已經有一定了解，知道律師是幹甚麼的，法官、檢察官是做甚麼的。當然大陸的律師傳統其實也很早，但因為幅員太廣，律師人數也少，在法制初建時期，很多地方還是由縣長來兼任審判職務，因此專業化過程很慢。台灣一方面幅員比較小，人口比較少，集合了這兩邊的法律精英，再經由政府有計劃的培訓，所以能比較快地完成法律職業的建立與普及，現在司法院和法務部都有訓練機構，律師則由公會負起職業訓練的任務，這部分是明顯較弱的一環。

律師的工作愈來愈重要，但比起其他大陸法系的，台灣對於律師職業的教育是非常不足的，早期等於只是藉着極高難度的考試，讓考生自我教育，通過考試就丟給市場，由市場去對律師再教育，實際上等於讓消費者去承擔教育不足的後果。公會的功能完全不能和美國、德國這些國家來比，不僅教育功能不足，職業倫理的執行也很弱，以致良莠不齊，法律服務業的消費者只能受到低度保障，實在是體制上很大的諷刺。最近十年我們才增加了半年的律師專業教育，但成效有限，不能和司法官受到的職業教育相提並論，顯示大家對於律師業在法治

上的重要性還沒有正確認知，不願意做更多的投資。説起來這幾年的司法改革，年輕律師們的貢獻很大，但改革別人很有一套，改革自己就不是那麼回事了。比如很多律師主張要大幅調整現在的審判結構，要建立堅實的第一審，而使第三審成為嚴格的法律審。但嘴巴説得漂亮，任何限制上訴第三審的法案，到了立法院都會遭到律師團體杯葛。改革派的律師雖不包攬訴訟，但常常包攬正義，把自己當成正義女神的化身，即使對於司法制度一知半解，還是以大幅改革為己任，所有反對者都會被戴上反改革的帽子。本來應該保持政治中立的律師公會，碰到總統大選還特別活躍，這也説明律師職業的問題不小。早期的司法行政過度強調在朝和在野法曹的區隔，怕他們私相授受，漸漸又造成彼此不理性的對立。法官對律師不夠禮貌，律師也找機會修理法官，這種對立使得一個家庭式的、功能互補的法律專業未能在台灣形成，在我看來，應該是未來司法改革的另一個重點。

整體來講，法律職業在過去50年來大體已經趨於穩定，比較大的變化是公證人，這幾年開始建立民間公證人制度，但因為欠缺這樣的傳統，民眾不知道如何利用，勉強用法律去為他們創造案源，也會引起爭議，所以它的發展到目前為止還十分有限，未來需要再觀察。

至於台灣的法律教育，基本上一直是走大陸法系的方式，和這裏相當接近，學校提供四年的基本教育，授予學位，學術上可延伸到碩士班和博士班。如果參加台灣考試，就可進入實務。台灣考試司法官和律師是分開的，所謂三合一已經講了很多年，到現在還沒有實施，反倒是這裏在賀老師等人的呼籲下，很快地走到三合一

的考試，令人佩服。對於法律教育的批評也很多，現在比較大的方向，是如何擴大法律人的基本知識，希望能借鑒美國的法律教育，以學士後的教育為主，使法律人在知識和視野上不會太偏狹，也不會太年輕就成為法官，判人生死。不過，學士後的法律教育若要普遍實施，衝擊太大，因為涉及教育成本，包括金錢和時間成本的大幅提高，學校擔心短期內可能會流失許多精英，不願意投入法律這個行業，所以現在還是以傳統學士教育為主，而以學士後教育為輔。這種原則例外關係會不會逆轉，現在還很難判斷，因為受學士後教育的人在考試上並不佔便宜，實際上是更困難。學士後教育出身的人是否會在法律職業的表現上更為傑出，受到更大的重視，現在也看不出來。因此儘管兩制並存，傳統的法律教育恐怕還會維持相當長的時間。

賀： 暑假的學校往往比較安靜，就像冷漠者的心一樣。但是今天卻很不一樣，很特殊，我們在這兒竟然有一場研討會，而且這麼多的人熱情參與，這真正是一個意外的收益。剛才才李尚公律師對於司法改革效果的估計好像很低，說這種改革實際上沒有多大意思，或者研究本身也沒有太大的價值。實際上大家提出了很多問題非常有意思，包括張谷教授剛才提到的問題。我們一個是有分工的感覺，我們都知道我們是現代社會學術制度下生活的人，這個人有自己的專業領域，他能夠對自己專業領域的知識有一定的自信，但越雷池一步以後就總覺得自己說話不那麼硬氣，尤其是司法制度，我們研究的對象本身是涉及社會方方面面的問題，正像張谷教授提到的民法典的制定並不僅僅是法學家小群體的壟斷事務一樣，一方面是我們研究的對象很大，另外一方面我們自己的

知識領域非常狹窄，讓人感覺到特別無奈，卻因此能夠在自己的知識領域當中遵從良心的指引，發出自己的聲音。與此同時，我們當然知道自己的知識是有限的，對於自己的知識和立場不斷地反思可能也是非常重要的。對社會的研究永遠面臨着一個悖論，你研究的對象不僅僅是外在於你個人的群體或者一種客觀的自然，而是包括研究者本身。按照測不準原理（uncertainty principle），溫度計本身也是有溫度的，所以永遠是測不準的。我們永遠對這個社會沒有非常絕對真理意義上的把握，這也是為甚麼交流是非常必要的原因。通過交流，我們可以獲得各種各樣不同的信息，獲得很多的教益，能夠反思自己思考中的缺陷和問題。

我讀蘇老師的著作經常能夠獲得一種教益，儘管我們都知道兩岸的司法改革有着時間段上的差異。不過，今天很好的一點是我們並沒有因為這樣的差異而難以交流，相反我們有一種理解的愉悅。錢鍾書先生曾經引用古詩裏吟詠水的詩句表達語言在交往中的複雜作用：水可以讓我們的交往成為可能——「君家門前水，我家門前流」。但是，水也常常讓我們相互阻隔，沒有辦法交往——「盈盈一水間，默默不得語」。我們知道，退回三十多年前，海峽兩岸這樣的交往是完全不可能的。現在儘管兩岸有這樣那樣的問題，我們到台灣開會手續辦起來總是很麻煩，不過，我特別高興的是，在總體來說不是特別讓人喜歡的氛圍裏，兩岸的法學界有這樣愉快而有益的交流。每次蘇老師以及台灣的其他法學同行到北京來，都能夠給我們帶來新鮮的知識和愉快的心情。為了這一點，我要特別感謝蘇老師。

今天到來的，有許多中國法律界非常重要的人物，包括媒體的主編、編輯，包括律師界的優秀律師和法院、檢察院的顯赫人物，有些朋友發表了自己精彩的見解，有些朋友還沒有發言，但還是在這兒坐了一下午費心費力地參與，我要對各位表示衷心的感謝。另外，當然還要特別要感謝王文傑教授，他一直是兩岸溝通的橋樑，為蘇老師這次和我個人的對話，文傑教授很早就開始籌劃，不斷一次一次的打長途電話，費用花了很多不說，最後都沒來得及讓你說話，真的特別遺憾。下一次你來專門安排給學生做一次講演，作為我們的一點補償。我也要感謝北大法學院和來自其他學校的同學們，看到網上的信息你們就過來了。我相信你們的參與不僅讓這個會議室有點「人滿為患」，也讓蘇老師和我覺得這場對話格外地富有意義。